Framed

De boeken van John Grisham zijn nu ook verkrijgbaar als e-book

De aanklacht
Achter gesloten deuren
Advocaat van de duivel
De afperser
De bekentenis
De belofte
De beschuldiging
De broederschap
De claim
De cliënt
De deal
Dilemma
Het dossier
Het eiland
De erfgenaam
De erfpachters
De fraude
In het geding
De getuige
De gevangene
De klokkenluider
Het laatste jurylid
De lijst van de rechter
De medeplichtige
De onschuldigen
De ontvoering
Het oordeel
De oplichters
De partner
Het proces
Het protest
De rainmaker
Sparringpartners
De storm
De straatvechter
Het testament
Een tijd om te doden
Een tijd voor genade
Het ultimatum
De verbanning
De verdediging
Vergiffenis
Verloren seizoen
De vloek
Het vonnis
De voortvluchtige
De wettelozen
Winterzon

John Grisham & Jim McCloskey

Framed

Waargebeurde verhalen van
onterechte veroordelingen

Vertaald uit het Engels door Saskia Peterzon-Kotte

A.W. Bruna Uitgevers

Oorspronkelijke titel
Framed

Vertaling
Saskia Peterzon-Kotte
Omslagbeeld

Omslagontwerp
Studio Jan de Boer

ISBN paperbackeditie 978 94 005 1801 8
ISBN geboden editie 978 94 005 1802 5
NUR 339

Voor Kate Germond en Paul Casteleiro:
Al meer dan veertig jaar is zowel de volharding als het resultaat van jullie standvastige toewijding aan Centurion en aan de mensen die we met ons werk proberen vrij te krijgen ongeëvenaard. Centurion dankt zijn leven aan jullie onovertroffen dienstbaarheid aan de mensen die ten onrechte veroordeeld zijn.
– Jim McCloskey

Voor Peter Neufeld en Barry Scheck,
medeoprichters van het Innocence Project;
en voor de strijders die daar zo hard werken.
– John Grisham

Inhoud

Voorwoord

John Grisham

In 2006 publiceerde ik *De gevangene*, een waargebeurd verhaal over de ten onrechte veroordeelde en bijna geëxecuteerde Ron Williamson. Voor die tijd had ik nooit non-fictie overwogen – ik beleefde veel te veel lol aan de romans – maar Rons verhaal intrigeerde me. Puur vanuit het oogpunt van storytelling was het onweerstaanbaar. Het verhaal – met volop tragedie, ellende, corruptie, verlies, de dood nabij, een flinke dosis vergiffenis en een afloop die niet echt een happy end kon worden genoemd, maar toch ook veel slechter had kunnen zijn – wachtte alleen nog op een schrijver. Ik kwam er algauw achter dat elke onterechte veroordeling een eigen boek verdiende.

Sindsdien heb ik heel wat vrijgesproken mensen ontmoet, evenals hun familie, advocaten, voorvechters en oud-celgenoten. Het is een fantastische groep, want ze hebben op een of andere manier nachtmerries overleefd die wij nooit zullen kunnen bevatten. De meesten van hen vertellen graag hun verhaal. Ze zijn allemaal vastberaden om het gebrekkige rechtssysteem te veranderen en nog meer onterechte veroordelingen te voorkomen. Tientallen van hen hebben over hun beproevingen geschreven. En er zijn er aardig wat die mij hebben gevraagd om het schrijfwerk te verrichten.

Ik heb heel lang met het idee rondgelopen om de mooiste

verhalen te bundelen, maar de research zat steeds in de weg. Die is echt om moedeloos van te worden. Duizenden pagina's transcripties van rechtszaken, politierapporten, getuigenverklaringen die altijd lijken te veranderen in de diverse stadia, gevangenisdossiers, forensische onderzoeken, moties, pleidooien, en verzoekschriften van advocaten en rechters die schijnbaar bij bosjes worden ingediend. Als romanschrijver kun je lui zijn, want je verzint gewoon van alles. Maar non-fictie is keihard, want de research moet heel nauwgezet zijn. Je kunt je geen fouten veroorloven.

Ik heb Jim McCloskey een jaar of vijftien geleden ontmoet toen hij vroeg of ik op Princeton wilde spreken tijdens het jaarlijkse gala van Centurion Ministries. Binnen tien minuten nadat we elkaar voor het eerst de hand hadden geschud, waren we al praktijkervaringen aan het uitwisselen over mensen die ten onrechte veroordeeld waren. Jims verhalen zijn altijd beter, want hij heeft ze echt beleefd. Hij maakt er deel van uit. Hij heeft ervoor gezorgd dat mensen werden vrijgesproken, doordat hij stad en land heeft afgelopen om de waarheid te achterhalen. Centurion heeft een rol gespeeld bij zo'n zeventig gevallen van vrijspraak, en meestal stond Jim dan buiten de gevangenis te wachten tot zijn onschuldige cliënten naar buiten liepen, in de armen van hun dierbaren. Hij was erbij als ze hun vrijheid proefden, en hij was de reden dat ze dat konden doen.

Een paar jaar geleden begonnen we op een gegeven moment over deze bundel. Het idee was eenvoudig. Ik zou vijf van mijn favoriete verhalen kiezen, en Jim ook. De eerste uitdaging was om er slechts vijf uit te pikken, want er zijn er zoveel. De tweede uitdaging was om elk verhaal te beperken tot zo'n tienduizend woorden. Omdat we met elk verhaal een hele bibliotheek zouden kunnen vullen, wisten we dat het een pittige klus zou worden. We kwamen overeen dat we allebei ons eigen schrijfwerk zouden verrichten, met beperkte input van de ander.

Dus gingen we aan de slag.

Ons doel met dit boek is dat we het bewustzijn over onterechte veroordelingen willen vergroten en ergens, op een bescheiden manier, ook willen voorkomen dat er nog meer bij komen. Het is een poging om licht te laten schijnen op een paar van de afschuwelijke, verderfelijke tactieken die de autoriteiten gebruiken om onschuldige mensen te veroordelen.

Als wij als samenleving het politieke lef zouden hebben om onrechtvaardige wetten, praktijken en procedures te veranderen, zouden we vrijwel alle onterechte veroordelingen kunnen voorkomen.

Jim McCloskey

Zoals John al opmerkte, begonnen onze samenwerking en vriendschap vijftien jaar geleden. We werden naar elkaar toe getrokken vanwege onze gedeelde bezorgdheid: we zijn allebei begaan met de mannen en vrouwen in heel Amerika die het slachtoffer zijn geworden van een uiterst gebrekkig strafrechtsysteem en die ten onrechte zijn veroordeeld tot een levenslange gevangenisstraf of de dood. John wierp zich vrijwillig op om het voorwoord van mijn autobiografische verhandeling *When Truth Is All You Have* te schrijven, die in 2020 is verschenen bij Doubleday. Dat boek gaat over de veertig jaar dat Centurion Ministries het namens onschuldige veroordeelden opneemt tegen het Amerikaanse rechtssysteem, en ook over de persoonlijke reis die ertoe heeft geleid dat ik dit werk doe.

Natuurlijk was ik vereerd toen John me uitnodigde om

Framed met hem te schrijven. We waren het er al snel over eens dat we allebei vijf verhalen zouden schrijven over waargebeurde zaken waarin onschuldige verdachten tot hun eigen schrik en ongeloof schuldig werden bevonden aan misdrijven waar ze absoluut niets mee te maken hadden. De vijf die door mij beschreven zijn, zijn zaken waar ik persoonlijk aan heb gewerkt als zaakbehandelaar en hoofdonderzoeker. Het kiezen van deze vijf uit een stuk of zeventig personen die dankzij Centurion zijn vrijgesproken, was een uitdaging waar Salomo u tegen zou zeggen. Ik had bij het schrijven het geluk dat ik kon putten uit het flinke archief dat Centurion in huis heeft en dat vol ligt met dossiers die zijn samengesteld tijdens de vele jaren werk aan elke zaak. Dat bronmateriaal omvat onder andere transcripties van rechtszaken, politierapporten, juridische verslagen, gerechtelijke standpunten, rechtbankdossiers en onderzoeksrapporten van Centurion.

De ondertitel van *Framed* is *Waargebeurde verhalen van onterechte veroordelingen*. Ik kan je verzekeren dat je als lezer, ongeacht je achtergrond, na het lezen van elk van deze verhalen zult vragen: 'Is dat echt gebeurd?' Het antwoord van ons als schrijvers luidt: 'Ja, echt, en je kunt je niet voorstellen hoe vaak het gebeurt.' Het is onze bedoeling en onze wens dat deze verhalen niet alleen boeiend leesvoer zijn, maar tegelijkertijd dienen als een microkosmos voor wat er in de Amerikaanse rechtszalen gebeurt. Hiermee doen we een poging om systematische gebreken in de infrastructuur van het rechtssysteem aan het licht te brengen, die ervoor zorgen dat er tienduizenden onschuldige mensen eindeloos wegkwijnen in de gevangenis.

De eenentwintig verdachten die terecht zijn gekomen in het web van deze tien onterechte veroordelingen hebben onnodig tientallen jaren in de gevangenis doorgebracht, tot de waarheid van hun onschuld eindelijk werd aangetoond en ze vrijkwamen. Vier van hen hebben in de dodencel gezeten, van wie er twee binnen een paar dagen zouden worden geëxecuteerd, terwijl een van hen tragisch genoeg daadwerkelijk ter dood is gebracht. Misschien zal het lezers verbazen dat de etnische afkomst van deze eenentwintig mensen gelijkelijk is verdeeld: tien witte en elf zwarte mensen, om maar aan te tonen dat dit soort onrecht geen huidskleur kent.

Vaak bevonden de echte moordenaars zich van meet af aan al vlak voor de neus van de politie, en in twee gevallen waren ze de kroongetuige van de openbaar aanklagers. In sommige gevallen speelde DNA een belangrijke rol, maar in de meeste niet. Meineed door politie- en burgergetuigen was bij deze verhalen alomtegenwoordig. Deze veroordelingen werden niet veroorzaakt door onopzettelijke fouten van de plaatselijke politie, onjuiste identificatie door goedbedoelende ooggetuigen, of eerlijke maar foutieve forensische analyses.

Nee, ze waren gebaseerd op wangedrag en bedrog bij de politie; mannen en vrouwen die vastbesloten waren om een zaak op te lossen of iemand veroordeeld te krijgen met behulp van een brede verscheidenheid aan onrechtmatige middelen: omkoping tot meineed, geheime deals met misdadigers in ruil voor hun verzonnen getuigenis, getuigen dwingen een valse verklaring af te leggen of verdachten aanzetten tot een valse bekentenis, gebruikmaken van in opspraak geraakte of onbekwame forensische analisten, ontlastende informatie aan de verdediging onthouden, of andere handelingen waarmee de rechtspraak werd belemmerd, wat resulteerde in het verwoesten van onschuldige levens, tot opluchting van de werkelijke daders.

Elk van deze verhalen neemt de lezer mee in een achtbaan, en aan het eind zegevieren meestal de waarheid en het recht, maar daarvoor betalen de vrijgesprokenen en hun dierbaren dan wel een ongelofelijk hoge persoonlijke prijs. Eenmaal buiten de gevangenis staan degenen die zijn vrijgesproken voor de enorme uitdaging om weer helemaal opnieuw te moeten beginnen. Het getuigt van geesteskracht dat zovelen van hen de wil en het vermogen hebben om dat ook werkelijk te doen, zonder zich te laten leiden door de woede en de haat van de voorbije jaren, maar met een hart vol vergiffenis, een sterkere waardering voor de alledaagse dingen in het leven die de meeste mensen vanzelfsprekend vinden, en een verlangen naar een vreedzaam, rustig bestaan.

We hopen dat je dit boek zowel boeiend als informatief vindt en dat het je een nieuw perspectief biedt op de feilbaarheid van het Amerikaanse strafrechtsysteem; een perspectief dat je misschien niet had voorafgaand aan het lezen van *Framed.*

De Norfolk Four

John Grisham

De moeder van Omar Ballard was een zwarte prostituee en drugsverslaafde die in de achterbuurten van Newark, New Jersey werkte. Hij had zijn vader, die wit was, nooit gekend. Zijn moeder had maar weinig zin in moederlijke beslommeringen en toonde amper belangstelling voor het kind. Hij ging van het ene pleeggezin naar het andere en trok als vanzelf naar de straten waar hij vandaan kwam. Zijn woede was explosief en vaak tegen vrouwen gericht. Het leven van straatcriminelen stond hem wel aan en algauw maakte hij deel uit van de misdaad en het geweld van zijn buurt. Hij vond het allemaal geweldig: drugs gebruiken en dealen, drinken, wapens, seks, overvallen, schietpartijen, knokken, moorden, vechtpartijen tussen bendes, de kick om aan de politie te ontsnappen. Hij werd een paar keer opgepakt wegens drugsbezit en dronkenschap, maar niets ernstigs.

Ballard stopte met school en verliet New Jersey op zijn negentiende. Hij was blut, werkloos, en zoals altijd uit op problemen. Uiteindelijk trok hij weer op met een oude vriendin van vroeger, Tamika Taylor, een achttienjarige ongehuwde moeder van twee kinderen die in een goedkope buurt in Norfolk, Virginia woonde. De wijk was geliefd bij duizenden jonge matrozen die gestationeerd waren op de nabijgelegen marinebasis en werd niet als bovenmatig gevaarlijk beschouwd. Dat veranderde drastisch met de komst van Omar Ballard.

Voor zover bekend was zijn eerste slachtoffer in Norfolk een jonge, witte vrouw die Melissa Morse heette. Hij belaagde haar, sloeg haar met een honkbalknuppel, en nadat haar gegil de aandacht van anderen had getrokken, vormde zich een groep die de achtervolging inzette. Ballard vluchtte en zocht zijn heil in het nabijgelegen appartement van Billy en Michelle Bosko, een jong marine-echtpaar uit Pittsburgh. De Bosko's waren zes weken getrouwd en hadden Omar kort daarvoor via vrienden leren kennen. Ze lieten Omar binnen, boden hem iets te drinken aan en zaten gezellig te praten toen de groep bij hun appartement verscheen. De Bosko's konden niet geloven dat hun nieuwe vriend Omar iemand zou aanvallen, en Billy weigerde dapper om zijn gast over te dragen. De groep ging uiteen en later zei Billy tegen de politie dat Omar niet schuldig was.

Twee weken na de aanval op Melissa Morse zat Billy een week op zee aan boord van de USS Simpson, en Omar Ballard ging weer naar het appartement van de Bosko's. Het was 7 juli 1997 rond middernacht. Zoals hij zelf heeft toegegeven was hij dronken, stoned en uit op seks. Hij klopte aan en zei dat hij gebruik wilde maken van de telefoon. Michelle, slechts gekleed in ondergoed en een T-shirt, liet hem binnen, wees hem de telefoon en zei dat er bier in de koelkast lag. Het was laat en ze ging naar bed. Omar volgde haar, viel haar aan en kneep haar keel dicht, en toen ze buiten bewustzijn was, verkrachtte hij haar. Hij ejaculeerde en veegde zijn penis af aan een deken. Daarna knapte er iets, en Omar besefte dat hij serieus in de problemen zat. Om haar koest te houden, besloot hij haar te vermoorden. Hij vond een vleesmes in de keuken, en nadat hij was teruggekeerd naar de slaapkamer, kwam Michelle weer bij kennis.

Hij stak haar drie keer in haar borst en liet haar op de vloer doodbloeden. Hij waste zijn handen in de badkamer, veegde de deurklinken met zijn shirt schoon om vingerafdrukken te verwijderen, legde het mes bij haar lichaam, en op weg naar buiten rommelde hij in haar tas, die op de keukentafel lag, en haalde het geld eruit.

Het grootste deel van het appartementje van vijfenzestig vierkante meter werd tijdens de aanval niet aangeraakt. Michelle, die bij een McDonald's werkte, hield het huis altijd heel nauwgezet bij. Billy kwam zoals verwacht de volgende dag thuis en alles was in orde. Toen hij haar lichaam die middag om vijf uur vond, was het appartement zoals altijd keurig netjes.

De plaats delict werd grondig onderzocht en al het bewijs, inclusief de vaginale verwondingen van het slachtoffer, wezen in de richting van één aanvaller, die het appartement zonder geweld was binnengekomen. Er waren geen vingerafdrukken, behalve een paar van Billy en Michelle. Nadat het lichaam was gevonden en voordat het werd weggehaald, waren rechercheurs ruim negen uur bezig in het appartement van de Bosko's. Ze inspecteerden elke centimeter, maakten video's en namen tientallen foto's, verzamelden elk flintertje mogelijk bewijsmateriaal en gingen zelfs zover dat ze een tent over het lijk zetten voor een damp- en poedertest met cyanoacrylaat (secondelijm) – een poging om latente vingerafdrukken op haar huid te identificeren. Het onderzoek was uitputtend en liet geen twijfel dat Michelles moordenaar in zijn eentje had gehandeld.

Bijna twee jaar na de verkrachting en moord werd Omar Ballards DNA eindelijk getest in het forensisch lab van de staat. Van het sperma dat op de deken was aangetroffen, was de kans 21 miljard keer zo groot dat het van Ballard was als van een willekeurige witte man, en 4,6 miljard keer zo groot als van een willekeurige zwarte man. Van het sperma dat uit de vagina van het slachtoffer werd gehaald, was de kans 23 miljard keer zo groot dat het van Ballard was als van een willekeurige witte man, en 20 miljard keer zo groot als van een willekeurige zwarte man. Het bloed dat onder Michelles vingernagels was gevonden, kwam overeen met Ballards DNA.

De enige DNA-monsters die op de plaats delict waren verzameld, waren afkomstig van Michelle en haar moordenaar, Omar Ballard.

Zijn – voor zover bekend – derde zedenmisdrijf pleegde hij tien dagen nadat hij Michelle had vermoord. Het derde slachtoffer was in staat om Ballard te identificeren, en hij werd uiteindelijk veroordeeld en kreeg gevangenisstraf. Maar hij werd geen verdachte in de verkrachtings- en moordzaak van Michelle Bosko. Zijn misdaaduitspattingen – minstens twee andere aanrandingen van witte vrouwen in nog geen maand tijd, en in hetzelfde deel van de stad – wekten geen argwaan bij de politie van Norfolk die aan de zaak-Bosko werkte.

Het zou nog bijna twee jaar duren voordat de rechercheurs erachter kwamen dat Ballard erbij betrokken was, en hij kwam pas onder hun aandacht nadat hij een bekentenis had afgelegd in de gevangenis. Toen pas werd zijn DNA getest.

Dat zo'n onmiskenbare verdachte over het hoofd werd gezien, was onvergeeflijk, maar de politie van Norfolk had het veel te druk om zich bezig te houden met Omar Ballard. Ze werkten koortsachtig om de moord op Bosko in de schoenen te schuiven van een hele lading onschuldige mannen. Wat een klip-en-klare DNA-zaak had moeten zijn, werd binnen de kortste keren een onderzoek van likmevestje dat zo bol stond van de incompetentie dat het soms onvoorstelbaar leek. De zaak-Bosko is een van de grootste fiasco's in de geschiedenis van het Amerikaanse strafrecht. En terwijl de arrogantie en de incompetentie in deze zaak bloedstollend zijn, is de afloop ervan echt hartverscheurend.

Toen het forensisch lab van de staat op 3 maart 1999, twintig maanden na de moord, een match vond met het DNA van Omar Ballard, hadden de politie van Norfolk en de openbaar aanklagers in totaal zéven Amerikaanse mariniers of oud-mariniers vastgezet, die allemaal werden beschuldigd van het verkrachten en vermoorden van Michelle Bosko. Ze waren alle zeven uitgesloten op basis van het DNA-bewijs. Ze waren alle zeven uitgesloten op basis van het fysieke bewijs. En met uitzondering van een geval van rijden onder invloed had geen van de mariniers een strafblad.

Zoals zoveel politieonderzoeken die spaak lopen, begon ook deze met een vaag gevoel. Vaak kijkt een rechercheur Moordzaken rond op de plaats delict, vormt zich een halfbakken mening op basis van een instinctieve reactie die wordt vertroebeld door de spanning van het moment, waarna er soms zelfs al een verdachte wordt aangewezen, en in een mum van tijd beent de politie de verkeerde kant op.

In het geval van Michelle Bosko werd het vage gevoel gevormd terwijl het lichaam nog gefotografeerd werd. De eerste rechercheur die ter plaatse was, heette Judy Gray. Ze stelde algauw vast dat er duidelijk geen sprake was van inbraak en dat de moordenaar dus een bekende van Michelle moest zijn geweest. Zij en haar collega zetten de plaats delict af. Toen de forensisch onderzoekers kwamen, dromden de buurtbewoners vlakbij samen en keken vol ongeloof toe. Gray ging naar buiten en begon zoals gebruikelijk rond te vragen, op zoek naar aanknopingspunten. Ze sprak langdurig met Tamika Taylor, die bevriend was met Ballard, en vroeg of ze enig idee had wie Michelle vermoord kon hebben. Tamika was terughoudend om een gokje te wagen, maar Gray drong aan.

'Ziet u die vent daar?' zei Tamika met een knikje naar een marinier met de naam Dan Williams (nr. 1), een van de buren. 'Ik denk dat hij het gedaan heeft.'

'Waarom?' vroeg Gray.

'Nou, hij is nogal geobsedeerd met haar.'

En zo werd Dan Williams de hoofdverdachte van de moord op Michelle Bosko. Tamika krabbelde terug en zei dat ze het niet zeker wist. Er liepen een hoop gekken rond, en zo, en ze noemde ook Omar Ballard als iemand naar wie de politie misschien eens goed moest kijken. Om een of andere reden kozen ze ervoor om dat niet te doen.

Dan Williams en zijn vrouw Nicole woonden in een appartementje naast de Bosko's. Nadat Billy het lichaam van zijn vrouw had gevonden, rende hij schreeuwend naar het huis van het echtpaar Williams en bonsde op de deur. Dan belde het alarmnummer en liep naar het appartement van de buren, waar hij Michelle aantrof. De twee stellen waren bevriend, beide mannen waren mariniers, beide echtparen waren kinderloos. Nicole had terminale eierstokkanker. Op het moment dat Michelle werd vermoord, lag Dan naast zijn vrouw in bed te slapen.

Rechercheur Gray liep naar Dan toe en vroeg of hij wilde meerijden naar het politiebureau om wat routinevragen te beantwoorden. Gray had het gevoel dat hij de moordenaar was, ook al was er geen bewijs, geen motief, of ook maar iets anders dan Tamika's argwaan tegenover hem. Toen hij zich meteen bereid toonde om ondervraagd te worden, werd Gray nog wantrouwender. Tegen de tijd dat Dan Williams op het politiebureau aankwam, was de politie ervan overtuigd dat hij de man was die ze zochten.

In het appartement waren de forensisch onderzoekers zorgvuldig bewijsmateriaal aan het verzamelen dat uiteindelijk, hopelijk, naar de dader zou leiden. Buiten zette het team van Moordzaken een rampzalige reeks van gebeurtenissen in gang, die hen ver weg zou leiden van het duidelijke spoor dat Omar Ballard had achtergelaten.

De volgende blunder in een onterechte veroordeling is vaak tunnelvisie, die gewoonlijk vlak na het vage gevoel optreedt. Rechercheurs wijzen een verdachte aan, maken zichzelf wijs dat ze de juiste te pakken hebben, kloppen zichzelf op de borst omdat ze zo slim zijn en negeren tegenstrijdig bewijs terwijl ze alles aanvaarden wat hun vage gevoel bevestigt. Als ze een bekentenis uit hun verdachte kunnen lospeuteren, is hun zaak veel sterker en kunnen ze een langdurig onderzoek vermijden. Verhoren zijn vaak de manier waarop luie rechercheurs een zaak proberen op te lossen. Als er bewijs opduikt dat hun theorie ondermijnt, laten ze het gewoon buiten beschouwing. Als er duidelijk bewijs van onschuld (DNA) wordt gepresenteerd nadat hun verdachte is veroordeeld, weigeren ze het te geloven en houden ze koppig vast aan de schuld van de veroordeelde.

Dan Williams liep op de avond van 7 juli rond halfzeven het politiebureau van Norfolk binnen, nog geen twee uur nadat het lichaam was gevonden en lang voordat de forensisch onderzoekers klaar waren met hun werk. Hij had geen idee dat hij verdacht werd. Hij was vijfentwintig, had zijn middelbareschooldiploma op zak, had vroeger bij de scouting gezeten en had een strenge opvoeding gehad, dus hij had geleerd om mensen met gezag te gehoorzamen en te respecteren. Hij was rustig, makkelijk in de omgang, het laatste kind dat heibel zou schoppen op school. Hij had geen strafblad en was nog nooit door de politie verhoord. Met zijn passieve, bescheiden karakter was hij absoluut niet voorbereid op de hinderlaag die hem te wachten stond.

Het verhoor begon om acht uur 's avonds, en het zal geen verrassing zijn dat het niet op audio of video werd vastgelegd. Camera's en recorders bevonden zich onder handbereik, zoals op elk politiebureau, en zouden worden gebruikt als de tijd rijp was. Maar nu nog niet: sommige delen van het verhoor mochten niet worden gezien. Williams wuifde zijn rechten weg, een argeloze vergissing die door 80 tot 90 procent van alle onschuldige mensen wordt gemaakt. Schuldige misdadigers zijn veel sneller geneigd zich op hun zwijgrecht te beroepen of een advocaat te eisen.

Williams beantwoordde de inleidende vragen van rechercheur Gray, terwijl rechercheur Jack Horton aantekeningen maakte. Er was niemand anders in de kamer. Het duurde niet lang of Williams kreeg in de gaten dat de politie hem verdacht, en hij kon het niet geloven. De rechercheurs vroegen of hij vrijwillig monsters van zijn bloed, schaamhaar en hoofdhaar wilde afstaan, en of hij zijn ondergoed wilde overdragen. Williams stemde er gewillig mee in. Hij had niets te verbergen. Hij stemde in met een leugendetectortest, nog een vergissing. Onschuldige mensen zeggen vaak ja tegen die test, omdat ze popelen om hun onschuld aan te tonen. Ze vertrouwen de politie. Opmerkelijk genoeg mag de politie van de wet liegen over de resultaten van de leugendetectortest, en dat gebeurt ook vaak. Sterker nog, volgens de wet mag de politie klakkeloos liegen tijdens verdachtenverhoren. De truc met de leugendetectortest is favoriet.

Om kwart voor tien was Williams op het apparaat aangesloten en beantwoordde hij vragen van de onderzoeker. De vragen draaiden om zijn activiteiten van de dag ervoor, en of hij recentelijk in het appartement van de Bosko's was geweest. Williams antwoordde naar waarheid en slaagde voor de test. Maar zoals gewoonlijk kreeg hij te horen dat hij was gezakt voor de leugendetectortest en dat de politie nu bewijs had dat hij loog. Rond middernacht spuiden beide rechercheurs sneller beschuldigingen dan Williams ze kon weerspreken. Het taalgebruik werd grover. Er waren woede-uitbarstingen. Williams hield vol dat hij niets van de moord wist, dat hij in het huis ernaast met zijn vrouw in bed had gelegen toen het was gebeurd. Gray loog en zei dat ze een getuige hadden die hem in het appartement van de Bosko's had gezien. De politie hield vol dat hij geobsedeerd was door Michelle en dat ze getuigen hadden die dat konden bewijzen. Williams had van zijn ouders geleerd dat hij de politie moest respecteren, en hij was onthutst dat ze hem overspoelden met beschuldigingen. Ze geloofden echt dat hij het gedaan had! Hij raakte de kluts kwijt en had moeite om helder na te denken.

Williams' vrouw Nicole werd steeds ongeruster naarmate de avond vorderde. Ze belde het politiebureau en probeerde erachter te komen wat er gebeurde, wat er mis was. Toen ze maar geen antwoord kreeg, ging ze naar het politiebureau. Al vroeg in het verhoor liep rechercheur Gray de kamer uit om met Nicole te praten. Ze vroeg haar wat het echtpaar de avond ervoor had gedaan. De rechercheurs dachten dat Dan misschien stiekem het appartement uit was geglipt en de moord had gepleegd, maar Nicole verzekerde Gray dat haar man de hele nacht had geslapen en niet weg was geweest. Op dat moment wist de politie dat Dan een waterdicht alibi had. Maar dat deed er niet toe.

Om halfeen verliet rechercheur Gray de kamer en probeerde Horton, nu in een gesprek van man tot man, Williams zover te krijgen dat hij alles bekende. *Lucht je hart gewoon. Doe het nu, want dan ziet het er beter uit dan als je zes weken wacht op de* DNA*-uitslagen.* Williams hield vol en zei dat hij moe was en naar huis wilde. Volgens Hortons aantekeningen gaf Williams om vijf voor één toe dat hij Michelle aantrekkelijk vond. Dat leidde tot een onophoudelijke stortvloed van insinuaties dat hij een oogje op haar had en seks wilde.

Eindelijk kwamen ze ergens met het verhoor. Gray kwam de kamer weer binnen en beide rechercheurs bleven maar op Williams' 'obsessie' met het slachtoffer hameren. Ze zeiden dat ze konden bewijzen dat hij de avond voordat Michelle was vermoord in het appartement van de Bosko's was geweest. Williams was in de war, uitgeput, en hij had slaap nodig. Hij legde telkens maar weer zijn hoofd op tafel, en elke keer gaven de rechercheurs hem opdracht het op te tillen. Williams, murw en afgepeigerd, hield vast aan de waarheid en ontkende dat hij iets met de moord te maken had. De rechercheurs begonnen zijn herinneringen in twijfel te trekken en opperden geheugenverlies en een blackout. Misschien had hij wel geslaapwandeld terwijl hij het misdrijf pleegde.

Die tactiek is niet ongebruikelijk bij langdurige verhoren. De politie suggereert vaak geheugenverlies, een black-out of slaapwandelen, allemaal trucjes om twijfel te zaaien in het hoofd van de verdachte. Daarna werpen de rechercheurs zich op als de barmhartige samaritanen die helpen de boel op te helderen.

Eindelijk werkte het. Om drie uur 's nachts, terwijl de rechercheurs maar bleven doordrammen, begon Williams zijn eigen geheugen in twijfel te trekken. Misschien had hij echt wel een black-out gehad. Misschien had hij wel geslaapwandeld. De rechercheurs bleven hem af en aan bestoken met suggesties, gevolgd door nog meer beschuldigingen.

Om vijf over halfvijf verliet Horton de kamer, en Gray deed een beroep op Williams' geweten, weer een andere tactiek. Had hij wroeging? Michelle is er niet meer. Denk eens aan haar familie. Enzovoort. Ook dat werkte, want opeens stortte Williams in en begon te huilen.

Om negen voor vijf veranderde de situatie ingrijpend met de komst van rechercheur Glenn Ford. Ford was een doorgewinterde politieman, een stoer type, een geharde ondervrager die alle trucs beheerste. Zijn tactieken waren keihard, wreed, meedogenloos, en erop gericht om de wil van iedere willekeurige verdachte te breken. Hij had al heel wat valse bekentenissen losgekregen.

Het werd nu echt hoog tijd voor een bekentenis van Dan Williams, en Glenn Ford was hier om die los te krijgen. Terwijl Horton toekeek en aantekeningen maakte, zette Ford zijn stoel pal tegenover Williams en zei dat hij klaar was voor de waarheid. Hij wist dat Williams loog en dat kon hij bewijzen ook. Er waren getuigen. Hij sarde Williams een uur lang non-stop. Hij dreigde met een lange gevangenisstraf, maar beloofde strafvermindering als hij open kaart zou spelen en zou bekennen. (Ford en Horton ontkenden dit later onder ede.) Hij porde hem herhaaldelijk in zijn borst en vervloekte hem. (Ook dat werd later ontkend.)

Williams was doodsbang en kon allang niet meer helder denken. Na deze kwelling negen uur lang te hebben doorstaan, stond hij op het punt te bezwijken. De politie was ervan overtuigd dat hij schuldig was, en de enige manier om uit deze kamer te komen, was door ze te geven wat ze wilden. Hij moest wel meewerken, om zichzelf te redden.

Ford rook de overwinning, en toen ze om elf over halfzes even pauzeerden, zei Ford tegen Horton: 'Hij is klaar voor een bekentenis.' Williams werd al bijna tien uur ondervraagd, maar was nog lang niet klaar.

Jaren later, in de gevangenis, probeerde hij uit te leggen waarom hij had bekend. 'Ik was in de war en van streek. Ik wist op dat moment echt niet meer wat goed was en wat fout. Ik was moe. Ik voelde me niet lekker. Ik voelde me hulpeloos en kon het echt niet meer aan. Dus vertelde ik ze wat ze wilden horen. Ik verzon maar wat details. Ik wist dat het niet waar was wat ik tegen rechercheur Ford zei, maar ik wilde gewoon dat al die vragen zouden ophouden.'

Om zeven uur 's ochtends, toen het verhoor al elf uur duurde, zetten de rechercheurs eindelijk de taperecorders aan. Williams – bang, uitgeput en volkomen in de war – gaf ze wat ze wilden, en daarbij noemde hij heel veel details die ze gedurende de nacht hadden geopperd. Zijn versufte versie van de aanval bevatte ook elementen die duidelijk niet waar waren.

De (eerste) bekentenis bevatte de volgende details: hij was door de hal naar Michelles voordeur gelopen. Misschien was hij aan het slaapwandelen. Hij was blootsvoets, al waren er geen afdrukken van blote voeten gevonden. Ze liet hem binnen. Hij viel haar aan. Ze gilde, ook al had niemand haar horen gillen. Hij had niet geëjaculeerd, ook al was er sperma in het slachtoffer en op de deken aangetroffen. Toen hij bij haar wegliep, gilde ze nog steeds. Hij had haar keel niet dichtgeknepen, al zou de autopsie wurgsporen aan het licht brengen. Hij stak haar niet, hoewel de autopsie de drie messteken zou aantonen, die stuk voor stuk fataal geweest zouden zijn. Er was geen bloed. Hij was alleen, niemand had hem geholpen. Aanvankelijk herinnerde hij zich niet hoe hij haar had vermoord, maar daarna herinnerde hij zich dat hij haar misschien met een schoen had geslagen, al kwamen dat soort verwondingen niet naar voren bij de autopsie. Hij kon de schoen niet beschrijven.

Het gebruik van de schoen was een leuk detail. Dat

moordwapen was uren daarvoor geopperd door rechercheur Gray, die later toegaf: 'We hebben veel dingen in zijn hoofd geplant. Hij gaf van alles toe wat Jack [rechercheur Horton] en ik in feite hadden verzonnen.'

Om kwart over zeven werden de taperecorders uitgeschakeld en verlieten de rechercheurs de kamer. Williams mocht niet weg, dus hij ging op de grond liggen om te slapen. Later ging Gray even bij hem kijken. Williams lag op de grond hysterisch te lachen, vervreemd van de werkelijkheid.

Het verhoor was nog niet afgelopen. In de haast was de politie een beetje doorgedraafd, en deze kersverse bekentenis moest nog enigszins worden aangepast. Terwijl Williams nog steeds in de verhoorkamer was, ging rechercheur Gray kijken hoe het met de autopsie van Michelle Bosko gesteld was. Ze zag wat onthutsende tegenstrijdigheden tussen de bevindingen van de lijkschouwer en Williams' bekentenis, vooral met betrekking tot de messteken en de verwurging. Er waren geen hoofdwonden. Zelfs een niet al te oplettende rechercheur zou onmiddellijk in de gaten hebben gehad dat Williams geen flauw idee had waar hij over sprak.

Later zou de lijkschouwer getuigen dat de autopsie-uitslagen overeenkwamen met de aanvankelijke theorie dat het misdrijf slechts door één dader was gepleegd.

Om vijf voor halftien gingen Gray en Horton terug naar de verhoorkamer, maakten Williams wakker, die nog steeds op de vloer lag, en vroegen hem zijn uitgeschreven bekentenis te ondertekenen. Dat deed hij en ze vertrokken.

Om elf uur stormde rechercheur Gray woedend de kamer binnen en begon weer om de waarheid te vragen. Ze liet Williams weten dat ze zojuist de autopsie had bijgewoond en beschreef de steekwonden en de verwurging – een truc die bekendstaat als 'de getuige beïnvloeden' en die door velen met argusogen bekeken wordt. Waarom had Williams haar niets over de verwurging en de messteken verteld? Omdat Williams niet op de plaats delict was geweest, maar Gray wilde niet worden tegengesproken. Ze begon opnieuw met de beschuldigingen en uiteindelijk zwichtte Williams. Om ervoor te zorgen dat ze ophield en hem met rust zou laten, begon hij te praten. In zijn tweede bekentenis beweerde hij dat hij geen schoen had gebruikt om Michelle te doden, maar dat hij in werkelijkheid haar keel had dichtgeknepen en haar in haar borst had gestoken, precies op de plekken waar volgens Grays beschrijving de steekwonden zaten.

Vijftien uur nadat hij de verhoorkamer was binnengegaan, kwam Dan Williams er eindelijk uit. Hij werd naar de gevangenis gebracht en beschuldigd van verkrachting en moord met voorbedachten rade. De politie had de zaak snel opgelost. Ze wisten dat ze de dader te pakken hadden, en eindelijk kon iedereen gaan slapen. Omdat het onderzoek gebaseerd werd op verhoren en niet op bewijsmateriaal, merkte de politie niet op dat Williams geen krasje op zijn lijf had, ook al stond hij vrijwillig bloed en haarmonsters af en liet hij een uitstrijkje van zijn penis nemen. Scherpzinniger rechercheurs zouden hebben vastgesteld dat het bloed en de huiddeeltjes onder Michelles nagels duidelijk bewijs waren van een worsteling, en dat haar belager daar dus op een of andere manier sporen van moest vertonen.

Het nieuws over de moord ging als een lopend vuurtje rond in Norfolk, vooral in de appartementen in de buurt van de marinebasis. Het werd algauw gevolgd door het nieuws dat Dan Williams had bekend. Omar Ballard was verbijsterd dat de politie niet achter hém aan zat. Hij stond er nogal van te kijken, maar was ook opgelucht dat de bloedhonden van de politie van Norfolk het verkeerde geurspoor hadden opgepikt. Toch hield Omar zich bepaald niet gedeisd. Hij was al op zoek naar slachtoffer nummer drie.

Na zijn eerste nacht achter de tralies werd Dan Williams beduusd wakker en wist niet precies wat hij nou eigenlijk gedaan had. Toen het besef indaalde, trok hij zijn bekentenis in en ontkende wat hij gezegd had. Maar er werd niet naar zijn protesten geluisterd.

Nadat zijn door de rechtbank aangewezen advocaten zijn bekentenis hadden gelezen, wisten ze dat hij ernstig in de problemen zat. Ongeacht de manier waarop zijn verklaring was verkregen, en hoezeer die ook in tegenspraak was met het fysieke bewijs, het hele verhaal zou waarschijnlijk worden gepresenteerd aan een jury. Rechters laten bekentenissen zelden achterwege en juryleden zijn snel geneigd ze te geloven. De keiharde, intimiderende verhoortechnieken van de politie worden nooit openlijk benoemd in de rechtbank. De politie ontkent het gewoon, en juryleden geloven niet dat iemand, onder welke omstandigheden dan ook, een misdrijf zou bekennen dat diegene niet heeft gepleegd.

Maar in werkelijkheid zit het heel anders in elkaar. In bijna 25 procent van de DNA-vrijspraken tot nu toe was er sprake van valse bekentenissen die door de autoriteiten zijn afgedwongen. In 1997 was de politie in slechts zes staten verplicht om het héle verhoor op audio of video vast te leggen. Virginia behoorde niet tot die zes, hoewel het bij de politie van Norfolk nu, in de nasleep van de zaak-Bosko, verplicht is om verhoren op te nemen.

Williams' advocaten wisten dat de verklaring stand zou houden. Ze wisten ook dat waarschijnlijk de doodstraf zou worden opgelegd. Ze overwogen onmiddellijk de mogelijkheid van een schuldbekentenis in ruil voor een lichtere straf, om het leven van hun cliënt te sparen, maar daar wilde Williams niets van weten. Hij zei herhaaldelijk tegen zijn advocaten, zijn ouders en iedereen die maar wilde luisteren dat hij Michelle niet had vermoord. Hij was door de politie uitgescholden, er was eindeloos op hem ingepraat en hij was overgehaald om een valse bekentenis te ondertekenen.

Tien dagen na de moord op Bosko sloeg de dader weer toe. Omar Ballard mishandelde en verkrachtte een meisje van veertien, dat hem later identificeerde. Hij werd gearresteerd en bekende uiteindelijk schuld. Maar dat maakte de rechercheurs Moordzaken weinig uit. Ze hadden Michelles moordenaar te pakken en hun onderzoek was praktisch afgesloten. De politiemensen waren zo onverschillig dat ze zelfs nalieten om een routinedoorzoeking van Williams' appartement uit te voeren. De uitslagen van de DNA-tests zouden weken, misschien wel maanden in beslag nemen, maar ze twijfelden er geen moment aan dat hun gedegen politiewerk correct zou blijken.

In november, vier maanden na de moord, bood het OM Williams een deal aan. Als hij zou bekennen dat hij schuldig was aan de verkrachting en de moord, zou de staat Virginia niet de doodstraf eisen. Williams zou levenslang krijgen, zonder kans op voorwaardelijke vrijlating. Zijn advocaten praatten op hem in, maar hij hield vol dat hij onschuldig was.

Eveneens in november overleed Nicole Williams aan eierstokkanker. Dan kreeg geen toestemming om de begrafenis van zijn vrouw bij te wonen. Ze was niet ondervraagd door Dans advocaten.

In december, vijf maanden na de moord, voltooide het forensisch lab de DNA-tests op Williams' bloed- en spermamonsters en ander genetisch materiaal. De politie en de openbaar aanklagers stonden versteld: er was geen match. Williams bleek onschuldig, hoewel hij en zijn advocaat pas in april op de hoogte werden gebracht van de testresultaten. Maar in januari boden de aanklagers, terwijl ze dus over cruciale informatie beschikten, Williams een deal aan, waarbij hij schuldig zou pleiten in ruil voor levenslang. Hij weigerde.

In de meeste rechtsgebieden zouden de politie en het OM erkennen dat ze er niet omheen konden dat ze de verkeerde te pakken hadden. Maar in Norfolk waren ze niet bereid hun fout toe te geven. Opeens hadden ze nieuwe theorieën. De DNA-resultaten konden worden verklaard omdat: 1) Williams het gedaan had, maar een condoom had gebruikt, of 2) Williams het gedaan had, maar niet had geëjaculeerd, of 3) Williams degene was die Michelle had verkracht en gestoken, maar een medeplichtige het sperma had achtergelaten, enzovoort. De mogelijkheid dat Williams niet ter plaatse was op het moment van de moord werd verworpen.

De stompzinnige klopjacht werd serieus hervat toen de politie vasthield aan een nieuwe theorie die om een medeplichtige draaide. De onmiskenbare verdachte was een marinier met de naam Joe Dick (nr. 2). Dick huurde een logeerkamer bij Dan en Nicole Williams, en aangezien hij zo dicht bij de moordenaar en de plaats delict was, moest Dick er wel bij betrokken zijn geweest. Op 12 januari 1998 liep Dick van de USS Saipan af voor een afspraak met de politie. Hij had geen idee dat hij verdacht werd en had niet het flauwste vermoeden dat hij de gevangenis in zou gaan.

Rechercheur Ford zat te wachten en Joe Dick had geen schijn van kans.

Dick was introvert, in zichzelf gekeerd, makkelijk manipuleerbaar en sociaal onhandig, en hij boog snel voor autoritaire figuren. Hij was een vreemde jongeman met slechts weinig vrienden. Hij beschikte absoluut niet over de juiste eigenschappen om de confrontatie die hem te wachten stond het hoofd te bieden.

Rond tien over tien 's ochtends werd Dick in een verhoorkamer gezet. Net als Williams had hij geen strafblad en was hij nog nooit verhoord. Hij was extreem nerveus. Ford en rechercheur Don Brenner kwamen binnen en overtuigden Dick er prompt van om afstand te doen van zijn rechten; een vreselijke vergissing die tot zijn veroordeling zou leiden.

Binnen een paar minuten stelde Ford vragen over Michelle Bosko, Dan Williams en de moord, en Dick zei dat hij niets meer wist dan wat hij in de krant had gelezen of op straat had gehoord. Hij stelde dat hij de nacht van de moord aan boord van zijn schip was geweest. Ford beweerde dat hij bewijs had dat Dick niet aan boord was geweest en dat hij, Ford, dus wist dat Dick loog. Binnen een mum van tijd stond Ford te schreeuwen en beschuldigde hij Dick van betrokkenheid bij de moord. Dick hield vol dat hij onschuldig was. Het werd een getouwtrek van beschuldigingen en ontkenningen. Ford zei dat ze een bekentenis van Dan Williams hadden en impliceerde dat Dick daarin werd genoemd. Dat was niet waar. In Williams' verklaring was geen sprake van een medeplichtige. Ford zei dat de politie DNA-bewijs had waarmee zijn schuld werd aangetoond. (Rechercheur Brenner zou later toegeven dat dat niet waar was.) Maar zoals gezegd: de politie mag tijdens een verhoor ongehinderd liegen.

Ford begon uiteindelijk over de leugendetectortest. Dick aarzelde niet, al maakte hij zich wel zorgen, omdat hij zo zenuwachtig was en niet helder kon nadenken. Hij slaagde voor de test, maar er werd gesjoemeld. Ford deelde Dick ernstig mee dat hij gezakt was, maar weigerde Dick de uitslag te laten zien. Dick, die zo naïef was om de politie nog steeds te vertrouwen, was sprakeloos toen hij dat hoorde. Hij begon aan zichzelf te twijfelen.

Ford speelde het gebruikelijke spelletje: zuig iets uit je duim en overdrijf het zogenaamde bewijs dan; maak duidelijk dat je absoluut zeker bent van de schuld van de verdachte; neem geen genoegen met nee; wek de indruk dat de verdachte onder geen beding de kamer zal kunnen verlaten tenzij hij bekent, hoe lang het ook zal duren; wijs elke gedachte aan een alibi resoluut van de hand; herinner de verdachte er voortdurend aan dat hij serieus in de problemen zit; en opper geheugenverlies, een black-out, slaapwandelen, dromen of wat dan ook, als je maar twijfel zaait in het hoofd van de verdachte.

Daarna gingen ze over op het riedeltje *good cop, bad cop*. Rond halfdrie 's middags verliet Ford de kamer en werd rechercheur Brenner ineens poeslief en drong erop aan dat Dick gewoon de waarheid moest vertellen: lucht je hart, zuiver je geweten, dan voel je je beter, denk aan Michelles familie, enzovoort. Hij verzekerde Dick dat ze al het bewijs hadden dat ze nodig hadden, en dat het nu aan hem was om alles toe te geven.

Dick bleek makkelijker te breken dan Dan Williams, maar hij was mentaal en emotioneel dan ook niet zo sterk. Na vier uur non-stop ondervraging zat Dick er helemaal doorheen. Hij gaf het op en begon aan een omslachtige poging om een misdrijf te bekennen waar hij niets van wist. Jaren later probeerde hij uit te leggen waarom: 'Ik dacht dat hij [Ford] zijn mond zou houden als ik hem maar zou vertellen wat hij wilde horen. Ik was moe en gefrustreerd en wilde gewoon dat hij me met rust zou laten. Ik gaf alleen maar toe omdat ik wist dat het DNA me zou vrijpleiten.'

Omdat hij de feiten rondom zijn misdrijf niet kende, begon Dick een verhaal op te hangen dat zo absurd was dat de rechercheurs hem niet geloofden. Geen probleem; ze suggereerden hier en daar wat feiten en lieten Dick zelfs een foto van Michelle op de plaats delict zien. Drie pijnlijke uren lang waren ze bezig het verhaal uit hun duim te zuigen, en daarna haalden ze Dick over om hun versie over te nemen. Zelfs met al die vakkundige manipulatie was Dicks bekentenis een bizar verslag dat vreselijk afweek van het bewijs van de plaats delict en de verklaringen die zijn inmiddels medeverkrachter en -moordenaar Dan Williams had afgelegd.

Maar Glenn Ford was in zijn nopjes. Hij had opnieuw een verdachte aan de kaak gesteld en het misdrijf opgelost. Het had hem slechts zes uur grove verhoortactieken gekost om de tweede verdachte te breken. Joe Dick werd in de gevangenis gezet, beschuldigd van verkrachting en moord met voorbedachten rade, en hij werd zonder borgstelling vastgehouden.

Na zijn arrestatie had zijn meerdere op de USS Saipan, onderofficier Michael Ziegler, het vermoeden dat Dick er door de politie in was geluisd. Hij kende Dick goed en wist dat het niet moeilijk zou zijn hem aan te zetten tot het bekennen van een misdrijf dat hij niet had gepleegd. Onderofficier Ziegler ging naar zijn commandant en kreeg te horen dat hij zijn volledige medewerking moest verlenen aan de civiele autoriteiten, de aanklagers en de advocaten van de verdediging. Hij wachtte en wachtte, maar niemand nam contact met hem op om Dicks alibi te verifiëren. Later zei hij tegen *The New York Times* dat hij 'geen twijfel' had dat Dick de nacht van de moord dienst had. De scheepslogboeken en de presentielijsten werden nooit door de politie bekeken.

De ouders van Joe Dick huurden een advocaat uit Norfolk in, Mike Fasanaro, die een kopie van de bekentenis opvroeg en algauw concludeerde dat zijn kersverse cliënt schuldig was. Hij zei tegen de ouders dat 'Joe zonder enige twijfel betrokken was bij elk aspect van de zaak'. Een paar maanden eerder had Fasanaro de afschuwelijke ervaring gehad dat een cliënt was geëxecuteerd met een dodelijke injectie, en die cliënt spookte nu almaar door zijn hoofd. Hij werkte een voorstel uit voor een schuldbekentenis in ruil voor strafvermindering, om Joe Dick uit de dodencel te houden.

Twee maanden na Dicks bekentenis had het forensisch lab van de staat nog meer slecht nieuws voor de politie en het OM. Joe Dicks DNA kwam niet overeen met het bloed, het sperma en het andere genetische materiaal dat op de plaats delict was aangetroffen.

Opeens hadden de politie en de aanklagers een nieuwe theorie: er waren drie mannen bij betrokken! En de derde dader liep nog vrij rond.

Intussen zat Omar Ballard in de gevangenis vanwege zijn tweede verkrachting. Met een DNA-test van zijn bloed zou het misdrijf zijn opgelost, maar daar hadden rechercheur Ford en zijn team van bollebozen het te druk voor. In plaats van naar geloofwaardige verdachten te zoeken, waren ze nu vastbesloten om nummer drie te vinden, maar ze hadden geen enkele aanwijzing. Het bewijs van de plaats delict was nutteloos, want dat besloten ze te negeren. Ford liet zich niet uit het veld slaan en nam zijn toevlucht tot een ander vuil spelletje. Hij betaalde een bajesverklikker in contanten om Joe Dick te verlinken.

Liegende verklikkers blijven het Amerikaanse strafrechtsysteem teisteren, omdat de politie en de openbaar aanklagers ze blijven gebruiken. In 25 procent van de DNA-vrijspraken tot nu toe waren er bij de rechtszaak bajesverklikkers ingezet om de onterechte veroordeling te verkrijgen.

De verklikker, die bij Dick in een cel was gezet, kletste net zolang met hem tot hij iets hoorde over een kennis die alleen maar bij de naam Eric werd genoemd – nog geen achternaam. Er was totaal geen aanleiding om te denken dat die Eric op wat voor manier dan ook betrokken was geweest bij de moord op Michelle Bosko, maar de politie bekommerde zich niet echt om dat soort onbenullige details. Ze moesten de derde moordenaar vinden. De verklikker gaf de naam door en Glenn Ford kon weer verder. Hij kwam op het spoor van een marinier met de naam Eric Wilson (nr. 3) en vroeg hem langs te komen op het politiebureau om wat vragen te beantwoorden. Eric kende Dan Williams en had geruchten over de zaak gehoord. Hij nam aan dat het zijn beurt was om langs te komen om te vertellen wat hij wist, wat niets nieuws was.

Eric Wilson was nog nooit door de politie verhoord en had niets op zijn kerfstok, zelfs geen boete voor te hard rijden. Hij was opgegroeid in een klein plaatsje in het zuiden van Texas, in een streng Southern Baptist-gezin, door ouders die heel hecht waren. Hij was een doorsneeleerling, was na de middelbare school bij de marine gegaan en nam zijn militaire dienst heel serieus.

Om tien over tien 's ochtends werd hij een verhoorkamer binnengeloodst, waar hij negen uur zou blijven. Het verhoor door rechercheur Ford was zijn standaardoptreden: snel afstand doen van de rechten, routinevragen die steeds scherper en argwanender werden, een leugendetectortest, waar Wilson natuurlijk voor 'zakte', al waren de uitslagen in zijn geval niet sluitend, en daarna het zwaardere geschut. Eric was onthutst toen hij hoorde dat hij was gezakt voor de test, en daarna geschokt door Fords gedrag. Hij zou later getuigen dat Ford 'heel agressief, heel dreigend, heel boos, heel luidruchtig' was. Ford tikte met zijn vingers op Wilsons voorhoofd en hield pas op toen hij hem per ongeluk in zijn oog prikte. Dat ontkende Ford. Zijn hulpje, rechercheur Jason Trezevant, herinnerde het zich als 'misschien wel een van de meest relaxte verhoren die ik in achttien jaar heb meegemaakt'.

En waarschijnlijk was dat ook zo.

Ford voerde de druk op, maar Eric wist het vol te houden en ontkende elke betrokkenheid. Ford beweerde dat hij volop bewijzen had, zijn gebruikelijke kletspraatje. Maar hij deelde geen flintertje van dat bewijs met de verdachte. Er was hoe dan ook geen fysiek bewijs, en de naam Eric Wilson kwam niet voor in de absurde bekentenissen van Dan Williams en Joe Dick. Een betaalde verklikker was alleen met de naam 'Eric' op de proppen gekomen. Rechercheur Ford had op een of andere manier een optelsommetje gemaakt en nu werd de jonge Eric Wilson bestookt met beschuldigingen dat hij een knappe jonge vrouw, die hij nog nooit had ontmoet, zou hebben verkracht en vermoord. Ford liet Eric foto's van Michelle voor en na het misdrijf zien.

Bij politieverhoren is het uitgangspunt schuld, en Ford was niet van plan ontkenningen te accepteren. Na vier uur stormde hij vol walging de kamer uit. Rechercheur Trezevant nam het over als de good cop, en hij kletste wat met Wilson over andere dingen dan de reden dat ze daar waren. Het gesprek kabbelde voort en Eric beging de fout om te beginnen over een droom die hij had gehad. In die droom was een jonge vrouw in nood; er overkwam haar iets ergs, al wist hij niet precies wat. Eric kon niet zeggen wie de vrouw was, dus pakte Trezevant behulpzaam een foto van Michelle die een pretzel aan het eten was, en opperde dat zij misschien de vrouw uit de droom was. Eric zei dat dat misschien zou kunnen.

Nu was het hek van de dam. Ford kwam de kamer weer binnen en beet zich vast in de droom. Hij wilde details: wie was er in die droom aanwezig, wat gebeurde er met Michelle, waar vond het allemaal plaats, en ga zo maar door. Eric probeerde de leemtes op te vullen en toen dat niet lukte, kreeg hij alle mogelijke hulp van de rechercheurs. Langzaam, uren later, kreeg de droom vorm. Eric, Dan Williams en Joe Dick overvielen Michelle in haar appartement, hielden haar vast en verkrachtten haar. Op een gegeven moment werd Ford al dat gedroom beu en zei dat Eric moest ophouden met die droomflauwekul en hun moest vertellen wat er werkelijk was gebeurd. Eric was ontsteld door de gedachte dat hij het misschien helemaal niet had gedroomd. Misschien was hij daar wel echt geweest, en dan zou alles ineens kloppen: de leugendetectortest, het bewijsmateriaal dat de politie naar eigen zeggen had, de voortdurende beweringen van Ford en diens overtuiging van Erics betrokkenheid. Beduusd en bang gaf hij zijn tegenstand eindelijk op en bekende hij de verkrachting, maar niet de moord.

Later zou Eric zeggen: 'Uiteindelijk werkt het allemaal gewoon op je zenuwen. En dan zeg je bij jezelf: "Hé, deze jongens staan aan de goede kant. Misschien hebben ze gelijk. Misschien heb ik het wel echt gedaan. Misschien is er iets mis met me, waardoor ik me niet kan herinneren dat ik het gedaan heb." En op dat moment vertel je ze gewoon wat ze willen horen. Ik zou alles hebben gedaan – wat dan ook – om ervoor te zorgen dat rechercheur Ford me met rust zou laten.'

Hij werd in een kleine cel van het politiebureau gezet en daar, bang en alleen, begon tot hem door te dringen wat hij zojuist had gedaan.

Twee maanden later meldde het forensisch lab van de staat dat Erics DNA niet overeenkwam met het bloed, het sperma en het andere genetische materiaal dat op de plaats delict was gevonden.

Opeens had de politie weer een nieuwe theorie: de groep bestond uit víér mannen! Zonder aarzelen haastten de rechercheurs zich om de vierde verdachte te zoeken. Opnieuw gingen ze niet uit van het fysieke bewijs, maar besloten ze een van de eerste drie te ondervragen. Omdat Joe Dick het kwetsbaarst was en zijn advocaat er het meest op gebrand was om een deal te sluiten, ging Glenn Ford achter Dick aan. Onder hevige druk om zijn 'deal' en daarmee zijn leven te redden, gaf Dick uiteindelijk toe dat er nog drie mannen bij de aanval betrokken waren, wat het totaal op zes bracht. Hij kende de namen van de andere drie niet, maar hij wist zeker dat een van hen George heette. Het feit dat Dick de namen niet wist van een bende die op een of andere manier goed genoeg georganiseerd was om een jonge vrouw te verkrachten en te vermoorden, had een alarmbel moeten laten afgaan, maar de politie was te wanhopig om nu op te houden. Inmiddels was de jonge marinier ervan overtuigd dat hij schuldig was, en hij was bereid om van alles te beweren.

Ergens in de krankzinnige wereld van Glenn Fords onderzoek nam George de gedaante aan van een oud-marinier met de naam Derek Tice (nr. 4). Tice was eervol ontslagen bij de marine, had Norfolk verlaten en woonde in Florida. Zijn enige connectie met de zaak-Bosko was via de versufte geest van Joe Dick. Hij werd erin geluisd door alweer zo'n heldhaftig SWAT-team, beschuldigd van verkrachting en moord en naar Virginia gebracht. Tegen de tijd dat hij in Norfolk aankwam voor een babbeltje met rechercheur Ford, was hij op van de zenuwen.

Zijn ondervraging begon om kwart over twee 's middags, volgens de aantekeningen van rechercheur Don Brenner.

Glenn Ford begon met de inleidende vragen en liet Tice afstand doen van zijn rechten, alsof die weinig te betekenen hadden. Na nog een paar vragen wilde Ford dat Tice hem alles vertelde wat hij over de verkrachtings- en moordzaak van Michelle Bosko wist. Tice zei dat hij alleen wist wat hij had gehoord en dat hij verbaasd was geweest toen Dan Williams (nr. 1) gearresteerd was. Opeens sprong Ford overeind, smeet zijn stoel omver en schreeuwde tegen Tice dat hij moest ophouden met liegen. Tice, verbijsterd en bang dat hij geraakt zou worden, herhaalde zijn verhaal. Ford beschuldigde hem van liegen. Daarna loog Ford zelf door te zeggen dat: 1) de andere drie verdachten van plan waren tegen Tice te getuigen en zelfs te beweren dat de aanval zijn idee was, 2) de politie bewijs had waardoor Tice in verband kon worden gebracht met het misdrijf, en 3) dat er een geheime getuige was die Tice op de plaats delict had gezien.

Jaren later gaf Ford toe dat hij misschien zijn stem had verheven. Hij ontkende dat hij Tice had gedreigd dat die een dodelijke injectie zou krijgen, maar Tice herinnerde zich dat anders. Hij verklaarde later: 'Telkens wanneer ik zei dat ik daar niet was geweest en zo, maakte hij me uit voor leugenaar en zei dat ik daar wel was geweest, dat hij wist dat ik er geweest was, en dat ik, als ik bleef liegen, voor de rechter zou komen en veroordeeld zou worden tot de naald. Ford zei: "Je gaat dood. Je krijgt de naald. Daar zorgen we wel voor."'

De uren verstreken terwijl de slopende ondervraging maar doorging. Derek Tice begon zich af te vragen of iedereen tegen hem samenspande: Dan Williams, Joe Dick, Eric Wilson, de politie, de geheime getuigen. Hij begon aan zichzelf te twijfelen en raakte zijn realiteitszin kwijt. Niets was meer helder. En Ford bleef maar hameren.

Er gingen vijf uur voorbij en Tice ontkende nog steeds elke betrokkenheid. Hij was uitgeput, maar had er geen idee van dat Ford bereid was net zo lang door te gaan tot er een bekentenis zou zijn.

Om vier uur 's middags werd Tice naar de noodlottige leugendetectorkamer gebracht, op het apparaat aangesloten en ondervraagd door rechercheur Will Sayre, de 'deskundige' bij de politie van Norfolk. Zonder dat Ford en Brenner erbij waren, nam Sayre de test af en deelde Tice om halfzes mee dat hij gezakt was. Uit de leugendetectortest bleek duidelijk dat hij in het appartement van de Bosko's was geweest en dat hij had deelgenomen aan de verkrachting en de moord.

Volgens Tice verzekerde Sayre hem dat hij de naald zou krijgen en dat hij, Sayre, erbij zou zijn om naar de executie te kijken. (Dit werd later door Sayre ontkend.)

Sayre zei verder dat hij wist dat Ford 'een beetje dominant' kon zijn en dat hij, Sayre, heel graag bereid was Tice' verklaring af te nemen als hij wilde bekennen.

Op dat moment beriep Tice zich op zijn zwijgrecht. Hij zei tegen Sayre dat hij een advocaat wilde, en Sayre zei dat dat raadzaam zou kunnen zijn. Volgens Sayres aantekeningen zei Tice dat hij niets meer zou zeggen tot hij een advocaat had gesproken.

Om een of andere reden werd de opmerking over de advocaat genegeerd. Om halfacht 's avonds werd Tice weer meegenomen naar de verhoorkamer. Ford en Brenner kwamen binnen en het koeionereren begon opnieuw. Beschuldigingen, ontkenningen, dreigementen. Heel veel geschreeuw en gevloek. Ford had een foto van Michelle. Die duwde hij Tice onder de neus en hij vroeg hoe die het zou vinden als het zijn dochter was geweest. (Tice had een kind van vier.) Tice dacht aan haar en aan hoe traumatisch het zou zijn als haar vader werd geëxecuteerd. Hij begon te huilen. Na tien uur brak hij eindelijk.

Jaren later herinnerde hij het zich als volgt: 'Bang, alleen, misselijk. Ik had hoofdpijn, ik dacht dat Ford de waarheid vertelde toen hij zei dat ze alle drie tegen me zouden getuigen, ik dacht dat de leugendetectortest als bewijsmateriaal kon worden gebruikt. Ik was bang dat Ford me zou slaan als ik geen verklaring aflegde. Ik wilde op wat voor manier dan ook die kamer uit, ik had het gevoel dat ik met mijn rug tegen de muur stond en alleen maar kon ontkomen door een valse verklaring af te leggen... Nu voel ik me alleen nog maar dom.'

Tice' bekentenis begon met de kale feiten zoals Ford die hem in de eerste uren van de ondervraging had voorgeschoteld. Ford hield vol dat er nog anderen bij waren geweest, meer dan slechts vier, en hij eiste namen van Tice. Die noemde een vriend, Geoffrey Farris (nr. 5), maar Ford beweerde dat de politie al van Farris wist. Wie nog meer? Tice noemde lukraak wat namen, zoals hij ook feiten uit de lucht greep, en had het over een andere vriend, Rick Pauley (nr. 6).

Net als de andere drie valse bekentenissen stond ook die van Tice bol van de inconsistenties. Een van de opvallendste was zijn beschrijving van het gebruik van een klauwhamer om het appartement van de Bosko's binnen te komen. Er waren helemaal geen braaksporen aangetroffen en dat wist Ford. Tice zei ook dat hij tijdens de verkrachting geëjaculeerd had.

Om halftwee 's nachts, bijna twaalf uur na het begin van het verhoor, ondertekende Derek Tice zijn bekentenis en werd naar de gevangenis gebracht. Drie dagen later stond er in de lokale krant dat Williams, Dick, Wilson en Tice bij Michelle hadden aangeklopt en haar na een groepsverkrachting hadden neergestoken en verwurgd. Openbaar aanklagers zeiden dat het een van de treurigste zaken was die ze ooit hadden gezien.

Ford zou later ontkennen dat hij Tice tijdens zijn bekentenis had 'gecoacht'.

In de gevangenis van Norfolk werd Tice op dezelfde afdeling geplaatst als Omar Ballard, een man die hij nooit had ontmoet. In de maanden daarna werd de voortdurend wisselende verzameling theorieën uitgebreid met weer een nieuwe: Tice en Ballard hadden samen met zes anderen een geïmproviseerde bende gevormd, die voornamelijk uit onbekenden bestond en slechts lang genoeg bij elkaar bleef om de verkrachting en de moord te plegen.

Rick Pauley was een oud-marinier die bij zijn ouders in Norfolk woonde. Hij werd kort na Tice' bekentenis gearresteerd en naar een verhoorkamer gebracht. Daar beschuldigden de rechercheurs Bobby Backman en Don Brenner hem herhaaldelijk van de misdrijven, weigerden zijn ontkenningen te geloven, logen over bewijsmateriaal dat hem in verband bracht met de plaats delict, dreigden met de doodstraf als hij niet meewerkte, beloofden hem strafvermindering als hij dat wel zou doen, beweerden dat hij voor zijn leugendetectortest was gezakt en negeerden zijn aanspraak op zijn zwijgrecht nadat hij om een advocaat had gevraagd. Na vijf uur stond Pauley op het punt te breken en de politie alles te vertellen wat ze maar wilden, alleen maar om een eind te maken aan het verhoor. Later zei hij tegen zijn moeder dat ze hem er bijna van overtuigd hadden dat hij schuldig was.

Maar Pauley weigerde te bekennen en uiteindelijk gaf de politie het op. Hij had geluk, want Glenn Ford was op vakantie. Zijn advocaat speculeerde dat Pauley waarschijnlijk wel zou hebben bekend als Ford dienst had gehad.

Maar ook al bekende hij niet en was er geen bewijs dat aanleiding gaf om te denken dat hij op de plaats delict was geweest, toch werd Pauley beschuldigd van verkrachting en moord met voorbedachten rade en kwam hij in de gevangenis van Norfolk terecht, waar hij tien maanden zou doorbrengen.

Daarna pakte de politie Geoffrey Farris op, ook een oud-marinier die in de buurt woonde. Farris stond niet onder arrest toen hij de verhoorkamer binnenging, maar daar zou snel verandering in komen. Glenn Ford, die terug was van vakantie, stelde de inleidende vragen, wat uiteraard inhield dat de rechten werden weggewuifd. Na twee uur van beschuldigingen en de bekende niet goed doorstane leugendetectortest, eiste Farris een advocaat en zei niets meer. Ford vertelde hem dat hij gearresteerd was op verdenking van verkrachting en moord, en Farris draaide de gevangenis in, waar hij tien maanden zou blijven.

Eind augustus 1998 had het forensisch lab van de staat nog meer slecht nieuws voor de politie en de openbaar aanklagers. Het DNA dat op de plaats delict was aangetroffen, kwam niet overeen met dat van Derek Tice, Rick Pauley en Geoffrey Farris. Zes mannen in de gevangenis, allemaal boven verdenking verheven vanwege dat DNA.

Nu kwam de politie van Norfolk opeens met weer een nieuwe theorie: de bende bestond uit zéven leden! En de zevende moordenaar liep nog vrij rond.

Aangezien Derek Tice de aandrager van de laatste twee willekeurige namen was geweest – Rick Pauley en Geoffrey Farris – leek het logisch dat hij er nog een achter de hand had. Goed politiewerk vroeg erom dat Tice nog een keer werd uitgewrongen.

En het werkte. Tijdens weer zo'n marathonsessie onder leiding van Glenn Ford hoestte Tice op 27 oktober de naam van John Danser (nr. 7) op, en ja hoor, de sublieme speurneuzen gingen weer op pad om hun ongrijpbare spermaproducent te pakken te krijgen.

John Danser was oud-marinier en hij kende Williams (nr. 1)

en Tice (nr. 4), maar geen van de anderen. Hij had bij de militaire politie gezeten en liet zich niet zomaar intimideren. Hij werd gearresteerd in zijn huis ten noorden van Philadelphia en werd overgebracht naar Norfolk. Hij werd ondervraagd door Ford, die zijn vaste riedeltje afdraaide. Danser stemde in met een leugendetectortest, en nadat hij te horen had gekregen dat hij daarvoor gezakt was, vroeg hij om een advocaat. Maar het verhoor werd vervolgd. Op een gegeven moment liet Ford een foto van Michelle op de plaats delict aan Danser zien en vroeg hem of hij zich herinnerde dat ze er zo bij lag nadat hij haar had verkracht en neergestoken. Danser bleef bij zijn ontkenningen. Hij had een sluitend alibi – hij was thuis in Pennsylvania op het tijdstip van de moord – en weigerde ook maar een millimeter toe te geven. Ford beweerde dat hij bewijs had dat Danser op het tijdstip van de moord in Norfolk was geweest, maar zei er zoals gewoonlijk niet bij van welke aard dat bewijs dan wel was. Uiteindelijk gaf Ford het op, en Danser werd in de gevangenis gezet en beschuldigd van verkrachting en moord.

Twee maanden later werd hij uitgesloten als bron van het DNA dat op de plaats delict was gevonden.

Februari 1999. De autoriteiten van Norfolk hadden zeven mariniers in de gevangenis en geen greintje fysiek bewijs om ze veroordeeld te krijgen. Maar daar lieten de openbaar aanklagers zich niet door weerhouden. Ze hadden vier valse bekentenissen en waren vast van plan die te gebruiken.

Een maand eerder was Dan Williams (nr. 1) eindelijk onder de druk bezweken en had hij ermee ingestemd schuldig te pleiten in ruil voor twee keer levenslang zonder kans op vervroegde vrijlating. Hij had herhaaldelijk soortgelijke voorstellen afgeslagen, maar zwichtte uiteindelijk op de vooravond van zijn doodstrafzaak. De getuige die zijn alibi kon bevestigen, Nicole, was dood. Zijn advocaten hadden geen onderzoek uitgevoerd en waren ervan overtuigd dat hij de doodstraf zou krijgen omdat er geen jury zou zijn die zou geloven dat zijn bekentenis vals was. Een deal zou zijn leven sparen en hij had het gevoel dat hij geen keus had.

Joe Dick (nr. 2) had ingestemd met een soortgelijke deal. Eric Wilson (nr. 3) weigerde, en hij bleef zijn bekentenis herroepen. Hij wilde per se dat zijn zaak voor de rechter kwam. Ook Derek Tice (nr. 4) had zijn bedenkingen, maar weigerde uiteindelijk toch om schuld te bekennen.

Voordat de politie weer een nieuwe theorie kon bekokstoven en op zoek ging naar nummer acht, kwam Omar Ballard eindelijk in beeld, en dat veranderde de zaak. Enigszins. Vanuit de gevangenis schreef hij een brief aan een vriend, waarin hij opbiechtte dat hij Michelle had vermoord. De brief werd aan de politie overgedragen, die hem aan de aanklagers gaven, die hem onder de pet probeerden te houden. Uiteindelijk gaven ze hem aan de advocaten van de verdediging, maar pas nadat een rechter daartoe opdracht had gegeven.

Na een snelle DNA-test was Ballard erbij. De politie had eindelijk een match! Glenn Ford haastte zich naar de gevangenis om zijn nieuwste verdachte te verhoren. Het zou een korte ondervraging worden, voor Fords doen. Geen dreigementen, geen nepleugendetectortest, geen van zijn gebruikelijke tactieken. Ballard bekende alles binnen een paar minuten. Hij had het misdrijf gepleegd, in zijn eentje, en hij had wroeging. Hij beschreef de plaats delict en het appartement gedetailleerd en was de eerste en enige biechteling die een accurate beschrijving gaf van het moordwapen, het gekartelde vleesmes. Ford suggereerde dat er anderen bij betrokken waren, maar Ballard zei van niet. Ford drong herhaaldelijk aan en Ballard werd kwaad om Fords tactiek. Hij bleef maar zeggen dat hij in zijn eentje had gehandeld, maar Ford geloofde hem niet. Aan het eind van de opgenomen verklaring vroeg Ford aan Ballard of hij nog iets wilde toevoegen. Ballard antwoordde: 'Nee, alleen dat die vier gasten die hun mond hebben opengedaan stom zijn.'

In een later ondertekende beëdigde verklaring zei Ballard: 'Ford stelde me een aantal suggestieve vragen in een poging de versie van het misdrijf te krijgen die hij wilde. Ford vertelde me bijvoorbeeld een detail over het doden van Michelle en stelde me daarna een vraag, waarbij hij me aanspoorde om het detail dat hij zojuist had gegeven in mijn antwoord te verwerken. Ik heb Ford keer op keer verteld dat ik het misdrijf in mijn eentje had gepleegd, maar Ford wilde dat ik zei dat ook de andere verdachten hadden meegedaan.' Later vertelde Ballard aan een tv-producent: 'Rechercheur Ford is uitschot. Hij legt mensen woorden in de mond en houdt niet op tot je ermee instemt. Dáár zijn die vier witte gasten schuldig aan, aan "instemmen".'

De politie en het OM deden geen stapje terug om het voor de hand liggende toe te geven, ze bekeken de zaak niet opnieuw vanuit de mogelijkheid dat ze het misschien mis hadden, nee, ze gingen door. Ze hadden veel te veel geïnvesteerd in dat bedrieglijke onderzoek van ze.

Ze hadden een nieuwe theorie. Er waren nu acht mannen bij het misdrijf betrokken, met Omar als de leider. Het deed er niet toe dat in geen van de eerste vier bekentenissen een bende van acht of de aanwezigheid van een zwarte man werd genoemd, en het deed er ook niet toe dat in de vijfde bekentenis – die van Omar – expliciet werd ontkend dat er anderen bij waren geweest.

De theorie van de Bende van Acht ging ongeveer als volgt: zeven witte mariniers hadden een feestje in Dans appartement, ook al was zijn vrouw Nicole net terug uit het ziekenhuis na een operatie aan een tumor. Ze besloten naar de buren te gaan en Michelle te verkrachten, omdat Billy op zee was. Ze wilde niet opendoen. Ze gingen naar buiten en hingen wat rond op het parkeerterrein, toen Omar Ballard eraan kwam. Ze kenden hem niet, maar vertelden hem toch over hun plan om Michelle met de hele groep te verkrachten. Omar zei dat hij er wel voor kon zorgen dat Michelle de deur opendeed, want hij kende haar. Ze liepen achter Omar aan naar binnen nadat hij Michelle had overgehaald om open te doen. Ze verkrachtten haar om de beurt, al is niet duidelijk in welke volgorde. Ballard was de enige die ejaculeerde. Ze staken haar om beurten met een mes, al is niet duidelijk wie dat als eerste deed en wie als laatste. De aanval vond misschien plaats in de woonkamer, of misschien in de slaapkamer. Zo'n wilde scène in zo'n klein appartementje moest ongetwijfeld een hoop troep hebben veroorzaakt, maar de groep was zo attent om de boel op te ruimen en – natuurlijk – stuk voor stuk alle vingerafdrukken weg te vegen.

Om dat belachelijke scenario te geloven, moet je ook een lange lijst van andere krankzinnige ideeën geloven, zoals: Joe Dick (nr. 2) slaagde erin om de beveiliging op de USS Saipan te ontwijken, naar het appartement te rennen, zich bij de anderen te voegen, van wie hij sommigen nog nooit had ontmoet, het misdrijf te plegen, terug te rennen naar het schip, waar hij de beveiliging weer omzeilde; John Danser (nr. 7) deed er vijf uur over om vanaf zijn huis in Pennsylvania naar Norfolk te rijden, wat normaal gesproken een rit van zeven uur is, hij sloot zich aan bij de groep, van wie hij slechts twee mensen kende, pleegde het misdrijf en scheurde weer naar huis; Geoffrey Farris (nr. 5), die kon aantonen dat hij met zijn vriendin in Australië aan het bellen was toen de moord plaatsvond, legde de telefoon neer, holde vanuit zijn huis in Norfolk naar de groep, waar hij zich bij aansloot, en spurtte daarna terug om het gesprek met zijn vriendin af te ronden; en de verschillende aanvallers die Michelle neerstaken, slaagden erin om vrijwel identieke wonden van dezelfde diepte te maken. En het meest fantastische gedeelte van dit verhaal is misschien wel dat een gewiekste straatcrimineel als Omar Ballard zo'n gruwelijk misdrijf gepleegd zou hebben met een stelletje witte jongens die hij nog nooit ontmoet had.

Het zal dan ook geen verrassing zijn dat de theorie van de Bende van Acht bezweek onder het gewicht van haar eigen waanzin. Derek Tice (nr. 4) trok zijn verklaring in en wilde niet getuigen tegen de drie mannen die hij genoemd had, dus waren de aanklagers genoodzaakt de aanklachten tegen Geoffrey Farris (nr. 5), Rick Pauley (nr. 6) en John Danser (nr. 7) te laten vallen. Ze werden op vrije voeten gesteld nadat ze maandenlang in een keiharde gevangenis hadden gezeten. Er volgden geen verontschuldigingen, geen compensatie, geen verklaring, niets. En dan waren zij nog de geluksvogels.

Dan Williams (nr. 1) probeerde zijn schuldbekentenis in te trekken in het licht van Ballards verklaringen, maar de rechter weigerde. Joe Dick (nr. 2) had zichzelf wijsgemaakt dat hij schuldig was en had zelfs een excuusbrief aan Michelles familie geschreven. Eric Wilson (nr. 3) verscheen voor de rechtbank en werd schuldig bevonden aan verkrachting. Zijn bekentenis werd aan de jury voorgelezen en dat deed hem de das om. Hij zat een gevangenisstraf van zevenenhalf jaar uit en kwam in 2005 vrij. Derek Tice (nr. 4) werd in twee afzonderlijke rechtszaken veroordeeld en kreeg levenslang zonder kans op vervroegde vrijlating. Bij de rechtszaken van Wilson en Tice getuigde Joe Dick voor de openbaar aanklagers, maar hij was niet geloofwaardig. De juryleden concentreerden zich wel op de opgenomen bekentenissen.

Williams, Dick en Tice werden veroordeeld tot levenslang zonder kans op vervroegde vrijlating. Opmerkelijk genoeg kreeg Omar Ballard, in een rechtsgebied waar de doodstraf regelmatig wordt opgelegd, een deal aangeboden waardoor hij uit de dodencel kon blijven. Een doorgewinterde crimineel met een strafblad, die de moord op Michelle Bosko had bekend. In elke andere situatie zouden de autoriteiten staan te trappelen voor een sensationele rechtszaak. Waarom kwam Ballard er zo makkelijk vanaf? De enige plausibele verklaring is dat de politie en het OM bang waren voor een enorme rechtszaak waarin Ballards advocaten de juryleden de voor de hand liggende vraag zouden mogen stellen: *hoe kunnen jullie deze man veroordelen terwijl vier anderen het misdrijf hebben bekend?* Zo'n rechtszaak was veel te riskant voor de politie en de aanklagers. Ze sloten snel een deal met Ballard, die werd veroordeeld tot levenslang.

De uiteindelijke uitkomst van de zaak-Bosko werd niet door de waarheid bepaald, maar door de leugens. Er werden door zoveel mensen zoveel leugens verteld, op zoveel vlakken, op zoveel manieren en om zoveel redenen, dat de waarheid er niet meer toe deed. Maar de harde feiten die op de plaats delict waren vergaard, veranderden nooit, hoewel ze halsstarrig genegeerd werden door de politie en het OM. Er was één dader, één DNA-match. Omar Ballard had in zijn eentje gehandeld, zoals hij zelf ook had toegegeven.

In 2004 werd Peter Neufeld, de medeoprichter van het Innocence Project in New York, gevraagd om eens naar de onterechte veroordelingen van de Norfolk Four te kijken. Neufeld wist van de zaak af; die was legendarisch in de steeds groter wordende kringen van het Innocence-werk. Hij kende niet één andere zaak in het land waarbij DNA zoveel verdachten had uitgesloten, waarna ze toch werden vervolgd. In de overgrote meerderheid van zaken waarbij het DNA-materiaal een verdachte uitsluit, doen aanklagers gewoon wat ze moeten doen: ze geven toe dat ze de verkeerde verdachte hebben. 'Het DNA overtreft de bekentenis,' zei Neufeld. 'De manier waarop de openbaar aanklagers en de politie zich bij de zaak-Bosko hebben gedragen is zo bespottelijk, zo schandalig, zo onvoorstelbaar dat het echt nog nooit is vertoond.'

Maar de zaak was te groot voor het Innocence Project. Neufeld wendde zich tot een gerenommeerd strafrechtadvocaat, George Kendall, en vroeg hem om hulp. Aanvankelijk was Kendall sceptisch vanwege alle bekentenissen, maar na wat research raakte hij geïntrigeerd door de zaak. Hij zegde zijn medewerking toe en haalde drie grote advocatenkantoren over om de krachten te bundelen. Zijn firma, Holland & Knight, nam de vertegenwoordiging van Joe Dick op zich. Skadden Arps, dat duizend advocaten had en veel pro-bonowerk deed, stemde ermee in om Dan Williams te vertegenwoordigen. Don Salzman, een advocaat die een passie had voor het pro bono vertegenwoordigen van mensen die ten onrechte veroordeeld waren, nam de zaak op zich. Bij Hogan & Hartson werd Des Hogan ingezet om Derek Tice te vertegenwoordigen. Eric Wilsons advocaat, Greg McCormack, had een clementieverzoek ingediend en bleef hem goed vertegenwoordigen.

De advocatenkantoren besloten samen te werken om amnestie van de gouverneur van Virginia na te streven. Ze namen contact op met de beste deskundigen van het land en vroegen ze om grondig en onafhankelijk te werken. Zeer bekwame en objectieve autoriteiten op het gebied van forensische analyse, DNA-tests, verhoren, valse bekentenissen en geweldsmisdrijven werden geconsulteerd en aan het werk gezet. De drie advocatenkantoren zetten zich volledig in en wijdden hun aanzienlijke talent en middelen aan het project.

De deskundigen hadden stuk voor stuk dezelfde mening: Omar Ballard had in zijn eentje gehandeld en de bekentenissen van de Norfolk Four waren afgedwongen en onbetrouwbaar. De vier mariniers hadden niets met de zaak te maken.

De advocaten verzamelden een ongelofelijke groep medestanders. Vier voormalig officiers van justitie van Virginia, drie Democraten en een Republikein, drongen bij de gouverneur aan op een volledig pardon van de vier mariniers, en datzelfde deden vijftien oud-rechters en voormalige openbaar aanklagers. Dertien juryleden van de rechtszaken van Wilson en Tice ondertekenden beëdigde verklaringen waarin ze toegaven dat ze fout hadden gezeten. Ze hadden het gevoel dat ze tijdens de rechtszaken waren misleid, omdat ze niets te horen hadden gekregen over Ballards waslijst van zedendelicten en rechercheur Fords waslijst van afgedwongen valse bekentenissen. Op 6 januari 2006 stond er in een hoofdartikel in *The Virginian-Pilot*, de grootste krant in de omgeving van Norfolk: 'Als de aanklagers of de politie afgezien van de bekentenissen enig onomstotelijk bewijs kunnen aandragen waaruit betrokkenheid van een van de vier veroordeelden blijkt, moeten de veroordelingen in stand worden gehouden. Zo niet, dan moet [de gouverneur] ze vrijlaten.'

In artikelen in zowel *The New York Times* als *The Washington Post* werd opgeroepen tot gratie.

Op verzoek van de advocaten van de Norfolk Four bekeken zesentwintig voormalig special agents van de FBI de zaak nog eens grondig, en ze kwamen allemaal tot dezelfde conclusie: Ballard had in zijn eentje gehandeld en de vier bekentenissen waren vals. FBI-agenten geven zelden commentaar op dat soort zaken, en het is nog ongebruikelijker dat ze het erover eens zijn dat iemand ten onrechte veroordeeld is. In dit geval waren de agenten er zo van overtuigd dat ze het in het openbaar verkondigden. Op 10 november 2008 zei Jay Cochran, een voormalig assistent-directeur van de FBI, op een persconferentie in Richmond: 'Na zorgvuldige bestudering van het bewijsmateriaal zijn we tot een eensluidende, onomstotelijke conclusie gekomen: de Norfolk Four zijn onschuldig. We denken dat er sprake is van een tragisch misverstand in de zaak van deze vier mariniers, en we roepen gouverneur Tim Kaine op om hun onmiddellijk gratie te verlenen.'

Op 6 augustus 2009 verleende gouverneur Kaine *voorwaardelijke gratie* aan Dan Williams, Joe Dick en Derek Tice. Omdat Eric Wilson vier jaar daarvoor was vrijgekomen, was er voor hem geen gratie nodig, tenminste, volgens Kaine. Het kwam er eigenlijk op neer dat hij hun straf omzette in uitgezeten tijd. Na meer dan tien jaar gevangenis werden de mannen vrijgelaten, hoewel ze nog steeds werden beschouwd als criminelen en zedendelinquenten.

Deze semi-gratie was bitterzoet voor de mannen en hun medestanders. Door amnestie zouden de vervolgingen ongegrond worden verklaard, de veroordelingen ongeldig worden gemaakt en de ongekende moed worden getoond om toe te geven dat het rechtssysteem van Virginia de mariniers in de steek had gelaten. Door amnestie zouden ze officieel onschuldig worden verklaard en zouden ze met een schone lei aan hun nieuwe leven kunnen beginnen.

De gerechtigheid kwam langzaam uit een onverwachte hoek. In 2010 werd rechercheur Glenn Ford schuldig bevonden in een federale afpersingszaak en veroordeeld tot twaalf jaar gevangenisstraf. Fords zwendel was simpel en briljant tegelijk. Hij aasde op drugsdealers die een lange gevangenisstraf te wachten stond, en garandeerde ze dat hij behoorlijk wat invloed had bij de overheid. Voor zo'n duizend dollar cash beloofde hij dat hij wat lichte druk op de aanklagers zou uitoefenen en tegen hen zou zeggen dat ze mild moesten zijn, omdat de drugsdealer in kwestie Ford bij andere zaken waardevolle steun had verleend. Als de verdachte het smeergeld weigerde te betalen, verzekerde Ford dat hij er dan voor zou zorgen dat het erger werd. Het was niets minder dan keiharde afpersing.

Tijdens de rechtszaak toonde de openbaar aanklager aan dat Fords duistere praktijken ruim vijftien jaar hadden gewerkt. En zo had hij, terwijl hij als de toprechercheur Moordzaken van Norfolk optrad en verantwoordelijk was voor talloze valse bekentenissen en onterechte veroordelingen, ook minstens tachtigduizend dollar in contanten opgestreken.

Ford had andere problemen. In de loop der jaren werd de zaak van de Norfolk Four algemeen bekend en daardoor meldden ook andere slachtoffers en hun advocaten zich. De teams van de verdediging waren gefrustreerd door de voorwaardelijke gratie, maar ze waren vooral vastbesloten om de naam van hun cliënten te zuiveren en vrijspraak te krijgen. Ze dienden hele ladingen moties in, terwijl hun onderzoekers naar nieuw bewijs zochten.

In 2016 verklaarde rechter John A. Gibney van het Amerikaanse District Court de veroordelingen van Dan Williams en Joe Dick nietig en sprak hen vrij. In een tamelijk scherpe verklaring zei rechter Gibney: 'Het bewijsmateriaal toonde in alle opzichten aan dat Danial Williams en Joseph Dick de verkrachting en de moord waarvoor ze beiden schuld hebben bekend niet gepleegd hebben, en geen enkel weldenkend mens zou hen kunnen veroordelen aan de hand van het beschikbare bewijsmateriaal.'

In februari 2017 dienden de advocaten van de Norfolk Four verzoekschriften in voor amnestie. Een maand later verleende gouverneur Terry McAuliffe die amnestie ook daadwerkelijk. Daarbij zei een woordvoerder van hem: 'Deze amnestie is de afsluiting van het laatste hoofdstuk van een ernstig onrecht dat deze vier onschuldige mannen bijna twintig jaar lang heeft achtervolgd.'

Hun strafblad werd vernietigd en hun namen werden verwijderd uit de registers van criminelen en zedendelinquenten. Ze werden onschuldig verklaard!

Maar de Four hadden nog een laatste hoofdstuk in gedachten. Met hun indrukwekkende juridische teams dreigden ze civiele rechtszaken aan te spannen tegen de stad Norfolk en de staat Virginia. Geen van beide entiteiten had zin om ook maar in de buurt van een rechtszaal te komen. In december 2018 schikten ze beide voor een totaalbedrag van 8,4 miljoen dollar.

Het is vijfentwintig jaar na de moord.

Danial Williams woont midden in Michigan in de buurt van zijn geboorteplaats. Toen zijn vrouw Nicole stierf, zat hij in een gevangenis in Norfolk, beschuldigd van verkrachting en moord. Hij is nooit hertrouwd, heeft geen kinderen en bouwt een nieuw huis voor zichzelf. Twaalf jaar van zijn leven zijn verspild in allerlei politiecellen en gevangenissen in Virginia. Zijn grootste woede is gericht op de politie, die de Four schandelijk behandeld heeft.

Hij zegt: 'Dat waren mensen die ik vroeger altijd geleerd heb te respecteren.'

Hij heeft een bloedhekel aan de naam Glenn Ford en zegt alleen: 'Ik zou willen dat hij heel wat langer in de gevangenis had gezeten.'

Joe Dick woont in de buurt van zijn ouders in Maryland. Hij heeft verschillende banen geprobeerd, maar het lukt hem maar niet om er een te houden. Hij is beschadigd door wat er is gebeurd en wordt geteisterd door traumatische stress. In de loop der jaren is hij onder behandeling geweest bij verschillende therapeuten, met beperkte verbetering.

Van de vier mannen heeft hij het meest geleden. Hij was voor Glenn Ford het makkelijkst te breken. De eerste die schuld bekende. De eerste die tegen de anderen getuigde. Joe was een makkelijk doelwit in de gevangenis en wordt nog steeds achtervolgd door zijn herinneringen.

Eric Wilson woont met zijn vrouw en familie in een dorp in Texas. Hij heeft zevenenhalf jaar in de gevangenis doorgebracht en probeert elke dag te leven zonder te denken aan wat er gebeurd is. Dat is onmogelijk. De nachtmerrie wordt op vele manieren getriggerd: het zien van een politieauto; een tv-serie waarin agenten een deur intrappen of een ondervrager een getuige onder druk zet; de wantrouwende blik van een buurtbewoner die hij al jaren kent. Hij denkt aan de verloren jaren in de gevangenis en de marinecarrière waar hij ooit van droomde. Hij geniet van de veroordeling en de gevangenisstraf van Glenn Ford, maar alleen al de gedachte aan diens naam roept steeds één emotie op: haat.

Derek Tice woont met zijn vrouw en gezin in een dorp in North Carolina. Hij heeft zonder reden elf jaar, twee maanden en een dag gezeten. Hij heeft een goede baan en heeft overal vrede mee, maar hij heeft zich erbij neergelegd dat hij de gebeurtenissen in Norfolk nooit kan vergeten. Hij zegt: 'Over twintig jaar heb ik nog steeds flashbacks, dat weet ik zeker.'

En Omar Ballard zit een gevangenisstraf van vijfentwintig jaar uit, zonder kans op vervroegde vrijlating; niet dat hij ervan droomt om vrij te komen. In verschillende gesprekken door de jaren heen heeft hij herhaaldelijk de volledige, enige verantwoordelijkheid voor het verkrachten en vermoorden van Michelle Bosko op zich genomen. Hij heeft in zijn eentje gehandeld en heeft talloze keren verklaard dat de Norfolk Four onschuldig zijn.

Schuldig tot het tegendeel bewezen is

Jim McCloskey

Clarence Lee Brandley had geen alternatieven meer.

Hoewel hij de beste advocaten had gehad, onder wie de gevierde strafrechtadvocaat van Houston, Percy Foreman, kon hij niet nog een keer in beroep gaan. Alle verzoeken waren geweigerd, in de hele gerechtelijke hiërarchie van Texas. Hij kon nergens meer heen. De afgelopen zesenhalf jaar hadden hij en zijn toegewijde advocaten zich in de rechtbank van Conroe door twee strafzaken waarbij de doodstraf werd geëist, en een tweedaagse hoorzitting heen geworsteld. Ze hadden bewijs gepresenteerd waarvan ze dachten dat het onweerlegbaar was, en waarmee niet alleen zijn onschuld werd aangetoond, maar ook het racisme, de corruptie en de trucjes in de rechtszaal, waardoor hij nu in de dodencel zat.

Maar nu was de tijd om. Vandaag, op 6 februari 1987, zou rechter Lynn Coker de datum van Clarence' executie bepalen.

Terwijl de rechter plaatsnam, zat Clarence met handboeien om aan de tafel van de verdediging, naast zijn hoofdadvocaat, Formans partner bij het advocatenkantoor – Mike DeGeurin – en zijn jonge medewerker Paul Nugent. Zoals altijd bleef Clarence uiterlijk onbewogen. Zijn houding verraadde niets van de verwarring en de angst die in zijn binnenste kolkten. Hij weigerde zijn tegenstanders de voldoening te geven om hem bang te zien. Maar hij wist dat dit einde verhaal was. Zijn oude moeder, Minnie Ola, zat stilletjes achter hem te huilen. Onder de toeschouwers in de rechtszaal bevonden zich de tienerzoon van rechter Coker, die daar was om zijn vader aan het werk te zien, en de paar zwarte mensen die door de deputy van de sheriff waren binnengelaten. De meeste zwarte mensen was de toegang ontzegd.

Rechter Coker vroeg of Clarence nog iets te zeggen had voordat de datum zou worden bepaald. Clarence keek de rechter in de ogen, wachtte schijnbaar een eeuwigheid en antwoordde met heldere, bedaarde stem: ‘Edelachtbare, ik ben onschuldig.’ Als reactie verkondigde Coker op vlakke, laconieke toon, alsof hij het weerbericht oplas, dat Clarence op 26 maart 1987 ter dood gebracht zou worden.

De hoorzitting had maar liefst twee minuten geduurd. Meteen erna werd Clarence de rechtszaal uit geloodst, nog steeds geboeid, en teruggebracht naar de dodencel in het Texas State Penitentiary in Huntsville, zo’n vijftig kilometer naar het noorden langs Interstate 45: een imposant, fortachtig gebouw dat in 1849 was voltooid als de eerste gevangenis in Texas. Hier zou hij zijn lot afwachten, wat nog maar zes weken zou duren.

Het stadje Conroe is de hoofdstad van Montgomery County in het zuiden van Texas. In de jaren tachtig was het een dorp met zo’n achttienduizend inwoners, en een microkosmos van het ergste racisme in het Zuiden. Zwarte mensen waren verbannen naar een verwaarloosd terrein, een grotendeels arme gemeenschap die bestond uit nietszeggende huisjes en gammele hutjes in een gebied dat Dugan heette en dat oorspronkelijk was gesticht door vrijgemaakte slaven. De gemeenschap was klein in aantal en onderdanig van houding. Ze moesten wel. Witte mannen maakten de dienst uit in Conroe, een stadje met een afgrijselijk verleden van grof geweld tegen zwarte mannen die er valselijk van werden beschuldigd dat ze witte vrouwen aanrandden.

Iedereen in Dugan kende het verhaal van Bob White, een zwarte man die er ten onrechte van werd beschuldigd dat hij een witte vrouw bij haar thuis had verkracht terwijl haar echtgenoot van huis was. Terwijl White op 11 juni 1941 in een overvolle rechtszaal in Conroe achter de tafel van de verdediging zat, liep de echtgenoot kalm naar voren en schoot hem in zijn nek met een .38 kaliberpistool. Een week later stond de echtgenoot terecht voor de moord op White. Op aandringen van de officier van justitie sprak de jury hem binnen twee minuten vrij. De inwoners van Dugan weten ook wat er op 20 mei 1922 voor de oude rechtbank van Conroe met Joe Winters is gebeurd. Winters was ten onrechte beschuldigd van het verkrachten van een wit meisje van veertien dat naar een voorbijganger, die haar en Winters samen zag, schreeuwde dat ze verkracht was. Hij werd aan een ijzeren paal gebonden en overgoten met kerosine, waarna hij levend werd verbrand ten overstaan van de inwoners van de stad, terwijl de deputy's van de sheriff toekeken. Brandleys eigen opa, Dennis 'Putt' Brandley, was op klaarlichte dag volkomen zonder reden doodgeschoten door de bullebak van de stad. Toen Putt kreunend op de grond lag na het eerste schot, keken de mensen uit de stad toe terwijl de man nog twee kogels in zijn lichaam pompte om hem af te maken. De schutter werd niet eens gearresteerd.

Clarence, die in de jaren vijftig en zestig opgroeide in Conroe, had rechtstreeks te maken met de rassenscheiding in het Zuiden. In het Crighton Theatre in de binnenstad moesten alle zwarte mensen op het balkon zitten als ze een film wilden kijken. Bij de zeldzame gelegenheden dat Clarence' vader zich een uitspatting kon veroorloven en eten voor zijn gezin kon kopen bij een *'whites only'*-restaurant, moest hij dat bij de keukendeur van het restaurant bestellen en buiten wachten tot het klaar was.

Brandleys eigen nachtmerrie in Conroe begon op 23 augustus 1980, toen er een regionaal schoolvolleybaltoernooi voor vrouwen werd gehouden op Conroe High School, waar hij als conciërge werkte. Die ochtend arriveerde even na negenen het meisjesteam uit Bellville, zo'n uur rijden verderop. Cheryl Dee Fergeson, een knap meisje van zestien met blond haar en blauwe ogen, was de aanvoerder van het team. Haar moeder was een jaar daarvoor overleden aan kanker, dus ze woonde alleen met haar vader op een ranch even buiten Bellville. Zij en haar vriendje, Frank Rodriguez, waren van plan om te trouwen als ze van school kwamen. Om ongeveer kwart over negen liep Fergeson weg, op zoek naar een toilet. Volgens de eerste verklaringen van drie witte schoolconciërges was ze voor het laatst gezien toen ze een trap op liep en een meisjes-wc op de overloop binnenging. Op dat moment, zeiden de conciërges, hadden ze onderaan de trap staan wachten tot hun supervisor, Clarence Brandley, hun nieuwe instructies zou geven. Ze waren net klaar met stoelen en tafels neerzetten in de kantine, die daar vlakbij was.

Toen Fergeson niet terugkeerde naar de gymzaal, werd haar team ongerust en ging naar haar op zoek. Om tien over halfelf werd het toernooi opgeschort en ging iedereen meezoeken. Een uur later vonden Brandley en een andere conciërge, Henry 'Icky' Peace, haar lichaam op een vliering boven het podium in de aula van de school, verborgen onder triplex planken. Ze lag op haar rug op een gele sportmat, helemaal naakt op witte sportsokken na. De dubbele deuren naar het podium bevonden zich op slechts een paar stappen van het toilet. Iemand had haar uit het toilet door deze deuren naar het podium gedragen en daarna de trap op getild naar de vliering, waar haar lichaam was neergelegd. Haar kleren werden twee dagen later door de politie gevonden in een vuilniszak in de schoolcontainer.

De volgende dag werd er autopsie verricht. Joseph Jachimczyk, de lijkschouwer van Harris County, stelde vast dat Cheryl was verkracht en gedood door verwurging met iets wat om haar keel was gebonden. Op haar hals zat een afdruk van meer dan tien centimeter lang en ruim een centimeter breed. Haar nagels waren schoon en niet afgebroken, en ze had blauwe plekken op haar triceps, wat erop wees dat ze door één belager stevig was vastgehouden, terwijl de andere haar kleren uittrok. Vaginale uitstrijkjes toonden aan dat er sperma aanwezig was, maar Jachimczyk liet na om te testen welke bloedgroep het had. Na dertig dagen, getuigde hij later, gooide hij de uitstrijkjes weg toen niemand uit Conroe ernaar vroeg. Destijds was DNA-technologie nog niet ontwikkeld, maar het was wel mogelijk om wetenschappelijk de bloedgroep vast te stellen, niet alleen uit bloed maar ook uit lichaamssappen zoals zweet en sperma. Dus elk betrouwbaar lab had de uitstrijkjes kunnen analyseren op bloedgroep en de resultaten kunnen vergelijken met iedere mogelijke verdachte – als de uitstrijkjes niet waren weggegooid.

De politie beschouwde Clarence en Icky prompt als verdachten omdat zij het lichaam hadden gevonden, wat de vraag opwierp: waarom zouden ze de politie naar het lichaam leiden als ze al die moeite hadden gedaan om het te verbergen? Bovendien zou het voor Icky fysiek bijna onmogelijk zijn geweest om Fergeson te overmeesteren en te onderwerpen. Hij was één meter zevenenveertig, heel dik, en hij droeg een bril met jampotglazen. Toch werden ze later die dag allebei naar het politiebureau in de stad gebracht om een verklaring af te leggen, en daarna naar het ziekenhuis om bloed- en haarmonsters af te staan. Toen ze door een agent van de politie in Conroe weer werden afgezet bij school, zei hij tegen hen: 'Een van jullie twee gaat hiervoor hangen.'

Daarna richtte hij zich tot Clarence en zei: 'En omdat jij de *nigger* bent, valt de keus op jou.'

Clarence Brandley was opgegroeid in Dugan in een gezin met tien kinderen, en nadat hij zijn diploma van de Booker T. Washington High School had gehaald, werd hij opgeroepen voor dienstplicht. Eenmaal uit het leger was hij twee keer getrouwd, en hij had vijf kinderen. Voor het eerst sinds zijn diensttijd had hij een vaste baan als conciërge op Conroe High gekregen, waar hij na een paar maanden werd gepromoveerd tot supervisor van de conciërges. Het begon de goede kant op te gaan nu hij zijn draai gevonden had.

Maar daar leek verandering in te komen. Clarence voelde meteen dat dit onderzoek op hem gericht zou worden. Geen van de drie conciërges die Cheryl naar de wc hadden zien gaan, had haar- en bloedmonsters hoeven afgeven. Alleen bij Clarence waren vingerafdrukken afgenomen. Op maandag legden Icky en hij een leugendetectortest af. Ze kregen allebei te horen dat ze die goed hadden doorstaan. Maar Clarence wist dat er iets niet goed zat. Hij was achtentwintig, oud genoeg om alles te weten van het racisme dat zowel de plaatselijke politie als witte, bekrompen en onwetende burgers ertoe aanzette om achter onschuldige zwarte mannen aan te gaan. En het was duidelijk dat de rechercheurs snel een moordenaar moesten vinden. Over een week zou de school weer beginnen. Hysterische ouders, die zich zorgen maakten om de veiligheid van hun kinderen, bestookten de school en de politie met telefoontjes waarin ze dreigden hun kinderen van school te houden tot de dader gepakt was.

De officier van justitie van de county, Jim Keeshan, was niet blij met het tempo van het politieonderzoek. Hij kon niet geloven dat het hoofd van de recherche, Monty Koerner, zijn mannen zondag – de dag na de moord – vrij had gegeven. Keeshan was veertig en was al vijf jaar officier van justitie. Hij was de man die de leiding had over de wetshandhaving in de county en hij besloot dat het tijd werd om de Texas Rangers het onderzoek te laten doen. Op donderdag 28 augustus arriveerde de vijfenvijftigjarige Texas Ranger John Wesley Styles in Conroe. Omdat het zijn taak was om de plaatselijke politie in drie county's te assisteren, waaronder Montgomery, was hij geen vreemde van de politie en de openbaar aanklagers van Conroe. Ze waren blij om hem aan boord te hebben. Het motto van de Texas Rangers is sinds jaar en dag: 'Eén rel, één Ranger.' Een Ranger kon dingen voor elkaar krijgen die anderen niet klaarspeelden.

Styles was elf jaar daarvoor bij de Rangers gekomen, in 1969, nadat hij achttien jaar sheriff was geweest van Baylor County in het noorden van Texas, vlak bij de grens met Oklahoma. Op vrijdagochtend meldde hij zich bij Keeshan, zoals altijd uitgerust met een grote witte cowboyhoed en grote leren laarzen, en een Colt .45 aan zijn heup. Hij was een zwaargebouwde witte man, ruim één meter tachtig lang en met een buik die flink over zijn Ranger-riem hing. In combinatie met zijn omvang zorgde zijn diepe, autoritaire stem ervoor dat hij een intimiderende uitstraling had terwijl hij getuigen verhoorde.

Styles voerde de hele dag discussies met Keeshan en zijn collega's. Rond vier uur 's middags verliet hij het bureau en ging met een paar politieagenten naar Conroe High. Nog voordat hij ook maar aan zijn onderzoek begonnen was, riep hij Clarence naar het kantoor van de schooldirecteur en arresteerde hem voor moord met voorbedachten rade op Fergeson. De volgende dag stond er met grote, zwarte letters een schreeuwende kop op de voorpagina van de *Conroe Courier:* SCHOOLCONCIËRGE AANGEKLAAGD WEGENS MOORD. Daarbij stond een frontale foto van Clarence die door een politieagent de rechtbank binnen werd geloodst met zijn handen geboeid achter zijn rug en een somber gezicht. Daardoor werden de inwoners van Conroe ongetwijfeld gerustgesteld, vooral de ouders van de leerlingen.

Nu moest Styles bewijs vinden om zijn arrestatie te ondersteunen. Op zaterdag 30 augustus, een week na de moord, belegde hij 's ochtends op Conroe High een bijeenkomst van het rechercheteam en de conciërges John Sessum, Gary Acreman en Sam Martinez om 'door te nemen' wat er op de dag van Fergesons moord was gebeurd. Geïntimideerd en verbouwereerd werden de drie nerveuze conciërges door Styles en de andere wetsdienaren geholpen om een verslag van de gebeurtenissen op te lepelen waardoor Clarence Brandley uiteindelijk in de dodencel belandde. Nadat ze klaar waren met hun verhaal, stemden de drie mannen ermee in dat er verklaringen werden opgesteld door de politie. Die werden voor hen uitgetypt om een paar dagen later te ondertekenen. De voltooide getuigenverklaringen waren vrijwel identiek en vormden de basis voor de getuigenverklaringen die de mannen drie maanden later in de rechtszaal aflegden. Het verhaal dat ze in de rechtbank presenteerden ging als volgt.

Ze begonnen die dag even voor achten. Zoals opgedragen

door Clarence, was hun eerste taak de stoelen en tafels in de kantine klaarzetten. Dat duurde zo'n anderhalf uur en ze waren er om halftien mee klaar. Een paar minuten later stonden ze te wachten tot Clarence terugkwam om ze hun volgende opdracht te geven, toen er een jonge witte vrouw met blond haar vlak bij hen de trap op kwam en de meisjes-wc binnenging. De conciërges stonden vlak bij die trap. Martinez zei dat het meisje een blauwe spijkerbroek droeg, met een brede witte riem waar een opschrift op stond, misschien een naam.

Ze was de meisjes-wc nog niet binnengegaan, volgens hun verslag, of Clarence verscheen vlak achter haar met een paar rollen toiletpapier. Toen Clarence de trap op liep naar de overloop waar de wc's waren, zei Acreman dat het meisje in het toilet was. Clarence antwoordde dat hij niet van plan was de meisjes-wc binnen te gaan. Clarence zei dat de mannen naar het gebouw van de praktijkvakken aan de overkant van de straat moesten gaan en daar op hem moesten wachten. Op weg daarnaartoe kwamen ze Icky Peace tegen, die zich voor het gebouw bij hen voegde en wachtte tot Clarence de deur zou komen openmaken zodat ze daar tafels en stoelen konden neerzetten.

Volgens hun verklaringen kwam Clarence zo'n drie kwartier later, tegen halfelf, uit het hoofdgebouw en gebaarde dat Icky de sleutels moest komen halen, zodat de mannen hun werk konden doen en naar huis konden gaan. Ongeveer een uur later, rond halftwaalf, kwam Clarence naar het praktijkgebouw, inspecteerde het werk dat ze gedaan hadden en zei tegen Acreman, Sessum en Martinez dat ze naar huis mochten, wat ze deden. Icky en hij gingen terug naar het hoofdgebouw. Acreman en Sessum merkten in hun beedigde verklaring allebei op dat Clarence zich ineens anders gedroeg toen hij naar het praktijkgebouw kwam om hun werk te controleren. Hij leek nerveus en wilde dat ze snel zouden weggaan.

Dat verhaal impliceerde dat Clarence geen alibi had. Nadat hij de drie conciërges opdracht had gegeven naar het praktijkgebouw te gaan en op hem te wachten, was hij in zijn eentje op de verdieping waar de toiletten waren, en hij wist dat daar een meisje was. Intussen waren de conciërges elkaars alibi, want ze waren altijd samen op de cruciale tijdstippen gedurende de verdwijning van het meisje.

Tijdens zijn getuigenis voor de grand jury bij zijn eerste zitting zei Clarence dat hij Acreman, toen hij op de overloop kwam, daar vlak bij de toiletten zag staan. Martinez stond onderaan de trap. Sessum en Icky stonden daar ergens tussenin. Toen Clarence de trap op liep, zei Acreman dat hij niet naar de meisjes-wc moest gaan, omdat daar een meisje was. Clarence antwoordde dat hij daar niet naar binnen zou gaan. Hij ging nooit de meisjes-wc binnen; hij liet altijd een vrouw checken of alles nog voorradig was in de toiletten, en dat had hij die ochtend vroeg al laten doen. Clarence had het vermiste meisje nooit gezien totdat Icky en hij haar lichaam vonden.

Nadat hij de mannen had gezegd naar het praktijkgebouw te gaan en daar op hem te wachten, verklaarde Clarence, had hij twee rollen toiletpapier in de jongens-wc opgehangen. Daarna liep hij naar zijn kantoor, waar hij naar de radio luisterde en een sigaret rookte. Hij wachtte zo'n twintig minuten voordat hij naar buiten ging om de sleutels aan Icky te geven, zodat die het praktijkgebouw kon openmaken voor de drie witte conciërges. Inmiddels was het rond tien uur. De reden dat hij hen liet wachten, was dat hun werktijd dan werd opgerekt tot een halve dag, zodat ze voldoende hadden gewerkt voor een volle werkdag salaris.

Zodra hij Icky de sleutels had gegeven, ging hij weer naar zijn kantoor en wachtte bijna een uur voordat hij naar hen toe ging om hun werk te controleren. Tevreden liet hij Martinez, Acreman en Sessum naar huis gaan. Rond elf uur stak hij met Icky de straat weer over naar het hoofdgebouw om de kantine af te sluiten. Terwijl ze daar waren, kwamen er drie meisjes aan die vertelden dat een van hun vriendinnen vermist was. Daarop gingen Icky en hij meezoeken. Vijfentwintig minuten later vonden ze haar levenloze lichaam.

Don Brown en George Morris waren partners; slimme en ervaren advocaten die gespecialiseerd waren in strafrechtzaken. Ze werkten in een kantoor met uitzicht op het rechtbankplein van Conroe en hadden de zaak op de voet gevolgd in de kranten. Ze waren allebei liberale leeuwen die vurig in de grondrechten van hun cliënten geloofden en keihard vochten om ervoor te zorgen dat ze rechtvaardig behandeld werden. Toen de familie Brandley naar hen toe kwam voor hulp, namen ze de verdediging belangeloos op zich. Ze waren zich heel goed bewust van het racisme waarvan het plaatselijke strafrechtsysteem doordrenkt was en vermoedden dat dit een klassieke Conroe-zaak was: het verkrachten en vermoorden van een wit meisje werd in de schoenen geschoven van de eerste de beste zwarte man. Nadat ze uitvoerig met Clarence hadden gesproken, waren ze overtuigd van zijn onschuld.

Hun vermoeden dat er racisme schuilging achter deze zaak werd algauw bevestigd. De advocaten gebruikten hun eigen onroerend goed als onderpand en hoestten de dertigduizend dollar op voor de borgsom die op 5 september was vastgesteld. Maar toen ze daarmee bij de sheriff kwamen, weigerde die doodleuk om Clarence vrij te laten. Dat leidde tot een overleg in de raadskamer met rechter Lee Alworth, in bijzijn van officier van justitie Keeshan, sheriff Gene Reaves en advocaat Don Brown. Reaves gaf meteen toe dat de borgsom goed was. Waarom dan toch weigeren om Brandley vrij te laten? wilde de rechter weten. De sheriff antwoordde: 'Omdat die vuile *nigger* niet vrij rond hoort te lopen.' Officier van justitie Keeshan beaamde dat door vrijwel exact de woorden van de sheriff te herhalen: 'Die vuile *nigger* hoort niet vrij rond te lopen.' Tot Browns grote verbazing en voldoening beval de rechter dat Clarence toch moest worden vrijgelaten, en wel de volgende ochtend. Maar dat bleek een list te zijn.

Stiekem, achter de rug van de verdediging om en voordat Clarence zou vrijkomen, spanden Keeshan en rechter Alworth samen om de borgsom te verhogen naar vijfenzeventigduizend dollar. De volgende ochtend diende Keeshan een motie in met het verzoek de borgsom te verhogen, met een geautoriseerde opdracht van rechter Alworth. Zonder hoorzitting was dat illegaal. Geschokt en woedend diende Brown onmiddellijk een motie in waarin hij wraking van de rechter eiste. Om een hoorzitting wegens wraking te vermijden, stapte rechter Alworth zelf op, waarna hij Don Brown publiekelijk hekelde als 'de meest onuitstaanbare man die ik ooit heb ontmoet' en tierde dat 'zelfs Will Rogers een hekel zou hebben aan Don Brown'. Daarna zette Alworth het Brown betaald door rechter Sam Robertson junior uit Houston aan te wijzen als zijn vervanger. Robertson, die negentien jaar officier van justitie was geweest, was berucht vanwege zijn voorliefde voor vervolging. Een van de eerste dingen die rechter Robertson deed, was de borgsom van vijfenzeventigduizend dollar handhaven; een bedrag dat de advocaten nooit bij elkaar konden krijgen, zodat Clarence de lange maanden tot aan de rechtszaak in de gevangenis zou blijven zitten.

Het duurde een week om een volledig witte jury van negen mannen en drie vrouwen te selecteren, en de rechtszaak begon op maandag 8 december 1980. Acreman vertelde de jury wat hij in zijn beëdigde getuigenverklaring had gezegd, met twee wijzigingen. Nu beschreef hij dat Clarence het meisje op slechts drie meter afstand volgde toen ze de trap op liep naar de toiletten. Hijzelf, verklaarde hij nu, had op vijftien meter van de onderste trede van de trap gestaan toen zij de trap op liep. Martinez en Sessum herhaalden het verhaal dat ze in hun beëdigde getuigenverklaringen hadden verteld. Wat Clarence echt kwetste, was de getuigenis van Icky Peace. Die beweerde dat Clarence hem tijdens hun zoektocht bij drie verschillende gelegenheden had gezegd dat hij naar de vliering moest, totdat Icky het meisje eindelijk vond, waarmee hij impliceerde dat Clarence wist waar het lichaam lag, omdat hij de moordenaar was.

Daarna hoorde de jury van de forensische experts van zowel de verdediging als de aanklagers over de haren en het sperma, aangetroffen op het slachtoffer. Ze waren het er allemaal over eens dat haaranalyse en vergelijking met bepaalde verdachten verre van sluitend kon zijn, en dat dat ook het geval was toen ze de haren onderzochten die op Fergeson gevonden waren. Er waren twee ongeïdentificeerde haren van witte personen op haar liezen gevonden: de ene was een bruine lichaamshaar en de andere een roodbruine schaamhaar. Er werd opgemerkt dat er haarmonsters waren afgenomen van Clarence en Icky, maar niet van de drie andere witte conciërges. Keeshan zag daar geen reden toe, zei hij, want dat zou een 'onnodige belasting' van de mannen zijn. Ook de rechter weigerde het verzoek van de verdediging om specimens van de drie mannen af te nemen voor vergelijking. Een haar die was gevonden op een van Fergesons sokken werd onder de microscoop vergeleken met Clarence' haren, maar geen van de deskundigen kon zeggen of het een hoofdhaar of een schaamhaar was.

De zaak werd op vrijdag 12 december overgedragen aan de jury.

Bill Srack was een van de juryleden. Hij kwam niet uit Conroe. Hij was opgegroeid in Houston en werkte daar als bouwmanager voor Shell Oil. In 1971 hadden zijn vrouw en hij hun huis in Houston verkocht en waren verhuisd naar een lommerrijk slaapstadje ten zuiden van Conroe. Srack was een Republikein die niet heel erg bezig was met burgerrechten of het racisme dat inherent was aan het rechtssysteem in Conroe. Hij was zich slechts vaag bewust geweest van de zaak-Brandley en had er eigenlijk nauwelijks over nagedacht, tot hij was geselecteerd voor de jury. Dit was de vijfde keer dat hij in een jury zat. Hij had het al vier keer gedaan in Houston: twee federale zaken en twee in Harris County.

Bill Srack veroorzaakte nogal wat deining in de jurykamer tijdens de elf uur beraadslaging op vrijdag, gevolgd door nog meer beraadslaging op zaterdagochtend. Hij was niet overtuigd van Clarence' onschuld, maar had gerede twijfel en hield daaraan vast. Later verklaarde hij dat hij helemaal niet onder de indruk was van de conciërges, vooral niet van Acreman, en al helemaal niet van de lijkschouwer die de vaginale uitstrijkjes had weggegooid. Hij vond niet dat Keeshan zijn zaak had bewezen en maakte zijn mening van meet af aan duidelijk aan de andere juryleden. De gemoederen raakten algauw verhit. Er werd geschreeuwd, steeds luider. Hij werd meerdere keren '*nigger*-vriendje' genoemd, vooral door drie mannelijke juryleden die zich gezamenlijk tegen hem keerden. Soms trok hij zich terug in de koffiekamer om even op zichzelf te kunnen zijn, en dan hoorde hij in de andere kamer het woord '*nigger*-vriendje'.

Op vrijdagavond werd hij met de andere juryleden afgezonderd in een hotel, en op zaterdag zat hij in zijn eentje te ontbijten terwijl de anderen samen aten. Uiteindelijk was hij de enige van de twaalf die niet schuldig stemde.

In verzet komen tegen de andere elf vergde heel veel moed; het vergde ook veel van hem. Hij was niet Henry Fonda in *12 Angry Men*, die erin slaagde de anderen van gedachten te laten veranderen. Dit was niet Hollywood. Dit voelde voor hem als de hel. Hij had zich nooit van zijn leven zo beschimpt en eenzaam gevoeld. Uiteindelijk accepteerde rechter Robertson dat hij een verdeelde jury had, en hij riep hen bij zich en zei kortaf dat ze konden gaan. Binnen gehoorsafstand van iedereen, inclusief de vertrekkende jury, beval hij Clarence om op te staan. Daarna zei hij dat hij hem borgtocht weigerde, 'omdat ik vind dat er duidelijk bewijs is dat een onpartijdige jury u niet alleen schuldig zou bevinden aan moord met voorbedachten rade, maar ook de doodstraf passend zou achten'.

Terwijl een verslagen, onthutste Bill Srack de rechtbank verliet, hoorde hij een ander jurylid tegen de pers zeggen: 'Daar gaat die klootzak.' En daarmee was het nog niet afgelopen. Zijn telefoon rinkelde onophoudelijk vanaf het moment dat hij die zaterdag thuiskwam. De telefoontjes gingen maanden door; een gestage stroom, dag en nacht. De bellers bleven of zwijgen, of ze noemden hem '*nigger*-vriendje' of dreigden dat ze hem wel 'zouden krijgen'. Uiteindelijk werden de telefoontjes minder frequent, maar de stress die hij en zijn vrouw maandenlang te verduren hadden, was bijna ondraaglijk.

Sracks afwijkende stem zou hem jaren later nog parten spelen. Eind jaren tachtig trok hij zich terug uit het bedrijfsleven en solliciteerde naar een baan als inkoopverantwoordelijke van Montgomery County. Hij behoorde tot de beste gegadigden voor de baan en werd uitgenodigd voor een gesprek met drie rechters, van wie er een edelachtbare Jim Keeshan was, die eind 1985 was gepromoveerd tot countyrechter. Keeshan bestookte Srack met vragen over zijn stem bij Brandleys rechtszaak, zeven jaar daarvoor. Na allerlei vernietigende vragen en opmerkingen trok Keeshan ook Sracks denkvermogen en zijn vermogen om goed met mensen om te gaan in twijfel, omdat hij zo halsstarrig had vastgehouden aan zijn eigen afwijkende mening en tegen de wensen van de andere juryleden in was gegaan. Onnodig te zeggen dat Srack de baan niet kreeg. Weer een bittere pil die hij moest slikken omdat hij naar eer en geweten had gestemd.

Brown en Morris, die de schaamteloze vriendjespolitiek van rechter Robertson tegenover de openbaar aanklagers spuugzat waren, dienden een wrakingsmotie tegen hem in. Robertsons vooroordelen en vooringenomenheid tegen Clarence waren eenvoudig aan te tonen, zeiden ze tijdens een hoorzitting tegen hem, en ze gaven aan dat ze een officieel wrakingsverzoek zouden indienen bij de rechtbank. Om een publiekelijke vernedering te vermijden, stapte Robertson twee dagen later op, net zoals rechter Alworth in november had gedaan voor de eerste rechtszaak. De volgende dag werd de nieuw gekozen rechter John Martin aangewezen om de tweede rechtszaak voor te zitten. Omdat hij een strafzaakadvocaat was die Brown en Morris goed kenden, waren beide mannen blij met zijn aanstelling. Ze zagen het als een goed voorteken voor het nieuwe jaar, 1981, en ze bereidden zich vol goede moed voor op de nieuwe rechtszaak.

Ze moesten eens weten. Het duurde niet lang voordat de ware aard van rechter Martin bovenkwam. In een bijeenkomst in de raadskamer voorafgaand aan de rechtszaak gaf hij Brown ervanlangs alsof hij een kind was en zei:

'Hou verdomme je bek zodat Jim Keeshan kan praten.'

En toen, op de vooravond van de rechtszaak, ontstond er een scheurtje in het verhaal van de conciërges. Brown kreeg een telefoontje van John Payne, wiens broer Ed op hetzelfde terrein woonde als Paynes dochter Cynthia, die getrouwd was met conciërge Gary Acreman. Ed had tegen John gezegd dat Acreman, nadat die op de dag van de moord op Fergeson uit zijn werk was gekomen, heel zenuwachtig liep te ijsberen. Hij zei tegen Ed dat er op school een meisje was vermoord en dat haar kleren in de schoolcontainer waren gegooid. Dat was explosieve informatie, want Acreman had steeds tegen de politie gezegd – zoals hij ook in zijn getuigenverklaring tijdens de eerste rechtszaak had verteld – dat hij niet wist dat er een meisje was vermoord op school, omdat hij van Brandley vroeg naar huis had gemogen na zijn werk in het praktijkgebouw. Acreman had gezegd dat hij pas van de moord hoorde toen hij erover las in de zondagskrant. De politie vond haar kleren pas op maandag in de container, dus hoe wist Acreman dan dat ze daar waren?

Maar tegen de tijd dat Brown rechtstreeks met Ed Payne kon praten, had Payne het verhaal al teruggedraaid en weigerde er nog over te discussiëren. Brown vertelde Keeshan over het telefoontje van John Payne, maar Keeshan glimlachte slechts en zei dat hij 'een goed gevoel' had bij deze zaak en geen noodzaak zag om Ed Payne te ondervragen. Conciërges Acreman, Martinez en Peace gaven min of meer dezelfde versie van de gebeurtenissen die ze ook in de eerste rechtszaak al hadden gegeven. Sessum wilde niet graag getuigen, dus riep geen van beide partijen hem op.

Deze keer kwam Keeshan met een nieuwe getuige voor de aanklagers, een zwarte tiener met de naam Danny Taylor.

Taylor vertelde de jury dat hij in de zomer van 1980 korte tijd op de highschool had gewerkt. Op een dag stond hij toevallig een keer bij Clarence toen er een groepje witte schoolmeisjes langsliep. Zodra ze weg waren, had Clarence volgens Taylor opgemerkt: 'Als ik een van hen alleen zou aantreffen, weet ik niet wat ik zou doen.' Rechter Martin stond de getuigenis toe, onder luide protesten van de verdediging, die aanvoerde dat het niet waar was en dat het, zelfs als het wél zo zou zijn, de indruk die de geheel witte jury van de verdachte had onherstelbaar zou schaden. Clarence overlegde met zijn advocaten en vertelde dat deze onverwachte getuige was ontslagen omdat hij hun baas met een slagersmes had bedreigd. Hoewel de rechter toestond dat die informatie werd gedeeld, was het kwaad al geschied.

Ranger Styles getuigde dat hij geen haar- en bloedmonsters van conciërges Acreman, Martinez en Peace had afgenomen omdat die 'geen contact hadden gehad' met het slachtoffer, Cheryl Fergeson.

De openbaar aanklagers hamerden erop dat Brandley de dader moest zijn, want hij was de enige met de sleutels van de deuren tussen de toiletten en de aula. Het deed er niet toe dat de deuren regelmatig bleven openstaan, dat er andere mensen waren die lopers hadden en dat nooit was vastgesteld dat de deuren daadwerkelijk op slot waren op het tijdstip van de moord. Clarence' advocaat Morris liet David Harris komen, de leidinggevende van de onderhoudsafdeling, die wist dat er nog een stel sleutels in het bezit was van Clarence Robinson, een witte man die supervisor van de conciërges was geweest voordat Brandley dat werd. Die sleutels waren nooit op school ingeleverd. De zoon van meneer Robinson, James Dexter Robinson, had korte tijd als conciërge op school gewerkt en was een maand voor de moord op Fergeson gestopt. Er was naar geen van beide mannen onderzoek gedaan en ze werden ook niet als mogelijke verdachten beschouwd.

De advocaten Brown en Morris besloten dat het niet in Clarence' belang was om te getuigen. Zijn tijdlijn was in tegenspraak met de getuigenis van de andere conciërges tijdens de eerste rechtszaak, en die versie was blijkbaar geaccepteerd door de jury. In hun eindpleidooi richtte de verdediging zich op het onbekwame, bevooroordeelde politieonderzoek, de ongeïdentificeerde haren van een witte persoon die op de lies van het slachtoffer waren aangetroffen, de tegenstrijdigheid van Clarence die het lichaam zou hebben verstopt en toch wilde dat Icky het vond, en de waarschijnlijkheid dat er twee mensen waren die Fergeson hadden vermoord, waar de blauwe plekken op haar bovenarmen op wezen.

Keeshan ging in zijn eindpleidooi zo ver dat hij de theorie opperde dat Clarence, die parttime bij een begrafenisondernemer had gewerkt, daarom misschien een fascinatie voor lijken had. Keeshan besloot: 'We weten dat degene die dit heeft gedaan niet afkerig was van een lijk. Iemand is daar gebleven en heeft de kleren van dat lichaam uitgetrokken. Iemand heeft gemeenschap gehad met dat lichaam, kennelijk terwijl ze bewusteloos of dood was.' Al meteen toen Morris zag waar Keeshan met zijn perverse theorie naartoe wilde, protesteerde hij hevig, maar rechter Martin liet Keeshan verdergaan.

Aan het eind van zijn verhaal had Keeshan Clarence niet alleen afgeschilderd als verkrachter en moordenaar, maar ook als een necrofiel die belust was op jonge witte meisjes en die Cheryl Fergeson had aangevallen met de 'beestachtige razernij van een dier'. Het racisme in zijn schimprede was flagrant. Keeshan sloot af met een smeekbede aan de jury om 'te helpen van onze gemeenschap een veilige, fijne woonplaats te maken. Een plek waar jullie kinderen en kleinkinderen naar school kunnen zonder bang te hoeven zijn dat een monsterlijk persoon zo'n soort misdrijf kan plegen.' Kort daarna werd de zaak aan de jury overgedragen ter beraadslaging. Die dag, op vrijdag 13 februari 1981, kwam de jury na een uur met het oordeel: Clarence Lee Brandley was schuldig aan moord met voorbedachten rade.

De volgende dag kreeg de jury de taak om te beslissen over de strafmaat: levenslang of de doodstraf. Daarvoor kregen ze een nieuwe getuigenis te horen. Jo Ellen Parrish, een zwarte vrouw van negentien, getuigde voor de eisende partij. Ze zei dat ze in maart 1979 in een club in Dugan was, de Doll House. Ze beweerde dat Clarence, die een afgezaagd geweer in de achterkant van zijn broek had gestoken, haar na sluitingstijd dwong om naar zijn huis te gaan, waar hij in zijn eentje woonde.

Ze waren in de slaapkamer aan de achterkant van het huis toen haar vriendje luid en boos op de deur bonkte, op zoek naar haar. Clarence had zijn handen om haar keel en kneep die dicht, legde ze uit, zodat ze niet kon schreeuwen. Haar verslag van wat er was gebeurd nadat haar vriendje was weggegaan, was verwarrend en tegenstrijdig. Ze zei dat Clarence probeerde haar te dwingen tot seks, maar dat er 'niets gebeurd' was. Daarna kookte hij voor haar en 'deed niet gemeen' tegen haar. Op een gegeven moment, zei ze, rende ze het huis uit, slechts gekleed in haar ondergoed en een badjas die van Clarence was, en ging naar het huis van een vriendin. De volgende dag ging ze naar huis en verklaarde haar afwezigheid tegen haar vriendje door Clarence ervan te beschuldigen dat hij had geprobeerd haar te verkrachten. Hij ging met haar naar de politie en daar legde ze een verklaring af.

Er werden geen arrestaties verricht naar aanleiding van Parrish' aantijgingen, wat erop wees dat de politie ze niet geloofwaardig vond. Maar nu, in de straffase van de rechtszaak, was haar getuigenis schadelijk. Na Parrish' beschuldigingen was de politie naar Clarence' huis gegaan en had daar een onbruikbaar, roestig jachtgeweer aangetroffen dat zijn moeder jaren eerder had gevonden. Clarence had toegegeven dat hij schuldig was aan verboden wapenbezit en zat nog steeds in de proeftijd van zijn voorwaardelijke gevangenisstraf van drie jaar, wat geen goede indruk maakte. Voor het kruisverhoor vroeg de verdediging of de officier van justitie Parrish' verklaring wilde overdragen, evenals een andere verklaring die ze had afgelegd toen Clarence in augustus 1980 werd gearresteerd. Keeshan zei dat zijn kantoor ze niet kon vinden, waarmee de eisende partij het laatste woord had.

Keeshan sloot af door de jury te vertellen dat wat Fergeson was aangedaan 'de daad van een beest' was.

De jury had slechts vijfenveertig minuten nodig om tot de doodstraf te besluiten.

In maart 1981 brachten deputy's van de sheriff Clarence over naar het Ellis Unit Death Row House in Huntsville. Het was een paar maanden voor zijn dertigste verjaardag. Zeggen dat hij 'bang' was, is zacht uitgedrukt. Tijdens de rechtszaken in een countygevangenis opgesloten zitten is één ding, maar de dodencel is heel wat anders.

Hij werd onmiddellijk uitgekleed, kaalgeschoren en voorzien van een geheel witte set kleding, het uniform voor gevangenen in de dodencel. Het enige wat hem onderscheidde van de anderen was het getal 680 op zijn kleding, dat zijn naam werd. Zijn cel, die één bij tweeënhalve meter was, had een bed en een toilet. De Bijbel werd zijn vaste metgezel, een toevluchtsoord waar hij inspiratie en kracht uit putte. Hij miste zijn familie vreselijk, vooral zijn moeder, die kapot was van het lot van haar zoon. Hij had een heel hechte band met zijn tweelingzus, Florence, en zijn jongere broers Tim en Ozell. Ze hadden met z'n vieren bij Minnie Ola gewoond toen ze van hun vader scheidde en van Houston terugverhuisde naar Dugan.

Terwijl Clarence in de gevangenis zat, vochten zijn advocaten door. Don Brown diende een motie voor een nieuwe rechtszaak in, met als argument dat ze verklaringen van nieuwe getuigen hadden. Hoewel rechter Martin de meeste door Browns voorgestelde getuigen afwees, aanvaardde hij – ondanks de felle protesten van Keeshan – Oscar Johnson, de eigenaar van de begrafenisonderneming waar Clarence had gewerkt. Johnson vertelde de rechter dat Clarence' werk daar helemaal niets met lijken te maken had. Hij verrichtte eenvoudige taken. Lijken waren uitsluitend Johnsons terrein. Daarna voerde Brown bij de rechter aan dat Keeshan dat wist, maar dat hij de jury iets heel anders had verteld in een poging Clarence te laten overkomen als een necrofiel. Toch werd Brandleys verzoek om een nieuwe rechtszaak afgewezen, dus de volgende juridische stap was in beroep gaan bij de hoogste rechtbank in Texas voor strafzaken, de Court of Criminal Appeals, ofwel de CCA, voor een nieuwe rechtszaak.

De volgende scheur in de zaak van het OM ontstond in het voorjaar van 1981. Het *Houston City Magazine* publiceerde een hoofdartikel waarin vraagtekens werden gezet bij het gedrag van de politie en de openbaar aanklagers, en ook bij de deugdelijkheid van het juryoordeel. Het artikel bevatte ook een interview met Icky Peace, die explosieve informatie verschafte. Voor het eerst onthulde hij dat de agent van de politie van Conroe in Icky's bijzijn tegen Clarence had gezegd dat 'hij de *nigger* was en de keus dus op hem viel'. Icky zei dat hij dat aan Keeshan had verteld en dat die had gezegd dat hij zijn mond erover moest houden, omdat het de zaak tegen Brandley in gevaar kon brengen. Icky gaf ook toe dat hij had gelogen tijdens de rechtszaak tegen Brandley, toen hij had ontkend dat iemand hem had gedreigd dat hij een belastende verklaring tegen Brandley moest afleggen. Dat bevestigde wat hij oorspronkelijk vlak na Clarence' arrestatie had gezegd tegen een onderzoeker van het verdedigingsteam van Brandley, Lorna Hubbell.

Icky had tegen Hubbell gezegd dat hij, toen hij meteen na het misdrijf zijn beëdigde verklaring had afgegeven, niet wist wat erin stond, omdat hij niet kon lezen en schrijven. De politie maakte hem bang en zei dat hij toch moest tekenen, waarbij Ranger Styles hem met de diabetesketting om zijn nek verstikte om te zorgen dat hij gehoorzaamde. Hoewel Icky dat wel aan de verslaggever had verteld, weigerde Icky de verdediging een beëdigde verklaring te geven waarin die misstand werd beschreven.

Terwijl het jaar 1981 zich voortsleepte, dwarsboomde het rechtbankpersoneel (en dan met name Peggy Stevens, de griffier van de arrondissementsrechtbank die verantwoordelijk was voor de rechtbankdossiers) Brown en Morris bij hun pogingen tot het verkrijgen van de bewijsstukken – de met bloed bevlekte kleding van het slachtoffer, de haren die op haar lichaam waren aangetroffen, de foto's van de plaats delict, enzovoort – die nodig waren voor het verzoek aan de CCA voor een nieuwe rechtszaak. Tegen het eind van het jaar besloot de familie Brandley, gefrustreerd door het trage tempo van het hoger beroep – zonder te begrijpen dat die vertraging niet de schuld was van Brown en Morris – om op zoek te gaan naar nieuwe advocaten. Ze wisten vijfentwintigduizend dollar bij elkaar te krijgen voor het inhuren van Percy Foreman, een advocaat uit Houston die naam had gemaakt door belangrijke cliënten te vertegenwoordigen, zoals James Earl Ray, de moordenaar van Martin Luther King junior.

Aanvankelijk voelden Brown en Morris zich aan de kant gezet. Ze hadden vrijwel op pro-bonobasis gedurende twee rechtszaken hard voor Brandley gewerkt. Maar hun geloof in Clarence' onschuld was zo groot dat ze ermee akkoord gingen om samen met de firma van Foreman te blijven werken, waarbij Foreman hun toezegde het honorarium gelijkelijk te verdelen.

Rechtbankmedewerkers wisten waarom Brown de bewijsstukken nog niet had gekregen, en dat zat sommigen van hen behoorlijk dwars. Een voor een namen drie van hen onafhankelijk van elkaar contact met Brown op en spraken in het geheim met hem af om te vertellen wat er gaande was. Ze konden niet langer zwijgen, ondanks hun angst om hun baan kwijt te raken als het zou uitkomen. De eerste die zich meldde was Frank Robin, die kortgeleden als assistent-officier van justitie van Jim Keeshan was komen werken. Hij vertelde nerveus op vertrouwelijke basis aan Brown dat de belangrijkste bewijsstukken een paar weken daarvoor uit het kantoor van griffier Mary Johnson waren verdwenen, terwijl ze de transcripties van de rechtszaken aan het voorbereiden was. Erger nog, rechter Martin werkte samen met officier van justitie Keeshan en met Peggy Stevens om dat allemaal onder het tapijt te vegen en het niet aan de verdediging te vertellen. Als de verdwijning ooit aan het licht zou komen, zou Keeshan zeggen dat een conciërge per ongeluk de doos met bewijsstukken had weggegooid.

Kort nadat Brandley naar de dodencel was gestuurd nam Janet Dial, de secretarieel medewerker van rechter Martin, ontslag. Ze vond het maar niets dat haar baas en Keeshan zo met elkaar aanpapten. Tijdens de tweede rechtszaak van Brandley zag ze Keeshan bijna elke ochtend het kantoor van rechter Martin binnengaan om achter gesloten deuren met hem te konkelen. Dat zat haar niet lekker.

Niet lang nadat Brown het verhaal van assistent-officier van justitie Robin had aangehoord, kreeg hij een telefoontje van Janet, die zei dat griffier Mary Johnson in het geheim met hem wilde afspreken op een afgelegen plek in de buurt van Lake Conroe. Ze wilde dat Janet er ook bij zou zijn. Brown nam zijn partner Morris mee en ze praatten met z'n vieren in Mary's auto. De advocaten hadden het gevoel dat ze een ontmoeting hadden met Deep Throat, de informant in het Watergate-schandaal.

Een bange Mary vertelde haar verhaal, onder voorwaarde dat de advocaten nooit zouden onthullen dat zij de bron was. Ze zei dat ze, toen ze op de ochtend van maandag 11 januari 1982 op haar werk kwam, ontdekte dat de doos met bewijsstukken in de loop van het weekend was verdwenen. Ze was doodsbang dat ze de schuld zou krijgen en was zich bewust van het belang van de verdwijning, dus vertelde ze het meteen aan haar baas, rechter Martin. Tot haar stomme verbazing droeg hij haar op het tegen niemand te zeggen, vooral niet tegen de verdediging, want 'die zouden er alleen maar moeilijk over gaan doen'. Ze zei dat Keeshan de sleutels van haar kantoor had; toen ze op een avond overwerkte, hoorde ze de sleutel in het slot en kwamen Keeshan en zijn onderzoeker Charlie Ray binnenlopen. Verbaasd om haar te zien, verzonnen ze een smoesje en maakten zich haastig uit de voeten.

Ze wist ook dat Keeshan de schuld van de verdwijning zou afschuiven op een conciërge, wat belachelijk was, want conciërges mochten niet in haar kantoor komen. Ze maakte zelf schoon.

Nadat Mary was uitgepraat, vertelde Janet aan de advocaten dat rechter Martin en officier van justitie Keeshan elkaar elke dag voor de zitting hadden ontmoet tijdens de rechtszaak. Mary merkte op dat zij dat ook wist; ze had hen gehoord terwijl ze 'beslissingen en protesten oefenden, zodat ze hun gang konden gaan in de rechtszaal'.

Brown en Morris wisten genoeg. Zonder hun bronnen te vermelden, maakten ze korte metten met rechter Martin, zoals ze dat ook met zijn voorgangers – rechter Alworth en rechter Robertson – hadden gedaan. Ze stelden een motie voor wraking op en lieten hem de inhoud onder vier ogen in zijn raadskamer zien, waarbij ze zich voornamelijk concentreerden op zijn samenzwering met Keeshan om de verdwijning van de bewijsstukken onder het tapijt te vegen. Een week later maakte rechter Martin in de plaatselijke krant bekend dat hij zich terugtrok uit de zaak-Brandley omdat hij 'persoonlijk op de hoogte was van een aantal vermiste bewijsstukken'. Zo werd de zeer corrupte affaire gebagatelliseerd, zodat hij publieke vernedering kon vermijden.

De zaak werd overgenomen door een vierde rechter uit Conroe, rechter Lynn Coker. Het eerste wat rechter Coker deed was een verzoek van de verdediging afwijzen, waarin ze vroegen om een hoorzitting om de waarheid achter de verdwijning van de bewijsstukken te achterhalen. Met die afwijzing werd zijn collega John Martin behoed voor een diepgravend onderzoek naar diens rol bij het verdonkeremanen van het bewijsmateriaal.

In januari 1983 tekende Don Brown beroep aan bij de CCA. Hij maakte gedetailleerd melding van het voortdurende wangedrag van de rechters en de aanklagers en de onbekwaamheid van de politie, die leidden tot de veroordeling van een onschuldig man. Hij diende het beroepschrift in zijn eentje in, want zijn partner George Morris was ziek en zou kort daarna sterven aan longkanker.

Twee lange jaren later, in mei 1985, wees de CCA het verzoek om een nieuwe rechtszaak af. Met die beslissing werden de vervolging van Clarence Brandley en het gedrag van rechter Martin en officier van justitie Keeshan goedgepraat.

De volgende juridische stap voor de eisende partij was het

bepalen van een executiedatum. Hoewel rechter Martin zich drie jaar eerder noodgedwongen uit de zaak had teruggetrokken, elleboogde hij rechter Coker aan de kant en stond erop dat hij degene was die de datum mocht bepalen. Dat was zijn wraak; hij vond het tijd worden voor vergelding. Als blijk van waardering voor twintig jaar toegewijde administratieve ondersteuning van de rechtbank, koos hij de verjaardag van griffier Peggy Stevens, 16 juni 1986, als de datum waarop Clarence moest sterven. Maar Clarence kreeg uitstel van executie toen zijn verdedigingsteam ontlastend bewijs verzamelde, waarmee met een beschuldigende vinger naar een nieuwe verdachte werd gewezen. Dat leidde in de zomer van 1986 tot een hoorzitting waarin Clarence' advocaten nieuw bewijs presenteerden, dat naar hun mening voldoende was om een nieuwe rechtszaak te rechtvaardigen.

Inmiddels was Mike DeGeurin, de partner van Percy Foreman, Clarence' nieuwe hoofdadvocaat, nog steeds met de assistentie van Don Brown. DeGeurin was slim, getalenteerd en sympathiek, en hij stond in hoog aanzien in de juridische wereld. Hij had grote sociale vaardigheden en kon getuigen overhalen om hem te vertellen wat ze wisten, zowel in de getuigenbank als persoonlijk.

Het begon voor de eisende partij de verkeerde kant op te gaan toen DeGeurin een telefoontje kreeg van een advocaat uit Conroe, W.B. Etheridge, die hem meedeelde dat zijn cliënt, Brenda Medina, hem onlangs had verteld dat haar ex-vriendje en de vader van haar kind, James Dexter Robinson, haar op de dag van Fergesons dood had verteld dat hij een meisje had vermoord op de highschool. Hij had haar lichaam zo goed verstopt dat hij tijd had om de volgende ochtend vroeg de stad te verlaten en naar zijn geboortestadje Greenville in South Carolina terug te keren.

Etheridge zei tegen DeGeurin dat hij Brenda had meegenomen naar de nieuwe officier van justitie, Peter Speers (de opvolger van Keeshan), om haar verhaal te vertellen. Speers had nagelaten om DeGeurin daarvan op de hoogte te stellen, waar hij wettelijk wel toe verplicht was. Dit was schandelijk wangedrag: Speers had genegeerd dat een man had bekend een misdrijf te hebben gepleegd waarvoor een andere man binnenkort ter dood gebracht zou worden, hij had de advocaat van de ter dood veroordeelde man niet op de hoogte gesteld van die bekentenis en hij had ook geen poging ondernomen om te onderzoeken of de bekentenis op waarheid berustte. DeGeurin was woest.

Brenda getuigde tijdens de hoorzitting en vertelde hetzelfde verhaal aan rechter Coker. Ook James Robinson getuigde, nadat hij door Richard Reyna, een onderzoeker van de verdediging, was overgehaald om naar Conroe te komen om 'zijn naam te zuiveren'.

Robinson had tot 29 juli 1980 als conciërge gewerkt op Conroe High. Hij bekende in de getuigenbank dat hij tegen Brenda had gezegd dat hij een meisje had vermoord, maar dat was maanden voordat Fergeson vermoord was, zei hij. Hij beweerde ook in de getuigenbank dat hij Conroe op 6 augustus had verlaten om naar huis te gaan, zeventien dagen voordat Fergeson vermoord was.

Hij stemde in met een leugendetectortest. De afnemer van de test getuigde dat Robinson, toen hem gevraagd werd of hij Fergeson had vermoord, vierenhalve minuut zweeg en daarna antwoordde: 'Tja, het zou kunnen dat ik het heb gedaan en het daarna vergeten ben,' maar er snel aan toevoegde: 'Nee, zo ben ik niet. Ik ben onschuldig.'

Gary Acreman verbaasde de verdediging door te getuigen dat James Robinson wel naar de highschool was gekomen op de ochtend van 23 augustus. Hij zei dat James zijn hoofd om de deur had gestoken en tegen Acreman had gezegd:

'Niet te hard werken.' Acreman zei dat hij dat aan niemand had verteld omdat 'het hem ontschoten was'. Ed Payne, die via een elektrolarynx sprak omdat hij zijn stembanden was kwijtgeraakt door strottenhoofdkanker, bevestigde wat hij tijdens de Brandley-rechtszaken tegen zijn broer John had gezegd. Namelijk: Acreman kwam op de bewuste dag heel zenuwachtig thuis en vertelde dat er die ochtend op school een meisje was vermoord en dat hij had gezien dat iemand haar kleren in de container gooide.

John Sessum, een van de drie conciërges die op de dag van de moord samenwerkten, getuigde voor het eerst dat Acreman 'wel drie of vier minuten' met het meisje had gepraat voordat ze naar de wc ging. Daarna was Acreman dertig tot veertig minuten weggeweest nadat Clarence hem naar het praktijkgebouw had gestuurd. Sessum zei dat Acreman hem tijdens de eerste rechtszaak had gezegd dat hij niet moest vertellen dat hij het meisje had gesproken. Sessum voegde eraan toe dat hij bang was voor de Texas Ranger, die hem had gedreigd met gevangenisstraf als hij zijn verhaal veranderde na zijn beëdigde verklaring die was opgesteld bij het doornemen van de gebeurtenissen.

De advocaten waren van mening dat hun getuigen zich goed staande hadden weten te houden tijdens de hoorzitting en ze waren voorzichtig optimistisch, dus waren de schok en de teleurstelling groot toen de CCA op 22 december 1986 alweer een nieuwe rechtszaak voor Clarence van de hand wezen. De rechtbank was het met rechter Coker eens dat de getuigen van de verdediging niet geloofwaardig waren. Zaak gesloten. En daarmee stelde rechter Coker op 6 februari 1987 vast dat de nieuwe executiedatum 26 maart 1987 zou worden.

Op dat moment raakte ik erbij betrokken. Clarence' broer, Ozell Brandley, had me in november 1986 in *The Today*

Show gezien met Nate Walker, een man die toen net was vrijgekomen dankzij Centurion. Hij vroeg me om naar Houston te komen en het team van de verdediging te helpen om zijn broer vrij te krijgen, die bijna zou worden geëxecuteerd. Nadat ik het dossier van de zaak gelezen had, stelde Ozell me voor aan DeGeurin en een nieuwe advocaat van de firma, Paul Nugent. Na een gesprek van een paar uur bij hen op kantoor nodigden ze me uit om het team van de verdediging te versterken voor een uiterste poging om Clarence' leven te redden. Nugent bracht me bij hem thuis onder in een appartement boven zijn garage, en DeGeurin leende me de oude Chevrolet van zijn moeder.

Met nog drie weken te gaan gingen onderzoeker Richard Reyna en ik aan het werk, ik in het zwart gekleed met mijn witte priesterboordje, en Richard in een keurig geperste spijkerbroek en cowboylaarzen. Op 7 maart togen we naar Sessums stacaravan aan de rand van Conroe. Als Robinson en Acreman de moordenaars van Cheryl Fergeson waren, dachten we dat Sessum ooggetuige was, en misschien was hij wel bereid om te praten nu de executiedatum dichterbij kwam. Gedurende de tien dagen daarna vertelde hij ons stukje bij beetje door wie Cheryl was vermoord en hoe het gegaan was.

Het waren Acreman en Robinson geweest.

Sessum vertelde dat Martinez en hij onderaan de trap hadden gestaan en Cheryl om hulp hadden horen schreeuwen terwijl Acreman en Robinson haar naar de toiletten bovenaan de trap hadden gesleurd. Sindsdien had hij voortdurend nachtmerries over wat hij had gezien, en hij voelde zich verschrikkelijk schuldig omdat hij de aanval niet had verijdeld. 'Ik ben degene die haar dood veroorzaakt heeft. Ik had haar kunnen redden als ik naar boven was gegaan,' zei hij klaaglijk. Maar nu was hij vastbesloten. 'Ik heb een onschuldig meisje laten doodgaan. Ik ga niet ook nog een onschuldige man de dood injagen. Wat willen jullie dat ik doe?' Op St. Patrick's Day vertelde hij het verhaal in een videoverklaring.

Op diezelfde dag maakten Richard en ik een babbeltje met Acreman. Toen we hem vertelden dat Sessum hem had beschuldigd van de moord op Fergeson, begon hij onbeheerst te trillen en stemde ermee in om ook een videoverklaring op te nemen. Daarin wees hij alle betrokkenheid van de hand en gaf de schuld geheel aan Robinson. Zowel Sessum als Acreman pleitte Clarence vrij door te verklaren dat hij tien minuten nadat het meisje was verkracht en vermoord was komen aanlopen.

DeGeurin en Nugent legden de video's voor aan rechter Coker en op 20 maart, zes dagen voor de geplande executie, gaf Coker met tegenzin opdracht tot uitstel. Twee weken later was Sessum zo moedig om in het actualiteitenprogramma *60 Minutes* aan presentator Harry Reasoner en het hele land te vertellen wat hij had gezien. In de tussentijd had Acreman zijn video op aandringen van de onderzoekers van het OM herroepen, hoewel hij wel bleef volhouden dat hij had gezien dat Robinson de kleren van het meisje in de afvalcontainer gooide. Het OM negeerde Sessums verklaring en Acremans informatie en weigerde toe te geven dat de aanklagers fout hadden gezeten. Speers bleef vastberaden om Brandleys veroordeling intact te houden.

Maar voor het eerst oordeelde de CCA in het voordeel van Brandley en werd hem nog een hoorzitting verleend, met een nieuwe rechter die de zaak zou aanhoren. De nieuwe rechter was Perry Pickett, die gepensioneerd was nadat hij dertig jaar als rechter had gewerkt in Midland County in het westen van Texas, en nu dienstdeed als rechter die door de CCA werd aangewezen om bijzondere zaken te horen. Pickett was een strenge, moedige rechter die in de Tweede Wereldoorlog was ontsnapt uit een krijgsgevangenenkamp van de nazi's en zich in Italië achter de vijandelijke linies verschanst had tot de geallieerden zijn verblijfplaats bevrijdden. Als eerste hield hij een hoorzitting voor een locatiewijziging in de rechtbank van Conroe. Hij nam getuigenissen af van een groot aantal uiteenlopende zwarte en witte mensen, onder wie de heroïsche Bill Srack, twee prominente en welbespraakte zwarte voorgangers uit de kerk van Conroe, en de dappere Janet Dial. Ze deden stuk voor stuk verslag van het racisme en de vriendjespolitiek die het rechtssysteem in Conroe teisterden, zowel op dat moment als in het verleden.

Na afloop van de hoorzitting verklaarde rechter Pickett: 'Er is hier sprake van een onstabiele, explosieve situatie die niet bevorderlijk is voor een eerlijke toepassing van het recht. De basis van de rechtspraak vraagt erom dat deze zaak wordt verplaatst naar Galveston County.' Hij bepaalde dat een week later, op 28 september 1987, een nieuwe reeks hoorzittingen zou beginnen. Daarop barstte er een luid gejuich los in de rechtszaal, waarmee de aanwezige Afrikaans-Amerikanen uiting gaven aan lang onderdrukte gevoelens. Ze wisten dat er zojuist iets goeds en rechtvaardigs was gebeurd voor mensen van kleur, misschien wel voor het eerst in deze rechtbank. En Clarence Brandley kon eindelijk iets makkelijker ademhalen nu zijn zaak werd verplaatst van Conroe naar Galveston.

De hoorzittingen van rechter Pickett besloegen elk aspect van de zaak. In een rechtbank in Galveston nam hij twee weken lang verklaringen af van zesenveertig getuigen, om te bepalen of Brandley wel een eerlijk proces had gehad en of er voldoende nieuw bewijs was om hem een nieuw proces te geven.

Sessum vertelde zijn verhaal en beschreef dat Acreman en Robinson het meisje hadden vastgegrepen en naar het toilet hadden gesleurd. Ed en John Payne vertelden over Acremans verdachte gedrag nadat hij op de dag van het misdrijf was thuisgekomen. Drie nieuwe getuigen, die met Acreman bij de City Cab Company werkten, vertelden dat ze een keer op kantoor over de moord op school hadden gepraat en dat Acreman opeens uitriep dat Clarence het niet gedaan had en dat hij wist wie dan wel. Twee anderen vertelden de rechter dat ze Robinson drie dagen voor de moord in Conroe hadden gezien. Er was vastgesteld dat het bloed op het shirt van het slachtoffer tot bloedgroep A behoorde en dat zowel Robinson als Acreman die bloedgroep had. Cheryl Bradford, die volleybalde op het toernooi, getuigde dat ze twee witte mannen, die aan de beschrijving van Acreman en Robinson voldeden, snel uit de gymzaal had zien komen, zo'n twintig tot dertig minuten voordat ze Cheryl in de gang had zien lopen, op weg naar de wc. Diezelfde getuige kreeg 'kippenvel' toen ze de foto van Robinson bij *60 Minutes* zag, want ze dacht dat hij een van de mannen was die ze haastig door de deur van de gymzaal had zien komen.

Op 19 november 1987 maakte rechter Pickett zijn motivering bekend en gaf hij de CCA de aanbeveling om Clarence een nieuw proces te geven, gebaseerd op zijn vaststelling van de feiten. Hij stelde: 'De rechtbank is ervan overtuigd geraakt dat Clarence Lee Brandley geen eerlijk proces heeft gekregen en dat hij het misdrijf waarvoor hij nu in de dodencel zit niet heeft gepleegd.' Hij vervolgde: 'Door de getuigenissen tijdens de hoorzittingen is ontegenzeggelijk vast komen te staan dat Gary Acreman en James Dexter Robinson de hoofdverdachten zijn, en dat zij waarschijnlijk verantwoordelijk zijn voor de dood van Cheryl Dee Fergeson.' Hij betreurde de verdwijning van de bewijsstukken, waaronder de haren van witte personen die rond haar vagina waren gevonden; deze zouden nu niet meer met het haar van Robinson en Acreman vergeleken kunnen worden. Pickett vond Keeshans getuigenis hoogst verdacht: hij zei dat hij geen haar- of bloedmonsters van de andere witte conciërges had gevraagd omdat het een 'onnodige belasting' zou zijn. Evenmin was hij onder de indruk van het antwoord van Ranger Styles op diezelfde vraag: 'Laten we gewoon zeggen dat ik het niet heb gedaan en dat het niet gedaan is; en waarom het niet gedaan is, weet ik niet.'

Rechter Pickett, die geloofwaardige details van de getuigenissen van Mary Johnson, Janet Dial en Frank Robin citeerde, vond dat rechter Martin en officier van justitie Keeshan voortdurend geheime, eenzijdige discussies hadden gevoerd voorafgaand aan Clarence' dagelijkse rechtszaken, en dat ze hadden samengespannen om de verdwijning van de bewijsstukken onder het tapijt te vegen. Hij karakteriseerde de getuigenis van rechter Martin en Peggy Stevens, waarin ze dat ontkenden, als 'niet waarachtig' en 'niet geloofwaardig'. Mary Johnson betaalde een hoge prijs voor haar dappere, eerlijke getuigenis tegen haar baas, rechter Martin. Hij ontsloeg haar kort nadat de motivering van rechter Pickett bekend was gemaakt. Bovendien werd ze persona non grata in de rechtbank, waar oud-collega's vonden dat ze niet loyaal was naar de wetgevende macht van Conroe. Haar carrière als griffier in Montgomery County was voorbij.

Rechter Pickett oordeelde snoeihard over de verhoortactieken en de instelling van Ranger Styles. Icky Peace en Sessum hadden verslag gedaan van Styles' dreigementen en intimidatie om ervoor te zorgen dat ze een valse verklaring zouden afleggen. Beiden verklaarden dat ze nog steeds bang voor hem waren. Sessum werd gedreigd met gevangenisstaf als hij niet zou meewerken na het doornemen van de gebeurtenissen. Icky had het erover dat Styles op een avond bij hem thuis kwam en hem meenam naar een plaatselijk politiebureau. Daar hield Styles hem tot halftwee 's nachts vast, terwijl hij hem ruw aanpakte en de halsketting die Icky droeg strak aantrok. Toen Icky zijn beklag deed bij het OM, kreeg hij te horen dat hij 'hallucineerde' en zich 'dingen inbeeldde'.

Sam Martinez bleef bij zijn getuigenis en zei tegen rechter Pickett dat hij, Martinez, het de eerste keer 'bij het rechte eind had', waarop hij doelde op zijn verklaring nadat ze de gebeurtenissen hadden doorgenomen met Ranger Styles. Martinez gaf niet toe dat hij hetzelfde had gezien als Sessum, ook al stond hij bij Sessum op het moment dat het meisje werd aangevallen. De reden daarvoor was misschien dat Martinez' vader conciërge bij de rechtbank was; het kan zijn dat Martinez zijn vader wilde beschermen door niet tegen de machtige Keeshan in te gaan.

De rechter maakte duidelijk dat Styles met 'oogkleppen' op had gehandeld door Brandley al te arresteren nog voordat hij aan zijn onderzoek was begonnen. Dat leidde tot 'de onvermijdelijke conclusie dat het onderzoek niet werd verricht om het misdrijf op te lossen, maar om de arrestant te veroordelen'. De rechter voegde eraan toe: 'Door het idee dat hij [Styles] de dader al te pakken had, ging hij voorbij aan allerlei andere aanwijzingen die zouden kunnen aantonen dat hij ernaast zat.'

De rechter zag ook bewijzen voor het racistische klimaat waarvan Clarence' vervolging doordrongen was, inclusief het hele onderzoek en de gebeurtenissen na afloop van de rechtszaken. Hij vermeldde het feit dat het OM van Montgomery County in het interne handboek aanklagers adviseerde om, als er een zwart persoon terechtstond, alle zwarte potentiële juryleden te schrappen bij de juryselectie. Bill Srack beschreef zijn schokkende ervaringen als jurylid en de nasleep daarvan. Anderen benoemden het veelvuldige gebruik van de term '*nigger*' door politie en aanklagers, en het racisme dat welig tierde in de rechtbank.

Concluderend stelde Pickett: 'In de dertig jaar dat dit hof rechtszaken heeft behandeld, is er nog nooit een zaak geweest waarin op zo'n schokkende wijze naar voren is gekomen wat de gevolgen zijn van racistische vooroordelen, meinedige getuigenissen, intimidatie van getuigen, een vooraf bepaald onderzoek, en openbare ambtenaren die, om welke reden dan ook, uit het oog zijn verloren wat goed en rechtvaardig is.' Daarna adviseerde hij de CCA om een nieuw proces voor meneer Brandley te gelasten.

In Texas heeft alleen de CCA het gezag om een veroordeling nietig te verklaren en een nieuw proces te gelasten. Het duurde nog twee jaar voordat de CCA op 13 december 1989 een motivering bekendmaakte, waarin alle bevindingen van rechter Pickett werden bevestigd. Er werd opdracht gegeven voor een nieuwe rechtszaak voor Clarence, waarin werd verordend dat het 'vooraf beraamde' onderzoek had geleid tot 'ondermijning van het rechtssysteem' en dat het OM 'valse en inherent onbetrouwbare' getuigenissen had gepresenteerd door bewijsmateriaal dat in het voordeel van de verdachte was achter te houden. Toch weigerde officier van justitie Speers zich gewonnen te geven, en hij ging in hoger beroep bij het hooggerechtshof. Zijn verzoek werd zonder commentaar afgewezen.

Daarop besloot Speers om Brandley niet opnieuw te berechten, en alle aanklachten werden ingetrokken. Op 23 januari 1990 kwam Clarence uit de dodencel als een vrijgesproken en vrij man.

Intussen was zijn zaak berucht geworden. Zijn vrijheid werd niet alleen gevierd door zijn moeder, zijn kinderen, zijn broers en zussen en een menigte van zowel zwarte als witte supporters, maar ook door de landelijke media.

Clarence begon een kerkje en werd daarin de voorganger. Toen hij daar niet van kon leven, beproefde hij zijn geluk door een heleboel verschillende klusjes aan te nemen, en uiteindelijk kreeg hij een baan als monteur bij de Metropolitan Transit Authority in Houston. Daar bleef hij dertien jaar werken. Later verhuisde hij terug naar een dorp in Montgomery County en leidde een rustig, teruggetrokken leven met Dorothy Moore, die lange tijd zijn toegewijde levenspartner was. Op 2 september 2018, drie weken voor zijn zevenenzestigste verjaardag, overleed Clarence aan longontsteking.

Clarence werd nooit gecompenseerd voor zijn onterechte gevangenschap in de dodencel. Hij spande rechtszaken aan tegen de autoriteiten die verantwoordelijk waren voor zijn onterechte veroordeling, maar een rechter wees ze af en zei dat die instellingen soevereine immuniteit hadden. In 2011 werd zijn verzoek om compensatie volgens het Texaanse compensatiestatuut voor valse veroordelingen afgewezen. Het fonds beweerde dat zijn aanvraag te laat was ingediend. Tot overmaat van ramp beval Texas hem om vijfentwintigduizend dollar aan achterstallige alimentatie te betalen; een schuld die was ontstaan tijdens de negenenhalf jaar dat hij ten onrechte in de gevangenis had gezeten. Zijn weekloon werd jarenlang gekort.

Een interessante bijkomstigheid is dat de bewijsstukken uiteindelijk zijn opgedoken. Toen Charlie Ray, de voormalig onderzoeker van officier van justitie Keeshan, in januari 2018 overleed, vond de familie een doos met bewijsstukken van de zaak-Brandley in de garage. Ray was bij Keeshan geweest toen ze het afgesloten kantoor van Mary Johnson waren binnengekomen op het moment dat zij daar 's avonds overwerkte. De bewijsstukken verdwenen kort daarna in het weekend uit haar kantoor. De doos met bewijsstukken werd overgedragen aan de huidige officier van justitie, Brett Ligon. Tot op de dag van vandaag weten we niet wat er in de doos zat en wat er met de inhoud is gebeurd. Wat we wel weten, is dat Ligon de Texas Rangers en de politie van Conroe – precies dezelfde instanties die verantwoordelijk waren voor de gerechtelijke dwalingen waardoor Brandley in de dodencel belandde – liet komen om het bewijsmateriaal te bekijken en te zien of er iets bij zat wat opnieuw kon worden getest.

Ik had de eer om een van de sprekers te zijn tijdens Clarence' herdenkingsdienst. Ik vertelde de aanwezigen dat hij een van de dapperste mannen was die ik ooit had gekend. Hij raakte nooit in paniek terwijl de tijd tikte en zijn executiedatum naderde, schijnbaar zonder dat er schot in de zaak kwam. Hij bleef kalm en sterk, in het aangezicht van de dood die hem vrijwel zeker te wachten stond voor een misdrijf dat hij niet had gepleegd. Hij was minder dan een week van dat lot verwijderd en aanvaardde het met een stille waardigheid en een moed die ons allemaal inspireerde om koortsachtig te blijven werken om hem te redden. Doordat hij koel bleef in vurige tijden, konden wij ons staande houden.

Clarence was een goede, aardige man. Een fatsoenlijke man. Hij was bescheiden en gereserveerd. Als hij ooit haat of woede voelde voor degenen die hem onrecht aandeden, heb ik dat nooit gezien of gevoeld. Vanaf het begin tot het allerlaatste eind heeft hij nooit wrok getoond vanwege al het onrecht dat hij te verduren had gekregen tijdens zijn gevangenschap en de jaren daarna. Hij was geliefd bij iedereen die hem heeft gekend.

Acreman en Robinson zijn nooit aangeklaagd wegens het verkrachten en vermoorden van Cheryl Fergeson.

Autopsiespelletjes

John Grisham

De eerste belangrijke autopsie die is opgetekend, was die op Julius Caesar in 44 v.C. De Romeinse keizer had de loyaliteit van zijn collega's schromelijk overschat, en toen hij zichzelf schaamteloos uitriep tot keizer voor het leven, namen ze daar aanstoot aan. Ze gingen hem met messen te lijf op de vloer van de Senaat. Een groep van zo'n zestig mensen hakte in op Caesar, die niet alleen geschokt was, maar ook weerloos. Ze lieten hem als een bloederig hoopje liggen, vluchtten weg en – typisch politici – ontkenden in alle toonaarden dat ze erbij betrokken waren geweest, of gaven anderen de schuld.

Om redenen die nooit duidelijk werden, vroeg iemand met gezag om een autopsie, hoewel het zonneklaar was wat er was gebeurd. Autopsies waren niets nieuws; de Grieken ontleedden al vijfhonderd jaar lijken.

Terwijl een menigte toekeek, nam een gerenommeerd lijfarts, Antistius, de gruwelijke taak op zich en bevestigde al snel het voor de hand liggende: Caesar was overleden doordat hij een enorme hoeveelheid bloed had verloren. Hij had drieëntwintig steekwonden.

In de zestiende eeuw verzamelde Leonardo da Vinci, in zijn eeuwige dorst naar kennis, kadavers en ontleedde er minstens dertig, niet om misdrijven op te lossen of ziekten te bestuderen, maar om elk deel van het menselijk lichaam te begrijpen en te illustreren. Zijn rivaal, Michelangelo, liet van tijd tot tijd zijn beitels en penselen liggen, pakte een scalpel en verrichtte zijn eigen onderzoek.

In de middeleeuwen waren autopsies heel gewoon in Europa en Azië, maar ze werden zelden gebruikt in misdaadonderzoek. In de negentiende eeuw, toen het aantal inwoners van de Verenigde Staten bijna net zo snel steeg als het aantal moorden, werden autopsies nuttige hulpmiddelen voor forensisch onderzoekers. Bij vrijwel elke moord is het lichaam de beste bron van bewijs. Pathologen in Amerika deden kennis op door in het stoffelijk overschot van slachtoffers op zoek te gaan naar aanwijzingen.

De American Board of Pathology (ABP), opgericht in 1936, deed de eerste serieuze poging om het vak te reguleren door standaardeisen voor certificering in te stellen. Het werkveld bleef groeien, net als het misdaadcijfer, en in 1940 was het bij Amerikaanse forensische procedures algemeen aanvaard dat de arts die de autopsie verrichtte gecertificeerd moest zijn door de ABP om te mogen getuigen. Naarmate de behoefte toenam, raakten forensisch pathologen meer betrokken bij het oplossen van misdrijven en werd de wetenschap gemoderniseerd. Er volgde meer regelgeving. Mettertijd begon de National Association of Medical Examiners (NAME) de certificering van pathologen te reguleren.

De NAME handelde ook klachten over de leden af, en zoals op elk medisch gebied was er ook hier geen gebrek aan prutsers. In 1992 kreeg een beruchte Texaanse patholoog, Ralph Erdmann, landelijke bekendheid vanwege het grote aantal autopsies dat hij beweerde te hebben uitgevoerd. Hij werkte op het platteland van Texas en deed het werk voor zo'n veertig county's die het zich niet konden veroorloven hun eigen lijkschouwers in te huren, en Erdmann was graag bereid te helpen. Hij ging zelfs bij mensen thuis langs, reed naar county's toe en verrichtte zijn werk waar hij maar nodig was. De meeste county's hadden gebrek aan geschikte faciliteiten, dus paste Erdmann zich ter plekke aan. Hij ontleedde lijken op parkeerterreinen, in garages en in steegjes. Hij werd het lievelingetje van de politie en de aanklagers, omdat hij zijn getuigenis zo kon kneden dat ze hun schuldtheorieën ondersteunden. Hij beschouwde zichzelf als de 'Quincy van het Texaanse platteland', naar een tv-serie over een forensisch arts, Quincy, die werd gespeeld door de populaire Jack Klugman. Uiteindelijk werd hij slachtoffer van zijn eigen broddelwerk, en van de klachten van advocaten. Toen er eindelijk onderzoek naar Erdmann werd gedaan, werd vastgesteld dat hij bij minstens een derde van al zijn autopsies nooit het lijk had opengemaakt.

Hij deed gemiddeld driehonderd autopsies per jaar en beweerde dat hij zelfs een keer de vierhonderdtachtig had gehaald, een verbijsterend aantal.

Volgens de aanbeveling van NAME moest een lijkschouwer niet meer dan tweehonderdvijftig autopsies per jaar uitvoeren. Als een arts er meer dan driehonderdvijfentwintig deed, zou NAME het lab waar de betreffende arts werkte niet certificeren.

Aangezien een standaardautopsie tussen de twee en de vier uur in beslag neemt, gevolgd door het opstellen van een rapport en ander papierwerk, waren Erdmanns aantallen uitzonderlijk.

Maar die aantallen waren een druppel op een gloeiende plaat voor een patholoog die in de jaren negentig de staat Mississippi afschuimde. Hij had als bijnaam 'de Kadaverkoning', domineerde de autopsiemarkt en verrichtte tijdens zijn heerschappij 80 procent van de moordzaken van de staat. Hij ging er een keer prat op dat hij duizend autopsies per jaar verrichtte. Of zelfs vijftienhonderd, of meer.

Hij beweerde dat hij op zijn hoogtepunt tweeduizend autopsies in één jaar had uitgevoerd.

Zijn naam was dr. Steven Hayne.

Hij werd in 1941 geboren in Los Angeles, rondde in 1976 zijn geneeskundestudie aan Brown University af, en specialiseerde zich in pathologie. Hij werkte een paar jaar in verschillende ziekenhuizen in het hele land, waarna hij in 1985 een baan aannam als medisch directeur van een laboratorium in Rankin County, Mississippi. Daarnaast begon hij autopsies te doen, voor vierhonderd dollar per keer.

Zijn timing had niet beter kunnen zijn. Mississippi kon geen permanente lijkschouwer aanhouden, onder andere omdat het een slechtbetaalde baan was. Als een countypolitiearts vermoedde dat er kwade opzet in het spel was, was het zijn taak om een autopsie te regelen. Er was geen centraal staatsmortuarium of lab om het lichaam naartoe te brengen, en er was geen staatsinstelling of coördinatiecentrum waar autopsies werden gemonitord en gereguleerd. Alle tweeëntachtig politieartsen van de county moesten een patholoog bellen en om een autopsie smeken. Aangezien vrijwel alle pathologen een bloedhekel hadden aan dat politiewerk en aan de lage vergoeding, om nog maar te zwijgen over het onaangename vooruitzicht om in de rechtbank te getuigen, was er een eeuwige hoeveelheid achterstallige lijken die nog moesten worden onderzocht.

Maar toen kwam dr. Hayne. Hij rook zijn kans en maakte bekend dat hij beschikbaar was. Voor hem was het een simpel rekensommetje: er kon flink wat geld worden verdiend als hij er lopendebandwerk van zou maken. Hij begon met enkele autopsies per maand: snel, efficiënt en met de vriendelijke servicementaliteit van een autoverkoper. Het duurde niet lang of hij deed er één per dag, en dat was nog maar het begin. Via mond-tot-mondreclame bood hij zijn diensten aan, en de politieartsen, de politie, de sheriffs en de aanklagers speelden hun lijken maar al te graag aan hem door. Hij adverteerde ook in politiekrantjes en nieuwsbrieven. In 1988 deed hij driehonderdtwintig autopsies. Rond 1990 deed hij er twaalfhonderd per jaar.

Dr. Hayne was niet alleen een ongelofelijk werkpaard, hij was ook een geweldige getuige voor het OM. Innemend, welbespraakt en slim als hij was, deed hij jarenlang jury's versteld staan door een effectieve combinatie van een gezellige babbel en scherpzinnige medische kennis. Hij gebruikte moeilijke en makkelijke woorden en sprak met heldere stem zonder accent. Hij klonk niet zoals de mensen in Mississippi. Hij kwam uit Californië, van Brown University, en had in andere verre oorden gewoond. Advocaten weten al jaren dat hoe verder een deskundige heeft gereisd om naar de rechtbank te komen, des te meer de plaatselijke bevolking onder de indruk is. Doordat hij voortdurend oefende, speelde Hayne zijn rol volmaakt.

Als hij niet aan de autopsietafel stond of in een rechtszaal was, werkte hij als directeur van het lab van het Rankin Medical Center en leidde hij een centrum voor mensen met nierproblemen. En naast dat alles was hij ook nog adviseur bij civiele rechtszaken en voerde hij privé-autopsies uit.

Toen hem later werd gevraagd naar die bovenmenselijke werkdruk, legde hij uit: 'Gewoonlijk slaap ik niet meer dan twee of drie uur per nacht. En ik werk zeven dagen per week, geen vijf. Ik neem nooit vakantie. Dus werk ik veel efficiënter en veel harder dan de meeste mensen. Dat is een zegen en een vloek, maar zo ben ik nu eenmaal, en ik werk ontzettend hard. Ik ben in staat om lange dagen te maken zonder veel fouten te maken. Ik denk dat mijn staat van dienst voor zich spreekt.'

Maar er waren wel degelijk fouten, en niet zo weinig ook.

Hayne domineerde de autopsiemarkt, en de lijken arriveerden in een verbijsterend tempo bij zijn kleine mortuarium. Het was niet ongebruikelijk dat er zes of zeven lagen te wachten op zijn scalpel, en ze lagen vaak als brandhout opgestapeld in het gangetje. Een staatsambtenaar die had gezien hoe het eraan toeging, zei: 'Het leek wel een autopsiefabriek. Er werden geen veiligheidsmaatregelen genomen.' Een voormalig staatsambtenaar merkte op: 'Hayne was voortdurend op zoek naar manieren om regels te omzeilen. Bewijsmateriaal werd vaak onjuist gelabeld. Bewijsmateriaal werd besmet omdat het onjuist werd verpakt en bewaard. Er waren geen veiligheidsmaatregelen voor chemicaliën of biologische materialen.' Een politieagent beschreef het mortuarium als een 'worstfabriek'. Een politiecommissaris vertelde dat hij vijf lijken naast elkaar had zien liggen, allemaal opengesneden, in uiteenlopende stadia van onderzoek. Hij maakte zich zorgen over kruisbesmetting. Een staatsambtenaar betwijfelde of Hayne al het werk zelf deed. Hij zei: 'Ik dacht altijd dat het onmogelijk was dat Steve alle autopsies verrichtte waarvan hij beweerde dat hij ze uitvoerde. Hij verkeerde nooit in opperbeste gezondheid. Hij kan nooit het strenge regime hebben volgehouden dat hij naar eigen zeggen heeft gevolgd.'

Of dr. Hayne de autopsies nou wel of niet daadwerkelijk heeft verricht, hij stuurde er in elk geval wel de rekeningen voor. Binnen de kortste keren had hij zijn tarief verhoogd naar duizend dollar per autopsie, plus driehonderdvijftig dollar per uur om te getuigen voor de rechtbank. Hij nam lijken vanuit de hele staat aan en was in feite de vaste lijkschouwer geworden. Omdat hij elke county afzonderlijk factureerde en de gegevens niet centraal werden bijgehouden, wist niemand anders dan Hayne zelf hoeveel autopsies hij nou eigenlijk verrichtte en hoeveel geld hij verdiende. Maar het rekensommetje was gauw gemaakt. Hij verdiende ruim een miljoen dollar bruto per jaar als niet-gecertificeerde forensisch patholoog.

Zijn voorstanders beschouwden hem als een echte aanwinst voor de staat. Hij deed werk dat maar weinig andere artsen wilden doen. Aanklagers waren dol op hem omdat hij het fantastisch deed in de rechtszaal, een jury kon overtuigen en creatief was in het vinden van bewijs dat de schuldtheorie van het OM ondersteunde.

Tot op de dag van vandaag weet niemand hoeveel onterechte veroordelingen zijn begonnen met een scalpel in de handen van dr. Steven Hayne.

Een van de eerste begon op 15 september 1990 met het ontvoeren en vermoorden van een meisje van drie, Courtney Smith.

Ze woonde met haar moeder, oma, twee zusjes en drie ooms in een blauw houten huisje op een onverharde weg aan 'de andere kant van het spoor' in het kleine, vrijwel uitgestorven stadje Brooksville in de staat Mississippi. De buurt was een raster van grindpaden die tussen *shotgun*-huisjes door liepen, die allemaal ver voor 1990 gebouwd waren. Sommige waren goed onderhouden en pas geschilderd, met gazons en bloemperken. De meeste verkeerden in een eeuwige staat van verval. Een paar waren verlaten. Op de meeste kavels waren meerdere woningen gebouwd en woonden verschillende generaties van dezelfde familie bij elkaar. Overal waren lukraak stacaravans neergezet. Hoewel het een arme wijk was, werden er maar weinig ernstige misdrijven gepleegd. Veel bewoners sliepen met de ramen en deuren open, en vaak hadden ze helemaal geen slot op de deur.

Op de bewuste zaterdagavond waren Courtney en haar zusje Ashley van vijf bij hun oma en overgrootmoeder gaan eten en liepen daarna naar huis, een paar minuten verderop. Het was nog zomer – warm en vochtig – en de buurtbewoners zaten buiten op de veranda, maakten eten klaar op de grill, en speelden buiten. Thuis stopte hun moeder, Sonya Smith, de meisjes in bad en maakte hen klaar om naar bed te gaan. Ze trok Courtney een T-shirt met een eendje erop aan, waarop aan de bovenkant MISSISSIPPI stond. Toen de meisjes sliepen, kleedde Sonya zich om en ging een avondje uit. Het was per slot van rekening zaterdag en ze ging graag naar de lokale honkytonkbars. Haar moeder Ruby zei dat ze op de meisjes zou passen. In huis was ook Tony – Sonya's broer en een van de drie ooms die bij hen woonden.

Ruby, de oma, verveelde zich en ging weg met een paar vriendinnen. Oom Tony lag vast te slapen op de bank. De meisjes sliepen in hun kamer. Er was niets raars aan deze gezamenlijke manier van oppassen. Tantes, ooms, grootouders, neven, nichten en buren droegen allemaal een steentje bij aan de zorg voor de kinderen.

Rond middernacht kwam een man uit de buurt het huis binnen via de voordeur, die niet op slot zat, en liep langs de bank waarop Tony lag te slapen. Hij keek in de eerste slaapkamer, zag twee slapende kleine meisjes, pakte Courtney op zonder haar wakker te maken en liep naar buiten. Hij nam haar over een kort paadje mee bij de huizen vandaan. In de buurt van een vijver legde hij haar op de grond, niet wetend wat hij nu moest doen. Zodra hij haar vagina binnenging met zijn vinger, werd ze eindelijk wakker en begon te huilen. Toen ze maar niet ophield, kneep hij haar keel dicht en gooide haar in de vijver. Ze kon niet zwemmen en spartelde om boven te blijven. Nadat haar hoofdje voor de laatste keer onder water was gezonken, liep de moordenaar terug naar zijn auto en reed weg.

Sonya Smith zocht de hele zondagochtend naar haar dochter en ging ervan uit dat ze bij een andere familie was. Aanvankelijk was er geen paniek, want iedereen wist dat kinderen bij degene bleven die toevallig op ze lette. Maar aan het eind van de middag werd duidelijk dat Courtney echt vermist was. De politie werd rond acht uur 's avonds gebeld, en intussen waren er honderden mensen naar het meisje aan het zoeken.

Op maandagochtend zag de politiecommissaris van het stadje het deels gezonken lichaampje van een kind in de vijver. Hij haalde het eruit en legde het naast het water. Het kind, een klein meisje, droeg een T-shirt met een eend en het woord MISSISSIPPI erop. Ze had bloedvlekken van wonden in haar kruis en op haar hoofd. De commissaris wikkelde het lijkje in het jasje van een agent en wachtte op medewerkers van de sheriff.

De eerste die aankwam was deputy Ernest Eichelberger, die in weerwil van zijn ongebruikelijke naam een stevige Afrikaans-Amerikaanse man was, die pas vijf jaar bij de politie zat. Als *deputy chief* nam hij de rol van hoofdrechercheur op zich. Hij wist dat er een kind vermist was en ging op zoek naar Courtneys vader, die het meisje identificeerde.

Daarna droeg Eichelberger het lichaampje over aan de politiearts van de county, die het onmiddellijk naar dr. Steven Hayne stuurde voor een autopsie. Die verrichtte diezelfde avond nog sectie en stelde vast dat het kind sporen van verwurging had, maar hoogstwaarschijnlijk was overleden door verdrinking. Ze was aangerand, maar hij trof geen schaamhaar of sperma aan en concludeerde dat de moordenaar geen gedwongen gemeenschap had gehad. Hij vond een paar blauwe plekken op haar rechterpols waarvan hij dacht dat ze door mensentanden konden zijn veroorzaakt, maar dat wist hij niet zeker. Hij deed nog wat tests en besloot dat de blauwe plekken ontstaan waren rond het tijdstip van haar overlijden. Een paar andere afdrukken zouden dierenbeten kunnen zijn.

Met de theorie van de mensenbeten in gedachten, hadden dr. Hayne en de rechercheurs geluk. In die tijd woonde in Mississippi een van de toonaangevende bijtsporendeskundigen van het land, de fenomenale dr. Michael West.

Als dorpstandarts in Hattiesburg, in de staat Mississippi, was dr. West op een of andere manier getuige-deskundige geworden, en hij was in de schijnwerpers komen te staan bij een paar van de meest sensationele rechtszaken van de staat. Bijna van de ene dag op de andere was dr. West forensisch deskundige geworden, niet alleen op het gebied van bijtsporen, maar ook op dat van ballistiek, schotreconstructie, wondpatronen, blauwe plekken, werktuigsporenonderzoek, brandstichting, glasbreuk en vingernagelkrassen. In vrijwel elke zaak verrichtte zijn maatje, dr. Hayne, de autopsie en die belde dan West om het bewijs te bevestigen.

Nadat dr. Hayne klaar was met de sectie op Courtney, belde hij dr. West en vroeg hem zo snel mogelijk naar het mortuarium te komen. Ze waren met nog een moord bezig en de moordenaar had er om wat voor reden dan ook voor gekozen om zijn slachtoffer te bijten.

Dr. West kwam niet op tijd. Maandagavond laat besloot de eigenaar van het mortuarium het lichaam te balsemen, zonder daar iemand van op de hoogte te stellen.

De volgende ochtend onderzocht dr. West het pas gebalsemde lichaam en was het algauw met zijn grote vriend eens: de bijtsporen waren afkomstig van mensentanden. Hij sneed wat huid om de wonden weg, bestudeerde de afdrukken en schreef een kort rapport. Hij stuurde de county een rekening van drieduizend dollar voor zijn werk en deelde de politiearts mee dat hij bereid was te assisteren zodra de sheriff een verdachte had.

Er waren volop verdachten. De onderzoeksmethode van deputy Eichelberger was dat hij ze allemaal arresteerde en in de gevangenis zette, en wachtte tot de waarheid boven tafel kwam. De eerste was Courtneys aangetrouwde oudoom, een man die Mickens heette en die erom bekendstond dat hij te veel dronk en dan vaak vrouwen onzedelijk betastte. Dat was voor Eichelberger voldoende bewijs dat Mickens op een of andere manier betrokken was bij het verkrachten en vermoorden van een kind. Toen de verdachte geboeid en onthutst op het avondnieuws te zien was, bracht een reporter ademloos verslag uit van de gruwelijke details van het misdrijf, dat nu niet alleen een moord omvatte, maar ook een gewelddadige verkrachting, een hoofdwond en een snee op de mond.

Daarna arresteerde Eichelberger ook Courtneys ooms, Tony, Ernest en William Smith, allemaal op verdenking van moord, maar zonder ook maar een flintertje bewijs tegen hen. Oom Tony had diep in slaap op de bank gelegen toen de moordenaar het huis binnenkwam en met Courtney vertrok. De drie mannen hadden zojuist een nichtje verloren van wie ze zielsveel hielden, dat ze beschermden en met wie ze een huis deelden. Nu werden ze ervan beschuldigd dat ze haar vermoord hadden en zaten ze in de gevangenis.

Maar Eichelberger was nog lang niet klaar. Hij arresteerde William McCarthy en David Harrison, twee mannen die niets met het misdrijf te maken hadden, maar dat ze vrienden van Ruby – de oma – waren en zich die avond in de buurt bevonden, wekte blijkbaar genoeg argwaan om te worden beschuldigd en gevangengenomen.

Hij arresteerde ook John Hodge, het vriendje van Sonya Smith; Robert Goodwin, een buurman; en Lee Harris, een vriend van oom Tony.

Met zijn tiende arrestatie had Eichelberger eindelijk geluk, al besefte hij dat niet. Hij stuitte toevallig op de moordenaar en arresteerde hem. Het was Justin Johnson, een man van vijfendertig uit de buurt, die de reputatie had dat hij zich vreemd gedroeg, erg op zichzelf was en vaak gearresteerd werd. Meer dan eens was hij ervan beschuldigd dat hij 's avonds laat inbrak in huizen en dat hij vrouwen aanviel of bedreigde. De politie kwam hem op het spoor doordat verschillende buurtbewoners zijn blauw met witte Buick Electra uit 1978 rond middernacht bij het meertje hadden zien staan. Zijn alibi was zwak. In de gevangenis vroeg Eichelberger of hij al eens eerder gearresteerd was, en hij antwoordde: 'Ja. Voor een soortgelijk vergrijp, poging tot verkrachting. Niet zo lang geleden.'

Een ervaren rechercheur, of misschien zelfs een simpele wijkagent, had zich op Johnson geconcentreerd, maar Eichelberger werd afgeleid door alweer een veelbelovende verdachte: Levon Brooks.

Johnson werd uiteindelijk vrijgelaten. Er zouden achttien jaar overheen gaan voordat een andere rechercheur hem zou ondervragen over de moord op Courtney Smith.

Levon Brooks werd de hoofdverdachte, omdat hij af en toe een oorbel droeg. Hij woonde in Macon, een dorp in de buurt, en kwam niet vaak in Brooksville. Hij kende de familie Smith goed omdat Sonya en hij jaren daarvoor een paar keer uit waren geweest en ze nog steeds bevriend waren. Levon was bevriend met bijna iedereen. Hij was dol op het nachtleven, de clubs, de dames, en vooral op mooie kleren en de laatste mode. Zijn gouden oorbel was iets nieuws en droeg bij aan zijn reputatie als man die zijn tijd vooruit was. Hij genoot van zijn baan bij de Santa Barbara, een nachtclub niet ver van zijn huis. Hij verdiende er goed, had fijne werktijden en ontmoette een heleboel vrouwen. Levon was tweeëndertig, vrijgezel, zag er goed uit en had een hoop scharrels. Hij slaagde erin om bevriend te blijven met al zijn ex-vriendinnetjes.

Op de zaterdagavond dat Courtney Smith werd ontvoerd en vermoord was Levon aan het werk in de Santa Barbara, twaalf kilometer van haar huis in Brooksville. Talloze getuigen zouden in de getuigenbank onder ede verklaren dat hij daar drankjes mixte, in de keuken kookte, naar de dansvloer keek en, zoals altijd, met de dames flirtte.

Maar goed, zulk overduidelijk bewijs kon niet op tegen de valse wetenschappelijke getuigenis die door dr. Hayne en dr. West in elkaar werd geflanst en aan de jury werd gepresenteerd.

De lange, tenenkrommende reis van de oorbeltheorie begon met de aanname van de rechercheurs dat de enige mogelijke getuige van Courtneys ontvoering Ashley moest zijn, haar zusje van vijf. Terwijl de dagen verstreken zonder aanwijzingen en met een gevangenis vol 'verdachten' en een toenemende druk om het misdrijf op te lossen, besloten de rechercheurs zich op Ashley te concentreren en haar aan te sporen zich iets te herinneren.

Kinderen ondervragen, vooral als die zijn getraumatiseerd door een geweldsmisdrijf, is een gevoelige, gecompliceerde taak die hoort te worden uitgevoerd door bevoegde forensische deskundigen met een achtergrond in de psychiatrie. Vijf dagen na de moord op Courtney, en de dag na haar begrafenis, werd Ashley voor het eerst ondervraagd. De agent had geen achtergrond in de psychiatrie, de psychologie of als therapeut. Hij was een plaatselijke politieagent die ooit een keer een kinderprogramma op tv gepresenteerd had, en daarom beweerde hij dat hij talent had om met kinderen om te gaan.

Het verhoor was een aanfluiting en de politie had moeten beseffen dat Ashley met rust gelaten moest worden. Ze zei dingen waarvan de politie wist dat het regelrechte verzinsels waren. Ze zei dat haar oom Tony een mes had getrokken zodra hij de indringers zag, maar later veranderde ze dat in een pistool. Haar warrige verhalen waren vaak fantastisch en absurd, zoals toen ze zei dat de ontvoerder met Courtney was weggevlogen in een vliegtuig. In het volgende verhoor probeerde ze de ontvoerder of ontvoerders te identificeren: het was een zwarte man die Shavon heette, en daarna Travon, die met haar moeder had gestudeerd; daarna had Travon een handlanger, en daarna had hij er twee, een witte en een zwarte; daarna was het slechts één witte man die Clay heette; hij had een panty over zijn hoofd, en daarna was het een halloweenmasker. In een ander verhoor voegde ze meer details toe: de overvallers vertrokken met Courtney maar kwamen daarna weer naar huis, met chips en drankjes; een van hen plaagde haar en zei: 'Haha, we hebben je zusje', en een van hen had ook een zak vol geld.

De waarheid was dat Ashley door de hele ontvoering heen was geslapen en dat ze pas beseft had dat haar zusje vermist was toen ze de volgende ochtend wakker werd. Vanaf dat moment tot aan haar eerste verhoor, vijf dagen later, had ze nooit beweerd dat ze de ontvoerder gezien had. Pas toen de politie haar details begon in te fluisteren, nam haar kwetsbare verbeeldingskracht het over.

Een kwart dollar in je oor dragen was een steeds terugkerende modegril in sommige zwarte gemeenschappen. Toen de agent Ashley vroeg naar een kwart dollar in het oor van de ontvoerder, ging ze daarmee aan de haal. Ja, de man had inderdaad een kwart dollar in zijn oor.

De schrandere rechercheurs veronderstelden dat de kwart dollar misschien eigenlijk een oorbel was. Levon Brooks was een van de heel weinige zwarte mannen uit de buurt die in 1990 een oorbel droegen.

Eindelijk had de politie een echte verdachte. Ze lieten Ashley een reeks foto's van zwarte mannen zien en manipuleerden de volgorde om meer verdenking op Brooks te laden. Ze identificeerde hem en voegde eraan toe dat hij Courtney had geblinddoekt met een panty – twee details die eerst door de politie waren geopperd, en niet door Ashley.

Dat was toch al een flinterdun aanknopingspunt, maar die oorbel was ook nog eens het enige mogelijke bewijs dat Brooks in verband bracht met het misdrijf. Hij was op het tijdstip van het misdrijf niet in de buurt geweest; sterker nog, hij was nog nooit in het huis geweest waar Sonya Smith op dat moment woonde. Hij had Courtney of Ashley nooit ontmoet. Hij had geen zedendelicten op zijn kerfstok en was nooit beschuldigd of verdacht geweest van het misbruiken van kinderen.

Terwijl het onderzoek zich op Levon Brooks concentreerde, waren de rechercheurs druk bezig op een andere plek.

Op 23 september kwam dr. West naar het stadje, met zijn instrumentenkoffertje en een zak gips. Hij begon met de mannen in de gevangenis, die geen van allen een advocaat hadden, en haalde hen over om gebitsafdrukken te laten maken. Geen enkele weldenkende advocaat zou zo'n procedure toestaan zonder bevelschrift of hoorzitting, maar een eerlijke rechtsgang en juridische bescherming waren onbelangrijk. De 'verdachten' hadden het gevoel dat ze geen keus hadden en wel moesten meewerken.

Gek genoeg schoof dr. West ook een mal met gips in de mond van Sonya Smith, de moeder van het slachtoffer, en maakte daar een gebitsafdruk van. Niemand had ook maar in de verste verte gesuggereerd dat Sonya betrokken was bij de moord, en niemand had enig idee waarom ze ervan verdacht zou worden dat ze in de polsen van haar dochter had gebeten.

In totaal tien 'verdachten' gaven toestemming voor de gebitsafdrukken, onder wie de moordenaar, Justin Johnson. De volgende dag deelde dr. West de autoriteiten mee dat hij zijn onderzoek had afgerond en dat ze alle tien waren uitgesloten als de bron van de bijtsporen.

Nu de eerste groep verdachten vrijuit ging, concentreerde Eichelberger zich op Levon Brooks. Hij arresteerde hem op verdenking van moord en liet dr. West weten dat hij een hoofdverdachte had. Samen met een andere deputy bracht hij Brooks naar Hattiesburg, een autorit van twee uur, waar in de West Dental Clinic de derde gebitsafdruk werd gemaakt.

De volgende ochtend belde dr. West de rechercheurs met het nieuws waar ze op rekenden. Naar zijn mening was Levon Brooks de enige persoon op de hele wereld die de bijtsporen op het slachtoffer had kunnen achterlaten. Hij schreef: 'De gebitsstructuur van Levon Brooks kwam daadwerkelijk en zonder enige twijfel overeen met de bijtsporen die zijn aangetroffen op het lichaam van Courtney Smith.'

Daadwerkelijk en zonder enige twijfel. Dat was een gloednieuwe standaard in de forensische wetenschap en rechtbankgetuigenissen, die overduidelijk bedacht was door dr. West en die hij in de jaren daarna herhaaldelijk zou gebruiken. Advocaten protesteerden soms, maar zeker niet altijd, tegen de bijna dodelijke formulering. Rechters – van wie er slechts weinig enig benul hadden van basale wetenschappelijke principes, en van wie de meesten geen enkel verlangen hadden om zichzelf wijzer te maken – verwierpen protesten en lieten West begaan met zijn nieuwe standaard. Juryleden wisten het verschil niet. In hoger beroep vond het hooggerechtshof van Mississippi bijna altijd een reden om het toe te staan.

Voorafgaand aan West waren deskundigen tijdens rechtszaken verplicht om hun conclusies te formuleren als 'in een redelijke mate' van medische of wetenschappelijke zekerheid. West mocht schaamteloos beweren dat er geen enkele twijfel bestond over zijn bevindingen.

De staat had alles wat er nodig was om Levon Brooks aan te klagen wegens moord met voorbedachten rade: 1) de verwarde, vaak sensationele dwalingen van het getraumatiseerde vijfjarige zusje van het slachtoffer, 2) een gemanipuleerde fotoreeks die was gepresenteerd aan datzelfde kind, 3) een leugendetectortest die Brooks zogenaamd niet goed had doorstaan en 4) de ondubbelzinnige bevindingen van dr. West met betrekking tot de bijtsporen.

De rechtszaak begon op 13 januari 1992, zo'n zestien maanden na de moord. De eisende partij werd aangevoerd door Forrest Allgood, de gekozen officier van justitie en een fervent voorstander van de doodstraf. Hoewel dit de eerste keer was dat Allgood gebruikmaakte van het duo Hayne en West, zouden ze in de jaren daarna nog vele malen hun krachten bundelen. Weinig tot geen andere aanklagers maakten zo vaak gebruik van hen.

In zijn openingspleidooi zette Allgood zijn zaak uiteen

voor de jury. Omdat hij geen ander fysiek bewijs had dan de bijtsporen, leunde hij daar zwaar op. Allgood zei tegen de jury: 'Hij heeft zijn sporen achtergelaten in de vorm van bijtafdrukken in haar arm. Dames en heren, de staat Mississippi gaat u gewoon bewijzen dat de dader Levon Brooks is.'

De eerste getuige van de staat was Ashley Smith, nu zeven jaar. Ze was zo bang als ieder kind zou zijn geweest, en de rechter hielp niet echt. Eerst keek hij haar doordringend aan en daarna waarschuwde hij dat ze 'naar de duivel' zou gaan als ze niet de waarheid sprak.

Een kind de stuipen op het lijf jagen leek een vreemd begin.

Allgood stelde kernachtige, makkelijk te begrijpen vragen, waarmee hij Ashley goed gerepeteerde antwoorden ontlokte. Haar eerdere fantasieën, inconsistenties en tegenstrijdige verhalen waren verdwenen. Maar bij het kruisverhoor vroeg de advocaat van de verdediging naar wat ze eerder had verteld. Hoe zat het met die verschillende zwarte en witte mannen die haar zusje hadden ontvoerd? En met het wegvliegen in een vliegtuig? En met oom Tony die met een mes had gezwaaid, of was het een pistool? En de boze mannen die naar huis terugkwamen met chips, of een zak vol geld?

Net als in haar eerste verhoren raakte ze in de war en verloor algauw haar geloofwaardigheid.

Maar dat maakte Allgood allemaal niets uit, want hij had wat hij wilde. Tijdens zijn slotpleidooi vier dagen later zei hij zonder blikken of blozen tegen de jury: 'Van begin tot eind heeft het meisje niemand anders aangewezen als de man die haar slaapkamer binnenkwam en haar zusje meenam, alleen de verdachte. Verder niemand.'

Dr. Hayne getuigde dat Courtney waarschijnlijk was overleden door verdrinking in zoet water, maar dat ze ook blauwe plekken op haar hoofd en wondjes aan de binnenkant van haar vagina had. Er was geen sperma gevonden. Hij zei tegen de jury dat de afdrukken op haar polsen waarschijnlijk waren veroorzaakt door mensentanden, en hij legde uit dat hij dr. Michael West had geraadpleegd, die het met hem eens was. Daarna getuigde Hayne dat de bijtsporen waren toegebracht op het tijdstip van de dood of kort daarna. Dus degene die haar had gebeten, was degene die haar had vermoord.

Deskundigen die de zaak later bekeken, waren het erover eens dat de getuigenis heel veel gebreken vertoonde. Het was vrijwel onmogelijk vast te stellen 1) wat de oorsprong van de bijtsporen was op een lichaam dat zo lang in het water had gelegen als dat van Courtney en 2) of de afdrukken voor of na haar dood waren toegebracht.

Er werden nog meer ongefundeerde en sensatiebeluste feiten geïntroduceerd. Terwijl Hayne de wondjes aan de vagina van het slachtoffer beschreef, zei hij tegen de jury dat die konden zijn veroorzaakt door een vinger of een penis. Plompverloren vroeg Allgood: 'En een bezemsteel?'

Een bezemsteel?

Niemand had het ooit over een bezemsteel gehad. Er was er niet een op de plaats delict gevonden. Er was geen rapport waarin er een vermeld werd. Er was geen enkele aanwijzing door wie dan ook in het hele onderzoek geweest.

Maar Allgood toverde er een uit zijn hoge hoed en Hayne beaamde vlug dat de verwondingen inderdaad best door een bezemsteel konden zijn veroorzaakt.

De verdediging protesteerde tegen de plotselinge opname van zo'n sensationeel detail, maar de rechter stond het toch toe. De jury bleef achter met het afschuwelijke beeld van Levon Brooks die het kind met een bezemsteel verkracht had. Aangezien er geen sperma was gevonden, had hij misschien zijn penis niet gebruikt. Dus moest het iets anders zijn geweest. Waarom dan geen bezemsteel?

Dat afgrijselijke beeld werd nog eens goed ingeprent toen Allgood de jury in zijn slotpleidooi herinnerde aan de volkomen fictieve bezemsteel.

Dr. West nam op de vierde dag van de rechtszaak plaats in de getuigenbank en deed er eerst dertig minuten over om de rechter en de jury ervan te overtuigen dat hij een van de meest toonaangevende deskundigen op het gebied van forensische odontologie was. Hij omschreef zichzelf als 'ervaren forensisch analist' en ging er prat op dat hij een keer in het tv-programma van Phil Donahue was geweest. Hij beweerde dat hij als getuige-deskundige had opgetreden in dertien staten en noemde ze alle dertien om iedereen te imponeren. Zijn dikke staat van dienst was duidelijk bewijs van de enorme omvang van zijn kennis. Het was een opsomming van tientallen artikelen over bijtsporenanalyse die hij had geschreven en gepubliceerd. Er waren er echter maar weinig die door deskundigen en wetenschappers waren getoetst. West beweerde nauw samen te werken met Scotland Yard, de Royal Canadian Mounted Police en wetshandhavingsinstanties over de hele wereld, waaronder de 'Israëlische inlichtingendienst'. Hij somde een hele waslijst op van plaatsen waar hij lezingen had gegeven, waaronder China, en hij eindigde zoals altijd met de 'FBI Academy in Quantico, Virginia'.

De verdediging vroeg halfslachtig om inzage in zijn geloofsbrieven, maar de rechter gebaarde dat hij verder mocht gaan. Dr. West was immers bevoegd als deskundige en had in zoveel andere rechtsgebieden mogen getuigen, dus moest hij wel weten waar hij het over had. Een andere rechter had vast wel de tijd genomen om zijn papieren te controleren.

Dr. West was er klaar voor. Allgood begon met het

aankaarten van zijn grootste probleem: het lichaam was al gebalsemd voordat West ernaar kon kijken. Geen enkel probleem. Tegen de tijd dat West zijn uitleg had afgerond, had hij de jury ervan overtuigd dat het balsemen juist had geholpen de huid intact te houden en dat het op wonderbaarlijke wijze daardoor eenvoudiger was geweest om de bijtafdrukken aan Levon Brooks te koppelen.

Daarna imponeerde hij de jury met zijn analyse van Levons gebit. Aan de hand van vergrote foto's en gipsafdrukken legde hij zorgvuldig en methodisch uit hoe hij tot zijn identificatie was gekomen. Hij gebruikte woorden als *fracturen, schuinte, snijvlakken, L-vormige curves, facetten* en *een geschulpt vlak met een scherpe rand.* Hij lichtte de kenmerken van de menselijke huid toe, en hoe die variëren op het lichaam. Verschillende tanden laten verschillende afdrukken achter op verschillende huidtypes.

Gek genoeg waren zijn gipsafdrukken van Levons gebit om wat voor reden dan ook onvoldoende. Hij had meer details nodig, dus vlak voor de rechtszaak zocht hij Brooks op in de gevangenis van Noxubee County en haalde hem over zijn mond open te doen. Zodra hij dat deed, drukte dr. West er een plak Silly Putty in – van dat kneedbare speelgoed. Hij haalde het eruit, keek ernaar en beweerde dat hij daardoor meer details van Brooks' boventanden kon zien dan in de gipsafdruk.

Dr. West legde uit dat de bijtsporen op Courtneys polsen piepklein waren, nauwelijks waarneembaar en voor de gemiddelde persoon niet te zien. Maar gelukkig – voor de eisende partij tenminste – wist West daar wel raad mee. Hij had een unieke opsporingstechniek ontwikkeld waardoor alles opgelost werd. Met behulp van een gele bril en een soort ultraviolet licht beweerde West dat hij wonden en afdrukken kon zien en opsporen die anders onzichtbaar zouden zijn. Hij noemde zijn procedure het 'West Phenomenon'. Daarmee kon hij aanwijzingen vinden die alle andere onderzoekers over het hoofd hadden gezien.

Nadat hij zijn werk en analyse had beschreven en de jury had geïmponeerd met zijn expertise, vocabulaire, ervaring, hartelijkheid en soms zelfs bescheidenheid, was West klaar om de genadeklap uit te delen. Zijn eindoordeel luidde dat de bijtsporen op Courtneys polsen 'daadwerkelijk en zonder enige twijfel' waren veroorzaakt door Levon Brooks.

De verdediging protesteerde niet. De rechter zei niets.

Het OM bood geen ander geloofwaardig bewijs. Niemand van het forensisch lab getuigde, omdat er geen biologisch bewijs was dat Brooks koppelde aan het misdrijf. De jury koos ervoor om meer geloof te hechten aan de deskundigen, Hayne en West, dan aan de getuigen die Brooks' alibi bevestigden en zeiden dat hij zich op het tijdstip van de ontvoering in de nachtclub bevond waar hij werkte. Na vijf dagen getuigenissen en argumenten van de advocaten werd Levon Brooks schuldig bevonden aan moord met voorbedachten rade.

Twee dagen later veroordeelde de jury hem tot een levenslange gevangenisstraf zonder kans op vervroegde vrijlating, en hij werd overgebracht naar de beruchte Parchman-gevangenis.

Er gingen een paar maanden voorbij en in Brooksville werd het gewone leven hervat. Nu de moordenaar was veroordeeld en achter slot en grendel zat, voelden de mensen zich veiliger en begonnen ze zich te ontspannen.

Maar begin mei sloeg de moordenaar weer toe, min of meer op dezelfde manier. De tweede moord leek zo op die op Courtney dat iemand bij de politie serieus vragen had moeten stellen.

Het slachtoffer was Christine Jackson, ook een meisje van drie, dat niet ver bij Courtney Smith vandaan woonde. Ze woonde met haar moeder Gloria en een paar broertjes en zusjes in een vervallen hutje aan een grindpad in een afgelegen gedeelte van de county. Gloria, bepaald geen ideale moeder, lag vaak in de clinch met maatschappelijk werk vanwege zorgen om de gezondheid en het welzijn van de kinderen. Ze kregen vaak geen eten en werden verwaarloosd. Vriendjes kwamen en gingen, maar een van hen, Kennedy Brewer, trok bij hen in en probeerde te helpen met de rekeningen en de kinderen. Hij was pas negentien en op zoek naar een vaste baan.

Op zaterdag 2 mei 1992 liet Gloria de kinderen 's avonds bij Kennedy achter en ging met een paar vriendinnen naar wat clubs. De eerste was haar favoriet, de Santa Barbara, nu zonder hun medewerker Levon Brooks, die er lange tijd gewerkt had en er nu pas drie maanden van zijn levenslange straf op had zitten. Ze kwam rond halfeen 's nachts thuis en zag dat Kennedy en haar drie kinderen sliepen. Ze maakte haar vriendje wakker en ze hadden seks in een andere kamer, waarna ze teruggingen naar de slaapkamer en gingen slapen.

Justin Johnson was in de buurt. Hij woonde bij zijn ouders, zo'n anderhalve kilometer verderop, en besloot in het donker een flink stuk te gaan lopen, zonder te weten waarnaartoe. Jaren later, toen hij beide moorden bekende, zei hij dat hij stemmen hoorde die hem naar een hutje vlak langs de weg leidden. De stemmen zeiden dat hij een kapot raam moest openmaken, het omhoog moest schuiven, zijn armen naar binnen moest steken en zachtjes een kind moest optillen dat daar op de grond lag te slapen. Dat deed hij zonder Gloria en Kennedy te storen, en zonder Christine of haar broertje en zusje wakker te maken. Hij droeg haar naar het bos, en toen ze wakker werd, zette hij haar neer en ze liepen hand in hand dieper de duisternis in. Ze bleven bij een kreek staan. De stemmen kwamen heviger terug en zeiden dat hij haar 'seksueel moest misbruiken, haar pijn moest doen en zich van haar lichaam moest ontdoen'. Hij kleedde haar uit, verkrachtte haar, ejaculeerde, kneep haar keel dicht en gooide haar in de kreek. Hij begon te huilen en sprong het water in om haar te redden, maar ze was al stroomafwaarts gesleurd. Koud en nat zat hij lange tijd aan de oever van de kreek en huilde, terwijl hij naar de stemmen in zijn hoofd luisterde. Op een gegeven moment liep hij terug naar het huis van zijn ouders.

Zodra Gloria zich op zondagochtend realiseerde dat haar dochter weg was, begon ze verwoed vrienden, buren en familieleden te bellen. Toen er een deputy aankwam, waren er al minstens twintig mensen naar Christine aan het zoeken.

Gloria en Kennedy vertelden de deputy hun versie van wat er de avond ervoor was gebeurd. Ze wisten zeker dat Christine aan het voeteneind van hun bed lag te slapen op het moment dat ze zelf in slaap vielen. Toen ze wakker werden, was ze weg. Er waren geen sporen van braak, maar geen van de deuren had dan ook een slot.

Het pad naar een onterechte veroordeling begint vaak op de plaats delict met een verkeerde veronderstelling. De deputy nam de situatie in ogenschouw en aangezien er niemand had ingebroken, besloot hij dat het wel van binnenuit gebeurd moest zijn. De enige volwassenen in huis waren Gloria en Kennedy.

Deputy Eichelberger voegde zich bij de slimmeriken en was het algauw eens met het onderbuikgevoel van de deputy. Vanaf dat moment was Kennedy Brewer de hoofdverdachte. Er was geen zweem van een motief. Geen enkel bewijs. Op dat moment geen lijk. En het was volkomen onduidelijk hoe hij uit bed had kunnen stappen om het kind mee te nemen, haar weg te dragen, haar te verkrachten, zich van haar lichaam te ontdoen en daarna weer terug naar bed te gaan en in slaap te vallen zonder Gloria wakker te maken.

Zoals altijd leidde de veronderstelling tot een tunnelvisie, en de rechercheurs focusten zich op Kennedy. Ze hadden hun dader.

De zoektocht werd zonder succes vervolgd, tot een politiehelikopter het lijkje op woensdag bespeurde, vier dagen na de moord. Het lag nog steeds in de kreek en was kennelijk net naar de oppervlakte gedreven. De politiearts van de county stuurde het lichaam naar dr. Hayne voor autopsie.

De politie zag de gelijkenissen tussen de twee moorden wel, maar kon niet geloven dat ze verband met elkaar hielden. En waarom dan wel niet? Hun redenering was simpel: Levon Brooks kon Christine Jackson niet hebben vermoord, want hij zat achter slot en grendel in Parchman.

Net als bij de zaak-Brooks pakte de politie de mogelijke verdachten op en nam ze mee naar het ziekenhuis om ze te laten onderzoeken. Zes mannen, onder wie Kennedy Brewer en Justin Johnson, stonden vrijwillig monsters af van hun bloed, speeksel en urine, en ook lichaams-, hoofd- en schaamhaar. Er werd niets ongebruikelijks opgemerkt, behalve de krassen op de armen van Justin Johnson. Hij vertelde de verpleegkundige dat hij die 'zelf had toegebracht'.

Maar dat was niet belangrijk, want de politie volgde het spoor van hun enige echte verdachte, Kennedy Brewer, die bij hoog en bij laag volhield dat hij onschuldig was.

Dr. Hayne concludeerde dat Christine was gewurgd en verkracht. Hij nam een spermamonster. Hij vond ook talloze schaafwonden op haar armen en benen en vermoedde dat het bijtsporen waren. Dus moest hij dr. West consulteren. Het duo werkte fantastisch samen, want West was al in het mortuarium om te helpen met de autopsie. Het zal geen verrassing zijn dat ook hij van mening was dat de wonden bijtsporen waren.

Ook nu weer waren de verkrachters in Mississippi in een bijtstemming.

West ging naar zijn kliniek in Hattiesburg, waar hij had afgesproken met de sheriff van Noxubee County, die een groep verdachten bij zich had. West maakte gipsafdrukken van het gebit van Kennedy Brewer en twee andere mannen.

Christines moeder, Gloria Jackson, was ook meegekomen en ook zij liet een gipsafdruk van haar gebit maken. Niemand wist waarom. Net als bij de eerste zaak bestond er geen vermoeden dat de moeder haar dochter uit huis had gehaald en had verkracht, gewurgd, gebeten, vermoord en in de kreek gegooid, waarna ze weer naar bed was gegaan.

Niet aanwezig bij de excursie naar Wests kliniek was de moordenaar, Justin Johnson. De politie vroeg hem niet om een gebitsafdruk. Niet dat het iets had uitgemaakt, nu dr. West het onderzoek zo'n beetje leidde. Hij wist dat de politie Kennedy Brewer sterk verdacht, en het was zijn taak om de zaak sluitend te krijgen.

Een week later kwam hij over de brug. In een brief aan de sheriff schreef hij: 'De bijtsporen op het lichaam van Christine Jackson zijn daadwerkelijk en zonder enige twijfel toegebracht door Kennedy Brewer.'

Aangezien de autoriteiten nu monsters van Justin Johnsons bloed en speeksel hadden, zou de voor de hand liggende volgende stap zijn geweest om die te vergelijken met het sperma dat van Christines lichaam was gehaald. Dat gebeurde niet, in elk geval niet op dat moment. Er zouden zestien jaar voorbijgaan voordat er monsters werden vergeleken. Intussen zou het een paar dagen schelen of Kennedy Brewer zou zijn geëxecuteerd door een dodelijke injectie.

In 1992 stonden de wetenschap en de technologie van het DNA-testen nog in de kinderschoenen. Ze werden wel gebruikt om strafzaken op te lossen, maar zelden in Mississippi.

Wat destijds wel beschikbaar was, was bijtsporenanalyse, en dat bracht een lange, controversiële geschiedenis met zich mee. De meerderheid van erkende wetenschappers en forensische deskundigen vond het uitermate onbetrouwbaar. Het werd beschouwd als 'onzinwetenschap', net als vergelijkingen van haar, schoenafdrukken, bloedspetters, gebroken glas en ander vergelijkend 'bewijs'. Maar omdat het al tientallen jaren tijdens rechtszaken gebruikt werd, stonden rechters het toe.

In een onderzoek uit 2001 kregen vijfentwintig bekende bijtsporendeskundigen vier identieke sets bijtsporen, met de opdracht die te vergelijken met zeven sets gebitsafdrukken. De foutenmarge was een onthutsende 63,5 procent. Slechts een derde koppelde de sporen en de gebitsafdrukken op de juiste wijze. Vrijwel allemaal bleven ze adviseren en getuigen in zaken waar bijtsporen voorkwamen, alsof het onderzoek niets voorstelde.

Het specialisme van bijtsporenanalyse is gebaseerd op drie aannamen. De eerste is dat het gebit van iedere persoon uniek is en sporen nalaat die herleidbaar zijn. De tweede is dat huid waarin gebeten is afdrukken vertoont die onderscheidbaar zijn. De derde is dat getrainde deskundigen de afdrukken kunnen bestuderen en kunnen achterhalen wie ze gemaakt heeft.

Geen van die aannamen wordt ondersteund door wetenschappelijk bewijs. In 2009 verklaarde de National Academy of Sciences (NAS) dat bijtsporenanalyse als forensisch specialisme geen wetenschappelijke basis had. En recentelijk, in 2022, stelde het National Institute of Standards and Technology (NIST) dat huid niet in staat is de details van een beet te bewaren, en bovendien dat analisten het er belabberd van afbrengen als ze gebitsafdrukken proberen te koppelen aan degene die gebeten heeft. In veel gevallen waren de bevindingen zo tegenstrijdig dat de analisten het zelfs niet eens konden worden over wat een beet was en wat niet.

De rapporten van het NIST en de NAS komen overeen met andere studies. In 2016 verklaarde de Texas Forensic Science Commission bijtsporenanalyse zo ongegrond dat het niet langer gebruikt zou mogen worden in strafprocessen. Ook de President's Council of Advisors of Science and Technology adviseerde een moratorium.

Maar de wetenschap wordt doodleuk genegeerd. Bijtsporenanalyse wordt nog steeds toegestaan in de meeste districten; gevraagd door aanklagers, gepresenteerd door deskundigen, goedgekeurd door rechters, geloofd door juryleden en van een stempel voorzien door hoven van beroep.

Aan die latere studies had Kennedy Brewer natuurlijk niets voor zijn rechtszaak. Nadat dr. West bevoegd was verklaard als deskundige en erkend werd als een van de toonaangevende forensisch odontologen van het land, getuigde hij urenlang. Net als bij het proces van Brooks gebruikte hij vergrote foto's van de bijtsporen en Kennedy's gebitsafdrukken, en lichtte hij tot in de ondraaglijkste details de precisie van zijn analyse toe. Hij legde uit dat hij de methode van 'directe vergelijking' gebruikte, waarbij hij daadwerkelijk een gipsmodel van het gebit van de verdachte pakte en dat in de huid van het kind drukte.

De autopsie was op video opgenomen, hoewel de rechter

weigerde de opname aan de jury te laten zien omdat hij die te kwetsend vond. Op de achtergrond klonk harde muziek en er waren gesprekken tussen Hayne en West en hun assistenten te horen, en 'harteloos' gedrag van de artsen. Jaren later bestudeerde een andere bijtsporendeskundige de beelden en beschreef die: 'Dr. West zette het gipsmodel van Kennedy Brewer meerdere keren rechtstreeks op het lichaam van Christine Jackson, met zoveel kracht dat er zichtbare afdrukken achterbleven.'

De methode van 'directe vergelijking', een procedure die alleen hij uitvoerde, zorgde voor de bijtsporen die hij gebruikte om Kennedy Brewer veroordeeld te krijgen.

Op 24 maart 1995 keerden de juryleden na een beraad van slechts anderhalf uur terug met het oordeel schuldig. Twee dagen later waren ze het eens over de doodstraf. De rechter bepaalde dat de executiedatum twee maanden later zou zijn en sloot de schijnvertoning af door theatraal tegen Kennedy te zeggen: 'Moge God zich over uw ziel ontfermen.'

In 1995 trok het duo Hayne en West volop de aandacht, en die was lang niet alleen maar positief. Advocaten klaagden luidkeels en journalisten spitten de zaken van het tweetal door. Ze vonden heel wat opzienbarend materiaal.

In een zaak uit 1991 getuigde dr. West dat hij met behulp van zijn ongelofelijke uv-lichttechniek een schram op het lichaam van het slachtoffer kon matchen met de schoenveters van de verdachte. Hij koppelde ook een onzichtbaar patroon op de handpalm van de verdachte aan het hengsel van de tas van het slachtoffer. In een verkrachtingszaak koppelde hij wonden bij de vagina van het slachtoffer aan het gebit van de verdachte. Daarna vond hij, met behulp van zijn West Phenomenon, afdrukken op de hand van de verdachte die behoorden bij een schroevendraaier die gebruikt zou zijn om het slachtoffer te bedreigen. In een andere zaak bracht hij blauwe plekken op de buik in verband met een paar wandelschoenen. In een sensationele zaak, *de Staat versus Keko*, was het slachtoffer al veertien maanden dood, gebalsemd en begraven voordat het lichaam weer werd opgegraven. Het duo Hayne en West vond algauw een bijtspoor dat op een of andere manier over het hoofd was gezien bij de autopsie. Met behulp van zijn gele bril en zijn speciale uv-lamp verklaarde dr. West dat de beet was toegebracht rond het tijdstip van overlijden en 'daadwerkelijk en zonder enige twijfel' was veroorzaakt door de tanden van Tony Keko (de verdachte). De advocaten vroegen met succes om een nieuwe rechtszaak en trokken Wests geloofsbrieven in twijfel. In die tijd was hij geschorst door de American Board of Pathology. Toen de rechter weigerde hem te laten getuigen, trok de staat (Louisiana) de aanklacht in en werd Tony Keko vrijgelaten. De moord op zijn vrouw werd nooit opgelost.

En dan was er nog de beruchte Bologna Sandwich-zaak. In 1993 was een oudere vrouw, Amy Ware, een Bolognasandwich (een sandwich met mortadella en heel veel saus) aan het eten toen er iemand bij haar inbrak, haar beroofde en haar vermoordde. De politie vond een half opgegeten Bologna-sandwich en vroor die in. Haar lichaam werd naar dr. Hayne gebracht voor een autopsie. Hij consulteerde dr. West, die de sandwich om een of andere reden maandenlang niet onderzocht. Toen hij daar eindelijk wel aan toekwam, beweerde hij dat de beetafdrukken overeenkwamen met het gebit van de hoofdverdachte, Calvin Banks. Ze kwamen niet overeen met die van Amy Ware, het slachtoffer. Maar Hayne en West haalden de dingen door elkaar en West had niet in de gaten dat Hayne tijdens de autopsie de resten van een half opgegeten Bologna-sandwich in de maag van het slachtoffer had gevonden. Als ze de helft van de sandwich had opgegeten – het bewijs zat in haar maag – hoe konden de gebitsafdrukken op de niet opgegeten helft dan niet van haar zijn? Was het aannemelijk dat Calvin Banks een paar happen had genomen voor- of nadat hij haar had vermoord en daarna de rest had achtergelaten? West nam foto's van de bevroren sandwich en gooide hem daarna om een of andere reden weg.

Forrest Allgood vervolgde Calvin Banks voor de moord. West getuigde en wist de jury ervan te overtuigen dat de gebitsafdrukken in de sandwich van Calvin Banks waren. De jury slikte het en veroordeelde hem. Het hooggerechtshof van Mississippi bevestigde de rechtmatigheid van de bijtsporenanalyse, maar verwierp de veroordeling omdat West de sandwich had weggegooid voordat de verdediging ernaar kon kijken.

In 1992 werd een andere oudere vrouw, Georgia Kemp, door brandweerlieden dood aangetroffen in haar huis. Rechercheurs kwamen tot de conclusie dat haar huis opzettelijk in brand was gestoken, schijnbaar om haar moord te verdoezelen. Uit Haynes autopsie bleek dat messteken de doodsoorzaak waren. Hij zei ook dat ze was verkracht, al was daar geen biologisch bewijs voor te vinden. In zijn rapport werd geen melding gemaakt van bijtsporen. Het lichaam van mevrouw Kemp werd gebalsemd en begraven. De verdenking viel algauw op Eddie Lee Howard, een werkloze man die daar ergens in de buurt woonde. Hij had een zedendelict op zijn kerfstok, waardoor het nog waarschijnlijker was dat hij het misdrijf wel gepleegd zou hebben. Hij werd gearresteerd op verdenking van moord, maar er was meer bewijs nodig. Dus werd het lichaam opgegraven en teruggestuurd naar dr. Hayne voor een grondiger onderzoek. Het was niet bepaald een verrassing dat hij nu ineens een paar bijtsporen vond die hij de eerste keer om onverklaarbare redenen over het hoofd had gezien. Hij haalde dr. West erbij, die een gipsafdruk van Howards gebit maakte. En voilà! De bijtafdrukken waren zonder enige twijfel veroorzaakt door Howard.

Forrest Allgood vervolgde Eddie Lee Howard voor de moord. Tijdens de rechtszaak wilde Howard per se zijn eigen verdediging voeren, met voorspelbaar resultaat. Hij werd ter dood veroordeeld. Het hooggerechtshof van Mississippi bekrachtigde het gebruik van bijtsporenanalyse, maar draaide de veroordeling terug omdat Howard geen advocaat had. Hij had er wel een bij zijn tweede rechtszaak, maar werd toch schuldig bevonden.

Eddie Lee Howard bracht zesentwintig jaar in de dodencel door, voordat hij in 2020 werd vrijgesproken dankzij DNA-onderzoek. De moord werd nooit opgelost.

Ondanks het feit dat de veroordelingen van Calvin Banks en Eddie Lee Howard werden teruggedraaid, heeft het hooggerechtshof van Mississippi nooit veel sympathie getoond voor verdachten die beweren het slachtoffer te zijn van dubieuze forensische onderzoeken. Het bekrachtigde de veroordeling van Levon Brooks met acht tegen één, en onderschreef de bijtsporenanalyse van harte. Het stelde dat zulk bewijs 'universeel toelaatbaar is bij de rechtbanken van Mississippi' en zei dat het net zo betrouwbaar was als vingerafdrukken en DNA. De enige rechter met een afwijkende mening noemde het onbetrouwbaar, subjectief en niet gebaseerd op wetenschap. Hij had ook scherpe kritiek op dr. West, met een lange, gedegen opsomming van een groeiende lijst van schandelijke beweringen.

Kennedy Brewer had het niet veel beter getroffen met de

rechtbank. In een unanieme beslissing hield het de veroordeling in stand en wuifde aanvallen op West weg door te zeggen: 'Volgens onze gegevens had dr. West de kennis, vaardigheden, ervaring, training en opleiding die nodig waren om erkend te worden als deskundige in de forensische odontologie.'

Helaas worden rechters in Mississippi, net als in de meeste andere staten, allemaal gekozen. Van de lagere rechters van het hof van justitie – ongeoefende juristen die niet eens een highschooldiploma hoeven te hebben – tot de negen leden van het hooggerechtshof. Keiharde politiek en grof geld beïnvloeden de verkiezingen vaak, en er gaan bepaalde belangen schuil achter het eeuwig beschermende schild van orde en gezag. Tijdens Wests carrière als getuige-deskundige trokken de rechters van het hooggerechtshof zijn papieren en methoden zelden in twijfel. De enige andersdenkende in het hoger beroep van Levon Brooks stond tegenover een goed gefinancierde tegenstander met gladde televisiecommercials waarin de andersdenkende rechter werd weggezet als 'de enige rechter die de veroordeling van de moordenaar van een driejarig meisje wilde terugdraaien'.

De andersdenkende rechter verloor met dertig punten verschil.

Keer op keer onderschreef het hooggerechtshof het werk van Hayne en West en keurde de ene dubieuze veroordeling na de andere goed. Het hof leek blind voor de groeiende golf van klachten van advocaten, verslaggevers, andere deskundigen en zelfs politieambtenaren.

Maar één ongerijmde zaak was zelfs het hooggerechtshof van Mississippi te gortig.

In *de Staat versus Tyler Edmonds* was de verdachte een jongen van dertien die als volwassene werd berecht wegens moord. Forrest Allgood was weer eens de aanklager, en natuurlijk was hij ook nu uit op de doodstraf. Zijn belangrijkste getuige was dr. Hayne, die de jury vertelde dat hij, afgaand op de hoek van de kogel toen die in de buik van het slachtoffer terechtkwam, van mening was dat de trekker van het geweer niet door één, maar door twee mensen was overgehaald. Die getuigenis paste precies in de theorie die Allgood in elkaar had gedraaid. Zoals altijd was Hayne zo gladjes in de getuigenbank dat de naïeve juryleden zijn getuigenis voor zoete koek slikten en Tyler Edmonds veroordeelden.

Met een zeldzame rechterlijke moed draaide het hooggerechtshof de uitspraak terug op grond van het feit dat Hayne duidelijk de grenzen van zijn vakgebied over was gegaan. Tijdens de tweede rechtszaak, zonder Haynes flauwekul van 'twee handen aan de trekker', sprak de jury Tyler vrij. Hij kwam op vrije voeten nadat hij vijf jaar in de gevangenis had gezeten.

Een Californische advocaat, Christopher Plourd, was witheet toen zijn onschuldige cliënt tot twee keer toe ten onrechte werd veroordeeld voor de moord op een serveerder in een cocktailbar. De cliënt bracht tien jaar achter de tralies door en werd bijna geëxecuteerd. De zaak tegen hem was uitsluitend gebaseerd op de bijtsporenanalyse van een plaatselijke tandarts. Nadat zijn cliënt was vrijgesproken, besloot Plourd de kwakzalverij aan het licht te brengen. Samen met een vriend, James Rix, die niet bij de zaak betrokken was, beraamde hij een list. Ze gebruikten de oude foto's van de vermeende bijtsporen op de borst van het slachtoffer en lieten een tandarts tegen betaling een gipsafdruk van Rix' gebit maken. Plourd keek wie de zogenaamd toonaangevende forensisch odontologen van het land waren, en koos toevallig voor dr. Michael West. Hij belde West, schotelde hem een fictief verhaal voor en huurde hem in als adviseur. Hij stuurde West de foto's, de gipsafdruk van Rix' gebit en een cheque van zevenhonderdvijftig dollar. Twee maanden later reageerde West met een brief en een video van vijfentwintig minuten, waarin hij de kijker zorgvuldig door zijn gedegen analyse loodste. Zonder enige twijfel waren de bijtsporen veroorzaakt door dit gebit (dat van Rix dus).

Hoewel het een compleet verzinsel als onderdeel van een list was, is de video onthutsend om te zien. West is een zelfverzekerde, gladde getuige en hij praat als een deskundige die al heel wat rechtszaken heeft bijgewoond en weet hoe hij leken moet benaderen. Hij legt zijn analyse uit in tandheelkundige en medische termen, en hij is geloofwaardig. Je ziet zo waarom jury's ervan overtuigd waren dat hij wist waar hij het over had.

Plourd publiceerde het bedrog en probeerde aandacht te vestigen op West en diens nepwetenschap. Advocaten in Mississippi hebben tien jaar lang geprobeerd het te gebruiken om rechters ervan te overtuigen West niet meer te laten getuigen.

Dat is niet gelukt.

In 2001 overtuigde Brewers advocaten het hooggerechtshof van Mississippi ervan een nieuwe DNA-test toe te staan. De staat stond versteld van de uitslag. Kennedy Brewer was uitgesloten als de bron. Het sperma was achtergelaten door een andere man.

De advocaten haastten zich weer naar de rechtbank en eisten dat de aanklacht werd ingetrokken en dat hun cliënt onmiddellijk werd vrijgelaten. Inmiddels was het routine dat DNA-tests ervoor zorgden dat onschuldige mensen die ten onrechte waren veroordeeld werden vrijgelaten, en in vrijwel alle andere gevallen werden de tests als overtuigend bewijs van onschuld beschouwd.

Zo niet in Mississippi. De rechtbank weigerde te geloven dat Brewer onschuldig was en zei de meest absurde dingen, bijvoorbeeld dat 'DNA-bewijs niet overtuigend aantoont dat Brewer het slachtoffer niet heeft vermoord' en dat er voldoende ander bewijs was om Brewers betrokkenheid aannemelijk te maken. Het enige andere fysieke bewijs was de bijtsporenanalyse van dr. West.

Je zou denken dat Forrest Allgood de zaak zou heropenen om te proberen de moordenaar te vinden – de politie had haar-, bloed- en speekselmonsters van verschillende verdachten, onder wie Justin Johnson – maar in plaats daarvan verkondigde hij dat hij Kennedy opnieuw terecht zou stellen voor de verkrachting en de moord. Vijftien jaar na het misdrijf stond Kennedy, die was uitgesloten door DNA-tests, opnieuw een rechtszaak te wachten. Hij werd uit de dodencel in Parchman gehaald en naar de gevangenis van Noxubee County gebracht, waar hij bijna zes jaar wegkwijnde terwijl Forrest Allgood een rechtszaak bleef uitstellen.

In 2007 kregen advocaten van het Innocence Project in New York toestemming om aanvullende tests te doen. Verschillende dozen met bewijsmateriaal werden voor onderzoek naar een lab in Californië gestuurd. De analisten gebruikten uitstrijkjes van wangslijm die voor de zaak-Brooks waren afgenomen, waarvan er een van Justin Johnson was, en koppelden die aan het sperma dat op Christines lichaam was gevonden. Vijftien jaar na de verkrachting en de moord was het misdrijf eindelijk opgelost.

De moordenaar werd geïdentificeerd als Justin Johnson. Hij werd gearresteerd en bekende kort daarna de moord op

Christine Jackson. Hij leidde de rechercheurs naar het oude huis waar Kennedy en Gloria vroeger met haar kinderen woonden, liet ze het kapotte raam zien, zei dat hij naar binnen had gekeken en had gezien dat er een man en een vrouw in bed lagen te slapen en twee meisjes op de grond, en beschreef hoe hij Christine door het raam had getild zonder haar wakker te maken.

De politie vroeg of hij al eerder bij een moord betrokken was geweest en hij gaf toe dat hij Courtney Smith had vermoord. Hij herinnerde zich dat hij met zijn auto naar een meertje in het bos was gereden, naar een huis in de buurt was gelopen, door de niet afgesloten voordeur naar binnen was gegaan, langs een man was gelopen die op de bank lag te slapen, twee slapende meisjes in de slaapkamer had aangetroffen en de jongste uit het huis mee naar het bos had genomen, waar hij haar vermoord had en in het meertje had gegooid.

Tien dagen later liep Kennedy Brewer een bomvolle rechtszaal binnen en stond tegenover dezelfde rechter die hem dertien jaar eerder naar de dodencel had gestuurd met een onheilspellend: 'Moge God zich over uw ziel ontfermen.' Maar deze keer zei de rechter gewoon: 'U wordt hierbij in vrijheid gesteld. U bent vrij om te gaan.'

Geen uitleg. Geen verontschuldiging.

Een maand later werd Levon Brooks in diezelfde rechtszaal op vrije voeten gesteld.

Gezamenlijk hebben de mannen meer dan dertig jaar achter de tralies doorgebracht. De staat betaalde aan ieder van hen vijftigduizend dollar per jaar voor de tijd die ze hadden gezeten, maar beperkte het bedrag tot het maximum van vijfhonderdduizend dollar.

Er gingen nog vier jaar voorbij voordat de te schande gemaakte autoriteiten in Noxubee County de moed konden opbrengen om Justin Johnson voor de rechter te laten verschijnen. Hij pleitte schuldig voor twee aanklachten van moord en kreeg levenslang zonder kans op vervroegde vrijlating. Hij beschreef hoe hij beide meisjes had ontvoerd en vermoord. Hij had Christine verkracht, maar Courtney niet.

Hij had geen van beide meisjes gebeten.

Laatste avondje uit

Jim McCloskey

Mark Jones, een geboren Texaan uit Corpus Christi, zou over twee maanden eenentwintig worden. Hij stond op het punt te gaan trouwen met de liefde van zijn leven, Dawn Burgett, de knappe tweeëntwintigjarige dochter van een beroepsmilitair. Hun bruiloft was gepland op zaterdag 1 februari 1992. Jones had als verbindingsofficier deelgenomen aan operatie Desert Storm en was nu gestationeerd op Fort Stewart in Hinesville, in de staat Georgia. Ze zouden gaan trouwen in de kapel op de legerbasis.

Dat zou niet in kleine kring gebeuren. Dawn en haar moeder hadden honderdvijftig mensen uitgenodigd. Marks moeder was overgekomen uit de Florida Keys en zijn vader, die in een rolstoel zat, uit Texas. Familie en vrienden waren vanuit Tennessee, de staat waar de familie Burgett woonde, hierheen gereisd. Dawns ouders waren dol op Mark; hij was de zoon die ze nooit hadden gehad.

Na het doornemen van de trouwplechtigheid in de kapel van de basis op 31 januari, kwamen er zestien vrienden en familieleden naar restaurant Golden Corral in Hinesville voor het proefdiner. Ook al was er iets misgegaan bij het reserveren, waardoor ze pas om kwart over acht aan tafel konden, iedereen was in een feeststemming en ze keken uit naar de grote dag.

Onder de dinergasten bevonden zich twee van Marks beste vrienden van de basis, Kenneth Gardiner en Dominic Lucci. De eenentwintigjarige Kenny, ook een Texaan, was vijf maanden daarvoor op Fort Stewart aangekomen na een opdracht in Duitsland. Voor die tijd was ook hij bij operatie Desert Storm betrokken geweest, als monteur van voertuigen en tanks. De tweeëntwintigjarige Dominic, die door iedereen Dino werd genoemd, was geboren en getogen in Cleveland, in de staat Ohio. Na een rondreis van een jaar in Korea was hij overgeplaatst naar Fort Stewart, waar hij als voedingsdeskundige werkte. Dit zou zijn laatste opdracht zijn voordat hij zou worden ontslagen uit militaire dienst.

Na het eten slenterde een groep jonge mensen naar het parkeerterrein van Golden Corral en probeerde te bedenken waar ze nu naartoe zouden gaan. Kenny en Dino wilden Mark meenemen naar een club voor zijn vrijgezellenavond. Mark, die geheelonthouder was, aarzelde en vond het eigenlijk gewoon welletjes. Maar Dawn spoorde hem aan om met zijn vrienden mee te gaan en opperde zelfs een plaatselijke club waar een bikiniwedstrijd gaande was.

Om halftien ging iedereen zijn eigen weg. Dawn ging terug naar haar ouderlijk huis, terwijl de drie soldaten naar de club met de bikiniwedstrijd gingen.

Mark moest bij de ingang zijn ID laten zien en omdat hij nog geen eenentwintig was, mocht hij niet naar binnen. Dino kwam met een alternatief: een stripclub in Savannah, de Tops Lounge, waar hij een keer geweest was. Omdat Mark en Kenny niet bekend waren in Savannah, mocht Dino van Kenny in zijn nieuwe zwarte auto rijden, een tweedeurs Chevrolet Cavalier uit 1992 die hij kort daarvoor van zijn vader had gekregen. Ze gingen op pad en namen de enige route die Dino kende, tachtig kilometer over de 95, waarna ze de afslag Route 204/Abercorn Street namen en vandaar in oostelijke richting over de Victory Drive naar de Tops Lounge.

Terwijl ze onderweg waren, liep de vijfendertigjarige Stanley Jackson, een zwarte man, in een gevaarlijk deel van Savannah dat daar bekendstond als Hazard County, het middelpunt van de drugshandel, waar het een komen en gaan was van kopers en verkopers. Om vijf over tien stond hij op de hoek van 33rd en East Broad Street en werd hij neergeschoten door een kogelregen.

James White, ook een zwarte man, was achtendertig, getrouwd en vader van acht kinderen. Hij had een baan als buschauffeur en werkte ook als assistent-dominee in een kleine, zwarte baptistenkerk in Savannah. Op het moment van de schietpartij stond hij bij zijn voordeur, die hij net wilde openmaken. Bij het horen van de schoten draaide hij zich in de richting van het geluid en zag vonken op straat spatten. Daarna zag hij een auto, die schijnbaar uit het niets opdook en met piepende banden midden op het kruispunt tot stilstand kwam.

Tegen de politie, die hem op de plaats delict ondervroeg, zei hij dat er twee mannen uit het raampje van de auto hingen en met een soort geweren op het slachtoffer schoten. Hij zei dat de auto van de moordenaars tijdens de schietpartij slechts een paar seconden op het kruispunt bleef staan en er daarna vandoor scheurde en in noordelijke richting over East Broad reed. Anderhalve kilometer verderop hoorde een politieagent de schoten en reed in die richting, waarna hij tegen tien over tien op de plaats delict was. Er werden vijf hulzen gevonden. Later wezen tests uit dat alle vijf de hulzen afkomstig waren uit hetzelfde AK-47-aanvalsgeweer. Een huis in de buurt was doorzeefd met kogels, maar gelukkig was er niemand geraakt.

Hoewel er bij de autopsie geen kogels of kogelscherven in Jacksons lichaam werden aangetroffen, was hij zes keer getroffen door kogels die dwars door hem heen waren gegaan. Zijn dood was veroorzaakt doordat stukjes van zijn ruggengraat beide longen geperforeerd hadden, waardoor er ernstige bloedingen ontstaan waren. Uit toxicologisch onderzoek bleek dat er een significante hoeveelheid cocaïne in Jacksons bloed zat en dat hij een zelfgemaakte crackpijp bij zich had. Op het moment van zijn dood was hij voorwaardelijk vrij na een gevangenisstraf wegens het kopen van, dacht hij, een brok cocaïne van een undercoveragent in een drugshuis in Savannah.

Onwetend van de schietpartij die slechts tien minuten eerder zo'n zes kilometer verderop had plaatsgevonden, kwamen de drie jonge witte soldaten rond kwart over tien aan bij de Tops Lounge, waar Mark zich weer moest legitimeren, deze keer bij de portier. Een taxichauffeur en een klant die net aankwam, hoorden dat de soldaten zich niet naar binnen wisten te kletsen en opperden een andere striptent, Club Asia. De soldaten kregen een routebeschrijving en gingen op weg naar de club, waarbij ze in noordelijke richting over East Broad reden tot ze op een politieversperring stuitten op de plaats delict van Stanley Jackson. Daar gaf een politieagent ze een nieuwe routebeschrijving en wees hoe ze weg moesten rijden van de plaats delict. Nog steeds onzeker vroegen ze een agent, die geen dienst had maar als beveiliger bij een Kroger-supermarkt werkte, wat de beste route naar de club was. Als laatste benaderden ze een geüniformeerde politieagent, Deborah Evans, die stond te wachten tot ze de straat kon oversteken. Zij wees ze de weg naar Club Asia, slechts een paar straten verderop. Toen ze eenmaal in de club zaten, bestelden Kenny en Mark cola en Dino een biertje en een shot Soju, een Koreaanse likeur.

Ze hadden geen idee dat hun wereld straks zou instorten.

Agent Evans had samen met James White, de ooggetuige

van de moord op Stanley Jackson, staan wachten tot ze kon oversteken. Ze begeleidde White vanaf de plaats delict naar het hoofdbureau van de politie van Savannah, dat in de volksmond de 'Barracks' werd genoemd, zodat de rechercheurs zijn verklaring konden opnemen. Het was een paar minuten over halfelf, dertig minuten nadat Jackson was neergemaaid.

Nadat de soldaten waren weggereden, zei White tegen Evans dat hun auto leek op die van de moordenaars. Daarop brak de hel los. Evans riep onmiddellijk versterking op, zette White af op het bureau en haastte zich naar Club Asia. Binnen enkele minuten werden de drie mannen door een hele zwerm politieagenten uit de club geëscorteerd. Ze moesten aan de voorkant van de club gaan staan zodat White, die ze hadden meegenomen uit de Barracks, ze beter kon zien en ze kon identificeren als de schutters. Dat kon hij niet.

Op het parkeerterrein doorzocht de politie de auto, met Kenny's instemming, en vond niets van opvallende waarde – geen wapens, geen munitie, geen hulzen, geen deuken van afgeschoten kogelhulzen, niets wat de auto of de soldaten in verband bracht met de moord op Jackson of een ander misdrijf.

Later werd de auto uitgekamd en onderzocht op kruitsporen, met negatief resultaat.

Toch werden de soldaten om tien voor elf naar de Barracks even verderop overgebracht voor verhoor. Een heel regiment rechercheurs en hun bazen meldden zich bij de Barracks om een handje te helpen bij het nachtelijke onderzoek. De inspecteur die verantwoordelijk was voor de afdeling Geweldsmisdrijven, D. Everette Ragan, en assistent-officier van justitie David Lock namen de leiding over het onderzoek.

De politie verhoorde de jongemannen twee uur lang ieder afzonderlijk en probeerde bekentenissen los te krijgen door middel van druk en leugens. Ze kregen alle drie valselijk te horen dat de andere twee hadden bekend, zodat het makkelijker voor hen zou zijn als ze ook zouden bekennen.

Alle drie hielden ze vol dat ze onschuldig waren en ze vertelden voortdurend waar ze de dag en de nacht voorafgaand aan hun verhoor waren geweest. De politie ging om drie uur naar de Tops Lounge en ondervroeg de portier die Mark om zijn ID had gevraagd. Hij bevestigde het alibi van de soldaten en zei tegen de politie dat alle drie de jongens hun uiterste best hadden gedaan om hem over te halen om hen binnen te laten, dat ze alleen Mark maar wilden helpen zijn bruiloft de volgende dag te vieren. Hij beschreef hen als 'gewoon drie gasten die een beetje lol wilden hebben in een tietenbar'.

Dino weigerde zich te laten koeioneren en dreigde het bureau uit te lopen. Daarna werd hij met handboeien aan een stoel vastgemaakt en in een kast gezet. Zodra hij de kastdeur opentrapte, werd hij gearresteerd. Mark was bekaf en in tranen toen ze zeiden dat hij gearresteerd werd op verdenking van moord.

Intussen gaf James White in een ander deel van het gebouw een gedetailleerde verklaring af aan Harvey Middleton, een onervaren rechercheur Moordzaken. In zijn verklaring zei hij twee keer dat de auto van Gardiner 'op de auto van de schutters leek', maar aan het eind van zijn verklaring had hij dat veranderd en was de auto van de soldaten ineens 'dezelfde auto als die van de schutters'. Bovendien verklaarde hij eerst dat hij dacht dat de schutters wit of creools waren, en later in zijn verklaring zei hij dat ze wit waren.

Middleton kreeg wat hij wilde: de identificatie van de auto. Maar Whites oorspronkelijke beschrijving van de auto op de plaats delict was aanzienlijk anders dan die van de auto van Gardiner. White had eerst tegen Middleton gezegd dat de auto van de moordenaars een ouder model was, uit '1985 tot 1990', met getinte ramen, en dat hij 'groter aan de achterkant en kleiner aan de voorkant' was. De nieuwe auto van Gardiner, uit 1992, was precies het tegenovergestelde – groot aan de voorkant en klein aan de achterkant – en had geen getinte ramen.

De drie jongemannen waren geen doorsneeverdachten. Ze waren geen van allen ooit eerder in aanraking geweest met de gewone of de militaire politie: geen arrestaties, geen veroordelingen, helemaal geen problemen met justitie, van welke aard dan ook. Geen van de drie gebruikte drugs en ze dronken ook niet overmatig alcohol. Er was geen verband tussen de soldaten en Jackson. De jongemannen hadden geen motief, geen middelen en geen gelegenheid voor het plegen van zo'n gruwelijk misdrijf.

En toch besloten assistent-officier van justitie Lock en inspecteur Ragan iets over tweeën om de mannen, met slechts een geïdentificeerde auto, vast te houden wegens moord en gaven opdracht hen naar de gevangenis van Chatham City te brengen.

In 1991 was meer dan 40 procent van de ongeveer honderdveertigduizend inwoners van Savannah zwart. Maar witte mannen hadden alle politieke macht in handen, zoals altijd het geval was geweest. Er waren toenemende raciale spanningen tussen de lang zittende, uitsluitend witte stadsvaders en de politiek actieve zwarte maatschappelijke en kerkelijke leiders. In het vastgeroeste stadsbestuur van Savannah was maar bar weinig plek voor rassendiversiteit of wederzijds begrip.

In recente jaren had een landelijke crack- en cocaïne-epidemie een explosie van geweldsdelicten aangewakkerd, omdat drugsbendes in de meeste grote steden schaamteloze moorden pleegden. In Savannah was vooral de geheel zwarte Ricky Jivens-bende bijzonder moordzuchtig. Het aantal moorden in de stad was in twee jaar tijd verdrievoudigd, van eenentwintig doden in 1989 tot negenenvijftig in 1991. Ten tijde van de moord op de kruising tussen 33rd en East Broad, eind januari 1992, hadden er in Savannah al vijf moorden plaatsgevonden, wat een jaarcijfer van tweeënzeventig voorspelde. De moord op Stanley Jackson was de zesde.

Zwarte gemeenschapsleiders waren steeds gefrustreerder geraakt door de politie, want ze zagen dat die niet zoveel moeite deed om zaken met zwarte slachtoffers op te lossen als die waar witte slachtoffers bij betrokken waren. De kwestie bereikte half september 1991 een kritiek punt, toen een jongen van zestien, die van huis was weggelopen en een potentieel lid van de Jives-bende was, een man en zijn hond doodschoot in de welgestelde witte wijk Ardsley Park in Savannah. De rijke buurtbewoners waren woedend en bang. Als reactie hielden burgemeester John Rousakis en politiecommissaris David Gellatly persconferenties en spraken ze persoonlijk met de bewoners van Ardsley Park, waarbij ze hun verzekerden dat de moordenaar zou worden berecht. Er werd een groep rechercheurs op de zaak gezet.

De ongelijkheid in de reactie van ambtenaren op de moord op deze ene witte persoon, vergeleken met die op de zevenendertig zwarte moordslachtoffers dat jaar, wekte de woede van de zwarte leiders van de stad. Ze hielden persconferenties en vroegen waarom het stadsbestuur van Savannah niet dezelfde bezorgdheid aan de dag had gelegd voor hun gemeenschappen, en waarom ze hen niet hadden opgezocht.

Bij de verkiezingen van november hadden zwarte kiezers de kans om hun woede te uiten. Burgemeester Rousakis, een Democraat, leed een verpletterende nederlaag in zijn gooi naar een zesde achtereenvolgende termijn en verloor van de oorspronkelijk New Yorkse Susan Weiner, de eerste vrouw en slechts de tweede Republikein in de tweehonderdjarige geschiedenis van Savannah die het burgemeesterschap van de stad veroverde. Het *Savannah Morning News*, de belangrijkste krant van de stad, schreef Weiners schokkende overwinning toe aan de zwarte kiezers die waren overgestapt naar het Republikeinse partijprogramma. Ze had de misdaad tot haar prioriteit gemaakt; op haar campagnebillboards waarmee de stad was volgehangen, stonden geen woorden, maar slechts kogelgaten.

Dus de moord op Stanley Jackson vond plaats in een Savannah dat sterk was verdeeld langs raciale breuklijnen: Jackson was een zwarte man die was doodgeschoten door minstens twee witte mannen, volgens een zwarte ooggetuige die zichzelf 'dominee' noemde, en nu waren er door puur toeval drie witte soldaten in de schoot van de politie geworpen. De autoriteiten geloofden dat ze, als ze maar genoeg bewijs konden vinden om de drie mannen te veroordelen, aan het zwarte electoraat konden laten zien dat zwarte slachtoffers net zo belangrijk voor de politie waren als witte slachtoffers. Mark, Kenny en Dominic werden de perfecte zondebokken. De drie jonge soldaten zouden geen gerechtigheid krijgen. Ze zouden worden geofferd op het altaar van de politiek.

Bij de politie van Savannah kwamen ze er algauw achter hoe ze tv-camera's in hun voordeel konden gebruiken. Ze lichtten de media in en kort na twee uur 's nachts wachtten de tv-camera's om de soldaten te filmen terwijl ze geboeid uit de Barracks werden geloodst, op weg naar de countygevangenis. Nog voordat Jacksons lichaam was weggehaald, stonden er al camera's op de plaats delict. Door de media snel toegang te verlenen, zorgde de assistent-officier van justitie ervoor dat deze vierde macht, vroeger de vijand, nu een vriend werd. (Later, tijdens het proces, werden camera's toegestaan in de rechtszaal, wat destijds een zeldzaamheid was in Savannah. De rechtszaak was tijdens de voortgang van het proces elke avond het hoofditem op alle tv-kanalen.)

In shock, nog steeds niet in staat te bevatten wat hem en zijn vrienden was overkomen, belde Mark ergens tussen twee en drie uur 's nachts met Dawn, die in het huis van haar ouders was. Hij vroeg of ze alsjeblieft niet boos wilde worden en vertelde haar daarna het verbijsterende nieuws dat ze in de gevangenis van Savannah zaten, 'omdat ze denken dat we iemand vermoord hebben'. In paniek haastte Dawn zich naar het hotel van zijn moeder, bonsde op de deur en vertelde haar waar Mark en zijn vrienden waren en waarom.

In de vijftig minuten die volgden reden ze naar de binnenstad van Savannah, waar ze voor het ochtendgloren aankwamen. Wonderbaarlijk genoeg mochten ze alle drie de mannen tegelijk bezoeken, door een raam heen. Het enige wat Dawn zich van het bezoek herinnert, is dat iemand in de gevangenis haar Marks blauwe jasje gaf.

Later die ochtend schreef Dawn een briefje, dat ze op de kapel op de basis hing: BRUILOFT VAN DAWN BURGETT EN MARK JONES AFGELAST WEGENS FAMILIEOMSTANDIGHEDEN.

Op 6 februari, een week na de arrestatie, werd er een hoorzitting gehouden voor de borgtocht van de drie mannen. Dino's opa huurde Bill Cox in, een advocaat uit de buurt, om zijn kleinzoon bij te staan. Hij zorgde er ook voor dat Cox het geld kreeg om John Watts senior en diens zoon John Watts junior in dienst te nemen, die respectievelijk Kenny en Mark vertegenwoordigden. De borgsom werd vastgesteld op dertigduizend dollar voor iedere verdachte. Half april werden Kenny en Dino vrijgelaten nadat hun families met het geld over de brug waren gekomen, en ze bleven gedurende de rechtszaak op vrije voeten. Mark moest het proces in de gevangenis afwachten, want zijn familie kreeg de borgsom niet bij elkaar.

De voorlopige hoorzitting, waarin de Staat bewijs moest presenteren dat voldoende was om de verdachten vast te houden en te laten berechten, stond gepland voor 26 februari. Naarmate de datum naderde werd de politieke druk opgevoerd. Op 19 februari hielden ruim tweehonderd mensen uit de zwarte gemeenschap, onder wie vrienden en familie van Stanley Jackson, een wake bij kaarslicht op de kruising van 33rd en East Broad. De sprekers bekritiseerden stadsfunctionarissen omdat die er niet bij waren en klaagden opnieuw: 'Toen er een man overleed in Ardsley Park, kwam iedereen wel opdagen.'

De volgende dag woonde een groep van dertig mensen van de Jackson-wake een vergadering van het stadsbestuur bij. Hoewel de groep niet op de agenda stond, liet burgemeester Weiner, die net in de tweede maand van haar ambtstermijn zat, predikant Leonard Small toch spreken. Hij verweet ambtenaren in Savannah dat ze zaken met zwarte slachtoffers anders behandelden dan die met witte slachtoffers, waarbij hij de moord in Ardsley Park noemde, en riep op een eind te maken aan het 'institutionele racisme' in Savannah.

Een week later beweerde getuige White tijdens de voorlopige getuigenverhoren voor het eerst dat hij Jacksons schutters kon identificeren, en hij wees naar Gardiner en Jones. Volgens zijn getuigenis zag hij hun gezichten tijdens de borgtochthoorzitting (waarin de borgsom werd bepaald) en wist hij ineens zeker dat dit de mannen waren die Jackson hadden neergeschoten. Hij voegde eraan toe dat zij het 'absoluut' waren. Assistent-officier van justitie Lock had nu een ooggetuige die twee van de soldaten kon identificeren als de schutters, en de auto van Gardiner als het voertuig dat door de schutters was gebruikt.

Het OM probeerde Dino zover te krijgen dat hij zich tegen zijn vrienden zou keren, door te stellen dat hij de chauffeur was en geen schutter, dus dat hij twintig jaar wegens opzettelijke doodslag zou kunnen krijgen in ruil voor een getuigenis waarbij hij Jones en Gardiner als de schutters zou noemen. Dat wees hij ferm van de hand.

Op de vooravond van het proces probeerde het OM het nog een keer, ditmaal met een aanzienlijk beter aanbod van achttien maanden voor onopzettelijke doodslag als hij zijn medeverdachten zou beschuldigen. Dino weigerde zonder ook maar de minste aarzeling en zei jaren later: 'Ik zou mijn vrienden en mezelf nooit verraden voor iets wat we geen van allen gedaan hebben.'

Het proces begon op 9 november 1992. De jury bestond uit negen witte en drie zwarte leden, plus twee zwarte plaatsvervangende juryleden.

De zaak van het OM steunde voornamelijk op de getuigenis van James White, die zijn ooggetuigenverslag aandikte door tegen de jury te zeggen: 'Ik kon ze goed zien. Ik keek ze recht aan.' Op de vraag van Lock: 'Weet u zeker dat de personen die u voor de rechtbank hebt geïdentificeerd degenen zijn die u die avond op het kruispunt hebt zien schieten?' antwoordde hij: 'Dat weet ik zeker.'

Toch leek zijn getuigenis die zekerheid niet te onderschrijven, want daarin werd juist benadrukt dat zijn observatie van korte duur was en dat hij vreesde voor zijn leven. Op de avond van de schietpartij kwam hij, volgens zijn getuigenis, thuis na een kerkdienst. Terwijl hij bij de voordeur met zijn sleutels stond te hannesen, hoorde hij hevige schoten om de hoek van het kruispunt van 33rd Street en East

Broad Street. Toen hij zich omdraaide en naar het kruispunt keek, zag hij vonken die 'als vuur' van de straat spatten. Daarna kwam er een auto in zicht, die midden op het kruispunt bleef staan. Hij zag 'vuur uit de geweren komen', die naar zijn zeggen werden vastgehouden door twee mannen die uit het raampje aan de passagierskant van de auto leunden en die naar achteren schoten, in de richting van het slachtoffer. Hij kon niet zeggen of het vuur afkomstig was uit één wapen of uit beide wapens. Voor hij het wist scheurde de auto er met piepende banden vandoor.

Hij was duidelijk getraumatiseerd en zei dat het leek of hij in een 'oorlogsgebied' was. Hij keek hooguit 'drie tot vier seconden' naar de schietpartij. Tijdens het schieten drukte hij zich stevig tegen de deur aan en bonsde er drie of vier keer luid op om ervoor te zorgen dat zijn vrouw Suzette hem zou binnenlaten. Toen ze eindelijk opendeed, was hij zo 'overstuur en bibberig' dat hij haar de politie liet bellen, omdat hij niet kon praten.

Maanden voor de rechtszaak, op 6 maart 1992, had een onlangs gepensioneerde sergeant 1ste klasse, Sylvia Wallace, zich gemeld om een verklaring af te leggen aan rechercheur Middleton, waarmee ze nu getuigde in de rechtbank. Haar onsamenhangende verhaal luidde dat ze op vrijdag 31 januari 1991 's ochtends bij de barakken met Mark Jones had staan kletsen na afloop van een grote bataljoninspectie waarvoor ze in gevechtstenue moesten verschijnen. Toen ze Jones vroeg wat hij dat weekend ging doen, antwoordde hij dat hij 'naar Savannah ging, dat hij zaterdag zou gaan trouwen en dat er iemand in Savannah was die hij moest neerschieten'. Op haar vraag wie dat dan was, zei hij: 'Er is daar een zwarte gast die ik te grazen moet nemen.'

Bij het kruisverhoor gaf Wallace toe dat ze niet nader gespecificeerde 'problemen' had gehad op het moment dat ze beweerd had dat Jones die racistische opmerkingen had gemaakt en dat die problemen, in combinatie met stress, ertoe hadden geleid dat ze al haar legerbezittingen had vernietigd, behalve haar legeruniform, en dat ze er na eenentwintig jaar dienst mee stopte. Mark was verbouwereerd toen ze in de getuigenbank plaatsnam en verslag deed van die verzinsels. Hij kende haar amper. Ze zaten bij hetzelfde bataljon, maar in verschillende compagnies. Ze was twee keer zo oud als hij. Hij beschouwde hun band als hartelijk, maar heel oppervlakkig.

Marks compagniecommandant en zijn kamergenoot weerspraken beiden haar getuigenis en verklaarden dat Mark op de dag in kwestie met verlof was om zijn bruiloft voor te bereiden en dat er helemaal geen inspectie van welke aard dan ook was geweest.

Assistent-officier van justitie Lock gooide het met zijn volgende getuige opnieuw op racisme. Hij probeerde een racistisch geladen getuigenis los te peuteren uit soldaat 1ste klasse Heather Radford, een eenentwintigjarige alleenstaande moeder met een kind van zes maanden. Zij en Kenny Gardiner waren tegelijkertijd gestationeerd in Saoedi-Arabië en daarna in Duitsland, waarna ze in september 1991 in Fort Stewart waren aangekomen. Ze waren oppervlakkig bevriend, maar niet meer dan dat.

Lock stelde Radford een aantal explosieve vragen, bijvoorbeeld of ze zich herinnerde dat ze zijn rechercheurs een maand eerder tijdens een gesprek had verteld dat Gardiner tegen haar had gezegd dat hij 'gewoon een bloedhekel aan *niggers* had, dat hij altijd zei dat hij *niggers* haatte omdat ze de feestjes, de muziek en de vrouwen wilden inpikken. Hij zei dat hij zich in het zwart wilde kleden en hen wilde vermoorden.' Ze ontkende dat ze dat ooit tegen de rechercheurs had gezegd.

Tijdens het kruisverhoor door de verdediging getuigde ze dat ze na haar gesprek met de rechercheurs een afspraak met Lock had. Tijdens dat gesprek bleef Lock maar volhouden dat Gardiner die opmerking had gemaakt dat hij een hekel aan zwarten had en dat hij ze wilde vermoorden. Hij zette haar onder druk en vroeg vijf of zes keer of Gardiner die opmerking had gemaakt. Ze hield vol dat Gardiner nooit zoiets gezegd had.

Om haar verklaring te ontkrachten, kwam Lock aanzetten met zijn twee rechercheurs, J.D. Smith en Glen Kessler, die beiden getuigden dat Radford hun had verteld dat Gardiner die opmerkingen wél had gemaakt. Smith gaf tijdens het kruisverhoor toe dat ze het gesprek niet hadden opgenomen en ook geen verklaring hadden opgesteld die ze moest ondertekenen.

Nu assistent-officier van justitie Lock geen motief voor de moord kon bepalen en wist dat er geen verband tussen de verdachten en Stanley Jackson bestond, besloot hij de soldaten er niet alleen van te beschuldigen dat het racisten waren, maar ook dat ze gevaarlijke sensatiezoekers waren. Tijdens de rechtszaak was vastgesteld dat de jongemannen graag Dungeons & Dragons speelden. Aanklager Lock probeerde de jury ervan te overtuigen dat dit bordspel en tevens rollenspel hen had geïnspireerd om naar Savannah te gaan om te doen wat ze gedaan zouden hebben. Hij herinnerde de jury eraan dat de D&D-deskundige van de verdediging had gezegd dat het doel van alle D&D-spelers was om het goede te laten winnen van het kwade. Hij speculeerde dat de verdachten misschien wel naar die door drugs geteisterde buurt van Savannah waren gegaan met het idee dat ze 'het kwaad zouden uitroeien'.

In zijn eindpleidooi voor de jury zei hij: 'Die jongens waren geobsedeerd door spanning en sensatie. We hoeven in deze zaak niet te bewijzen wat het motief was, maar we gaan ervan uit dat ze gewoon sensatiezoekers zijn. Ze zoeken op een zieke, gestoorde manier sensatie.' Hij begon op dreef te komen en vervolgde: 'Dat is de beste dekmantel [...] als je iemand wilt vermoorden voor de kick, zou je zomaar eens naar zo'n buurt kunnen gaan. Sterker nog, ik raad je aan om dat te doen. Misschien omdat het zou kunnen worden afgedaan als afrekening in de drugswereld. Gewoon het zoveelste drugsslachtoffer, dus zou niemand verder zoeken.' De verdachten zomaar transformeren van nerds die graag rollenspelen deden tijdens een bordspel in sensatiebeluste moordenaars was een schaamteloze zet die totaal nergens op gebaseerd was.

Toen de verdediging aan de beurt was, droegen de advocaten sterke alibi's en een overvloed aan bewijzen aan, zowel aan de hand van documenten als getuigenverklaringen, waarmee ze aantoonden dat de timing van de moord niet klopte en dat de verdachten geen racisten waren.

Een privédetective getuigde dat hij er, als hij zich aan de snelheidslimiet hield, tweeënvijftig minuten over deed om van het Golden Corral, waar het proefdiner werd gehouden, tachtig kilometer af te leggen naar de Tops Lounge, via dezelfde route die de verdachten op de avond van het misdrijf hadden genomen. Die tijdsduur en de afstand werden door de aanklagers niet weersproken.

Zes getuigen, onder wie vier dinergasten en twee serveerders, verklaarden dat de verdachten om halftien, of rond die tijd, het parkeerterrein van het Golden Corral hadden verlaten. Als ze rechtstreeks naar het kruispunt van 33rd en East Broad waren gereden om iemand dood te schieten, hadden ze daar nooit voor kwart over tien kunnen zijn, en dan hadden ze ook nog ergens naartoe moeten gaan om de wapens en de munitie te lozen voordat ze bij de Tops

Lounge aankwamen, wat zeven minuten rijden was vanaf de plaats delict. En dan zouden ze ook nog behoorlijk koelbloedige killers moeten zijn, als ze bij de Tops Lounge aankwamen met een houding die de portier beschreef als 'gewoon drie gasten die een beetje lol wilden hebben in een tietenbar'. Hoewel Lock weigerde de getuigen op hun woord te geloven en beweerde dat de soldaten eerder rond kwart over negen waren vertrokken, zou het hoe dan ook onmogelijk zijn geweest dat ze om vijf over tien op de plaats delict waren geweest.

Naar aanleiding van de kwestie of de jongemannen racistische burgers waren, had de verdediging ruimschoots voldoende bewijs dat dat niet zo was.

Een kolonel van het Amerikaanse leger had op verzoek van de bevelhebbende generaal van de basis slechts drie dagen na de arrestatie een profiel van Kenny Gardiner opgesteld. Daarin stond dat Kenny een goede soldaat was en dat er nooit disciplinaire maatregelen tegen hem waren genomen. 'Hij doet wat hem gezegd wordt en is nooit te laat of afwezig geweest voor de opstelling.' Concluderend stond er: 'Er is geen bewijs van racisme van Gardiners kant.'

In het rapport stond verder dat zijn twee kamergenoten zwart waren en dat hij volgens hen nooit enig racistisch gedrag of vooroordelen aan de dag had gelegd. Een van hen, Sullie Kinnie, zei tegen de jury dat er nooit racistische problemen waren geweest met Kenny, en dat Kenny geen uitgaanstype was, maar dat 'lezen zijn topprioriteit was'.

Een paar dagen na de arrestatie van de soldaten werden Kenny's slaapgedeelte en de stacaravan die Kenny buiten de basis met Dino deelde doorzocht door zijn compagniecommandant en rechercheur Middleton. Er werd niets gevonden wat wees op racistische neigingen, en ook niets wat als bewijs kon dienen: geen haatliteratuur of iets wat verband hield met misdaad of gewelddadig gedrag, alleen stripboeken en sciencefictionpaperbacks.

Het dossier sprak Mark Jones overduidelijk vrij van ook maar een zweem van racisme. Ten eerste kwam hij uit een biraciaal gezin. Zijn stiefvader was een zwarte jazzmuzikant. In het legerrapport over Mark, kort na zijn arrestatie, werd hij beschreven als 'een naïef, onschuldig persoon met een positieve houding, die zijn werk op efficiënte wijze verricht'. Verder staat erin: 'Soldaat 2de klasse Jones heeft nooit enige indicatie van racistische vooroordelen vertoond en heeft geen noemenswaardige problemen met sergeant Davenport, een zwarte Amerikaan. Hij heeft de afgelopen twee jaar ijverig zij aan zij met hem gewerkt.'

Sergeant Davenport zei dat het 'belachelijk' was om te denken dat Mark een moord zou plegen. Hij getuigde tijdens de hoorzitting voor Marks borgtocht dat hij ruim twee jaar Marks teamleider was geweest, onder meer tijdens hun gezamenlijke tijd in Saoedi-Arabië en Irak, en dat Mark 'niet gewelddadig was en nooit problemen veroorzaakte'. Hij bezocht Mark drie keer in de countygevangenis voordat hij naar Duitsland vertrok voor een opdracht.

Marks zwarte kamergenoot, Aaron McAbee, getuigde tijdens de rechtszaak dat Mark hem had uitgenodigd voor de bruiloft en dat hij nooit enig racistisch probleem met Mark had gehad. Soldaten van alle rassen – wit, zwart en latino – kwamen regelmatig bij elkaar in de kamer van Mark en Aaron en keken dan gezamenlijk tv. Marks zwarte meerdere, Eric Bibbs, die samen met hem in Desert Storm had gediend, zei tegen de jury: 'Mark is geen gemeen of gewelddadig mens,' en voegde eraan toe dat Mark mensen aardig vond ongeacht hun afkomst of huidskleur.

Er staat in het dossier weinig over de raciale houding van Dominic Lucci. Om wat voor reden dan ook probeerde het om Dominic niet af te schilderen als racist. Sergeant-majoor Marinaro was Dino's meerdere kort nadat hij in oktober 1991 in Fort Stewart kwam na zijn rondreis in Korea van een jaar. Toen Marinaro de week na Dino's arrestatie werd verhoord door de politie, zei hij dat hij niet dacht dat Lucci vooroordelen had.

De verdediging voerde ook aan dat er bij het doorzoeken van de auto en de slaapvertrekken van de verdachten geen bewijs tegen hen was gevonden. (De politie en het om hebben geen van beide ooit kunnen verklaren waar, wanneer en hoe de soldaten zich zouden hebben kunnen ontdoen van de wapens en de munitie, of waarom er in de auto geen forensisch bewijs te vinden was van betrokkenheid in een schietpartij vanuit een rijdend voertuig met gebruik van aanvalsgeweren.) Bovendien hadden ze alle drie een blanco strafblad, gebruikten ze geen drugs, kenden ze het slachtoffer niet en hadden ze geen motief, geen middelen en geen gelegenheid om hem te vermoorden.

De verdachten getuigden niet. Hun advocaten vonden dat ze een sterke zaak hadden gepresenteerd en dat het daarom niet nodig was om te riskeren dat Lock de jonge verdachten in de war zou brengen en zou belagen in de getuigenbank.

Vlak voor het juryberaad begon, rapporteerde een wit jurylid aan de rechter dat het haar zorgen baarde dat een ander jurylid, een zwarte vrouw, er tijdens het twee weken durende proces geen geheim van had gemaakt dat ze de vader van het slachtoffer kende en dat ze geloofde dat de verdachten schuldig waren. Ze werd vervangen door een zwarte man die twee straten verderop woonde bij de plek waar Jackson was doodgeschoten. Dit jurylid gaf toe dat hij 'buurtbewoners had horen praten over hoe het was gebeurd en zo [...] je hoort elke keer weer iets anders'. De verdediging trok dit jurylid in twijfel, maar rechter Perry Brannen weigerde hem te vervangen.

Het juryberaad begon op 19 november 1992 om halfvier 's middags. Om negen voor twaalf 's avonds was het oordeel daar: alle drie de verdachten waren schuldig aan moord met voorbedachten rade.

Zodra de jury de rechtszaal had verlaten begon rechter Brannen, die haast had om de zaak af te ronden, aan een korte hoorzitting van negen minuten om de strafmaat te bepalen. Er werden geen getuigenissen afgenomen en de advocaten spraken slechts een paar minuten. Om vijf over twaalf 's nachts, nauwelijks veertien minuten na de schuldigverklaring – het was inmiddels net 20 november – veroordeelde de rechter de drie mannen tot levenslange gevangenisstraf. Later gaf hij toe dat hij in het geheim de Nationale Garde paraat had voor het geval de soldaten zouden worden vrijgesproken. Gedurende het hele proces waren de autoriteiten van Savannah bang geweest dat er rassenrellen zouden uitbreken zoals die in Los Angeles nadat in april 1992 de agenten van de politie van L.A. waren vrijgesproken in het proces naar aanleiding van de moord op Rodney King.

De advocaten waren net zo onthutst door de uitspraak als iedereen en werkten pro bono verder om bewijs te zoeken waarmee ze de veroordeling konden aanvechten. Zes juryleden gaven beëdigde verklaringen af waarin ze stelden dat ze ervan overtuigd waren dat de soldaten geen eerlijk proces hadden gehad vanwege misstanden tijdens het juryberaad. De juryleden beschreven dat een medejurylid – Murphy Cooper, een zwarte advocaat – zich intimiderend uitliet naar degenen die naar vrijspraak neigden en hen beschuldigde van racistische vooroordelen.

Hij zei dat er, als ze niet unaniem stemden voor veroordeling van de soldaten, rassenrellen in Savannah konden uitbreken zoals die zeven maanden eerder in Los Angeles hadden plaatsgevonden. Cooper vertelde hun ook ten onrechte dat iedereen die voor vrijspraak stemde openlijk in de rechtbank zou worden geïdentificeerd en daarom vergelding zou kunnen verwachten.

In 1994 verwierp het hooggerechtshof van Georgia een hoger beroep van de veroordeling op basis van deze juryverklaringen en oordeelde dat het volgens de staatswetten niet was toegestaan dat juryleden hun eigen oordeel introkken, tenzij er sprake was van 'buitengewone omstandigheden', maar dat dat in deze zaak niet aan de orde was.

De verdachten brachten de daaropvolgende zeventien jaar door in de gevangenis. In 2009 begon Centurion Ministries, dat het lijvige dossier van de zaak een paar jaar bestudeerd had, een veldonderzoek namens de soldaten. Tot 2012 sprak Centurion talloze getuigen, op zoek naar nieuw bewijs. Er werden nieuwe verdedigers voor de soldaten geregeld: Peter Camiel, een advocaat uit Seattle die al eerder de verdediging van Centurion-cliënten op zich had genomen, en Steve Sparger, een advocaat uit Savannah.

Bovenaan de getuigenlijst stond James White, wiens getuigenis altijd dubieus was geweest. De politie had gemeten dat de afstand tussen Whites voordeur in East Broad Street en de plek midden op het kruispunt, waar de auto had gestaan, tweeëntwintig meter was. Het was een donkere, maanloze avond geweest met onvoldoende straatverlichting.

Die factoren, in combinatie met de korte tijd die White had gehad om de schietpartij te observeren terwijl hij in hevig getraumatiseerde toestand verkeerde en voor zijn leven vreesde, ondermijnden de betrouwbaarheid van zijn getuigenis.

Centurion spoorde White en zijn vrouw Suzette op in een kamer in een Super 8-motel aan de I-85 even buiten Newnan in de staat Georgia, zo'n vijftig kilometer ten zuidwesten van de luchthaven van Atlanta. Ze waren dakloos en hadden al hun wereldlijke bezittingen overal in hun kamer opgestapeld. In de loop van dat jaar spraken medewerkers van Centurion drie keer met de Whites af, leerden hen kennen en bespraken James' getuigenis en de omstandigheden eromheen. Eindelijk gaven de Whites vol schaamte en wroeging toe dat James inderdaad had gelogen tijdens de rechtszaak. Sindsdien had hun geweten danig opgespeeld. Dat leidde ertoe dat ze in januari 2011 beëdigde verklaringen aflegden waarin ze Whites getuigenis tijdens de rechtszaak volledig introkken. (Helaas is Suzette in 2012 op eenenvijftigjarige leeftijd overleden aan een hartinfarct.)

In 2011 ging Centurion bij Heather Radford langs, in haar huis in hartje Pennsylvania. Inmiddels werkte ze al bijna acht jaar als cipier in een staatsgevangenis en was ze ook getrouwd met een cipier. Aanvankelijk schoorvoetend stemde ze ermee in met ons te praten, nadat we eenmaal hadden uitgelegd wat ons doel was en haar foto's van de drie mannen hadden laten zien. Ze zei dat haar getuigenis al achttien jaar zwaar op haar gemoed had gedrukt, omdat die in de ogen van de jury niet sterk genoeg was om de getuigenis van de onderzoekers van het OM te weerleggen. Ze noemde de veroordeling van de drie soldaten een 'karikatuur van de rechtspraak'.

Ze herinnerde zich dat ze zich extreem geïntimideerd had gevoeld door de twee onderzoekers, vooral omdat ze een jonge alleenstaande moeder van een klein baby'tje was en ze in wezen overal alleen voor stond, waardoor ze zich heel kwetsbaar en bang voelde. Ze vertelde hoe ze zich na afloop van haar getuigenis voelde: 'Ik zat erdoorheen. Ik kon er niet mee omgaan dat ik misschien medeverantwoordelijk was voor Kenneths veroordeling.' Nadat ze met haar man had gesproken, gaf ze maar al te graag een beëdigde verklaring af en stemde ermee in te getuigen als wij dat wilden. Uit haar beëdigde verklaring in 2011 werd duidelijk dat Kenny nooit antizwarte opmerkingen tegen haar had gemaakt.

Toen Centurion een gesprek had met Sylvia Wallace, bij haar thuis in North Carolina, gaf ze toe dat ze vier verschillende verhalen had verteld over wat Jones tegen haar had gezegd, en dat de getuigenissen van Marks compagniecommandant en zijn kamergenoot, die de hare tegenspraken, klopten. Toch kon ze haar tegenstrijdige verhalen niet verklaren. Tijdens onze bezoek flapte ze er, zelfs als we het helemaal niet over haar getuigenis in de rechtbank hadden, soms ineens dingen uit als 'ik kan niet terugnemen wat ik heb gezegd', of 'ik kan niet veranderen wat ik in de rechtszaal heb gezegd', of 'ik heb niet gelogen en kan niet terugdraaien wat ik heb gezegd'. Waarom ze dat soort opmerkingen zo volkomen zonder context maakte, is moeilijk anders te verklaren dan als een aanwijzing voor haar schuldige geweten.

Eindelijk ontdekte Centurion in 2010, na een verzoek om openbare gegevens, een cruciaal stukje bewijs in een politiedossier. Ergens tussen zeshonderd pagina's over de zaak ging een politierapport van één pagina schuil, waarnaar werd verwezen als het 'Yamacraw-rapport'.

Daarin werd een incident beschreven dat op zaterdag 1 februari 1992 om één uur 's nachts plaatsvond, dus twee uur nádat de drie soldaten in hechtenis waren genomen. Het incident vond plaats in het woningbouwproject Yamacraw Villages. Twee witte mannen met militaire kapsels en gewapend met semiautomatische geweren reden rond in twee auto's – een witte Chevrolet-pick-up en een zilvergrijze tweedeurs Ford Thunderbird uit 1989-91 – en 'dreigden zwarten neer te schieten die op straat rondhingen'. Het rapport was achttien jaar lang achtergehouden voor het verdedigingsteam van de verdachten.

Namens de verdachten dienden advocaten Camiel en Sparger in mei 2012 een verzoekschrift in waarin de zaak voor feitelijke onschuld van de soldaten werd bepleit, en werd benadrukt dat de politie bewijs had achtergehouden dat op hun onschuld wees.

Dat leidde tot een hoorzitting om te beslissen over herziening van de zaak, die in juli 2013 werd gehouden in de hogere rechtbank van Wheeler County in McRae, in de staat Georgia, met rechter Sarah Wall. McRae, een dorp met zevenenvijftighonderd inwoners in Georgia, ligt in de buurt van de gevangenis waar de soldaten tijdens de hoorzitting verbleven.

Deze hoorzitting was de eerste keer dat de ouders van de mannen weer bij elkaar waren sinds de rechtszaak van eenentwintig jaar daarvoor. Kenny's vader en moeder, Marks moeder en Dino's vader en oom waren erbij. Ze deelden allemaal hetzelfde verdriet, maar nu ook dezelfde hoop: hun zoons thuis laten komen na al die donkere jaren. Dawn Burgett was er ook bij, om haar steun voor Mark en zijn medeverdachten te betuigen.

Tijdens de hoorzitting zei Harvey Middleton, die destijds als onervaren rechercheur Moordzaken de leiding over de zaak had en in 2013 bij de politie van Miami Beach werkte, tegen de rechter: 'Meneer Whites identificatie is nooit honderd procent zeker geweest. Hij heeft ons nooit een honderd procent positieve identificatie gegeven.'

Ook assistent-officier van justitie Lock getuigde dat de rechercheurs 'zich zorgen maakten over zijn [Whites] vermogen om een identificatie te geven'. Dat verklaart waarom de politie bedenkingen had tegen een line-up van verdachten, ook al vroeg White daarom. Ze vroegen hem ook nooit om de soldaten te identificeren in een fotoreeks, waarbij ze de foto's hadden kunnen gebruiken die ze die avond van de mannen hadden gemaakt.

In de getuigenissen van Lock en Middleton uitten politie en justitie deze zorgen voor het eerst in de tweeëntwintigjarige geschiedenis van de zaak. Ze weerlegden en ondermijnden daarmee rechtstreeks Whites getuigenis tijdens de rechtszaak, waarin hij zei dat hij zeker wist dat Jones en Gardiner de schutters waren.

Whites onvermogen om een identificatie te geven was een duidelijke schending van de regel die door het Amerikaanse hooggerechtshof werd bepaald in de zaak *Brady versus Maryland*: het OM en de politie zijn verplicht om voorafgaand aan de rechtszaak al het ontlastende bewijs dat in hun bezit is bekend te maken aan de verdediging.

Waarom had White gelogen tijdens de rechtszaak? Daarover zei hij in zijn beëdigde verklaring en ook persoonlijk tijdens de hoorzitting in 2013:

> *Ik heb gelogen omdat iedereen me pushte om te zeggen dat het deze jongens waren. De druk om hen te identificeren was overweldigend. Om me over te halen hen als daders te identificeren, zei de politie dat de soldaten de hele stad afschuimden om zwarte mensen te vermoorden en dat ze dat deden omdat ze een hekel hadden aan zwarten. Ze zeiden dat er, als ik ze niet zou identificeren, rellen zouden uitbreken in de stad. De politie zei dat ze wisten dat die jongens schuldig waren, maar dat ze geen zaak tegen hen konden beginnen zonder mijn identificatie, en dat de jongens vrijuit zouden gaan tenzij ik hen identificeerde. Ze zeiden dat ze mijn hulp nodig hadden en dat de gemeenschap mijn hulp nodig had.*
>
> *Mijn vrouw en ik kregen telefoontjes van een heleboel*

zwarte mensen die me aanmoedigden 'te doen wat juist was'. Ik herinner me vooral nog dat dominee Matthew Brown [een prominente zwarte predikant in Savannah] me belde en zei dat de politie de juiste daders te pakken had en dat het tijd was om naar voren te treden en in te grijpen. Hij zei ook dat er rellen zouden uitbreken in de stad en dat er heel wat commotie zou ontstaan, tenzij die jongens veroordeeld zouden worden. Dominee Brown zei dat hij me in de nabije toekomst zou uitnodigen om in zijn kerk te spreken. [Dat heeft hij nooit gedaan.]

Mijn vrouw Suzette smeekte me om niet over die jongens te liegen. Maar ik was bang dat mij en mijn gezin iets zou overkomen als ik ze niet zou identificeren. We hadden destijds acht kinderen en woonden met z'n allen op East Broad Street 1703. Voordat het mijn beurt was om tijdens de rechtszaak te getuigen, zei ik tegen de politie en de openbaar aanklager dat ik niemand kon identificeren en niet wilde getuigen. Ik kreeg te horen dat ik, als ik tijdens de rechtszaak niet hetzelfde zou verklaren als tijdens de voorbereidende hoorzitting, zou worden vervolgd wegens meineed en naar de gevangenis zou gaan.

Daardoor flipte ik. Ik werd bang, want ik wilde niet worden weggehaald bij mijn gezin; mijn vrouw en kinderen. Dus dacht ik erover na en zei bij mezelf dat ik moest blijven liegen... Ik wist dat ik loog toen ik twee van hen identificeerde als de moordenaars van Stanley Jackson. Maar tot mijn grote spijt en schaamte deed ik het toch, uit angst... En als prediker van het evangelie weet ik dat in het boek Exodus staat dat je geen valse getuigenis mag afleggen. Gij zult niet doden, stelen of een valse getuigenis afleggen over uw naaste. En dat heb ik wel gedaan. En dat doet me zoveel pijn dat het me al jaren kwelt. Al minstens eenentwintig jaar, en het spijt me.

De tweede schending van de Brady-regel die in het verzoekschrift werd aangehaald, was het achterhouden van het Yamacraw-politierapport, waarin werd verklaard dat er op de avond dat Jackson werd doodgeschoten nog andere witte mannen in woningbouwprojecten in Savannah hadden rondgereden, die erop uit waren om met semiautomatische wapens zwarte mensen op straat neer te schieten. Het OM was er ook van op de hoogte dat op 12 oktober 1991, een paar maanden voordat Stanley Jackson werd vermoord, twee witte mannen in een kleine rode pick-uptruck hadden rondgereden en rond één uur 's nachts twee zwarte mannen hadden neergeschoten. Het eerste slachtoffer kreeg een fataal schot in zijn buik terwijl hij voor zijn huis uit zijn auto stapte. Een paar minuten daarvoor was vier straten verderop een andere zwarte man in zijn linkerarm geschoten terwijl hij bij zijn huis uit zijn auto kwam. Getuigen hadden tegen de politie gezegd dat de daders twee witte mannen van halverwege de twintig of hooguit begin dertig waren. Ze werden omschreven als nette mannen. De zaken waren nooit opgelost.

Hoewel de naam van inspecteur Ragan bovenaan het Yamacraw-rapport stond, beweerden hij en brigadier Stevens, de politieman met wie hij de leiding had over het onderzoek, dat ze het rapport nooit gezien hadden. Maar tijdens de hoorzitting gaven ze wel toe dat het document informatie bevatte die door de politie had moeten worden nagetrokken.

Lock gaf in zijn getuigenis ook toe dat de grootste zorg tijdens zijn besprekingen met Ragan en de rechercheurs op de avond van de moord uitging naar het verzamelen van meer belastend bewijs tegen de soldaten.

Ronald Holmes, die zwart was, getuigde tijdens de hoorzitting over de tijd die nodig was om de afstand tussen restaurant Golden Corral in Hinesville en de plaats delict en de Tops Lounge af te leggen, om de rechter duidelijk te maken hoe onmogelijk de tijdlijn van het OM was geweest. Holmes had veertien jaar als taxichauffeur in Hinesville gewerkt. Hij reed vier tot zes keer per week van Hinesville naar Savannah. Hij getuigde dat het vijfenzestig kilometer was van het Golden Corral naar de plaats delict, en dat de snelste tijd via de kortste route minstens zesenveertig minuten in beslag nam, als je gemiddeld vijftien kilometer per uur harder reed dan was toegestaan op de snelwegen. Als de drie mannen rechtstreeks naar het gedeelte Hazard County van Savannah waren gereden, en aanvalswapens en munitie bij zich hadden met de bedoeling om een willekeurig iemand dood te schieten, zouden ze zich zorgvuldig aan de maximumsnelheid moeten hebben gehouden om op een drukke vrijdagavond niet de aandacht van de verkeerspolitie te trekken.

Drie voormalige ervaren brigadiers en iemand die al vierentwintig jaar bij de politie van Hinesville werkte, getuigden dat Sylvia Wallace aan ieder van hen een ander verhaal had verteld over haar gesprek met Jones, en dat al die verhalen weer anders waren dan wat ze tijdens de rechtszaak had gezegd.

De verdediging had tweeëntwintig getuigen en presenteerde als hoofdbewijs de herroeping van de getuigenis van James White, de getuigenis van rechercheur Middleton en het achterhouden van het Yamacraw-rapport door de politie van Savannah. De openbaar aanklagers die de Staat vertegenwoordigden introduceerden slechts één getuige, officier van justitie David Lock, die tijdens het proces de aanklager was geweest. Centurion dacht dat de getuigen een sterke zaak hadden gepresenteerd en was ervan overtuigd dat de hoorzitting uitermate goed was verlopen.

Dat dachten we verkeerd.

De soldaten waren met stomheid geslagen toen rechter Wall in augustus 2014, een jaar na de hoorzitting, haar oordeel kenbaar maakte en de verdachten geen nieuwe rechtszaak gaf. Met betrekking tot het Yamacraw-rapport oordeelde ze: 'Aangezien de verzoekende partij deze aantijging niet tijdens de rechtszaak heeft opgeworpen en ook niet als fout heeft aangevoerd bij het hoger beroep, wordt deze eis procedureel buiten beschouwing gelaten door dit hof.'

Dat sloeg nergens op. Hoe had het in 1992 of bij het hoger beroep in 1993-1994 door de verdediging kunnen worden gebruikt als de verdediging er pas in 2010 achter was gekomen? Hetzelfde bezwaar was van toepassing op Whites onvermogen om de daders te identificeren. Niemand behalve politie en justitie wist dat vóór 2013. Het is juist inherent aan een schending van de Brady-regels dat die wordt ontdekt na de veroordeling.

De eerste juridische doorbraak kwam in november 2014, toen het hooggerechtshof van Georgia met een unanieme uitspraak van negen stemmen voor en nul stemmen tegen, de zaak snel terugstuurde naar rechter Wall en haar opdracht gaf een oordeel te vellen over de waarde en het belang van het achterhouden van het Yamacraw-rapport en het onvermogen van White om de daders te identificeren. Maar vijftien maanden later, in maart 2016, weigerde Wall opnieuw om de soldaten een nieuwe rechtszaak te geven. Deze keer oordeelde ze dat de Staat het Yamacraw-rapport niet had achtergehouden en ook geen reden had om het aan de verdediging over te dragen, omdat er geen aanwijzing was dat er enig verband bestond met de moord op Jackson.

Ze erkende wel dat Whites identificatie van de verzoekers als de schutters een belangrijk deel van de zaak van het OM vormde. Ze beaamde ook dat de informatie die afbreuk deed aan de geloofwaardigheid van zijn getuigenis tijdens de rechtszaak 'potentieel ontlastend bewijs voor de verdediging' was. Maar ze trok de herroeping van zijn getuigenis in twijfel en maakte geen melding van Middletons getuigenis dat White tijdens het onderzoek nooit een positieve identificatie van de soldaten had afgegeven. Ze liet dat relevante feit achterwege, terwijl dat zeer zeker ontlastend was en afbreuk deed aan de geloofwaardigheid van zijn getuigenis tijdens de rechtszaak.

Natuurlijk ging de verdediging in beroep tegen de afwijzing van rechter Wall, opnieuw bij het hooggerechtshof van Georgia. Deze keer kregen de soldaten op 9 november 2017 wél waar ze al zesentwintig jaar op uit waren: gerechtigheid en vrijspraak. Het hof schoof de afwijzing van rechter Wall terzijde en oordeelde, opnieuw met negen tegen nul stemmen: 'In het licht van het geheel aan omstandigheden is de uitkomst van de rechtszaak ondermijnd doordat het OM heeft verzuimd het Yamacraw-rapport over te dragen aan de verdediging.'

Het hof stelde dat het Yamacraw-rapport 'bewijs was voor het feit dat anderen, met een gelijkaardig uiterlijk, dreigden met een racistische aanval zoals die op Jackson is gepleegd', en dat 'als de jury informatie had gekregen dat andere personen dan de verdachten dezelfde avond in de buurt waren om racistisch gemotiveerd geweld te plegen, het heel goed mogelijk was geweest dat de rechtszaak anders was afgelopen'.

In de motivering wees het hooggerechtshof van Georgia ook nog op andere ontlastende feiten, namelijk dat de verdachten zich tot kwart over negen, halftien op vijftig minuten rijden van de schietpartij bevonden, die om tien uur had plaatsgevonden, en dat de zaak van het OM sterk afhankelijk was van Whites identificatie van de verdachten, 'maar de rechercheurs geen line-up organiseerden om de verdachten persoonlijk of vanaf foto's te identificeren. Er is nooit een moordwapen gevonden; er zijn geen vuurwapens gevonden in de auto van de verdachten, net zomin als hulzen uit een automatisch wapen, en de forensisch onderzoeker die de binnenkant van de auto heeft gestofzuigd om kruitsporen te zoeken, heeft die niet gevonden.'

Dat alles wees erop dat het hof, na bestudering van hetzelfde bewijs dat ook aan rechter Wall was gepresenteerd, sterk twijfelde aan de schuld van de soldaten. Walls beslissingen hadden de gerechtigheid vier jaar lang schandalig vertraagd.

Eindelijk kwam de dag waarop de drie mannen en hun familie zo lang hadden gewacht. Op woensdag 20 december 2017 kwam iedereen bijeen in dezelfde, nu gerenoveerde rechtszaal van Savannah, waar de rechter de mannen bijna zesentwintig jaar eerder had veroordeeld tot levenslang.

Verdachten van wie de veroordeling door een hoger gerechtshof nietig is verklaard, hebben het recht om te worden vrijgelaten in afwachting van de beslissing van het OM om ze opnieuw te berechten. Juridisch gesproken zijn ze op dat moment aangeklaagd en niet veroordeeld. Maar net als toen ze oorspronkelijk werden gearresteerd, moeten ze financieel in staat zijn de borgsom te betalen die de rechter vaststelt.

Onder de aanwezigen die nerveus naast elkaar in de rechtszaal zaten, bevonden zich Marks moeder, de vijfenzestigjarige Deborah McGill; Kenny's zesenzeventig jaar oude moeder, Betty; en Dino's vader van achtenzeventig, Roger, en zijn oom Burt. Ze waren allemaal helemaal uit Texas of Ohio komen rijden. Ze hoopten allemaal dat ze hun zoons mee naar huis konden nemen, mits de rechter een redelijke borgsom vaststelde.

Iedereen hield geschrokken de adem in toen de drie verdachten achter elkaar geboeid in hun witte gevangenisoveralls de rechtszaal binnenliepen, met kettingen om hun enkels en hun middel. Ze waren oud geworden door al die jaren van onterechte gevangenschap, en ze waren onherkenbaar. Ze namen stilletjes plaats achter de tafel van de verdediging, naast Peter Camiel en Steve Sparger. Je kon een speld horen vallen terwijl iedereen wachtte tot de rechter ging zitten.

Iedereen was opgelucht en enigszins verbaasd toen de aanklager tegen de rechter zei: 'De Staat laat de kwestie van de borgtocht geheel over aan het hof.' Dat betekende dat de officier van justitie geen vijandige houding aannam. De mannen stonden met één been buiten.

In het besef dat de families niet in staat waren een borgsom te betalen die de rechter waarschijnlijk zou opleggen, had Centurion met een weldoener uit New York City geregeld dat er een borgsom van honderdduizend dollar – drieendertigduizend dollar per verdachte – beschikbaar was. Zo nodig kon dat per omgaande worden overgemaakt naar het bureau van de sheriff van Chatham County.

Toen de rechter bepaalde dat de borgsom dertigduizend dollar per persoon bedroeg, ondernam de weldoener prompt actie en maakte het geld over, met de verzekering dat hij het terug zou krijgen zodra de zaak was afgerond.

De opwinding nam met de minuut toe, omdat we er nu allemaal vertrouwen in hadden dat de oud-soldaten nog vóór het eind van de dag zonder voorbehoud zouden worden vrijgelaten en het hun vrij stond om met hun dierbaren naar huis te gaan, in afwachting van de beslissing van de officier van justitie om hen al dan niet opnieuw te berechten. En dat was precies wat er gebeurde. Die middag liepen ze om twee over halfvier de gevangenis van Chatham City uit, gekleed in door Centurion ter beschikking gestelde T-shirts met de tekst IK HEB HET NIET GEDAAN.

Omringd door een zee van supporters die luidkeels stonden te juichen in de hal van de gevangenis, was Marks moeder Deborah de eerste die hen begroette en die haar zoon zo stevig omhelsde dat je niet kon zien wie wie was. Ze klampte zich uit alle macht aan hem vast en riep zo hard dat iedereen het kon horen: 'Afgezien van zijn geboortedag is dit de mooiste dag van mijn leven.' Afgezien van die opmerking over zijn geboorte voelden we ons allemaal zo, terwijl we om beurten de drie mannen een voor een omhelsden en foto's namen om het moment vast te leggen.

De sheriff was zo aardig om de drie mannen zijn gevangenishal te laten overnemen voor dit spontane feestje. Die avond vierden we het in Savannah, in het mooie huis van John Watts junior, Mark Jones' voormalige advocaat, die samen met Centurion keihard had gewerkt om ons te helpen bij onze pogingen zijn oud-cliënt vrij te krijgen. Bij de feestelijkheden van die avond waren ook Dino's advocaat Bill Cox, en Kenny's voormalige advocaat John Watts senior aanwezig. Ze hadden alle drie getuigd tijdens de rechtszaak van 2013. Ik kreeg tranen in mijn ogen toen Bill Cox tijdens die getuigenis tegen rechter Wall zei: 'Ik ga naar mijn graf met de gedachte dat die jongens het niet gedaan hebben. Tijdens het tandenpoetsen denk ik aan hen. Ik zal ze nooit vergeten.'

De volgende dag keerde iedereen terug naar huis. Voor het eerst sinds 1991 konden Mark, Kenny en Dino de kerstdagen vieren in vrijheid, en met hun familie.

Nu konden ze alleen nog maar wachten of de officier van justitie hen opnieuw wilde laten berechten. Ook al was de zaak verzwakt, het zou kunnen dat de aanklager er alles aan zou doen om zijn gezicht te redden. Het duurde zeven maanden, maar eindelijk maakte de officier van justitie bekend dat ze de oud-militairen niet opnieuw zou vervolgen en dat ze de rechter zou verzoeken om alle aanklachten te laten vervallen en daarmee de zaak tegen hen te beëindigen. Op 18 juli 2018 was dat een feit.

Het zwaard van Damocles dat al die tijd boven hun hoofd had gehangen, was eindelijk verwijderd. Voor het eerst konden ze rustig ademhalen, in de veilige wetenschap dat deze eindeloze nachtmerrie eindelijk voorbij was. Nu konden ze helemaal opnieuw beginnen en in vrijheid hun weg zoeken.

Maar hun nieuwe leven zou worden gevormd door hun leven in de gevangenis. Ze waren alle drie zesentwintig jaar modelgevangenen geweest en hadden nauwelijks disciplinaire aantekeningen. Dat was uitzonderlijk, bijna nooit vertoond, vooral bij zo'n langdurige straf. Een van de vele voorbeelden daarvan is dat Dino zelfs een paar jaar als hulpkok in de keuken van gouverneur Sonny Perdue had gewerkt, en dat hij één keer zelfs met het diner voor Thanksgiving bij de gouverneur en zijn gezin aan tafel had gezeten.

Wat hield deze mannen al die jaren op de been, terwijl ze geen zekerheid hadden dat ze ooit vrij zouden komen? Toen die vraag hun ieder afzonderlijk werd gesteld, gaven ze alle drie hetzelfde antwoord: door het rotsvaste geloof in hun onschuld en de niet-aflatende steun en liefde van hun familie, van de dag van hun arrestatie tot de dag van hun vrijheid. Mark had zijn toegewijde moeder, Deborah Gill; zijn vader was in 1995 overleden. Kenny had zijn moeder Betty, en zijn vader Carroll, die in 2015 overleed. Dominic had zijn vader Roger, en zijn oom Burt; zijn moeder Gayle was in 1995 gestorven. Zonder die steun zouden ze het eenvoudigweg niet hebben overleefd, vooral niet in de eerste jaren van hun gevangenschap.

Hoop was ook een vriend; nooit constant, maar als een

flakkerende kaars die weigerde gedoofd te worden. Kenny had zich min of meer in zijn lot geschikt, tot het onderzoek van Centurion op stoom begon te komen. Op dat moment laaide zijn hoop op, om weer te worden getemperd door de weigeringen van rechter Wall. Door de tweede beslissing van het hooggerechtshof van Georgia werd zijn hoop op vrijheid eindelijk echt aangewakkerd.

De eerste paar jaar na de aanvankelijke veroordeling geloofde Dominic nog dat het systeem de vergissing zou inzien en hun onschuld zou erkennen. Hij was ervan overtuigd dat het hof algauw zou inzien wat de waarheid was, en de fout zou rechtzetten. En er was nog iets wat hem op de been hield: de droom dat hij en zijn twee vrienden, als de waarheid eenmaal boven tafel kwam, de begunstigden zouden zijn van een rechtszaak waardoor ze multimiljonair zouden worden. Het duurde even voordat die illusie vervloog en de werkelijkheid tot hem doordrong.

Daarna bleef de reclassering zijn verzoeken maar afwijzen en moest hij steeds weer acht jaar wachten op zijn nieuwe beoordeling, en de rechtbanken bleven zijn verzoeken om hoger beroep maar afwijzen. *Oké*, besloot hij, *dat was het dan*, al had hij het nog niet helemaal opgegeven. Zijn vechtlust maakte indruk op Centurion, toen hij ons in 2003 een tweede brief schreef waarin stond: 'Jullie zeiden dat ik na een paar jaar maar moest terugkomen. Het is nu een paar jaar later en deze keer accepteer ik geen nee. Als McCloskey met pensioen is, sturen jullie maar iemand anders om ons hier uit te krijgen.'

Maar de twee afwijzingen van rechter Wall deden hem uiteindelijk de das om. Dominic had besloten een eind aan zijn leven te maken door zichzelf te verstikken met een plastic tas als het hooggerechtshof van Georgia ook in hun nadeel zou oordelen. Als dat zou gebeuren, zou er geen uitweg meer zijn en hij wilde niet nog tientallen jaren leven zonder hoop op vrijheid.

Mark geeft openlijk toe dat hij, toen zijn verzoeken om hoger beroep werden afgewezen en voorwaardelijke vrijlating er niet in leek te zitten, zich erbij had neergelegd dat hij als onschuldig man in de gevangenis zou leven en sterven. Met die instelling was hij vastbesloten om er het beste van te maken en 'troost' te zoeken in de dagelijkse gevangenisroutine door les te geven, te sporten en bordspelletjes te spelen. Hij koos ervoor om er op die manier mee om te gaan.

Zijn hoop laaide op tijdens de hoorzitting van 2013. Hoewel hij er geen vertrouwen in had dat rechter Wall in zijn voordeel zou oordelen, geloofde hij na de sterke hoorzitting wel dat het hooggerechtshof dat zou doen, vooral nadat dat de zaak met negen tegen nul stemmen had teruggestuurd naar de rechter, met de opdracht dat ze over de waarde ervan moest oordelen.

Vanaf 2013 tot het moment dat ze naar Savannah werden teruggestuurd voor de hoorzitting over de borgsomzitting in december 2017, werden Mark, Kenny en Dominic bij elkaar ondergebracht, niet alleen in dezelfde gevangenis, maar ook in dezelfde slaapzaal, die exclusief voor veteranen was. Daardoor voelden ze zich veilig en zeker, in de wetenschap dat ze elkaar steunden. Ze kregen er ook een beetje vertrouwen in dat er eindelijk gerechtigheid voor hen zou komen. In die laatste vier jaar leerden ze samen om brailletranscribent te worden, om Engelse tekst om te zetten in braille voor blinden. Dat deden ze tot hun overplaatsing naar de gevangenis van Chatham County.

Ondanks de steun van hun familie en van elkaar hadden zesentwintig jaar onterechte gevangenschap een grote invloed op de mannen. Ze waren nu in de vijftig en het was een echte uitdaging om betaald werk te vinden. Ze hadden geen van allen werkervaring of uitzonderlijke vaardigheden. Hoe moesten ze tijdens een sollicitatieprocedure het gat van zesentwintig jaar in hun cv verklaren?

Met wat geluk, en met de hulp van een plaatselijke adviseur van de Cleveland Veterans Administration, huurde de VA Dino in als fulltime receptionist en telefonist, met volledige ziektekostenverzekering. Hij woont alleen in het huis waar hij is opgegroeid. Mark en Kenny delen een huis met vier slaapkamers in Corpus Christi, dat Mark onlangs heeft gekocht. Kenny betaalt hem huur. Ze werken als bezorgers bij Domino's Pizza.

De mannen hadden ook te lijden onder de ontoereikende, slechte medische zorg in de gevangenis. Na zijn vrijlating lag Mark bijna twee maanden in het ziekenhuis met een bijna fatale bacteriële hersenvliesontsteking, covid en een dubbele longontsteking. Hij herstelde op wonderbaarlijke wijze, maar heeft wel aan één kant gehoorverlies opgelopen. Kenny lijdt aan artritis in zijn enkels, knieën, heupen en schouders, die steeds erger wordt. Naast een recente diagnose van diabetes heeft Dino een hernia- en een galblaasoperatie ondergaan.

Ze lijden alle drie aan PTSS. Ze hebben ieder voortdurend nachtmerries over de gevangenis. Kenny droomt dat hij ofwel weer in de gevangenis zit, of dat hij terug moet, en als hij er dan is, kan hij er niet uit. Dino droomt dat iemand naar zijn cel komt om hem wakker te maken. Hij heeft flashbacks die worden opgewekt door een geur of gerinkel van sleutels. Mark zit in zijn dromen in zijn gevangeniscel en droomt dat hij vrijkomt, waarna hij er – nog steeds in zijn droom – achter komt dat hij nooit is vrijgekomen. Hoewel ze weten dat het volslagen irrationeel is, hebben Kenny en Dino nog steeds in hun achterhoofd dat de staat

Georgia weer achter hen aan komt. Ze kunnen de angst niet van zich afzetten.

Ze ervaren behoorlijke depressieve en angstige gevoelens en hun stressniveau is in het algemeen hoog, vooral als ze nieuwe mensen ontmoeten in een onbekende omgeving. Dino, die voor zijn arrestatie graag plezier maakte en heel sociaal was, voelt zich nu tekortschieten als hij een gesprek probeert aan te knopen. Hij zegt: 'De gevangenis heeft me het vermogen afgenomen om met mensen te praten.' Tot zijn wanhoop heeft zijn tijd in de gevangenis hem de kans ontnomen om kinderen te krijgen en een gezinsleven te hebben.

Kenny is altijd verlegen en een beetje eenzelvig geweest, maar die neiging is aanzienlijk toegenomen. In tegenstelling tot Mark heeft hij geen vrienden. Als hij met iemand praat die hij niet kent, ervaart hij daar zoveel stress door dat zijn knieën soms beginnen te knikken. Hij denkt dat het jaren zal duren voor hij weer een poging zal wagen om te gaan daten. Als hij niet werkt, blijft hij 's avonds thuis om naar animatiefilms op tv te kijken of fantasy- en sciencefictionboeken te lezen, gewoonten die dateren van vóór zijn gevangenistijd.

Tot op de dag van vandaag is Marks grootste verdriet het verlies van Dawn Burgett, die hij 'de liefde van mijn leven' noemt. Ze betreuren het allebei dat ze nooit samen kinderen hebben kunnen krijgen en geen gezin hebben kunnen stichten. Hij zegt dat het verlies van haar een hoge prijs is, die nooit kan worden gecompenseerd. Ze heeft een gat in zijn hart achtergelaten, en hij in dat van haar. Ze spreken elkaar nog af en toe via de telefoon als vrienden.

Na een paar jaar in de gevangenis heeft Mark, in de overtuiging dat het 't beste was voor haar en haar toekomst, eenzijdig de relatie verbroken, en dat deed hij op een manier die hij vol spijt beschrijft als 'gemeen'. Daardoor brak hij Dawns hart. Het kostte haar jaren om eroverheen te komen en te herstellen van angstaanvallen en een hevige depressie, die veroorzaakt werden door de onverwerkte, traumatische scheiding van Mark. Daarna is ze twee keer getrouwd, en haar tweede huwelijk is gelukkig.

Maar er is ook goed nieuws. In het voorjaar van 2023 verleende de landmacht Mark en Kenny eervol ontslag, waardoor ze volledig gebruik kunnen maken van de bijstand van de Veterans Administration. Dominic had al eerder eervol ontslag gekregen, omdat hij het leger al vóór zijn veroordeling officieel had verlaten.

Financieel redden de oud-soldaten zich wel. Op 1 augustus 2022 kende de staat Georgia ieder van hen een miljoen dollar toe als compensatie voor hun onterechte gevangenisstraf. Die worden over twintig jaar verdeeld als maandelijkse, niet-belastbare betalingen van 2.612 dollar, wat neerkomt op 31.344 dollar per persoon per jaar, na aftrek van advocatenkosten.

Het is onmogelijk om tegenwoordig naar deze mannen te kijken zonder te denken 'stel dat'. Stel dat de portier van de Tops Lounge Mark toch had binnengelaten, ook al zou hij pas twee maanden daarna eenentwintig worden. Stel dat de drie soldaten niet toevallig bij het politiebureau van Savannah waren aangekomen op precies hetzelfde moment dat James White daar aankwam met politieagent Deborah Evans. Hoeveel pijn en leed had er dan voorkomen kunnen worden? En wie weet wat een geweldig leven Mark, Kenny en Dino dan gehad zouden hebben.

Onbekende Man nr. 1

John Grisham

Chester is de oudste stad van Pennsylvania. Deze werd in 1682 gesticht toen William Penn de oever van de rivier de Delaware bereikte en het grondgebied opeiste voor de Britse kroon. Hij noemde de nieuwe kolonie naar zichzelf en stichtte de 'stad van de broederliefde', Philadelphia.

Aan het begin van de twintigste eeuw was Chester een drukke industriestad waar schepen, textiel, auto's en andere consumptiegoederen geproduceerd werden, maar halverwege de eeuw had de stad de meeste fabrieken en de helft van de bevolking verloren. Zoals de meeste postindustriële steden in de Rust Belt – de oude industriestaten in het noordoosten van de Verenigde Staten – had ook dit stadje te kampen met werkloosheid, vervuiling, armoede, corruptie en misdaad.

Tegenwoordig zijn de meeste gebouwen in de binnenstad dichtgespijkerd. In 2022 werd Chester failliet verklaard.

De meeste wijken moeten worden gemeden als het donker is. Een van de onguurste buurten is het westelijke deel van de stad, en in het hart daarvan, op de hoek van West 10th en Clover Lane, woonde ooit een zwarte vrouw, Henrietta Nickens, in haar eentje in een klein driekamerappartement op de begane grond van een oud gebouw. Ze was zeventig, alleenstaand, en had een dochter, een zoon en twee kleindochters die vlakbij woonden. Ze leefde van maand tot maand van een kleine uitkering, maar had altijd een paar extra dollars over voor iemand die een maaltijd of boodschappen nodig had. Mevrouw Nickens was ongelofelijk vrijgevig voor de mensen om haar heen en stond er zelfs om bekend dat ze vreemden te eten gaf. Haar gezondheid ging achteruit; ze had ernstige kransslagaderverkalking en longemfyseem.

Op de avond van 9 oktober 1997 kookte mevrouw Nickens eten voor haar dochter Carlotta en haar kleindochter Niena. Carlotta's vriend, Rufus McKinney, was er ook bij. Ze aten rond halfzeven en gingen daarna naar de woonkamer, waar ze kaartten, tv-keken en een uur zaten te lachen en grapjes maakten. Een heel normale avond voor hen. Rond halfnegen vertrokken de drie gasten, en Henrietta sloot de boel af voor de nacht. Zoals altijd belde Carlotta haar moeder vlak voor elven om haar welterusten te wensen. Ze wist dat haar moeder in de woonkamer zat te wachten op *Action News*, haar favoriete nieuwsprogramma dat om elf uur begon op Channel 6.

Dat telefoontje was hun laatste gesprek.

Op een gegeven moment kwam er 's nachts een overvaller, nog steeds bekend als Onbekende Man nr. 1, die inbrak in Henrietta's appartement en haar in haar slaapkamer aanviel, verkrachtte en in elkaar sloeg. Ze kreeg verschillende hevige klappen op haar hoofd, en vanwege haar gezondheidstoestand was dat genoeg om haar te doden.

Toen ze de volgende ochtend de telefoon niet opnam, begon Carlotta zich zorgen te maken. Rond twee uur 's middags gingen Rufus en zij samen met Niena het appartement binnen en vonden Henrietta, die dood in het gangetje tussen de woonkamer, de badkamer en de slaapkamer lag. Ze droeg geen ondergoed; dat werd op de grond naast haar bed gevonden. Er zat bloed op haar armen en haar gezicht. Er was een telefoonsnoer over haar lichaam gebonden en er lag een bezemsteel naast haar. Het onderste deel van haar kunstgebit was gedeeltelijk uit haar mond gevallen. De slaapkamer was overhoopgehaald.

Geschrokken deinsde Carlotta vol afschuw achteruit en belde de politie.

De plaats delict was een smeerboel. Henrietta's bed, lakens en slaapkamermuren waren besmeurd met bloed. Een handdoek die tussen het bed en een muur was gepropt, zat onder het bloed. Her en der lagen voorwerpen. Er lag een plastic kruk met een kapotte poot bij het bed. Het was duidelijk dat Onbekende Man nr. 1 was binnengekomen door de achterdeur, die openstond en was vernield. De politie fotografeerde een gedeeltelijke voetafdruk op de keukenvloer. Henrietta's handtas werd gevonden, kennelijk ongeopend. De televisie was uitgeschakeld en naar de gang verplaatst.

Blijkbaar was Onbekende Man nr. 1 een van de minder verfijnde criminelen die in de straten van Chester rondliepen. Op een gegeven moment had hij tijdens zijn overval een groen jack, maat XXXL, uitgetrokken en over de kleine tv gehangen. Nadat hij klaar was met zijn misdrijven, was hij het appartement uit gevlucht en was in de haast het groene jack vergeten. Dat namen de rechercheurs natuurlijk mee voor onderzoek.

De volgende dag, op 11 oktober, werd er autopsie verricht. Het slachtoffer had talloze sneden en verwondingen op haar ogen, wangen, lippen en kin. Er waren lichte blauwe plekken aan het buitenste deel van de vagina te zien en er zat 'sperma in het rectum', hoewel er geen zichtbaar trauma aan de anus was. De lijkschouwer was van mening dat haar verwondingen niet fataal zouden zijn geweest zonder haar onderliggende medische toestand en slechte gezondheid.

Het sperma dat op het slachtoffer was aangetroffen, werd naar het forensisch lab van de staat gestuurd, waar het in een lange wachtrij belandde. Er verstreken negen maanden voordat de uitslagen werden teruggestuurd naar Chester.

Er was geen mogelijke onschuldige verklaring voor het sperma in haar rectum. Ze was een oudere vrouw en alleenstaand, ze verkeerde in slechte gezondheid en had geen mannelijke vrienden. Haar dochter Carlotta, die haar dagelijks sprak en elk aspect van haar leven kende, ontkende stellig dat haar moeder een vriend had.

Niena was destijds achttien en had verkering met een jongeman van negentien, Sam Grasty. Sam woonde in de buurt en kende haar moeder en oma, en hij was meerdere keren te gast geweest in Henrietta's appartement. Niena en Sam zaten midden in een ruzie, want ze was zwanger en dacht dat hij de vader was. Daar was Sam niet zo zeker van. Het ging bergafwaarts toen Sam verklaarde dat hij de vader niet was en zijn naam niet op het geboortebewijs wilde hebben.

De dag waarop Henrietta's lichaam werd gevonden, zei Niena tegen de politie dat Sam het gedaan zou kunnen hebben.

Vanaf dat moment richtte het onderzoek zich op Samuel Grasty. Afgezien van Niena's bizarre suggestie dat hij haar oma had vermoord, was er geen plausibel bewijs of motief. Waarom zou een jongeman van negentien die een intieme relatie had met een vrouw van achttien opeens besluiten haar oma van zeventig aan te vallen, anaal te verkrachten en dood te slaan?

Als de politie een aanwijzing had, werd dat nooit bekendgemaakt. Er is in hun rapporten, dossiers en getuigenissen niets te vinden wat ook maar op een motief wijst, afgezien van wraak op Niena omdat ze beweerde dat hij de vader van haar kind was.

Toch werd Sam Grasty de hoofdverdachte. Vijfentwintig jaar later zit hij nog steeds een levenslange gevangenisstraf uit vanwege een moord die is gepleegd door Onbekende Man nr. 1.

Het onderzoek werd geleid door een rechercheur die onlangs van Narcotica was overgeplaatst naar Moordzaken, en dit was zijn eerste moord. Maar hij kende het gebied en had het gebruikelijke assortiment van informanten en verklikkers.

In een stadje als Chester was er geen gebrek aan kleine criminelen, straatrovers, drugsdealers en verslaafden. De meesten hadden weleens te maken gehad met het strafrechtsysteem en kenden het klappen van de zweep. Een groot misdrijf zoals een moord of een verkrachting, of een drugsvangst, raakte genoeg mensen van de straat om belangstelling te wekken en kansen te creëren. Een vrouw genaamd Lisa Foley was een van de eersten die van zich liet horen en tegen de rechercheurs zei dat ze wat inside-information had. Haar verhaal was niet erg geloofwaardig, maar de politie geloofde het graag. Lisa legde uit dat ze in een verlaten gebouw een seksuele daad aan het verrichten was, misschien voor geld, toen ze wat waardevolle informatie opving. Er werd nooit een beschrijving van de seksuele daad gegeven, maar kennelijk was er weinig concentratie voor nodig, want terwijl Lisa bezig was, hoorde ze een paar jongens praten op de stoep voor het verlaten gebouw.

De jongen die het meest aan het woord was, was een zekere Rick McElwee van vijftien, een van de weinige witte jongeren die in de buurt woonde. Hij had een drugsprobleem en rookte sinds zijn dertiende elke dag marihuana.

Hij dealde ook cocaïne en werd in de gaten gehouden door de politie. Volgens Lisa praatte McElwee over de moord op Henrietta. Hij was samen met Sam Grasty, Derrick Chappell van vijftien, en Morton Johnson van achttien. Ze zouden McElwee verwijten hebben gemaakt omdat die niet samen met hen het appartement was binnengegaan toen ze mevrouw Nickens aanvielen en beroofden.

Er was geen politierapport waarin de details van het gesprek met Lisa stonden.

De rechercheurs stapten naar hun maatjes bij Narcotica en hoorden dat McElwee drugs had verkocht aan undercoveragenten, maar niet was aangeklaagd. De rechercheurs arresteerden hem vanwege die feiten en namen hem mee naar het bureau. Daar aangekomen ondervroegen ze hem over de moord op Nickens. Later beweerden ze dat ze de jongen pas naar de moord vroegen toen zijn moeder was aangekomen. Twee uur lang hield McElwee vol dat hij onschuldig was, terwijl de politie hem dreigde aan te klagen wegens moord. Uiteindelijk verlieten zijn moeder en hij doodsbang het politiebureau.

De maand daarna voerde de politie de druk op McElwee op en haalde hem uiteindelijk over om een fictief verhaal te bekennen, waarin hij min of meer betrokken was bij de moord.

McElwee werd de belangrijkste getuige. Zijn verhaal – tenminste, de eerste versie daarvan – was dat hij op 9 oktober om tien uur 's avonds op West 10th Street stond, waar hij op de uitkijk stond bij het appartement van mevrouw Nickens terwijl Sam Grasty, Derrick Chappell en Morton Johnson via de achterdeur inbraken in het appartement. Hun motief was roof. Ze bleven tussen de vijf en de twintig minuten in het appartement en stalen dertig dollar, die ze met z'n drieën deelden zonder iets aan McElwee te geven.

Sam Grasty had de oude vrouw geslagen. Er werd niet over een seksueel vergrijp gerept.

Nadat McElwee zijn verklaring had afgelegd, werd hij beschuldigd van moord, diefstal, geweldpleging en afwijkende seksuele gemeenschap. Het werd nooit duidelijk waarom hij beschuldigd werd van een zedenmisdrijf, aangezien hij volgens zijn flauwekulverhaal het appartement helemaal niet was binnengegaan. Opnieuw waren er slechts schamele politiedossiers om op af te gaan.

In ruil voor zijn medewerking en het aanwijzen van Grasty, Chappell en Johnson sloot hij een deal waardoor hij een minder zware straf van tussen de zes en twaalf jaar zou krijgen. Hij pleitte ook schuldig op een aantal aanklachten wegens drugsbezit, met een gevangenisstraf die hij gelijktijdig met die voor moord en diefstal mocht uitzitten.

Rick McElwee was niet alleen elke dag stoned, hij had ook een IQ van 69, wat wordt beschouwd als een lichtelijk verstandelijke beperking. In 1998 verwees zijn advocaat tijdens de hoorzitting waarin zijn straf werd bepaald naar een rapport van ene dr. Rowkos, die constateerde dat McElwee cognitieve vaardigheden liet zien die grensden aan een milde vorm van mentale achterstand, waardoor zijn vermogen om te leren en zelfstandig te functioneren aanzienlijk werd verstoord. Hij liet zich makkelijk door anderen beïnvloeden en had een sterke behoefte aan aandacht, acceptatie en zorgzaamheid.

Het politieonderzoek – en later de vervolging van Grasty, Chappell en Johnson – zou vrijwel uitsluitend gebaseerd worden op de verzonnen getuigenis van Richard McElwee.

Op 13 november meldde Carlotta Nickens aan de politie dat iemand had geprobeerd haar moeders uitkeringscheque te verzilveren bij een buurtwinkel. Als dit incident door de politie werd onderzocht, is daar geen documentatie van.

Wekenlang spraken de rechercheurs met de drie verdachten, die stuk voor stuk hevig ontkenden dat ze iets met het misdrijf te maken hadden. Ze hadden allemaal een alibi voor de avond van 9 oktober. Ze hadden geen noemenswaardig strafblad, hoewel Niena tegen de politie zei dat Sam Grasty, haar vriend, een kleine drugsdealer was. De drie verdachten verleenden hun volledige medewerking aan de politie, kwamen naar het bureau zodra dat werd gevraagd, en gaven haar- en bloedmonsters af.

Op 2 december 1997 doorzocht de politie, met de nodige huiszoekingsbevelen, de huizen van de drie verdachten. Ze zochten schoenen die overeenkwamen met de afdruk die op de keukenvloer was gevonden, en bewijs dat het groene jack dat door Onbekende Man nr. 1 was achtergelaten eigenlijk van Sam Grasty was. Ze hoopten foto's te vinden waarop Sam het kledingstuk droeg. Zodra ze Grasty hadden aangewezen als hoofdverdachte, maakten ze zichzelf wijs dat het jack van hem was, lieten foto's ervan aan mogelijke getuigen zien en noemden het 'Sams jack'.

Uit Grasty's huis nam de politie vijf paar sneakers en schoenen mee, en nog wat andere spullen. De doorzoeking van Morton Johnsons huis leverde een paar Reebok-sportschoenen op. In het huis van Chappell werd niets interessants gevonden.

Als de mysterieuze schoenafdruk overeenkwam met een van de schoenen van Grasty of Johnson, zei de politie daar niets over. De logica zou gebieden dat als er wel een match was gevonden, de politie dolblij zou zijn geweest met het aanvullende bewijs. Maar er was geen match, en de autoriteiten namen niet de moeite om de verdachten of hun advocaten daarvan op de hoogte te stellen.

De huiszoekingen leverden geen foto's of ander bewijsmateriaal op dat de politie zou helpen bij haar wanhopige poging om te bewijzen dat het groene jack van Grasty was.

Op 9 juli 1998, negen maanden na de moord, kwam het rapport van het forensisch lab van de politie van de staat Pennsylvania, met daarin de DNA-uitslagen van het sperma dat in het rectum van het slachtoffer was gevonden. De drie verdachten – Grasty, Johnson en Chappell – werden allemaal afdoend *uitgesloten* als match, net als McElwee. Het sperma was achtergelaten door Onbekende Man nr. 1, die nooit geïdentificeerd is.

Op dat punt zouden de meeste professionele politiemensen pas op de plaats maken en hun zaak nog eens goed bekijken. Het was duidelijk dat de politie van Chester achter de verkeerde verdachten aan zat. Onmiskenbaar biologisch bewijs had zojuist hun schuldtheorie omvergegooid en stond verdere vervolging en – uiteindelijk – veroordelingen in de weg. Het was duidelijk dat de valse bekentenis van Richard McElwee niets dan leugens bevatte.

Maar de politie van Chester had te veel geïnvesteerd in dit verachtelijke werk. Hoe ongelofelijk ook, ze veranderden hun strategie in een nieuwe, die neerkwam op: *het slachtoffer is niet beroofd, verkracht, in elkaar geslagen en vermoord; ze is alleen beroofd, in elkaar geslagen en vermoord.*

Geen verkrachting? Dus de seks had met wederzijdse instemming plaatsgevonden? Een weduwe van zeventig met longemfyseem en ernstige kransslagaderverkalking, die geen relatie of intieme mannelijke vrienden had, stemde in met onbeschermde anale seks voordat ze met haar familie ging eten, of kort daarna?

De theorie was zo buitensporig absurd dat het schandalig

was, maar op deze manier kon de politie het onderzoek naar Grasty, Johnson en Chappell voortzetten. Ze hadden getuigen nodig en vonden er een heleboel. Hun favoriete methode was het ronselen van jongeren die al in de problemen zaten en daardoor kwetsbaar waren. Ze intimideerden hen, logen hen voor, dreigden hen met ernstige beschuldigingen van misdrijven en lieten ze zelfs foto's van de plaats delict zien, allemaal in een poging hen zo bang te maken dat ze een valse getuigenis zouden afleggen tegen Grasty, Chappell en Johnson.

Will Morgan was twaalf ten tijde van de moord. Achttien maanden later, op zijn veertiende, zat hij in een jeugdgevangenis wegens diefstal, toen de politie opeens kwam en hem meenam.

Ze brachten hem naar het bureau, waar hij werd verhoord over de moord. De politie liet hem foto's van de plaats delict zien, onder andere een waarop het slachtoffer op de grond lag met een telefoonsnoer naast haar lichaam. De politie beschuldigde Will ervan dat hij op het tijdstip van de moord samen met Sam Grasty, Derrick Chappell en Morton Johnson in het appartement was geweest. Zoals ze gewend waren, lieten de rechercheurs Will een foto van het groene jack zien en noemden het 'Sams jack'. Will zei dat hij niet wist of hij het ooit had gezien.

Daarna sprak de politie met Wills moeder zonder dat hij erbij was, en zei tegen haar dat de jongen informatie over de moord had en dat hij maar beter kon meewerken, want dat het anders 'heel slecht kon aflopen'.

Will wist niets over de moord. Hij was doodsbang dat hij zou worden aangeklaagd als hij de politie niet zou vertellen wat ze wilden horen, dus vertelde hij ze wat ze wilden horen. In weer een valse verklaring zei hij dat hij Grasty had horen praten over iemand die beroofd zou worden en dat hij, Grasty, die persoon kende en daarom niet verdacht zou worden.

Later trok Will Morgan zijn verhaal volledig in en tekende een beëdigde verklaring waarin hij bekende dat het een valse getuigenis was geweest.

Boyd Burke, een andere jongen, zat in bewaring vanwege een schietpartij. Hij werd door de politie verhoord en bedreigd en ineens schoot hem te binnen dat hij informatie had. Zijn ongelofelijke verhaal luidde dat hij Sam Grasty was tegengekomen toen ze in de rij stonden bij een drukke broodjeszaak. Dat leek Grasty het juiste moment om een moord te bekennen, dus biechtte hij die aan Boyd op. Maar toen Boyd werd opgeroepen om te getuigen tijdens Grasty's rechtszaak, ontkende hij dat allemaal en zei dat hij zich niet kon herinneren dat hij met de rechercheurs had gesproken of een verklaring had afgelegd. Toch mocht het OM de valse verklaring als bewijs aanvoeren, via de getuigenis van een rechercheur.

Boyd kreeg een foto van 'Sams jack' te zien, maar herkende het niet. Dus ondervroegen de rechercheurs een andere minderjarige, Lanier Moore van vijftien.

Ze lieten Lanier het dossier en de foto's zien en zeiden dat ze met mensen hadden gepraat die beweerden dat ze veel over het misdrijf wisten. Een rechercheur zei tegen Lanier dat de zaak voor een jury zou komen, dat hij als getuige zou worden opgeroepen en dat hij, als hij zou liegen, zou worden vervolgd wegens meineed. De rechercheurs beschuldigden hem van het achterhouden van informatie en dreigden hem als medeplichtige aan te klagen nadat Grasty, Chappell en Johnson gearresteerd waren. Ze lieten hem een foto van het slachtoffer met het telefoonsnoer zien en drongen erop aan dat de jongen zou zeggen wat Sam Grasty en de andere twee hem over de moord hadden verteld. Lanier hield voet bij stuk en zei dat hij met niemand over de moord had gesproken. Toen ze hem een foto van 'Sams jack' lieten zien, zei hij dat hij het niet herkende.

De maanden kropen voorbij en daarna verstreek er weer een jaar. Rick McElwee zat in de gevangenis om zijn straf van zes tot twaalf jaar uit te zitten. In september 1999, bijna twee jaar na de moord, werden er eindelijk aanklachten tegen Grasty, Chappell en Johnson ingediend en werden ze gearresteerd. Ze werden alle drie beschuldigd van 'eerstegraads' moord, 'tweedegraads' moord, 'derdegraads' moord, diefstal, inbraak en samenzwering om al het eerdergenoemde uit te voeren.

In Pennsylvania wordt moord met voorbedachten rade 'eerstegraads' genoemd. Iemand vermoorden tijdens het plegen van een ander misdrijf is 'tweedegraads'. Alle andere vormen van doodslag vallen onder 'derdegraads'.

Zonder enig fysiek of biologisch bewijs tegen Grasty, Chappell en Johnson stond het OM een zware strijd te wachten. Het was noodgedwongen bijna geheel afhankelijk van de getuigenis van Rick McElwee.

De hamvraag die de aanklagers parten speelde was overduidelijk: wie had het sperma achtergelaten? Dat was duidelijk niet van een van de drie mannen die beschuldigd werden van moord en binnenkort voor de jury zouden verschijnen.

Om hun frauduleuze onderzoek te beschermen, belasterden de aanklagers zonder scrupules de herinnering aan Henrietta Nickens, een vrijgevige vrouw die in alle bescheidenheid alleen woonde, zorgzaam was voor haar vrienden en familie, en een gruwelijke dood stierf.

De aanklagers flansten een reeks verbijsterende fantasiescenario's in elkaar, die elke beschrijving tartten. Om het biologische bewijs weg te redeneren en de rechters en juryleden ervan te overtuigen dat Onbekende Man nr. 1 enige vorm van seks met het slachtoffer had gehad, maar haar niet had vermoord, presenteerden de aanklagers in de loop van het proces, in openbare rechtszittingen en geschreven documenten, zonder blikken of blozen het volgende:

KRANKZINNIG SCENARIO NUMMER ÉÉN

Op 9 oktober 1997 had Henrietta Nickens – voordat haar dochter, kleindochter en Rufus McKinney om halfzeven naar haar appartement kwamen om te eten – vrijwillige, onbeschermde anale seks met Onbekende Man nr. 1. Nadat haar gasten vertrokken waren, ging ze naar bed en werd later overvallen, beroofd en doodgeslagen door Grasty, Chappell en Johnson.

Dit scenario was onmogelijk. Het sperma zou uit het rectum zijn gedropen, vooral bij een vrouw die aan het koken was en gasten onderhield. Er werd geen sperma aangetroffen in haar ondergoed, dat naast haar bed werd gevonden.

Jaren later, tijdens een hoorzitting over nieuw ontdekt bewijs, getuigde de heer Alan Keel, deskundige op het gebied van forensische biologie, DNA-analyse en forensische analyse, dat het sperma in het rectum van het slachtoffer daar op of rond het tijdstip van overlijden was achtergelaten. Het was niet op haar ondergoed of ochtendjas gelekt. Als het slachtoffer na de seks had rondgelopen en bezig was geweest, zou het sperma op haar ondergoed of kleding moeten zijn gedropen.

De heer Keel zei: 'Het feit dat er nog zo'n grote hoeveelheid sperma in het rectum aanwezig was toen het uitstrijkje werd genomen, en de afwezigheid van enig sperma dat uit haar rectum zou zijn gedropen, toont naar mijn mening aan dat het sperma op of rond het tijdstip van haar overlijden in haar rectum is achtergelaten.'

Bovendien had mevrouw Nickens geen hechte vriendschap met mannen en had ze al jaren geen afspraakjes of 'verkering' gehad.

KRANKZINNIG SCENARIO NUMMER TWEE

Carlotta gaf in minstens vier getuigenverklaringen aan dat haar moeder elke avond naar het nieuws van elf uur keek en daarna naar bed ging. Carlotta belde haar elke avond om een paar minuten voor elf om haar welterusten te wensen, en deed dat ook op 9 oktober. Maar in McElwees versie van het verhaal stond hij op de uitkijk terwijl het drietal om tien uur 's avonds het appartement binnenging. In dit scenario werd voorbijgegaan aan het tijdstip, want het zou betekenen dat het slachtoffer op een gegeven moment, nadat haar gasten om halfnegen vertrokken waren en voordat de bende om tien uur inbrak, Onbekende Man nr. 1 binnenliet voor anale seks. Daarna vertrok hij en werd ze om tien uur overvallen door de bende van drie mannen.

Ook dit scenario was zo goed als onmogelijk, om de redenen die al uiteengezet zijn bij het eerste krankzinnige scenario.

Shirletta Moore was een goede vriendin van Henrietta, die bij haar in de buurt woonde. Ze gingen vaak bij elkaar langs en namen elkaar in vertrouwen. Shirletta hielp Henrietta met haar papierwerk, nam haar mee naar de dokter en kookte maaltijden voor haar. Toen de politie haar vroeg of het slachtoffer weleens intieme relaties met mannen had, zei ze: 'Absoluut niet.' Ze was te oud en te ziek voor iets wat ook maar in de buurt van romantiek kwam. Shirletta zou het geweten hebben als er iemand naar Henrietta's appartement kwam, en de enige mensen die haar buiten de familie kwamen opzoeken, waren Shirletta, Rufus McKinney en Sam Grasty.

KRANKZINNIG SCENARIO NUMMER DRIE

Nadat ze het slachtoffer hadden doodgeslagen, waren de drie mannen ineens bang dat de politie hen op het spoor zou komen, dus verlieten ze het appartement en liepen 's avonds laat ergens in Chester rond, waar ze een zojuist gebruikt condoom vonden dat ze mee terugnamen naar de plaats delict, waar ze het voor elkaar kregen om de inhoud ervan in het rectum van het slachtoffer te stoppen. Met zo'n uitgekookte list zouden ze de politie vast en zeker afschudden.

Dit tart werkelijk elke analyse.

Waar zou je in Chester, of waar dan ook, naartoe moeten om een pas gebruikt condoom te vinden waarvan de inhoud intact is?

Hier botsen de absurde verzinsels van de aanklagers en spreken ze elkaar tegen. Volgens Rick McElwee, de kroongetuige, was het zijn taak om tijdens het misdrijf op de uitkijk te gaan staan en waarschuwend te fluiten als hij de politie zou zien. Hij getuigde in alle vier de rechtszaken en moest ontzettend veel moeite doen om zijn verzonnen details op een rijtje te houden. Maar hij hield wel vast aan zijn getuigenis dat hij de bende van drie door de achterdeur van het appartement van het slachtoffer zag komen en gaan. Hij zag dat ze de deur intrapten, naar binnen gingen, tussen de vijf en de twintig minuten binnen bleven en daarna door dezelfde deur naar buiten kwamen.

Tijdens de rechtszaken of hoorzittingen zei McElwee geen enkele keer iets wat erop duidde dat de drie waren vertrokken, terugkwamen en daarna weer vertrokken.

KRANKZINNIG SCENARIO NUMMER VIER

Nadat de drie mannen mevrouw Nickens in elkaar hadden geslagen en dertig dollar hadden buitgemaakt, verlieten ze het appartement, maar slechts voor even. Op straat kwamen ze Onbekende Man nr. 1 tegen, die kennelijk een soort huurverkrachter was, en haalden hem over met hen mee te gaan naar een appartement waar hij nooit eerder was geweest en mevrouw Nickens anaal te verkrachten terwijl ze of dood, of stervend was, en zij natuurlijk stonden te wachten of zelfs toe te kijken.

Zo'n idioot verhaal kun je toch aan alle kanten doorprikken?

Ook nu weer heeft McElwee, de fantastische uitkijkpost, nooit gerept over het feit dat de drie waren vertrokken en weer terug zouden zijn gekomen, en hij heeft al helemaal nooit iets gezegd over een vierde man, de grote onbekende, die met hen mee terug zou zijn gekomen.

Hoe zouden de drie mannen, die zojuist een vrouw in elkaar hadden geslagen en misschien hadden vermoord, ooit Onbekende Man nr. 1 hebben kunnen overhalen om met hen mee te gaan en een verkrachting te plegen terwijl er drie getuigen toekeken?

En hoe zat het met het groene jack? In de fantasiewereld van het OM droeg Sam Grasty dat toen hij het appartement binnenging, trok het uit, hing het over de tv en liet het achter. Maar meerdere keren? Vergat Sam telkens weer zijn groene jack terwijl hij in die absurde scenario's het appartement in en uit ging? Had geen van zijn medeverdachten in de gaten dat het groene jack achterbleef?

KRANKZINNIG SCENARIO NUMMER VIJF

Nadat de drie mannen de vrouw hadden doodgeslagen, verlieten ze het appartement voorgoed. Natuurlijk lieten ze de achterdeur, die ze kort daarvoor hadden ingetrapt, openstaan. Nadat ze waren vertrokken, kwam heel toevallig net Onbekende Man nr. 1 langs, die het appartement binnenging en het slachtoffer verkrachtte, terwijl ze dood of stervend was.

Dit is geen geraaskal van een losgeslagen schrijver. Tijdens de rechtszaak tegen Sam Grasty, betoogde de openbaar aanklager tegen de jury:

> *Het is heel frustrerend dat we niet weten of mevrouw Nickens die dag omgang met iemand had voordat haar dochter kwam eten. We weten niet of ze die avond is verkracht. We weten niet of iemand in die buurt, of misschien een van deze jongens [Grasty, Chappell en Johnson] die daar binnen is geweest ergens een gebruikt condoom heeft opgeraapt om de politie op het verkeerde been te zetten. We weten niet hoe het daar gekomen is. We weten niet of ze verkracht is. En omdat we niet weten of ze verkracht is, betekent het feit dat het* DNA *van de verdachte [Grasty] niet overeenkomt met het sperma nog niet dat hij op enige wijze kan worden uitgesloten als dader van de overval, de diefstal en de moord. Het betekent alleen dat hij mevrouw Nickens niet heeft verkracht, áls ze al verkracht is.*

De drie zaken werden los van elkaar behandeld en de rechtszaken werden enkele maanden na elkaar op de agenda gezet. Als eerste was Derrick Chappell aan de beurt, in januari 2000. Maar voorafgaand aan zijn rechtszaak kreeg hij een schikkingsaanbod: als hij schuldig zou pleiten aan moord en zou meewerken aan de rechtszaken tegen zijn medeverdachten, zou hij in ruil daarvoor zes tot twaalf jaar gevangenisstraf krijgen. Omdat hij al vastzat, zou hij nog zo'n vier jaar moeten uitzitten voordat hij vrij zou komen. Derrick hield vol dat hij onschuldig was, weigerde zijn eveneens onschuldige vrienden te verraden en sloeg het aanbod af. Hij werd veroordeeld voor 'tweedegraads' moord, beroving, diefstal, inbraak en samenzwering en kreeg levenslang zonder kans op vervroegde vrijlating. Samuel Grasty was de volgende, en zijn aanklacht wegens 'eerstegraads' moord eindigde met een verdeelde jury. De aanklager morrelde wat aan de zaak en klaagde hem drie maanden later opnieuw aan wegens 'tweedegraads' moord. Hij werd veroordeeld tot levenslang zonder kans op vervroegde vrijlating.

Op het moment dat de rechtszaak tegen Morton Johnson begon, in december 2001, had hij vijftien maanden in de gevangenis zitten wachten en wist alles over de veroordelingen van Sam Grasty en Derrick Chappell. Hij had niet deelgenomen aan hun rechtszaken, want hij weigerde met de aanklagers samen te werken. De drie verdachten hadden voet bij stuk gehouden en zouden de anderen niet verraden. Er viel ook niets te verlinken. Ze wisten niets, want ze hadden niets met het misdrijf te maken.

De aanklagers boden Morton dezelfde schikking aan als Derrick, maar ook hij zei nee. Als Morton wel had ingestemd met de schikking en schuldig had gepleit, zou hij een paar jaar hebben moeten uitzitten en zou hij, net als McElwee, twintig jaar geleden zijn vrijgekomen.

Maar omdat hij niet schuldig was, weigerde hij te zeggen dat hij dat wel was; hij weigerde mee te werken en zit tegenwoordig nog steeds in de gevangenis, zonder kans op vrijlating.

De rechtszaken van Grasty en Chappell waren één groot wit feestje. De rechters, aanklagers, politiemensen, getuigen en advocaten waren allemaal wit, evenals de meerderheid van de juryleden. Om de feiten te achterhalen, hechtten de juryleden het liefst geloof aan de belangrijkste getuige van het OM, Rick McElwee, die ook wit was.

Morton vertrouwde het systeem niet en schatte zijn kansen niet hoog in. Maar toen hij hoorde dat de rechter Afrikaans-Amerikaans was, dacht hij dat het tij misschien zou keren. R.C. Wright was de enige zwarte rechter van de twaalf. Mortons advocaat was Guy Smith, een strafpleiter die de reputatie had dat hij slim en hard was. Hij en Morton bespraken de strategieën en besloten dat ze een betere kans zouden hebben met een zwarte rechter dan met een witte jury.

Er was nog een reden. Morton was al twee keer voor rechter Wright verschenen wegens kleine vergrijpen, waarvoor hij schuldig had gepleit. Destijds had rechter Wright hem geloofd, dus hij ging ervan uit dat de rechter hem deze keer ook zou geloven als hij onschuldig pleitte.

Guy Smith en hij kozen voor een rechtbankproces zonder jury.

Morton getuigde voor zijn eigen verdediging en had een waterdicht alibi. Op de avond van 9 oktober had hij tot halfnegen gewerkt en was met de bus naar huis gegaan, waar hij met zijn moeder en haar vriend woonde. Hij was die avond niet weggegaan. Daar stond zijn moeder voor in. Maar het was volkomen in tegenspraak met het fantasieverhaal dat Rick McElwee al aan rechter Wright had verteld.

Op een gegeven moment vroeg de rechter, die duidelijk moeite had om de twee volkomen verschillende verhalen te begrijpen, aan Morton: 'Hebt u enig idee waarom [McElwee] die beweringen over u doet of waarom hij u in deze kwestie beschuldigt?' Morton zei dat hij geen idee had waarom.

Waarom? Wat dacht je van het voor de hand liggende feit dat McElwee niet van moord wilde worden beschuldigd en koos voor een veel mildere schuldbekentenis in ruil voor strafvermindering?

Het is onmogelijk vast te stellen of rechter Wright gewoon onervaren, of naïef, of allebei was. De kans bestaat dat hij, nadat hij een paar jaar als rechter had gewerkt en talloze keren te maken had gehad met liegende getuigen, veel argwanender tegenover hun beweegredenen en getuigenissen stond. Misschien trapte rechter Wright in dezelfde val als vrijwel alle juryleden. Ze kunnen maar moeilijk geloven dat een getuige de rechtszaal binnenkomt, zijn hand op de Bijbel legt, zweert de waarheid te zullen vertellen en dan prompt verzinsels opdist, die veelal in elkaar zijn geflanst door de politie en de aanklagers.

Wat de reden ook was, rechter Wright schaarde zich achter het OM, slikte McElwees leugens, oordeelde dat Morton schuldig was aan 'tweedegraads' moord en gaf hem levenslang zonder kans op vrijlating.

De veroordelingen berustten vrijwel volledig op de getuigenis van Rick McElwee. Er waren in het appartement van het slachtoffer geen vingerafdrukken gevonden die overeenkwamen met die van de verdachten. Geen schoenafdrukken. Helemaal geen fysiek bewijs, afgezien van het groene jack dat door Sam Grasty zou zijn gedragen en achtergelaten. Hij ontkende dat het van hem was, en Chappell en Johnson zeiden dat ze het nooit eerder hadden gezien.

McElwees getuigenis veranderde per rechtszaak, maar kwam erop neer dat hij met de drie verdachten had samengewerkt in een snood plan om bij het slachtoffer in te breken en haar te beroven. Waarom ze een zieke, oude vrouw zonder geld zouden willen beroven, werd nooit duidelijk. Waarom Sam Grasty de oma van zijn vriendin zou willen beroven, werd nooit duidelijk. Waarom hij het risico zou lopen om geïdentificeerd te worden door een vrouw die hij heel goed kende, werd nooit duidelijk.

Het grootste deel van McElwees getuigenis werd nooit duidelijk. Hij gaf toe dat hij een zware marihuanagebruiker was en dat hij sinds zijn dertiende elke dag had geblowd. Hij zei dat hij op de dag van de moord slechts één *blunt* had gerookt. (Een blunt is een goedkope sigaar waar de tabak uit is gehaald en die is volgestopt met marihuana.) Dat was zijn getuigenis tijdens de rechtszaak tegen Derrick Chappell. Maar tijdens de tweede rechtszaak van Sam Grasty, een paar maanden later, zei hij dat hij op 9 oktober drie blunts had gerookt. In zijn bekentenis aan de politie en tijdens een inleidende hoorzitting getuigde hij dat hij op de avond van de moord om negen uur van huis was gegaan en de drie andere verdachten had ontmoet. Grasty had het over een overval gehad. Chappell was vertrokken, naar huis gegaan en een uur later teruggekomen. Terwijl hij weg was, hadden de andere drie wat op een trappetje zitten lummelen. Daarna zei Grasty dat McElwee op de hoek op de uitkijk moest gaan staan en moest fluiten als hij de politie zag. Ze liepen weg en braken in bij mevrouw Nickens. Maar tijdens de rechtszaak vertelde hij een ander verhaal. De bende kwam om negen uur bij elkaar in een verlaten gebouw en ging daarna uiteen. Grasty en Johnson vertrokken en gingen naar huis. Ook McElwee ging naar huis. Chappell woonde in de projectwijk en ging daarnaartoe. Een uur later kwamen ze weer bij elkaar in het verlaten gebouw en liepen naar het appartement van het slachtoffer verderop in de straat. Bij de inleidende hoorzitting stond hij volgens zijn getuigenis op wacht op de hoek van 10th Street en Booth Street, maar tijdens de rechtszaken veranderde hij van locatie en zei dat hij op de hoek van 10th Street en Clover stond, een straat dichter bij het appartement van het slachtoffer.

Abraham Lincoln staat bekend om zijn uitspraak dat niemand een geheugen heeft dat goed genoeg is om een succesvolle leugenaar te zijn. Er zijn maar weinig leugenaars die zoveel beperkingen hebben als Rick McElwee had. Met zijn beperkte cognitieve vermogens en zijn geschiedenis van drugsgebruik, kon hij de details van zijn verzinsels nooit op een rijtje houden. Bij de inleidende hoorzitting verklaarde hij dat hij vanaf zijn uitkijkpost de achterdeur van het appartement van mevrouw Nickens kon zien, die zich aan het eind van een kleine veranda bevond. Hij zag de drie verdachten duidelijk over de veranda lopen, waar Grasty 'een of twee keer' tegen de deur trapte. Een paar minuten later zag hij ze alle drie via dezelfde achterdeur uit het appartement komen.

Maar tijdens de rechtszaak tegen Chappell, de eerste van de drie, verklaarde McElwee dat hij de veranda wel kon zien, maar dat hij geen van de drie verdachten kon zien toen die daarop stonden, en dat hij niet kon zien waar ze naartoe gingen.

Tijdens Grasty's eerste rechtszaak voegde McElwee nog wat extraatjes toe en zei dat Grasty vier of vijf keer tegen de deur had geschopt. Bij de rechtszaak tegen Johnson zwakte hij dat af tot 'twee of drie keer'. En ten slotte, bij Grasty's tweede rechtszaak, was hij helemaal in de war en zei hij dat hij Grasty nooit tegen de deur had zien schoppen. Toen hij werd geconfronteerd met zijn eerdere getuigenis, gaf hij toe dat hij vanaf de plek waar hij stond helemaal niet kon zien of Grasty de deur intrapte. Sterker nog, hij kon hem helemaal niet op de veranda zien staan.

In de loop van zijn vele versies van het voorval werd nooit duidelijk waarom die fictieve bende eigenlijk iemand nodig had die op de uitkijk stond.

Volgens McElwee waren de drie overvallers tussen de vijf en de twintig minuten in het appartement van mevrouw Nickens. Hij zag ze het appartement uit komen, maar daarna misschien toch ook niet. Hij sloot zich weer bij de bende aan toen die door 10th Street liep, en Grasty zou hebben gezegd: 'We hebben maar dertig dollar.' Later verklaarde McElwee dat er helemaal geen gesprek over geld was geweest. Aanvankelijk had hij in zijn bekentenis gezegd dat hij de dertig dollar had gezien en had toegekeken terwijl de andere drie de buit verdeelden. Bij de inleidende hoorzitting verklaarde hij dat hij het geld niet had gezien, net als tijdens Grasty's tweede rechtszaak. En bij de rechtszaak tegen Johnson zei hij dat hij het geld niet had gezien en ook niet wist of de andere drie het verdeeld hadden. Maar toen hij werd geconfronteerd met zijn aanvankelijke bekentenis, veranderde hij van gedachten en wist ineens weer dat hij de dertig dollar had gezien en had toegekeken terwijl ze het geld verdeelden. Toen hem werd gevraagd die veranderde getuigenis uit te leggen, zei hij, voor de rechtbank: 'Tja, ik was waarschijnlijk niet helemaal helder. Ik rook wiet.'

Toen de rechercheurs het groene jack onderzochten en de zakken leegden, vonden ze 1) een rood rietje waarop aan één kant was gekauwd, 2) een doorzichtig plastic zakje met wit poeder, waarvan later werd vastgesteld dat het cocaïne was, en 3) een pakje van wit cellofaan met daarin wit poeder dat geen illegale substantie was.

Het OM liet geen DNA-test uitvoeren op het platgekauwde rietje of het jack, en de advocaten evenmin.

Er gingen jaren overheen voordat die tests werden gedaan.

In 2004 hoorden Grasty's advocaten voor het eerst dat het jack op DNA was getest nádat hij was veroordeeld tot levenslang. Ze eisten meer DNA-tests. Daar was het OM op tegen. De rechter weigerde het toe te staan.

In 2021 verzochten andere advocaten die Johnson, Grasty en Chappell vertegenwoordigden opnieuw om meer DNA-tests op het groene jack en de inhoud ervan, nu wel met succes. Er werd voldoende materiaal van het platgekauwde rode rietje gehaald, en dat had hetzelfde DNA-profiel als het sperma dat op het slachtoffer was aangetroffen. Met andere woorden, Onbekende Man nr. 1 had op het rietje gekauwd. Het was dus toch zijn jack.

Bij de nieuwe tests werd ook een spermavlek op de mouw van het jack aangetroffen.

Alleen Onbekende Man nr. 1 wist hoe die spermavlek op zijn jack terecht was gekomen, maar ook dit DNA-profiel was van hem.

Bij de nieuwe tests werd ook nog een spermavlek op het laken op het bed van het slachtoffer gevonden. Die was vermengd met haar bloed, en volgens een deskundige was dit het bewijs dat het slachtoffer in haar bed door Onbekende Man nr. 1 was geslagen en verkracht.

Het DNA van Samuel Grasty, Derrick Chappell en Morton Johnson werd uitgesloten van dat op het rode rietje en de spermavlekken.

Resumerend werden er vier monsters van lichaamssappen verzameld op de plaats delict: 1) een groot spermamonster dat afkomstig was uit het rectum, 2) een spermavlek vermengd met bloed op een beddenlaken, 3) een spermavlek van het groene jack en 4) een speekselmonster dat afkomstig was van het platgekauwde rode rietje in de zak van het jack.

Ze waren alle vier afkomstig van Onbekende Man nr. 1, de man die Henrietta Nickens had vermoord.

Samuel Grasty, Derrick Chappell en Morton Johnson zijn op basis van DNA-tests uitgesloten als daders, maar toch zitten ze al vijfentwintig jaar in de gevangenis en hebben ze nog steeds geen hoop op vrijlating.

Geconfronteerd met het overweldigende bewijs bleven de aanklagers doorvechten om de waarheid te omzeilen. Ze hebben zich telkens weer verzet tegen aanvullend DNA-bewijs, met één uitzondering, in 2021, en sinds de voltooiing van die tests blijven ze zich maar verzetten tegen de invrijheidsstelling van de drie gevangenen.

Volgens de wetten van Pennsylvania moet er aan vier voorwaarden worden voldaan om een verdachte een nieuw proces toe te kennen op basis van nieuw bewijs. Voor een nieuwe rechtszaak na een veroordeling mag een verdachte niet terugkomen op een oude rechtszaak om aan te voeren wat de jury wel of niet gedaan had moeten hebben. De jury heeft het bewijs geëvalueerd en de verdachte schuldig verklaard. Maar als er nieuw bewijs is dat 1) niet redelijkerwijs had kunnen worden verkregen voor het eind van de rechtszaak, en 2) het nieuwe bewijs niet slechts ondersteunend of aanvullend is, en 3) het niet slechts beschuldigend bewijs is, en 4) van dien aard is dat het gebruik ervan naar alle waarschijnlijkheid zal leiden tot een andere uitkomst bij een nieuw proces, dan – en uitsluitend dan – zal een nieuwe rechtszaak worden goedgekeurd. Er moet worden voldaan aan alle vier de voorwaarden.

Het sperma dat in het slachtoffer was aangetroffen, was oud DNA-bewijs. Het was al bekend tijdens de rechtszaken en in overweging genomen door de juryleden, die desondanks oordeelden dat alle drie de verdachten schuldig waren. Het kan niet opnieuw als bewijs dienen.

Het nieuwe DNA-bewijs is 1) de spermavlek op het bed, 2) de spermavlek op het jack en 3) het speeksel van het rode rietje.

Op dit moment geeft het OM toe dat het nieuwe DNA-bewijs geschikt is en niet had kunnen worden gevonden ten tijde van de rechtszaken. De verdachten hebben voldaan aan voorwaarde één.

Voorwaarde twee: het OM beweert dat het nieuwe DNA-bewijs puur aanvullend is op dat wat tijdens de rechtszaken bekend was; dat wil zeggen dat het sperma in het rectum niet van de drie verdachten was. Het werd achtergelaten door Onbekende Man nr. 1. Dus de nieuwe vlekken en het speeksel, allemaal afkomstig van dezelfde man, zijn eigenlijk niets nieuws, want de juryleden gingen tijdens de rechtszaken min of meer voorbij aan die getuigenis. Het OM beweert dat de verdachten niet voldoen aan voorwaarde twee.

De advocaten van de verdachten voeren echter aan dat het, dankzij de verbeterde DNA-testmethoden van tegenwoordig, nu juist des te duidelijker bewezen is dat Onbekende Man nr. 1 in zijn eentje handelde toen hij inbrak in het appartement van het slachtoffer en haar verkrachtte, voor dood achterliet en zijn groene jack achterliet, met nog meer DNA-bewijs. Dus is het nieuwe bewijs niet slechts aanvullend of ondersteunend, waarmee wordt voldaan aan voorwaarde twee.

Voorwaarde drie: de verdachten voeren aan dat het nieuwe bewijs niet slechts beschuldigend is bedoeld, en dat weerspreekt het OM niet.

Voorwaarde vier: zou er bij een nieuw proces een andere uitkomst volgen? Met dit nieuwe bewijs willen de verdachten niets liever dan een nieuwe kans in de rechtszaal. Het OM blijft erbij dat er voldoende bewijs was en is om hun schuld aan te tonen. Ze hebben geen recht op een nieuw proces. Er is gerechtigheid geschied.

Kortgeleden, in november 2023, hebben de aanklagers in een verslag van vijftig pagina's vurig gepleit dat het DNA er niet toe doet; dat er misschien helemaal geen verkrachting heeft plaatsgevonden en dat zij, de aanklagers, dan wel niet precies weten hoe het sperma terecht is gekomen op de plek waar het terecht is gekomen – maar dat de verdachten toch schuldig zijn.

Onder Innocence-voorvechters en -advocaten wordt vaak gezegd dat het veel makkelijker is om een onschuldig persoon te veroordelen dan om er een uit de gevangenis te krijgen. Voor een veroordeling is alles wat er nodig is een arrestatie met het eeuwige vermoeden van schuld, en dan een proces waarbij de autoriteiten zich baseren op liegende getuigen die alles zullen zeggen om maar te voorkomen dat ze langer achter de tralies verdwijnen. Het ongedaan maken van die ellende vergt jaren pro-bonowerk door toegewijde Innocence-advocaten, en honderdduizenden dollars voor tests, deskundigen en onderzoekers. En er is ook een dosis geluk voor nodig.

Voor Sam Grasty, Derrick Chappell en Morton Johnson was het geluk in het strafrechtsysteem ver te zoeken. Ze zijn ten onrechte veroordeeld voor de staatsrechtbank van Delaware County in Pennsylvania. Hun onterechte veroordelingen zijn in stand gehouden door de hoven van beroep van de staat. Hun habeas corpus-pogingen voor de federale rechtbank leverden al evenmin iets op.

De cijfers zijn al zo vaak gemeld dat de meeste Amerikanen ze beu zijn. Er gaat bijna geen dag voorbij of een grote krant of een belangrijk weekblad herinnert ons wel aan onze trieste afhankelijkheid van straffen om problemen te bestrijden die we niet op een andere manier kunnen oplossen. Er zitten zo'n 2,3 miljoen Amerikanen achter de tralies, het hoogste aantal ooit. We sluiten meer van onze eigen mensen op dan enig ander land ter wereld. Dat richt enorme sociale en economische schade aan onder onze kwetsbaarste inwoners: arme mensen van kleur.

De oorzaken van deze massadetentie zijn bekend en veelvuldig bestudeerd.

Sinds de Verenigde Staten in 1970 zijn begonnen met de 'oorlog tegen drugs' is het aantal gevangenen explosief gegroeid, terwijl het drugsgebruik nauwelijks is afgenomen. Keiharde politici hebben keiharde antimisdaadwetten ingevoerd, met langere straffen voor minderjarigen en loodzware beperkingen na vrijlating. Die wetten en gedragslijnen hebben jammerlijk gefaald. We hebben de oorlog tegen drugs verloren en onze slachtoffers zijn of dood, of ze zitten in de gevangenis.

Arme, ongeschoolde zwarte mannen zijn de dupe geworden van massadetentie. Ze vormen 13 procent van de Amerikaanse bevolking, maar 35 procent van de gevangenisbevolking. Meer dan 80 procent van hun arrestaties zijn wegens kleine, niet-gewelddadige vergrijpen.

Racisme is een belangrijke oorzaak van massadetentie. Het is een simpel, maar gecompliceerd feit dat zwarte verdachten grover worden behandeld dan witte. Of het nu gaat om verdenking, onderzoek, arrestatie, borgtocht, tenlastelegging of juryselectie; zwarten worden anders behandeld.

De zaak in Chester is daar een perfect voorbeeld van. De politie en de aanklagers waren wit. Het merendeel van de rechters en juryleden was wit. Zij, de autoriteiten, geloofden liever de leugens van een witte jongen van vijftien met cognitieve beperkingen die drugs gebruikte, dan het bewijs dat werd gepresenteerd door Sam Grasty, Derrick Chappell en Morton Johnson, die alle drie een waterdicht alibi en geen motief hadden.

Rick McElwee vertelde leugens die de politie voor hem had verzonnen. Hij bracht zes jaar in de gevangenis door en kwam bijna twintig jaar geleden vrij.

Sam en Morton vertelden de waarheid en zitten al vijfentwintig jaar vast. Tenzij er een wonder gebeurt, zullen ze in de gevangenis sterven. Derrick was minderjarig toen hij werd veroordeeld en komt over vier jaar in aanmerking voor vervroegde vrijlating.

Maar wonderen bestaan. Het geluk kan zomaar opduiken waar je dat het minst verwacht.

Op 28 maart 2024 verraste rechter Mary Ann Brennan van het Court of Common Pleas – een hogere rechtbank – de verdachten, hun advocaten en de aanklagers met een verbijsterende uitspraak. Ze annuleerde de veroordelingen en gaf opdracht tot nieuwe rechtszaken voor Sam, Derrick en Morton. De officier van justitie had dertig dagen om tegen haar uitspraak in beroep te gaan of die te accepteren.

De officier van justitie, Jack Stollsteimer, wachtte tot de dertigste dag en ging in beroep tegen de uitspraak van rechter Brennan. In Pennsylvania duurt het minstens een jaar voordat het hof van beroep uitspraak doet over zo'n soort hoger beroep.

Gedoe om geluidsopnamen

Jim McCloskey

James Buckley, een pompbediende van negentien, kwam op zondag 2 januari 1983 op gewelddadige wijze om het leven tijdens zijn nachtdienst bij een Vickers-tankstation in Dellwood in de staat Missouri, een voorstadje van St. Louis. Buckley had zijn highschooldiploma op zak, ging nu naar een kleine gemeente-universiteit en woonde bij zijn moeder Gloria. Sinds juni 1982 werkte hij drie keer per week de hele nacht bij Vickers.

Buckley werd om twee uur 's nachts gevonden en lag op zijn rug in de bergruimte. Er was zeven keer van dichtbij op hem geschoten met een .22 kaliber geweer, eenmaal in zijn hart en meerdere keren in zijn borst, linkerarm en buik. Hij had een diepe wond boven op zijn hoofd, die helemaal door zijn schedel heen ging.

Er werd geen wapen gevonden, maar er werden wel stukjes van het geweer en het veermechanisme naast hem op de grond aangetroffen, evenals verschillende hulzen. Buckleys portemonnee was weg, en raadselachtig genoeg ook een dwarsbalk van zo'n één meter twintig die altijd werd gebruikt om de achterdeur van de bergruimte van binnenuit af te sluiten. Er waren geen sporen van braak.

Er werden geen vingerafdrukken of ander fysiek bewijs gevonden waarmee iemand met het misdrijf in verband kon worden gebracht. Noch het kantoor, noch de bergruimte was overhoopgehaald. Er was geen geld weggenomen uit het kassahokje of het kantoor, waar driehonderdeenenzestig dollar in een niet afgesloten kluis lag, wat erop duidde dat de moordenaars tijdens het plegen van het misdrijf waren gestoord door iemand die het tankstation binnen was gelopen. Onder de kassalade en in Buckleys auto werden verschillende zakjes marihuana gevonden.

Dellwood is een dorp van tweeënhalve vierkante kilometer, een van de achtentachtig gemeenten die samen St. Louis County vormen en die elk hun eigen politiemacht hebben. Alle tv- en radiozenders en alle kranten deden uitgebreid verslag van de moord op Buckley. De achttien maanden daarvoor was St. Louis geteisterd door een golf van overvallen op tankstations. Er waren elf tankstations getroffen, waarbij zes medewerkers waren gedood en een gewond was geraakt. Buckley werd de zevende dode.

De politie van Dellwood vroeg aan het Major Case Squad (MCS) van St. Louis om de leiding over het onderzoek naar de moord op Buckley op zich te nemen. Het MCS was een speciale eenheid die in meerdere districten werkte en rechercheurs uit de hele regio aantrok om forensische en onderzoeksdiensten te verlenen in moordzaken, als de plaatselijke politie daarom vroeg. In de zaak-Buckley was de hoofdinspecteur van het MCS toevallig iemand die vijftien jaar bij de kleine politiemacht van Dellwood zelf had gewerkt, hoofdinspecteur Dan Chapman. Er werden twintig rechercheurs aan Chapmans team toegewezen. Die zouden de daaropvolgende weken fulltime aan de zaak werken.

In het laatste uur voor Buckleys dood hadden verschillende klanten en vrienden het tankstation bezocht. De eerste was Donald Brunner, Buckleys beste vriend en vroegere klasgenoot. Brunner vertelde de politie dat hij rond halfeen

’s nachts naar Vickers was gekomen en een uur later weer was weggegaan. Terwijl hij er was, kwam er een vriendin van de middelbare school langs, Kathy Brockhan, die hoopte dat Buckley haar wat gratis wiet zou geven. Hij zei dat hij niets voor haar had. Ze vertrok nadat ze zo’n tien minuten bij de twee mannen in het tankstation was geweest. Later vertelde Kathy aan de politie dat Brunner en Buckley nerveus hadden geleken, en dat ze hun gesprek niet hadden willen voortzetten waar zij bij was. Ze zei dat Buckley stoned leek, maar Brunner nuchter. Ze zei ook dat ze wist dat Buckley marihuana voor driehonderdzestig tot vierhonderdvijftig dollar per pond kocht bij een groothandelaar, maar ze beweerde dat ze diens identiteit niet kende.

Een paar minuten nadat Kathy vertrokken was, kwamen er twee mannelijke klanten van begin twintig, een Aziatische en een witte man, die samen naar binnen gingen. Hoewel ze vreemden waren voor Buckley, vroeg hij of ze wiet wilden kopen. Ze kochten een half zakje en vertrokken. Daarna rookten Brunner en Buckley een paar joints in Buckleys auto, waarna Brunner naar huis ging. Dat was rond halftwee ’s nachts.

Tussen halftwee en tien over halftwee kwamen er nog twee klanten naar het tankstation, die sigaretten wilden kopen; eerst Anthony Longo en daarna Ken Main, die kwam nadat Longo net weg was. Ze zagen allebei een zwarte man met een groen legerjack, die tegen de toonbank stond tegenover Buckley, die in het kassahokje zat. Hun beschrijving van de man verschilde enigszins. Main dacht dat hij tussen de dertig en de veertig was, Longo schatte hem halverwege de twintig, maar ze waren het erover eens dat hij lang was – tussen de één meter tachtig en de één meter negentig – en dat hij een halflang afrokapsel had. Longo had gezien dat hij zwarte kistjes droeg. Longo sloeg Buckleys wietaanbod af; hij vond het raar dat het gevraagd werd en vertrok met zijn sigaretten. Maar Main zag nog iets anders voor hij wegging. Buckley keek nogal wanhopig. Hij leek Main met zijn ogen te smeken om te blijven.

Een paar minuten nadat Main vertrokken was, kwam Jim Abernathy, een videomaker, binnen om sigaretten te kopen. Dat was tussen tien over halftwee en kwart voor twee, en nu was er niemand te zien in het tankstation. Abernathy vond het een beetje griezelig. Hij zag dat de deur naar de bergruimte op een kier stond en had het gevoel dat hij bekeken werd. Hij riep niet, maar ging er snel vandoor.

Daarna kwam Ellen Reasonover, een zwarte alleenstaande moeder met een dochter van twee, Charmelle. Ze woonden allebei bij Ellens moeder Elizabeth. Ellen was vierentwintig. Haar verslag van wat er die nacht gebeurd is, is tot op de dag van vandaag ongewijzigd gebleven.

Eerder die avond, rond middernacht, was ze uit het familieappartement in Dellwood vertrokken om de was van de familie te doen bij een plaatselijke wasserette. Ze was het gewend om dat op dit late tijdstip te doen, want het was voor haar moeder makkelijker om te babysitten als Ellens dochter sliep. Ze deed er meer dan twee uur over om het wasgoed, dat zich had opgestapeld, te wassen en te drogen; het waren wel acht ladingen. Toen haar muntjes voor de wasmachines op waren, ging ze naar het Vickers-tankstation in de buurt om wisselgeld te halen en sigaretten te kopen; ze kwam binnen nadat Abernathy even daarvoor was weggegaan.

Toen ze aankwam, zag ze een zwarte man achter het raam van de kassa zitten. Toen hij zag dat ze naar hem toe liep, verdween hij naar de achterkant van het tankstation. Ze bonsde een paar keer hard en luid op het raam om zijn aandacht te trekken, maar tevergeefs. Later beschreef ze hem als tussen de negentien en twintig jaar oud, met een heel lichtgetinte huid, en ongeveer één meter achtenzestig of één meter zeventig lang. Hij droeg een zwart-rood geblokt vissersshirt met een bijpassend hoedje, dat hij afzette toen hij haar zag.

Na een paar minuten gaf ze het op en liep terug naar haar auto. Op dat moment zag ze dat er een auto naast het gebouw geparkeerd stond. Die was zeker tien jaar oud en had een donkere kleur – donkerblauw of zwart – en een opvallend stel banden: witte randen om de velgen, en een zilveren band op de kofferbak. Ze gokte dat het een Cadillac of een Buick was. Ze zag twee mannen via de zijdeur uit het tankstation komen – een van hen droeg een legerjack – en in de auto stappen. Er zat al een derde persoon op de achterbank. Terwijl ze wegreed bij de benzinepomp, zag ze dat de auto ook wegreed, maar achter haar. Ze ging ervan uit dat ze daar werkten en dat hun dienst erop zat.

Daarna ging ze naar een 7-Eleven in de buurt om wisselgeld te halen. Toen ze uit de winkel kwam, zag ze de man met de lichtgetinte huid en het geblokte shirt aan komen rijden met een vriend, en ze stapten uit de auto en liepen naar de 7-Eleven. In het voorbijgaan zag ze wel dat de metgezel van de man met de lichtgetinte huid boos op hem was. De metgezel droeg een groen legerjack, legerkistjes en een spijkerbroek. Hij had een lichte snor en baard, en een kort afrokapsel. Hij was tussen de één meter tachtig en één meter negentig lang en een jaar of dertig, en hij had heel rode ogen. Toen ze kort daarna terugreed naar de wasserette, hoorde ze politiesirenes in de richting van Vickers.

Buckleys lichaam werd gevonden nadat Ellen en de zwarte mannen vlak daarvoor waren vertrokken bij Vickers. Een paar klanten waren het tankstation binnengegaan om een medewerker te vragen om de brandstofpompen te repareren, die niet werkten. Ze vonden het lichaam in de bergruimte en belden om één over twee de politie. Die was er binnen enkele minuten.

Nadat Ellen later die ochtend was opgestaan, zag ze een verslag van de moord op het tv-nieuws. Ze schrok toen ze hoorde dat het slachtoffer, een witte man, was vermoord rond het tijdstip dat ze bij het tankstation was geweest. Ze vroeg zich af of ze de moordenaars had gezien.

Haar moeder spoorde haar aan om contact op te nemen met de autoriteiten. Dat deed ze schoorvoetend, en op 3 januari belde ze om twaalf over halftwee 's nachts de politie van Dellwood. Ze vond het aanvankelijk te spannend om haar echte naam door te geven en stelde zich voor als 'Sheila Hill'. Ze was bang dat de moordenaars, als ze die werkelijk had gezien, haar op het spoor zouden komen. Het kwam niet bij haar op dat de politie de echte dreiging zou kunnen zijn.

Zodra de politieagent die de telefoon opnam besefte dat haar ooggetuigenverslag weleens belangrijk kon zijn, vroeg hij of ze hoofdinspecteur Chapman, die de leiding over het onderzoek had, wilde bellen met een gedetailleerder verslag. Nadat ze daarover had nagedacht, belde ze Chapman uiteindelijk de volgende avond, 4 januari, om tien over tien, nog steeds onder de naam Sheila Hill. Chapman nam het gesprek zonder haar medeweten op. Aan het eind van een langdurig, gedetailleerd telefoongesprek haalde hij haar over om meteen naar het politiebureau te komen om naar foto's te kijken. Toen hij haar een beloning van drieduizend dollar in het vooruitzicht stelde, sloeg Ellen die af en zei dat hij het geld beter aan de familie van het slachtoffer kon geven. Geld was niet haar beweegreden. Ze wilde helpen. Om halfelf 's avonds kwam ze naar hem toe, stelde zich fatsoenlijk voor als Ellen Reasonover, en vertelde haar verhaal.

Hoofdinspecteur Chapman liet haar een fotoalbum bekijken met politiefoto's van tweehonderdvijftig zwarte mannen. Ze identificeerde aarzelend twee mannen die ze gezien meende te hebben in de nacht van de moord. Haar beschrijving van de boze man bij de 7-Eleven kwam overeen met de beschrijving van Longo en Main van de man die ze allebei hadden zien praten met een zichtbaar nerveuze Buckley, kort voordat die werd vermoord. Alle drie de getuigen zeiden dat hij een groen legerjack aanhad, tussen de één meter tachtig en de één meter negentig lang was, en zwarte kistjes droeg. Ellen en Main zeiden dat hij een jaar of dertig was, terwijl Longo hem rond de vijfentwintig schatte.

Ellen legde Chapman uit waarom ze een fictieve naam had gebruikt. Ze vond dat de mannen er onbetrouwbaar uitzagen, zei ze, en ze wilde niet dat haar naam op papier stond.

De volgende avond, op 5 januari, keken Ellen en Ken Main allebei naar twee line-ups, met in elk daarvan een van de twee mannen die Ellen de dag ervoor voorzichtig had geïdentificeerd. Een van die mannen leek volgens Main ook erg op de man met het groene legerjack. Maar Main was niet in staat om hem of iemand anders in beide line-ups met zekerheid te identificeren. Volgens Chapman identificeerde Ellen een van de mannen nu met zekerheid als de man met het geblokte shirt in het kassahokje, maar kon ze de ander niet identificeren. Maar Ellen houdt vol dat ze nooit definitief een van de mannen in de line-ups heeft geïdentificeerd. Het bleek dat beide mannen in de gevangenis zaten op het moment dat Buckley werd vermoord.

Ellen, die nog steeds probeerde te helpen, zei tegen Chapman dat de verdachte met de lichte huid iemand zou kunnen zijn die ze een paar maanden daarvoor kort had ontmoet op een feestje, en dat haar vriendin, die iets met hem had gehad, wel wist hoe hij heette. Ellen kreeg zijn naam van haar vriendin en gaf die door aan Chapman. De volgende dag, 6 januari, wees Ellen hem aan in een fotoreeks als de man die ze in het kassahokje had gezien. Hij heette Willie Love. Love werd onmiddellijk naar het bureau gehaald voor verhoor.

Diezelfde middag verhoorde de politie een werknemer van de Dellwood Dairy Queen, die eerder had gemeld dat er op 31 december, anderhalve dag voor de moord, twee verdachte zwarte mannen in twee uur tijd drie keer de Dairy Queen in en uit waren gelopen. De werknemer beschreef een van de mannen als lichtgetint met een beige regenjas, en de ander als ongeveer één meter negentig lang en een jaar of dertig, met een groen legerjack. Bij het zien van een fotoreeks van tien mannen koos de werknemer de foto van Willie Love en zei: 'Deze foto lijkt op de man met de beige regenjas.' Ze werd gevraagd haar handtekening op de foto te zetten met de datum erbij.

De Dairy Queen bevond zich om de hoek bij Vickers. Het is redelijk om aan te nemen dat deze twee mannen waarschijnlijk de mannen waren die Ellen bij Vickers en bij de 7-Eleven had gezien. De man met het groene legerjack bij de Dairy Queen voldoet aan de beschrijving van de man die Longo en Main met Buckley hadden zien praten vlak voordat die werd neergeschoten. En de identificatie van Willie Love door de werknemer van de Dairy Queen verleende geloofwaardigheid aan Ellens identificatie van hem als de lichtgetinte metgezel van de man met het groene legerjack.

Maar die avond werd Love onderworpen aan een psychologische stemanalyse, een geautomatiseerd onderzoek dat in staat zou zijn om stress in iemands stem te meten als indicator van misleiding. Hoewel de test af en toe wordt gebruikt door de politie van St. Louis County, wordt hij door strafrechtdeskundigen als zeer onbetrouwbaar beschouwd en wordt hij door geen enkele rechtbank toegestaan als bewijs. Toch zei de onderzoeker op basis van deze test dat Love niets met Buckleys dood te maken had. Diezelfde onderzoeker onderwierp Ellen binnen een uur na Love aan dezelfde test en bepaalde dat Ellen een eerlijke getuige was.

Ook Loves alibi bleek te kloppen. Hij werd onschuldig verklaard en op de ochtend van 7 januari op vrije voeten gesteld.

Eerder had Buckleys vriend Brunner een leugendetectortest ondergaan. De test zuiverde hem van verdenking van de moord, maar de afnemer van de test zei tegen het MCS dat het volgens hem heel goed zou kunnen dat Brunner wist wie het gedaan had en waarom. Brunners antwoord op twee vragen – 'Weet u door wie James Buckley is neergeschoten?' en 'Weet u waarom Buckley is vermoord?' – duidde significant op misleiding. Sterker nog, Brunner gaf toe dat hij en Buckley samen marihuana verkochten en dat ze een 'gezamenlijk probleem' hadden dat verband hield met hun drugshandeltje.

Vier andere kennissen van Buckley en Brunner vertelden de politie dat de twee mannen samen marihuana dealden. Een andere man – Louis Montgomery, wiens telefoonnummer in Buckleys zak zat toen hij vermoord werd – zei de ochtend na het misdrijf tegen de politie: 'Brunner en Buckley waren soms partners bij de aankoop van grote hoeveelheden marihuana.' Het MCS had een sterk aanknopingspunt. Maar Chapman sloeg een andere richting in. Hij verwierp het idee dat die twee jongemannen van negentien betrokken zouden kunnen zijn bij serieuze drugshandel, dus werden Buckleys mogelijke drugsconnecties nooit ten volle onderzocht.

Chapmans nieuwe denkrichting was Ellen. Hij wantrouwde haar onjuiste identificatie van Willie Love (ook al had de werknemer van de Dairy Queen zijn foto ook geïdentificeerd). Hij besloot dat Ellen zich misschien niet had gemeld omdat ze wilde helpen, maar omdat ze de politie probeerde af te leiden van haar eigen betrokkenheid bij de moord op Buckley.

Zijn verbeelding werd aangetast door verschillende factoren. Ten eerste had Ellen hem uit eigen beweging verteld dat ze, toen ze vanaf het tankstation de straat op reed, een politieauto haar kant op had zien komen. Ze had vaart geminderd om erachter te blijven, want haar AMC Hornet uit 1970 had een kapot achterlicht. Daardoor kreeg Chapman het idee dat Ellen naar de politie was gekomen uit angst dat de politieagent die bij Vickers voor haar langs was gereden haar zou herkennen als hij hoorde over de moord die daar was gepleegd. Dat was vergezocht, want dat zou betekenen dat de agent in de patrouillewagen Ellens auto zou hebben opgemerkt en de tijd zou hebben genomen haar in zijn geheugen te prenten nog voordat hij wist dat er een misdrijf was gepleegd.

Ten tweede had Ellen in het eerste telefoongesprek met Chapman aangegeven dat ze in 1978 gedurende zeven maanden nachtdiensten had gedraaid in een ander Vickers-tankstation. Ze had dat uit zichzelf verteld, ook al zat er een verhaal aan vast. De manager van dat tankstation, wiens avances ze had afgewezen, had haar beschuldigd van het stelen van honderdzes dollar. Ze had de beschuldiging ontkend en was na onderzoek onschuldig verklaard door het OM van St. Louis County.

Chapman sloeg ook aan op het feit dat Ellens twee oudere

broers, Steven en Mark, een criminele achtergrond hadden. In 1979 werd Steven wegens ontoerekeningsvatbaarheid onschuldig verklaard aan de fatale schietpartij op zijn vriendin en haar zus. Hij was opgenomen in een psychiatrisch ziekenhuis, waar hij in 1983 nog steeds verbleef. Mark was in 1981 veroordeeld wegens een poging tot beroving van een buurtsuper en kreeg zestien jaar cel omdat hij recidivist was. We kunnen alleen maar aannemen dat Chapman ervan overtuigd raakte dat Ellen uit een 'slecht nest' kwam, ook al had ze zelf helemaal geen strafblad.

En als laatste kreeg Chapman er lucht van dat Stanley White, een man met wie Ellen onlangs iets had gehad, een week daarvoor – op 29 december – was gearresteerd omdat hij haar autoruiten had ingegooid toen hij dronken was. Sindsdien had Ellen hun relatie verbroken en weigerde ze hem nog te zien. In het politierapport over dit incident stond dat het voertuig waarin White zat op het moment dat hij werd gearresteerd – dat niet eens van hem was, maar van een vriend – leek op de auto die Ellen in de buurt van de plek van de moord bij Vickers had gezien. Het was een donkerblauwe Buick uit 1974, met een bijzondere set banden.

White werd op 6 januari om halfelf 's avonds naar het bureau gebracht voor verhoor. Het MCS geloofde dat Ellen, als ze Buckley had vermoord, mannelijke handlangers moest hebben gehad om hem in bedwang te houden. White voldeed aan de beschrijving van de man met het legerjack omdat hij langer dan één meter tachtig was, met een slanke bouw. Bovendien was zijn alibi volgens de politie niet sluitend.

Zodra White die avond binnen werd gebracht op het politiebureau van Dellwood, werd hij in een line-up gezet die werd bekeken door Ken Main, een van de getuigen van de avond van de moord. Main schreef na afloop van de line-up in een verklaring: 'De bouw van nummer 4 [Stanley White] doet me denken aan de man die ik heb gezien, en ook zijn profiel lijkt op dat van die man, maar bij Vickers heb ik alleen een vluchtige blik op hem geworpen en ik weet niet zeker of hij het is.' Later zei hij dat hij het hele gezicht van de man 'nog niet eens een seconde' had gezien.

De volgende dag liet de politie Main onder hypnose brengen door een professionele hypnotiseur. Ook toen zei hij: 'Ik heb alleen een vluchtige blik op zijn gezicht geworpen.' Op een gegeven moment gebruikte hij tijdens de hypnose het woord '*nigger*' toen hij verwees naar de zwarte man die hij bij Vickers had gezien, wat wees op een racistische neiging.

Maar Mains onzekerheid over de identificatie was opeens verdwenen nadat hij vroeg om White op het politiebureau op een toonbank te laten leunen, zodat hij hem kon observeren vanuit dezelfde hoek als bij Vickers. Nu, in een post-hypnosegesprek met de hypnotiseur en een rechercheur van het MCS, beweerde Main dat hij 'voor 99 procent zeker wist' dat White de man was die hij had gezien met dat groene legerjack. Interessant genoeg lijkt het erop dat de politie Main misschien wel heeft beloond voor zijn hulp bij het oplossen van de zaak-Vickers. Main verklaarde tijdens Ellens rechtszaak dat hij onlangs was ingehuurd door het Sheriff's Department van St. Louis County. Kort na de rechtszaak was een van Ellens advocaten verbaasd om hem in een countyrechtbank in het uniform van een deputy te zien. We kunnen ons alleen maar afvragen of die nieuwe baan een beloning was voor het feit dat hij een belangrijke getuige was geweest bij Ellens proces.

Om kwart over elf 's avonds zakte White voor een psychologische stemanalyse en werd prompt gearresteerd op verdenking van moord met voorbedachten rade op Buckley. Hij werd in Dellwood in een cel gezet. Maar op de ochtend van 7 januari was Anthony Longo, die enkele minuten na Main bij Vickers was geweest, niet in staat om White of iemand anders te identificeren in een line-up.

Nu kreeg Ellen een tweede psychologische stemanalyse, deze keer door een andere rechercheur dan degene bij wie ze de avond ervoor nog goed door de test was gekomen. Volgens deze nieuwe rechercheur had Ellen de test niet doorstaan. Opeens werd Ellen, een goedbedoelende getuige, de hoofdverdachte van de autoriteiten. Tot haar verbijstering werd ze op 7 januari om één uur 's middags gearresteerd op verdenking van moord met voorbedachten rade.

Ellen werd in een cel in Dellwood gezet naast haar exvriend, Stanley White, de man die in een dronken bui haar autoruiten had ingegooid. Ze brachten de rest van de dag en de avond naast elkaar in hun respectieve cellen door en vroegen zich af wat er in godsnaam aan de hand was, boos en in de war omdat ze verdacht werden van de moord op Buckley.

Die avond werd Ellen rond negen uur naar een grotere gevangenis in Jennings gebracht, een dorp in de buurt, waar ze in een cel werd gezet met twee zwarte vrouwen, Rose Carol Jolliff en Marquita Butler. Verrassend genoeg werden White en Ellen de volgende ochtend, op 8 januari, allebei vrijgelaten. Hoewel Chapman nog steeds dacht dat ze schuldig waren, zag hij wel in dat Mains identificatie van White problematisch was, en hij had nog geen flintertje bewijs tegen Ellen.

Eenmaal vrij dacht Ellen dat de politie eindelijk bij zinnen was gekomen; de nachtmerrie was voorbij en ze kon verder met haar leven. En dat was ook precies wat ze deed. Op 23 januari trouwde ze met Glen Baldwin, een militair bij de luchtmacht die al verliefd op haar was sinds ze elkaar twee jaar eerder voor het eerst hadden ontmoet. Hij was een fatsoenlijke vent, en hoewel Ellen aanvankelijk niet dezelfde gevoelens voor hem had als hij voor haar, dacht ze dat haar liefde voor hem wel kon groeien. Ze wilde ook dat haar dochter een vaderfiguur had. Charmelles vader, op wie Ellen dol was geweest, was zeven maanden eerder doodgeschoten.

Helaas voor Ellen had een van haar twee celgenoten in Jennings, de eenendertigjarige Rose Carol Jolliff, op de dag waarop Ellen naar huis mocht haar zinnen gezet op een deal met de autoriteiten om een lagere straf te krijgen. Ze vertelde de cipier dat ze informatie had over de moord in het Vickers-tankstation.

Jolliff had een flink strafblad, dat begon in 1975 en bestond uit vergrijpen als heroïnebezit, stelen, vervalsingen van cheques en talloze keren dat ze had geprobeerd om valse cheques in te wisselen. In 1975 had ze een gevangenisstraf van zes maanden in een federale instelling gekregen wegens het knoeien met een cheque van het Amerikaanse ministerie van Financiën. In augustus 1982 moest ze negentig dagen naar de gevangenis van St. Louis vanwege een valse cheque. Begin januari 1983, toen ze heel even samen met Ellen in een cel zat, wachtte ze op de beschikking naar aanleiding van de beschuldigingen in een aanklacht van september 1982, drie gevallen van vervalste cheques in St. Louis County. Door die tenlastelegging zou ze vijf jaar of meer kunnen krijgen, omdat ze een draaideurcrimineel was. Tot dan toe had Jolliff het systeem slim bespeeld en was het haar gelukt een gevreesde straf in een staatsgevangenis te vermijden. Ze was vastbesloten dat zo te houden. Het is best mogelijk dat Ellen vanuit haar cel in Dellwood voor één nacht werd overgeplaatst naar de gevangenis van

Jennings, omdat de politie hoopte dat Jolliff als onderdeel van de deal tegen Ellen zou willen getuigen.

Drie MCS-rechercheurs namen het gesprek met Jolliff op. Stukje bij beetje beweerde Jolliff dat Ellen haar had verteld dat ze de medewerker van het Vickers-tankstation had neergeschoten omdat ze bang was dat hij haar zou herkennen, omdat ze in de buurt woonde. Ellen zou hebben gezegd dat ze twee handlangers had gehad tijdens de overval, Robert McIntosh en Stanley White, en dat McIntosh haar pooier was en White haar vriendje. Jolliff vertelde dat Ellen had gezegd dat een van de mannen de medewerker bij het kassahokje moest afleiden, zodat hij haar niet zou zien. Toen hij haar toch zag, 'moest ze hem lozen'. Ze schoot zeven keer met het geweer op hem. Ze voegde eraan toe dat Ellen jaren geleden bij een Vickers had gewerkt en dus wist hoe de indeling van het gebouw was. Ellen had gezegd dat ze niet van plan was om McIntosh of White aan de politie te geven.

Jolliff hoefde nooit een geschreven verklaring met Ellens zogenaamde bekentenis af te geven. Maar ze zei wel tegen de politie dat ze met haar andere celgenoot in Jennings, Marquita Butler, moest praten. Volgens Jolliff had ook Butler de bekentenis van Ellen gehoord.

Ellen herinnerde zich haar gesprek met Jolliff in de gevangenis heel anders. Jolliff was zelf over Robert McIntosh begonnen en had Ellen gevraagd of ze hem kende. Ellen had gezegd dat zij en McIntosh in de onderbouw bij elkaar in de klas hadden gezeten, maar dat ze hem sindsdien niet meer had gezien. Het idee dat hij haar pooier was, was niet alleen absurd, het was pure projectie: McIntosh was Jolliffs pooier. Jolliff had tegen Ellen gezegd dat ze boos op hem was omdat hij haar borgsom niet had betaald. Misschien besloot ze daarom wel om hem de moord op James Buckley in de schoenen te schuiven.

Gewapend met Jolliffs verhaal gingen hoofdinspecteur Chapman en de openbaar aanklager van St. Louis County, Steven Goldman, op een holletje naar Jolliffs celgenoot, Marquita Butler. Goldman liet haar op 9 januari naar zijn kantoor komen. Volgens een politierapport 'kon ze de verklaring die door Jolliff was afgegeven niet bevestigen' en 'weigerde ze verdere medewerking'. Maar daardoor liet Chapman zich niet van de wijs brengen. Na verschillende pogingen om haar na haar vrijlating te achterhalen, kon hij haar op 13 januari eindelijk door de telefoon spreken, en het gesprek werd opgenomen. Ze vertelde Chapman dat ze blut was en geld nodig had. Hij vermeldde twee keer dat er een substantiële beloning werd aangeboden, en als ze zou meewerken om te helpen Ellen te veroordelen, zei hij, zou ze zevenduizend dollar krijgen.

Eindelijk zwichtte Marquita. Ze zei tegen Chapman dat Ellen had opgebiecht dat ze had deelgenomen aan de overval op Vickers, maar dat Ellens vriendje de medewerker had neergeschoten. Marquita beweerde dat Ellen had gezegd dat ze de hele tijd in de auto was gebleven. Haar handlangers waren niet van plan geweest hem te vermoorden, maar het slachtoffer kende hen, dus ze moesten het wel doen, zodat hij hen niet kon identificeren.

Maar Marquita's geweten speelde op en in hetzelfde gesprek trok ze haar leugens weer in. In een beëdigde verklaring die ze jaren later aan Centurion gaf, zei ze dat de politie haar de namen had gegeven van mannen van wie ze nog nooit had gehoord (Stanley White en Robert McIntosh) en dat ze boos op haar werden toen ze weigerde nog verder mee te werken. 'Ze waren gemeen en grof tegen me, en zorgden ervoor dat ik me klein en onbeduidend voelde.' Omdat Marquita de waarheid vertelde, kreeg ze niets van de beloning van zevenduizend dollar.

Intussen was Ellen, in de overtuiging dat ze vrijuit ging, thuis druk bezig met Charmelle en haar man Glen om hun huwelijk te vieren voordat hij terug moest naar luchtmachtbasis Eglin in de Florida Panhandle. Charmelle en zij zouden later naar hem toe gaan. Maar de politie van St. Louis was nog lang niet klaar met haar. Een maand na de dag waarop zij en Stanley White werden vrijgelaten uit de gevangenis, kreeg ze een heel nieuw stel aanklachten over zich heen. 'Ze haalden me thuis weg en ik ben nooit meer teruggekomen,' zegt Ellen.

Op 8 februari 1983 kwam de politie naar haar appartement en arresteerde haar voor een 'graai uit de kassa', oftewel diefstal van contant geld uit een geldkistje in een Sunoco-tankstation in Creve Coeur, een klein gehucht in St. Louis County. Ellen was met stomheid geslagen. Ze had nog nooit van Creve Coeur gehoord en begreep niet waar deze nieuwe beschuldigingen vandaan kwamen.

De ontbrekende schakel was natuurlijk het onderzoekstemperament van hoofdinspecteur Chapman. Nadat hij had gehoord dat het Sunoco-tankstation was overvallen en had begrepen dat de verdachten een zwarte vrouw en twee zwarte mannen waren, ging hij als een speer naar Creve Coeur, een dorp buiten zijn jurisdictie, met een paar fotoreeksen om daar te laten zien. In een verklaring aan de countypolitie had Chuck Zeiter, de manager van het tankstation, de vrouwelijke verdachte oorspronkelijk omschreven als jong – vijfentwintig tot dertig – en vrij lang en stevig gebouwd, zo'n één meter achtenzeventig en zeventig of vijfenzeventig kilo, met een donkere huid en kort bruin krulhaar. Toen Chapman kwam aanzetten met de foto's, identificeerde Zeiter, ondanks de verschillen tussen Ellens uiterlijk en zijn oorspronkelijke beschrijving van de dief, de vierentwintigjarige Ellen – slechts zestig kilo, met een lichte huid en zwart haar – als de vrouwelijke dief. Kort daarna keek Zeiter op verzoek van Chapman naar een paar live line-ups van de politie en wees Ellen en Stanley White aan als de daders.

White werd onmiddellijk gearresteerd en beschuldigd van diefstal van meer dan honderdvijftig dollar. Maar later zei Zeiter tegen de politie dat hij toch niet helemaal zeker wist of het White was. Twee weken later werden de beschuldigingen tegen White ingetrokken. Opnieuw kwam hij vrij en hij had nooit meer last van de zaak. Dat gold niet voor Ellen.

Op 9 februari werd ze vastgehouden in een tijdelijke cel in de countyrechtbank, in afwachting van de aanklacht met betrekking tot de diefstal op het Sunoco-tankstation. Deze keer had ze de pech dat ze in dezelfde cel als Mary Lyner werd gezet. Net als Rose Jolliff was Lyner een beroepscriminneel die uit was op een deal om haar straf te verlichten en niet naar de gevangenis te hoeven.

Voorafgaand aan haar arrestatie op 18 november 1982 was Lyner – in de woorden van de agent die haar gearresteerd had, brigadier Ronald Klein – de spil in een van de grootste creditcarddiefstalnetwerken in de geschiedenis van St. Louis. Toen brigadier Klein Lyner in haar appartement arresteerde, trof hij haar niet alleen aan in een door drugs veroorzaakte roes, terwijl ze kreunend om een extra shot vroeg, maar vond hij ook honderden gestolen creditcards en chequeboekjes, en een kast vol gestolen handtassen. Tijdens het onderzoek, dat ellenlange verhoren van Lyner omvatte, achterhaalde brigadier Klein minstens driehonderdvijftigduizend dollar aan frauduleuze aankopen. Lyner en haar vriend kochten dingen als televisies, camera's, videocamera's en andere dure spullen met de gestolen creditcards en cheques, om ze daarna op de zwarte markt te verkopen en het geld te gebruiken voor hun allesverterende heroïneverslaving. Op een gegeven moment hield brigadier Klein op met tellen; hij schatte dat hij, als hij al hun aankopen zou hebben nagetrokken, op meer dan een miljoen dollar was uitgekomen. Hij karakteriseerde Lyner als 'een grote crimineel en een ernstig verslaafde junkie die gewoonlijk duizend dollar per dag uitgaf'. Het laatste wat Klein over Lyners misdrijven hoorde, was dat de stad de vervolging aan St. Louis County had overgedragen. Hij ging ervan uit dat ze dertig jaar achter de tralies zou zitten.

Zodra Ellen uit de cel was gehaald, zei Lyner tegen een cipier dat Ellen met haar had gepraat over haar misdrijven. Dat leidde ertoe dat de openbaar aanklager van St. Louis County, Steven Goldman, haar opzocht in de countygevangenis. Tijdens dat bezoek zei Lyner dat Ellen betrokken was bij zowel de overval van het Sunoco-tankstation als de moord op Buckley. Ze beweerde tegen Goldman dat Ellen, zodra die binnenkwam in de tijdelijke cel van de rechtbank, naast Lyner was gaan zitten en eruit flapte: 'Die hufters hebben me uit een line-up gepikt. Ik zei nog dat we hun hersens uit hun kop hadden moeten knallen.'

Lyner beweerde dat Ellen tegen haar had gezegd: 'We hebben een overval op een tankstation gepleegd en een man vermoord. Je weet wel, dat Vickers-tankstation. Ik woon daar in de straat.' Daarop sloten Lyner en Goldman een deal: hij zou adviseren om haar één jaar celstraf in de countygevangenis te geven voor al haar lopende aanklachten, waaronder vijf ernstige vervalsingszaken, als ze met het OM zou meewerken en tegen Ellen zou getuigen in de rechtszaken van Sunoco en Vickers, beide met Goldman als aanklager.

Lyner hield zich aan haar gedeelte van de afspraak, evenals Goldman. Samen met Zeiter getuigde ze half juli 1983 tijdens het Sunoco-proces. Zeiter identificeerde Ellen als de vrouw die vierhonderddrieëntwintig dollar uit het geldkistje van zijn tankstation had gestolen. Lyner vertelde de jury wat Ellen zogenaamd op 9 februari tegen haar gezegd had over het feit dat ze uit een line-up was gepikt en tegen haar handlanger had gezegd dat ze de getuigen hadden moeten vermoorden. Voorafgaand aan het Sunoco-proces werd Lyner onder persoonlijke borgtocht vrijgelaten in afwachting van de beslissing over de aanklachten naar aanleiding van de arrestatie door brigadier Klein in 1982 en haar vijf ernstige vervalsingszaken. Ellen werd veroordeeld tot zeven jaar gevangenisstraf. Voordat de rechter haar veroordeelde, vroeg de rechter aan Ellen of er enige reden was waarom hij haar geen straf moest geven. Ze antwoordde: 'Omdat ik onschuldig ben.'

Door de veroordeling wegens de 'graai in de kassa' bij het Sunoco-tankstation kreeg Goldman precies wat hij wilde. Het zou nu heel moeilijk voor Ellen worden om tijdens het Vickers-proces een getuigenis af te leggen om zichzelf te verdedigen, want als gevolg van haar veroordeling in de zaak-Sunoco zou de jury natuurlijk bevooroordeeld zijn. Door die veroordeling in de zaak-Sunoco had Goldman de fundering gelegd voor de echte prijs: een veroordeling wegens moord met voorbedachten rade in de zaak-Vickers, mogelijk met de doodstraf.

Vier maanden later, eind november 1983, werd Ellen Reasonover door de staat Missouri voor de rechter gebracht wegens de moord op James Buckley. De aanklager wist heel goed dat er geen fysiek bewijs was waarmee Ellen in verband kon worden gebracht met de moord, dat er geen ooggetuige was geweest die haar die nacht bij Vickers had gezien en dat er geen opgenomen bekentenis was. Zijn moordzaak zou uitsluitend gebaseerd zijn op de getuigenis van twee beroepscriminelen die beloningen hadden gekregen om te liegen.

Een van de twee belangrijkste getuigen van het OM was Mary Lyner. Net zoals ze in de zaak-Sunoco had gedaan, vertelde Lyner de jury wat Ellen zogenaamd had opgebiecht in de gevangenis. Op het moment dat de rechtszaak begon, had Lyner een secretariële baan bij een advocatenkantoor bemachtigd. Ze was beschaafd en welbespraakt in de getuigenbank. Toevallig was ze ook wit, net als alle juryleden. Tijdens het kruisverhoor gaf ze toe dat ze sinds 1978 twaalf keer was veroordeeld voor ernstige misdrijven: cheques vervalsen, stelen en innen. Bovendien gaf ze toe dat ze als recidivist veroordeeld kon worden tot negentig jaar gevangenisstraf vanwege haar vijf lopende vervalsingszaken. Het zou voor iedereen duidelijk moeten zijn dat haar leven in handen lag van openbaar aanklager Goldman.

Hoe vernietigend dat ook was, Ellens advocaten zagen een cruciaal stuk belastend materiaal over het hoofd, dat in het volle zicht verborgen was. Twee jaar eerder, in 1981, had de *St. Louis Post-Dispatch* een vijfdelige biografische reeks over Lyner gepubliceerd, met haar toestemming en volledige medewerking. De krant had echter wel haar identiteit verborgen gehouden en haar 'Anne' genoemd.

Ze was opgegroeid in een welvarend middenklassengezin, en was verwend door haar moeder en haar vader, die directielid was van het prestigieuze Chase Park Plaza-hotel in St. Louis. Ze studeerde in 1971 magna cum laude af aan Webster University. Ze werd een succesvolle makelaar en woonde met haar man en haar jonge dochter in de westelijke buitenwijken van St. Louis. In 1975, op haar zevenentwintigste, was ze gescheiden en omdat de makelaardij haar verveelde, sloot ze zich aan bij Archway House, een instelling voor drugsverslaafden, waar ze als hulpverlener ging werken zodat ze haar universitaire graad in maatschappelijk werk in de praktijk kon gebruiken.

Daar werd ze smoorverliefd op een van haar cliënten, een heroïneverslaafde die aan het afkicken was en voorwaardelijk vrij was na een veroordeling wegens beroving. Haar hoofd werd door hem op hol gebracht en binnen de kortste keren liet ze hem bij haar intrekken in haar appartement. Hij haalde haar over om heroïne te proberen en redeneerde dat ze dan het euforische gevoel dat gebruikers ervaarden beter zou kunnen begrijpen, waardoor ze een effectievere hulpverlener zou worden. Voor ze het wist, was ze verslaafd. Halverwege 1977 waren ze allebei werkloos en gaven ze gezamenlijk tweehonderdvijftig dollar per dag uit aan heroïne, die ze betaalden van haar spaargeld en de verkoop van haar bezittingen.

Hoewel Lyner verschillende pogingen ondernam om aan zijn betovering te ontsnappen en weer op het rechte pad te komen, dook hij telkens weer op en haalde haar over hem weer toe te laten in haar leven. De laatste keer was in oktober 1980. Ze was haar laatste baan kwijtgeraakt toen het bedrijf naar Dallas verhuisde, en ze was net vrijgekomen uit de gevangenis nadat ze twee jaar had gezeten wegens beroving. Algauw pakten ze de draad weer op en gingen verder met hun creditcarddiefstal en bedriegerij, waarbij ze misdrijven pleegden als handtassen stelen uit kantoren en cheques vervalsen. Aan dat twee jaar durende criminele feest kwam in november 1982 een eind doordat brigadier Klein haar arresteerde. Zoals ze aan de *Post-Dispatch* vertelde, was ze een 'gladde prater' en wist ze hoe ze een goed verhaal moest vertellen. Ze kon zich overal in en uit kletsen. Als voorbeeld vertelde ze over de keer dat ze een chique winkel binnenging en een verkoper wijsmaakte dat ze mevrouw August A. Busch III was, de vrouw van de toenmalige directeur van de Anheuser-Busch Companies, die tot de hogere kringen van St. Louis behoorde. Ze liep naar buiten met een juweel ter waarde van vijfduizend dollar, zonder dat haar naar een identiteitsbewijs was gevraagd.

Nu werd Lyner, in ruil voor een belastende getuigenis tegen Ellen, beloond met een gevangenisstraf van één jaar voor al haar misdrijven, vanwege haar regeling met Goldman. Noch de jury, noch Ellens advocaten wisten dat Lyner honderden creditcards had gestolen en een van de grootste criminele operaties in St. Louis had geleid.

Rose Jolliff getuigde ook tijdens Ellens rechtszaak. Eerder had Goldman tegen Jolliffs pro-Deoadvocaat gezegd dat hij haar 'niet kapot zou maken' als ze bleef meewerken in de zaak-Reasonover. Dat deed hij ook niet. Op 1 december vertelde Jolliff de jury over Ellens zogenaamde bekentenis in de gevangenis en zei dat Ellens handlangers Stanley White en Robert McIntosh waren geweest. Zodra ze klaar was met haar getuigenis, werd Jolliff naar een andere rechtszaal begeleid, waar ze schuldig pleitte naar aanleiding van de aanklacht uit september 1982 wegens het drie keer vervalsen van cheques, en ze kreeg zes maanden voorwaardelijk. Zo'n lichte straf was ongehoord voor een draaideurcrimineel als Rose Jolliff, die het nu vrij stond om zonder toezicht terug te keren naar haar huis in South Bend, in de staat Indiana. Deze uitgekookte regeling werd nooit bekendgemaakt aan de verdediging. Ook nu weer hadden Ellens advocaten en de jury geen idee. Jolliff had tegen de jury gezegd dat ze niet getuigde in ruil voor strafvermindering voor haar rechtszaak wegens de vervalste cheques uit 1982.

Tijdens de rechtszaak identificeerden Ken Main en Anthony Longo twee verschillende zwarte mannen als de man met het groene legerjack die ze tegen de toonbank hadden zien leunen en met Buckley hadden zien praten. Ken Main wees Stanley White aan, en Anthony Longo identificeerde Robert McIntosh. Longo had McIntosh eerder dat jaar ook al in een line-up aangewezen. Er werd geen bewijs gepresenteerd waaruit bleek dat McIntosh en White elkaar zouden kennen. Ze hadden elkaar dan ook nog nooit ontmoet.

Hoewel Main en Longo het niet eens waren over de identiteit van de man die ze hadden gezien, omschreef aanklager Goldman hen tegenover de jury toch als 'heel goede identificeringsgetuigen'. Hij zei: 'Buckley werd daar meegevoerd door Stanley White, Ellens vriendje, en Robert McIntosh.' Hij voegde eraan toe: 'Buckley werd bij het raam afgeleid door Stanley White en Robert McIntosh, en het is onmogelijk dat Rose Jolliff u in deze zaak niet precies de waarheid vertelt. Wat die identificaties doen,' zei hij misleidend, 'is de namen bevestigen die [Jolliff] heeft gegeven van de twee mensen die geïdentificeerd zijn.' Hoe het kon dat de man in het groene legerjack twee verschillende mensen was, terwijl de getuigen toch 'heel goed' waren, is niet te bevatten.

Wat de jury niet wist, is dat noch White, noch McIntosh ooit werd aangeklaagd of vervolgd voor enige betrokkenheid bij de overval of de moord op Buckley. Ze werden als stromannen gebruikt om de zaak tegen Ellen sterker te maken en een beter verhaal te kunnen vertellen tijdens de rechtszaak. Jaren na de veroordeling gaf Chapman tegenover Centurion toe dat hij geen vertrouwen had in beide identificaties.

Ellens advocaten waren privé ingehuurd en vertegenwoordigden haar in beide zaken. Ze waren heel slecht voorbereid, net als de luttele getuigen die ze aandroegen. Ze hadden weinig tot geen onderzoek gedaan. Ellens moeder Elizabeth getuigde dat Ellen op de avond van 1 januari met zakken vuile was naar de wasserette was gegaan en dat het wasgoed de volgende ochtend schoon was. Ze zei ook dat ze Ellen had aangespoord om tegen de politie te zeggen wat ze bij het Vickers-tankstation had gezien. Elizabeths vriend Dewey Williams, die in de nacht van 1 januari daar thuis had gelogeerd, zei tegen de jury dat Elizabeth en hij om middernacht waren teruggekomen van een feestje en dat hij Ellen rond die tijd had geholpen de waszakken in haar auto te zetten. Hij schatte dat Ellen rond twee uur 's nachts was teruggekomen van de wasserette.

Om onbegrijpelijke redenen deden de advocaten geen poging om naast Jolliff en Lyner nog andere celgenoten van Ellen te spreken, en ze deden ook niets met agent Marsha Vogt van de politie van Dellwood, die had getuigd tijdens een inleidende hoorzitting. Bij die hoorzitting en in een politierapport meldde Vogt dat Goldman en Chapman haar op 25 februari 1983 als undercoveragent met afluisterapparatuur in Ellens cel hadden gezet, om te zien of Ellen belastende opmerkingen zou maken. In de cel vertelde Ellen haar dat ze in de gevangenis zat wegens een diefstal die ze niet gepleegd had, en dat dit de eerste keer ooit was dat ze gearresteerd was.

Twintig minuten nadat Vogt was binnengekomen om af te luisteren, was Chapman met nieuws voor Ellen komen aanzetten: ze werd aangeklaagd wegens moord met voorbedachten rade. Chapman haalde Ellen uit de cel voor verhoor. Nadat ze was teruggebracht naar de cel, huilde ze en zei ze tegen Vogt dat ze zeiden dat ze 'een of andere grote kerel had vermoord en een geweerkolf op zijn hoofd had stukgeslagen'. Ze vertelde verder wat ze die nacht bij Vickers en de 7-Eleven had gezien, precies zoals ze eerder tegen Chapman had gezegd. Zoals altijd verklaarde ze dat ze onschuldig was. Later beweerde de politie dat de opname onbruikbaar was vanwege defecte apparatuur. Omdat Ellens advocaten nalieten om Vogt te laten getuigen, kreeg de jury haar verhaal niet te horen, dat zo in tegenspraak was met wat Jolliff en Lyner hadden verteld.

Na een proces van zes dagen werd Ellen op 2 december 1983 veroordeeld wegens moord met voorbedachten rade. En dat omdat ze informatie had gegeven waarvan ze dacht dat die de politie kon helpen bij het onderzoek. Als ze zelf niet naar de politie was gegaan, hadden ze nooit van haar bestaan geweten.

De volgende dag had de jury de zware taak om te beslissen over Ellens straf. Er waren twee mogelijke opties: levenslang met de eerste vijftig jaar geen kans op vrijlating, of de doodstraf door toediening van een dodelijk gas. In zijn slotpleidooi had Goldman gezworen dat Lyner en Jolliff geloofwaardige getuigen waren en beweerde hij dat Lyner 'die verklaringen onmogelijk verzonnen kon hebben' en dat 'Jolliff absoluut niets kreeg in ruil voor haar getuigenis' en dat ze geen reden had om te liegen. En nu de strafmaat bepaald moest worden, pleitte Goldman tijdens zijn slotpleidooi bij de twaalf juryleden vurig en herhaaldelijk voor de doodstraf.

Hij zei: 'Ellen Reasonover heeft James Buckley in de achterkamer neergeschoten [...] U moet geloven dat zij de schutter was [...] Ze stond naast hem met een volledig geladen geweer [...] Zij is degene die hem heeft vermoord. Het bewijs toont aan dat zij daadwerkelijk de moordenaar is.' Daarna sloot hij zijn pleidooi af met een veronderstelling die zowel bespottelijk als onjuist was: 'Op een bepaald moment in haar leven heeft Ellen Reasonover besloten dat iemand vermoorden net zoiets is als een slokje water nemen.' (Zes maanden later was Goldman er niet meer zo zeker van dat Ellen de schutter was. Hoewel hij de jury had gesmeekt haar de doodstraf te geven, zei hij voor een artikel op de voorpagina, waarin vraagtekens werden gezet bij Ellens veroordeling, tegen *The Washington Post*: 'Ik had me er niet goed bij gevoeld [om de doodstraf te eisen] als ik niet had gedacht dat ze schuldig was *of op zijn minst betrokken was geweest bij de moord, als ze niet daadwerkelijk de moordenaar was geweest*.')

Het verzoek van de aanklager om de doodstraf werd voorafgegaan door Ellens verzoek om genade. Ze zei tegen de jury: 'Ik ben onschuldig. Ik ben erin geluisd. Ik heb tien maanden voor niets opgesloten gezeten. Ze hebben me bij mijn familie weggehaald. Ik heb alleen maar geprobeerd mijn burgerplicht te doen. Ik heb een dochtertje en een moeder, en ik hou zielsveel van mijn familie, en ik zou nooit van mijn leven de straat opgaan en iets verkeerd doen. Dus wat mij hier is overkomen, is mijn hele familie overkomen.'

Na iets meer dan drie uur beraadslagen kon de jury geen unanimiteit bereiken over de doodstraf. Daarom veroordeelde de rechter Ellen tot levenslang met de eerste vijftig jaar geen kans op vrijlating. De jury had met elf tegen één voor de doodstraf gestemd. Jurylid Donna Ellis was de enige afwijkende stem.

Ze redde Ellens leven.

In 1993 pakte Centurion Ellens zaak op. Inmiddels waren al haar verzoeken om hoger beroep bij de staatsrechtbank en het federale hof verworpen. Na haar veroordeling had Ellen wanhopig contact opgenomen met burgerrechtenbeweging NAACP, de National Association for the Advancement of Colored People. George Hairston, een toonaangevende advocaat van de NAACP in New York City, had pro bono gewerkt aan haar beroepsverzoek bij het federale hof van beroep. Nu vroeg hij Centurion om het onderzoek, waarvan hij wist dat het moeilijk zou zijn, op te pakken. Centurion huurde advocatenkantoor Wyrsch & Atwell uit Kansas City in en die zetten hun advocaten Cheryl Pilate en Charles Rogers op de zaak. We breidden ons team uit met strafrechtadvocaat Rick Sindel uit St. Louis. Zodra onze gezamenlijke inspanningen hadden geleid tot belangrijk nieuw bewijs van Ellens feitelijke onschuld, wangedrag van de aanklagers en incompetente juridische bijstand, dienden de advocaten in 1996 een habeas corpus-akte in bij het Amerikaanse District Court, een arrondissementsrechtbank. De zaak werd toegewezen aan rechter Jean C. Hamilton van het St. Louis Federal District. Ze hield een hoorzitting van vier dagen die begon op 28 juni 1999.

Tijdens de hoorzitting presenteerde ons team de twee andere vrouwen, Rose Winston en Carolyn Coats, die samen met Ellen in de cel hadden gezeten op de dag dat ze zogenaamd een bekentenis had afgelegd aan Mary Lyner. Ze verklaarden allebei dat Ellen dat helemaal niet had gedaan. Ook Marquita Butler nam plaats in de getuigenbank. Ze zei tegen de rechter dat Ellen geen belastende opmerkingen over de moord op Buckley had gemaakt op de dag dat Ellen en zij in Jennings een cel hadden gedeeld met Rose Jolliff.

Twee andere gedetineerden, Barbara Taylor en Ellen Palmer, hadden samen met Ellen in de line-up gestaan toen ze door Zeiter werd aangewezen als de dief die bij Sunoco een graai in de kassa had gedaan. Taylor herinnerde zich dat Ellen had gehuild en van streek was geraakt toen ze hoorde dat een ooggetuige haar had geïdentificeerd als de dader in de zaak-Sunoco. Net als tijdens haar andere gesprekken in de gevangenis benadrukte ze ook nu weer haar onschuld. Palmer zei tegen rechter Hamilton dat Ellen tegen haar nooit belastende verklaringen had afgelegd tijdens die line-up of in de countygevangenis. Al deze getuigen uit de gevangenis waren ook tijdens Ellens rechtszaak beschikbaar en bereid geweest om te getuigen, maar haar advocaten hebben nooit met een van hen gesproken.

Uiteindelijk werd Ellens zaak pas echt goed opengebroken door de ontdekking van twee geluidsopnamen van de politie in het dossier van de aanklager, die nooit waren gedeeld met de verdediging. Beide toonden aan dat Jolliffs getuigenis over de zogenaamde bekentenis in de gevangenis een leugen was en ze wierpen de zaak van de aanklagers tegen Ellen volledig omver. Het is belangrijk om te vermelden dat Ellens advocaten voorafgaand aan de rechtszaak, als onderdeel van de inzage in de bewijsstukken, hadden gevraagd om elektronische opnamen van gesprekken waaraan ze had deelgenomen. De twee geluidsopnamen werden nooit overgedragen.

De eerste was een geheime opname van het gesprek in de gevangenis tussen Ellen en Stanley White op 7 januari, nadat ze allebei afzonderlijk waren verhoord als verdachte van de moord op Buckley. Ellens advocaat George Hairston, die hoger beroep had aangevraagd, had eind jaren tachtig voor het eerst kennisgenomen van die opname, toen Ken Main tegen Hairstons onderzoeker had gezegd dat de politie die voor hem had afgespeeld tijdens een verhoor. Het OM weigerde de opname over te dragen en stelde in het appellatoir verzoek dat het niet relevant was voor inzage, omdat White en Ellen niets hadden besproken wat betrekking had op de moord en omdat er geen belastende of bewijskrachtige waarde van uitging.

In 1996 droeg het OM de opname na herhaaldelijke verzoeken eindelijk over aan Ellens habeas corpus-advocaten. Het is overduidelijk dat Ellen en White geen idee hadden dat hun gesprek werd opgenomen. Tijdens het gesprek waren ze allebei gespannen en boos op de politie omdat die hen vals beschuldigde van een gruwelijke moord, probeerde om hen tegen elkaar uit te spelen en dreigden dat ze naar de gaskamer zouden gaan. Ze spraken meer dan twintig keer uit dat ze onschuldig waren. Zo zei White een keer: 'Ik zei tegen de politie: als ik naar de gaskamer moet, gaat daar een onschuldige man naartoe [...] Ik ga hier echt niet zitten praten over iets wat ik niet gedaan heb.' Ellen antwoordde: 'Dat heb ik ook gezegd. Ik zei: je kunt me niet opsluiten voor moord [...] Ik heb verdomme niets gedaan en ik weet verdomme helemaal niets over die shit bij Vickers met Stan.'

Ze lieten allebei merken dat ze niets wisten over de plaats delict. Stanley had geen idee waar ze het over hadden toen ze hem vroegen wat hij met die ontbrekende dwarsbalk uit de achterkamer had gedaan. Verbijsterd vroeg Ellen aan White: 'Wat voor dwarsbalk?' Ellen zei tegen White dat de politie tegen haar had gezegd dat White 'uit de school zou klappen' over haar, dus dat zij dan maar beter eerst over hem uit de school zou kunnen klappen. White antwoordde: 'Er is geen school om uit te klappen.'

Ellen vertelde White hoe afschuwelijk ze zich had gevoeld toen de politie haar foto's van het slachtoffer liet zien. Ze zei: 'Ze lieten me de foto van die kleine witte jongen zien [...] Hij zag er zo zielig uit, zoals hij daar lag. Ik zei: man, degene die hem heeft vermoord was ijskoud [...] echt ijskoud. Ik werd echt helemaal gek toen ik die foto's zag.' (Buckley was twee meter lang en zo'n negentig kilo, dus dat Ellen hem 'kleine witte jongen' noemde, was extra bewijs dat ze hem nooit bij leven had gezien.)

Ellen zei tegen Stanley: 'Ik zei tegen de politie dat ik je voor het laatst had gezien toen je naar me toe kwam om verdomme mijn autoruiten in te gooien. Die klootzakken zijn gek. Die denken dat je een jonge witte gast gaat beroven en vermoorden, hem gaat vermoorden, zijn leven gaat nemen [...] Ik weet echt wel dat jij dat soort shit niet doet.' Stanley antwoordde: 'Als ik iets wist, zou ik het tegen die klootzakken zeggen. Ik weet geen reet en ik lieg niet.' Daar stemde Ellen mee in en ze zei: 'Als ik iets met die shit te maken had gehad, had ik jou verlinkt en ook iedereen die er verder maar bij betrokken was.' Zo ging het een uur lang door.

Bij de hoorzitting in 1999 onderwierp advocaat Rick Sindel oud-aanklager Goldman aan een methodisch, maar vernietigend kruisverhoor. Inmiddels werkte Goldman niet langer als openbaar aanklager. Hij was al elf jaar werkzaam als rechter in St. Louis County.

Aanvankelijk had hij beweerd dat een politieagent – wiens naam hij zich niet kon herinneren – het over een geluidsopname had gehad waarmee een gesprek tussen Ellen en White was vastgelegd toen ze in de cel zaten. De twee hadden zich beklaagd dat ze in de gevangenis zaten. Maar de agent had tegen Goldman gezegd dat hij de opname niet kon beluisteren, omdat er iets overheen was opgenomen. Tijdens het kruisverhoor krabbelde Goldman terug. Hij ontkende dat hij iets van de geluidsopname wist en beweerde: 'Ik wist niet van het bestaan ervan.' Daarom had hij Ellens advocaten er nooit iets over verteld, zei hij. Maar na aandringen gaf hij toe dat de politieman die hem over de opname had verteld misschien wel hoofdinspecteur Chapman was geweest. Op zijn beurt verklaarde Chapman tegen rechter Hamilton dat de geluidsopname van White en Reasonover geen bewijskrachtige waarde had, omdat er niet uit bleek dat ze schuldig waren. Kennelijk was hij van mening dat bewijs dat onschuld ondersteunt niet meetelt.

Goldman zei dat hij onlangs voor het eerst naar de opname had geluisterd en gaf toe dat die inderdaad van 'ontlastende aard' was. Hij gaf ook toe dat de opname zo belangrijk was dat hij Ellen, als die tijdens de rechtszaak had getuigd, niet op een geloofwaardige manier een kruisverhoor had kunnen afnemen over haar vermeende opmerkingen tegen Lyner en Jolliff. Ellens oud-advocaat zei tegen rechter Hamilton dat ze Ellen, als ze die opname had gehad, absoluut had laten getuigen om de geloofwaardigheid van de gevangenisgetuige in twijfel te trekken. Met andere woorden, als de opname van White en Reasonover tijdens de rechtszaak beschikbaar was geweest, zou de zaak van het OM in rook zijn opgegaan. Dan zou Goldman de beschuldigingen hoogstwaarschijnlijk hebben ingetrokken.

Er was nog een opname, die nooit aan het licht was gekomen tot aan de hoorzitting. Op 29 juni 1999, de tweede dag van de hoorzitting, gaf rechter Hamilton het OM opdracht om het volledige dossier voor het eind van de dag over te dragen zodat Ellens advocatenteam de inhoud kon bekijken. We waren stomverbaasd toen we de geluidsopname vonden en beluisterden die op 12 januari 1983 was gemaakt van een telefoongesprek tussen Jolliff en Ellen. Kennelijk had Jolliff in opdracht van de politie Ellen thuis opgebeld in een herhaaldelijke poging om belastende verklaringen van haar los te peuteren. Dat was vijf dagen nadat Jolliff de politie vertelde over Ellens 'gevangenisbekentenis' op 7 en 8 januari in de gevangenis van Jennings.

Net als in het opgenomen gesprek tussen White en Reasonover herhaalde Ellen tien minuten lang stellig dat ze onschuldig was, om precies te zijn vijf keer. Ze zei dingen als: 'Waarom proberen ze me op te zadelen met iets wat ik niet gedaan heb?' Ze klaagde: 'Ik probeerde die klootzak echt te helpen, man.' Ook zei ze dat ze probeerden haar vriendin zover te krijgen om te zeggen: 'Ze zei tegen mij dat ze het gedaan had.' Ze herhaalde tegen Jolliff wat ze ook al tegen Chapman had gezegd, namelijk dat de mannen die ze bij de

7-Eleven zag heel goed dezelfde mannen konden zijn geweest als die ze bij het Vickers-tankstation had gezien. Ze zei: 'Toen ik bij de 7-Eleven was, leken de *niggers* die ik zag aankomen op de *nigger* die ik naar buiten had zien komen en die achter in de auto stapte toen ik daar wegreed.'

Zoals advocaat Cheryl Pilate op 6 juli 1999 na de rechtszaak in een resumé aan rechter Hamilton schreef: 'Het is onlogisch om te denken dat mevrouw Reasonover op 7 januari 1983 zou bekennen aan Rose Jolliff, terwijl ze eerder die avond nog haar onschuld had geuit tegen Stanley White, en ze vijf dagen later tegen Rose Jolliff zei dat het OM ten onrechte probeerde haar een misdrijf in de schoenen te schuiven dat ze niet had gepleegd.' Het OM had dus twee door de politie opgenomen verklaringen in bezit waarop Ellen haar onschuld uitsprak, die in tijd samenvielen met de zogenaamde bekentenis aan Rose Jolliff, waarvoor de rechtbank slechts Jolliffs woord had. Ellen uitte niet alleen haar onschuld op deze geheime geluidsopnamen van de politie, maar beschreef opnieuw op consistente wijze haar activiteiten tijdens de nacht van het misdrijf, en wat ze toen had gezien, net zoals ze had gedaan in elk gesprek dat ze had gevoerd met hoofdinspecteur Chapman, Stanley White, Rose Jolliff en Marsha Vogt. Ze week nooit af van haar eerlijke verslag van die nacht. En schandalig genoeg had het OM de opnamen achtergehouden voor de verdediging.

Toen Goldman werd gevraagd wat hij wist van de opname van het telefoongesprek met Jolliff, beweerde hij dat hij 'daar geen herinnering aan had'. Hij beweerde opnieuw: 'Ik was niet op de hoogte van het bestaan ervan.' En toch vonden we die opname in zijn dossier, met het etiket ROSE/ELLEN, 12/1/83, KOPIE. Hij gaf toe dat de opname aan de verdediging had moeten worden overgedragen. Terwijl Ellen zag dat Goldman zich in allerlei bochten wrong in de getuigenbank, dacht ze: eindelijk krijgt die vent zijn verdiende loon voor wat hij me heeft aangedaan.

Op 2 augustus 1999, slechts een maand na Ellens hoorzitting, kwam rechter Hamilton met een uitspraak van vijfenzeventig pagina's waarin Ellens veroordeling werd teruggedraaid. Dat was niet alleen een uitzonderlijk snelle beslissing (de meeste rechters doen er vier tot zes maanden over om zulke uitspraken in te dienen), maar de uitspraak was ook nog eens drie keer zo lang als gebruikelijk en de rechter drong er sterk op aan om Ellen zo snel mogelijk vrij te laten. Rechter Hamilton stelde dat 'de inhoud van de geluidsopname van White en Reasonover de getuigenis van Rose Jolliff te schande maakte' en dat de opname 'een helder, betrouwbaar verslag bevatte van de handelingen van de verzoeker en Stanley White voor, tijdens en na de moord op James Buckley'. Ze concludeerde dat er, alleen al op basis van de inhoud van de opname van White en Reasonover, geen enkel jurylid zou zijn dat redelijkerwijs geloof zou hechten aan de getuigenis van Rose Jolliff.

Rechter Hamilton somde ook eenentwintig feitelijke vragen op die Ellens advocaten aan Jolliff hadden kunnen stellen als ze de opname van Jolliff en Reasonover hadden gehad. De rechter stelde: 'Elk van deze feiten is in het voordeel van de verzoeker en lijkt te bewijzen dat de verzoeker op 7 januari 1983 niets aan Rose Jolliff heeft bekend.' Ze concludeerde ook dat 'het achterhouden [van de opname van Jolliff en Reasonover] heeft geleid tot een aanzienlijk vooroordeel ten aanzien van de verzoeker. Als de opname zou zijn vrijgegeven, concludeert de rechtbank dat die een grote rol zou hebben gespeeld tijdens de rechtszaak. De inhoud van de geluidsopname zou een vernietigende invloed hebben gehad op Jolliffs geloofwaardigheid tijdens de rechtszaak.' Het is interessant om te melden dat Rose Jolliff werd gedagvaard voor de hoorzitting. Toen ze in de raadskamer van rechter Hamilton onder ede werd ondervraagd, beriep ze zich achtentwintig keer op het vijfde amendement, waardoor ze geen belastende getuigenis tegen zichzelf hoefde af te leggen.

Op 3 augustus 1999, de dag nadat rechter Hamilton de veroordeling nietig verklaarde, werd Ellen na zestienenhalf jaar onterechte detentie vrijgelaten. Haar man Glen, haar moeder Elizabeth, haar nu achttien jaar oude dochter Charmelle en haar twee zussen, Hilda en Valerie, stonden popelend te wachten tot ze naar buiten kwam. Ook haar juridische team en hordes supporters en verslaggevers waren aanwezig voor het grote moment. Jurylid Donna Ellis, die in 1983 Ellens leven had gered met haar eenzame stem, verscheen samen met Ellen in de media. Donna en haar man zagen dat Ellen rust en kalmte nodig had en nodigde haar uit om bij hen te komen wonen. Ellen bleef zes maanden in hun huis wonen, tot ze het gevoel had dat ze weer op zichzelf kon wonen, samen met Charmelle. Donna en Ellen bleven goed bevriend, tot Donna's dood in 2014.

Na haar invrijheidsstelling spande Ellen een rechtszaak aan tegen de stad Dellwood en klaagde hen aan wegens schending van burgerrechten en onterechte gevangenschap. De stad Dellwood schikte de zaak voor het tot een rechtszaak kwam en betaalde Ellen 4,5 miljoen dollar, na aftrek van juridische kosten. Ze werd ook gezegend met de komst van twee kleinkinderen, Harlem en Jour'nee.

In de jaren 2000 leed Ellen vijf jaar lang aan fibromyalgie, een pijnlijke en afmattende chronische aandoening. Gelukkig verdween die even mysterieus als die gekomen was. Op 3 augustus 2024 vierde ze haar zilveren vrijheidsjubileum. Ze is zesenzestig en woont comfortabel en in redelijk goede gezondheid in de buurt van haar zussen. Glen en zij zijn lang geleden op vriendschappelijke basis gescheiden, maar zijn goede vrienden gebleven tot hij in 2020 overleed. Haar moeder overleed in 2011. Ellen houdt veel van haar kleinkinderen en kijkt uit naar hun regelmatige bezoekjes.

Mary Lyner heeft Ellens vrijlating niet meer meegemaakt. Bijna tien jaar voordat rechter Hamilton zich over Ellens zaak boog, sprong Lyner van het balkon van een hoog flatgebouw, waar ze met haar moeder woonde, terwijl haar moeder en haar dochter in de kamer ernaast waren. Ze was tweeënveertig toen ze stierf. Haar beste vriendin, Virginia Druhe, een vertrouweling van de familie Lyner, beschreef Mary in een beëdigde verklaring die werd ingediend bij rechter Hamilton, als iemand die 'in staat was tot groot bedrog en die haar leven lang schaamteloos en regelmatig leugens vertelde'.

Voormalig hoofdinspecteur Dan Chapman van de politie van Dellwood overleed in 2014.

Steven Goldman ging in 2016 met pensioen, nadat hij zesentwintig jaar in St. Louis County als rechter had gewerkt.

De twee zwarte mannen die Ellen bij Vickers en daarna bij de 7-Eleven zag, zijn nooit geïdentificeerd. De moord op James Buckley blijft onopgelost.

Gebrek aan motief

John Grisham

Toen Joe Bryan zeven was en in de tweede klas zat, ontmoette hij zijn toekomstige vrouw, Mickey Blue, die in de eerste zat. Natuurlijk waren ze nog te jong om zelfs maar aan een romance te denken, maar ze hielden elkaar in de gaten terwijl ze opgroeiden in hun kleine, naburige dorpjes in Texas. Mickey was populair op school, maar ze was heel stil en leergierig. Joe kende bijna iedereen en genoot van de interactie met anderen. Hij had vaak de indruk dat hij veel vaker naar Mickey keek dan dat zij oog voor hem had. In de puberteit had Mickey verkering met Joe's tweelingbroer en hij met haar nicht. Andere romances kwamen en gingen, en op een gegeven moment beseften ze dat ze steeds iets met de verkeerde mensen hadden. Toen Joe eindelijk vroeg of ze een keer mee uit wilde, ging ze daar gauw op in en binnen een paar weken waren ze onafscheidelijk.

Ze wilden allebei leraar worden en gingen met hetzelfde doel naar verschillende universiteiten. Ze waren dol op kinderen en geloofden dat leren de sleutel was voor een gelukkig, succesvol leven. Toen ze in 1969 trouwden, gaf Mickey les op een lagere school en was Joe leraar Latijn en Engels en coach van het zwemteam. Hij had een klein appartement op de faculteit en daar brachten ze een paar van hun gelukkigste jaren door. Hun leven werd opgeslokt door elkaar en de kinderen aan wie ze lesgaven. Ze droomden van een eigen gezin, maar na drie jaar huwelijk kregen ze het trieste nieuws dat Mickey geen kinderen kon krijgen. Daar waren ze kapot van, maar het bracht hen nog nader tot elkaar.

In 1975 keerden ze terug naar Mickeys geboorteplaats Clifton in Texas. Haar ouders woonden daar nog steeds en de familie was gerespecteerd en heel bekend.

In haar eindexamenjaar was Mickey verkozen tot Miss Clifton High en algauw pakte ze haar oude vriendschappen weer op. Ze ging op een lagere school werken als onderwijzer van de vierde klas en Joe werd directeur van de highschool. Ze vonden het heerlijk om in Clifton te wonen en waren actief in de gemeenschap, vooral in de First Baptist Church, en natuurlijk de scholen.

Joe moest bijna elke avond wel de deur uit voor een of andere schoolverplichting. Hij sloeg nooit een footballwedstrijd over, of het nu uit of thuis was, en Mickey ging meestal met hem mee. Hun dagelijks leven draaide om hun lessen, hun leerlingen en schoolactiviteiten. Ze weken bijna nooit van elkaars zijde, en de mensen zagen hen vaak een lange avondwandeling door Clifton maken. Thuis hielp Joe Mickey vaak met proefwerken nakijken en lessen voorbereiden. Hij hielp haar zelfs met haar leslokalen inrichten.

Ze hadden zelf geen kinderen, maar waren dol op elkaar en deden er alles aan om hun huwelijk leuk te houden. Ze zagen om hen heen heel vaak dat getrouwde stellen na verloop van tijd uit elkaar groeiden en door kinderen en carrières verschillende kanten op werden getrokken. Ze hadden een hechte band met hun familie en waren altijd in voor een gezellig samenzijn. Elk jaar met Thanksgiving nodigden Joe en Mickey haar familie uit voor een traditioneel diner, en elk jaar met Kerstmis gingen ze naar zijn familie voor de feestelijkheden.

Mickey was altijd de eerste onderwijzer die 's ochtends aankwam op de Clifton Elementary School en ze zat vaak al om zeven uur achter haar bureau. Ze genoot van de rust van de vroege ochtend voordat de echte dag begon en de gangen gevuld werden met de enthousiaste stemmen van jonge leerlingen.

Op dinsdag 15 oktober 1985 kwam Mickey niet op school aan.

Gek genoeg was haar klaslokaal nog leeg en donker toen een collega, Susan Kleine, die lesgaf aan de vijfde klas, langskwam en zag dat de deur dicht was. Die zat ook op slot en Susan ging ervan uit dat Mickey in de kopieerkamer aan de andere kant van het gebouw was. Maar toen Mickey om acht uur nog steeds nergens te bekennen was, wist Susan dat er iets mis was. Ze haastte zich naar het kantoor van het hoofd van de school, Rex Daniels, en vertelde hem dat Mickey afwezig was. Susan dacht dat ze zich misschien ziek had gemeld en dat Rex was vergeten een invaller te regelen.

Maar Rex zei dat hij niets van Mickey gehoord had. In eerste instantie wilde hij Joe bellen, maar toen schoot hem te binnen dat zijn vriend de stad uit was.

Joe was inderdaad zo'n tweehonderd kilometer verderop, in Austin, waar hij de jaarlijkse bijeenkomst van de Texas Association of Secondary School Principals bijwoonde. Hij had Mickey de avond ervoor om negen uur gesproken toen hij haar had gebeld vanuit zijn hotelkamer in Austin. Zoals altijd had hij tegen haar gezegd dat hij van haar hield, en zei dat hij de volgende middag terug zou zijn.

Rex vroeg zijn secretarieel medewerker om naar het huis van de Bryans te bellen. Dat deed ze, maar er werd niet opgenomen. Hij vroeg haar om Mickeys ouders te bellen, Otis en Vera Blue, die in de buurt woonden. Ze namen op, zeiden dat ze geen idee hadden waar Mickey was, maar dat ze ervan uitgingen dat ze op haar werk was. Ze hadden haar de vorige middag nog gezien, toen ze langs was gekomen. Ze gingen nu meteen kijken of ze er was.

Datzelfde deed Rex Daniels, die als eerste bij het huis van de Bryans aankwam en zag dat Mickeys auto in de garage stond. De ochtendkranten lagen op de oprit. Hij belde aan, maar er werd niet opengedaan. De Blues kwamen met een sleutel en ze gingen naar binnen. Vera ging als eerste en riep de naam van haar dochter. Toen ze de slaapkamer binnenging, gilde ze bij de afgrijselijke aanblik.

Het plafond en de vier muren zaten onder de bloedspetters. Mickey lag op het bed, onder het bloed, duidelijk dood. Rex pakte Vera en Otis vast en loodste hen naar de woonkamer, waar hij hen op de bank liet zitten. Ze waren met afschuw vervuld, ontroostbaar, bijna niet in staat iets te zeggen. Rex liep terug naar de slaapkamerdeur, maar ging niet naar binnen. Een ogenblik keek hij naar Mickeys lichaam, dat dwars over het onopgemaakte bed lag. Haar onderlichaam was naakt en haar roze nachthemd was tot boven haar dijen opgetrokken.

Rex wist zich te vermannen, vond de telefoon in de keuken en belde de politie.

Om een uur of tien woonde Joe een sessie van het congres in Austin bij toen Harold Massey, de directeur van de organisatie en al jaren een vriend van hem, vroeg of Joe met hem mee de zaal uit wilde lopen. In de hal zei Massey tegen Joe dat zijn vrouw thuis was doodgeschoten. Joe liet zich op een stoel vallen en stamelde: ‘Mickey Bryan uit Clifton, in Texas?’ Drie andere schooldirecteuren, die Joe goed kenden, hielpen hem naar boven, waar hij in zijn kamer op bed ging liggen, huiverend in zijn kostuum met stropdas.

Clifton was minstens twee uur rijden vanaf Austin, een feit dat later belangrijk zou blijken. Joe was niet in staat om te rijden. Rond het middaguur kwamen er twee vrienden uit Clifton om hem thuis te brengen, en zodra hij hen zag, stortte hij in en begon weer te huilen. Eén vriend herinnerde zich later: 'Er werd maar heel weinig gezegd. Joe zat achterin met zijn hoofd omlaag en huilde de hele weg.'

Toen ze Clifton binnenreden, keek Joe uit het raampje naar de straten, de huizen en de gebouwen die hij zo goed kende, en hij zag enorm op tegen het afschuwelijke moment waarop hij bij het huis zou aankomen dat hij en zijn geliefde Mickey tien jaar daarvoor hadden laten bouwen. Zodra ze er aankwamen, was het eerste wat hij zag de politieauto's die overal geparkeerd stonden. Het krioelde er van de politiemensen en er was felgeel afzetlint om lantaarnpalen en bomen gebonden. Agenten van de stadspolitie, countydeputy's, *troopers* van de staat Texas en forensisch onderzoekers waren druk bezig met het onderzoek. De legendarische Texas Rangers waren al ter plaatse, altijd bereid om de lokale wetsdienaars te helpen bij een moordonderzoek.

De buurtbewoners keken met stomheid geslagen toe. Het nieuws van de moord was als een lopend vuurtje rondgegaan, zoals altijd in een klein dorp. Joe herkende de verdrietige, geschrokken gezichten van zijn buurtbewoners.

Nog steeds helemaal van slag en versuft probeerde Joe dapper de eerste stortvloed aan vragen van de rechercheurs te beantwoorden. Ja, hij had een vuurwapen in huis, een .357 Magnum-pistool dat was geladen met ganzenhagel om ratelslangen en koperkoppen dood te schieten, die soms te dichtbij kwamen. Hij vertelde dat Mickey en hij duizend dollar aan contanten in een metalen kistje bewaarden.

Na nog een paar vragen werd Joe naar het huis van Vera en Otis Blue gebracht, waar geschokte en intens verdrietige vrienden bijeen waren gekomen. Bij het zien van Susan

Kleine vroeg Joe haar keer op keer: 'Wat moet ik zonder Mickey beginnen?'

Later die avond ging Joe naar het huis van zijn moeder in het dorpje Elm Mott, vijfenzestig kilometer verderop in de buurt van Waco. Radeloos, ontdaan en emotioneel uitgeput lag hij in bed naar het plafond te staren en stelde zichzelf telkens weer de vraag: wie zou Mickey in godsnaam iets aan willen doen? En waarom?

Op de plaats delict waren rechercheurs tot diep in de nacht koortsachtig aan het werk.

Er kwamen wat details naar boven: Mickey was vier keer van dichtbij beschoten; Joe's .357 Magnum was weg; in Mickeys wonden zaten hagelkogeltjes, die ook overal in de slaapkamer lagen, wat erop duidde dat het pistool waarschijnlijk het moordwapen was; er waren geen getuigen; de buren hadden niets gezien of gehoord; er waren geen verdachte vingerafdrukken en geen schoen- of laarsafdrukken; er werd geen sperma aangetroffen in de vaginale uitstrijkjes; er waren geen sporen van braak; en er was een sigarettenpeuk op de keukenvloer gevonden, ook al rookten Mickey en Joe geen van beiden.

Nadat de rechercheurs hadden vastgesteld dat Mickeys gouden trouwring, horloge en diamanten ring weg waren, evenals Joe's pistool, veronderstelden ze dat ze het slachtoffer was geworden van een inbraak die was uitgedraaid op een moord. Maar er was heel weinig bewijs om die theorie te onderbouwen, net zomin als enige andere theorie, trouwens.

Ze vonden maar heel weinig aanwijzingen. Mickeys lichaam werd weggehaald, en wat achterbleef was een matras die doordrenkt was van het bloed, evenals de vloerbedekking, en een slaapkamer die onder de bloedspetters zat. Vanwege de enorme hoeveelheid bloed raakte de politie ervan doordrongen dat ze er een deskundige bij moesten halen.

Robert Thorman was rechercheur bij het politiebureau van het nabijgelegen Bell County en had vier maanden eerder zijn certificaat als deskundige op het gebied van 'analyse van bloedspoorpatronen' behaald. De moord op Bryan was zijn eerste betaalde klus waarin hij als deskundige aan de slag kon. Via het vriendennetwerk van politie en sheriffs was bekend geworden dat Thorman zijn examens had gehaald, zijn diploma op zak had en nu bloedsporen kon bestuderen en dingen kon zien die onzichtbaar waren voor andere rechercheurs.

De mensen die bloedsporen analyseerden geloofden – in 1985 tenminste – dat het op een bloederige plaats delict wemelde van de aanwijzingen voor wat er was gebeurd en wie het had gedaan. Door de druppels, spetters, straaltjes, sporen, vlekken en vegen van het bloed van het slachtoffer zorgvuldig te analyseren, kon een doorgewinterde expert cruciaal bewijs vinden.

Thorman was gecertificeerd nadat hij een spoedcursus van een week – veertig uur – had gevolgd, waarvoor hij vierhonderd dollar had betaald aan een privébedrijf dat gespecialiseerd was in het opleiden van 'deskundigen' in allerlei forensische disciplines. De lessen werden gegeven in de feestzaal van een hotel in Beaumont, en opvallend genoeg had iedere 'student' hoge cijfers gekregen en het certificaat ontvangen, klaar om te getuigen.

Zodra Thorman op dinsdagavond in het huis van de Bryans aankwam, ging hij aan de slag met wat hij kortgeleden in de feestzaal van het hotel had geleerd. Hij bestudeerde de bloedspetters die overal op de slaapkamermuren zaten. Hij nam foto's. Hij spande hier en daar touwtjes, nam maten en bracht twee uur in de slaapkamer door.

Maar zijn grondige onderzoek leverde niets wezenlijks op. Er kwam weinig voort uit zijn bezoek, maar hij zou terugkomen.

Wat het níét opleverde, zou veel belangwekkender worden. Zoals de meeste huiseigenaren hadden Joe en Mickey een hele rits zaklampen: grote en kleine, oude en nieuwe, onder handbereik maar nooit te vinden als ze er een nodig hadden.

Er was geen zaklamp aangetroffen op de plaats delict. De slaapkamer van Joe en Mickey werd urenlang van onder tot boven doorzocht door verschillende rechercheurs, inclusief deskundige Thorman, en niet een van hen maakte ooit melding van een zaklamp.

En toch zou een van de zaklampen van de Bryans een cruciaal bewijsstuk worden, waarvan de betekenis door de rechercheurs werd overdreven.

Toen Joe kapot was van vermoeidheid, viel hij in slaap, maar hij werd wakker door de zoveelste nachtmerrie. *Dit kan niet waar zijn*, zei hij steeds maar bij zichzelf. Na een rusteloze nacht kwam hij woensdagochtend eindelijk uit bed en zette zich schrap voor weer een verschrikkelijke dag.

Zijn eerste taak was een bezoek aan de uitvaartonderneming om de begrafenis van zijn vrouw te regelen. Terwijl hij daar was, kreeg hij te horen dat Joe Wilie hem wilde spreken. Hij werd naar het politiebureau gebracht en ging er zonder advocaat naar binnen. Het was nooit bij hem opgekomen om een advocaat in de arm te nemen.

Wilie had vroeger bij de staatspolitie gewerkt en was opgeklommen tot de Texas Rangers, de elite-eenheid van de staat, die legendarisch was op het gebied van misdaadbestrijding. Zoals alle Rangers legde Wilie een zelfverzekerdheid aan de dag die door sommigen werd beschouwd als arrogantie; hij straalde uit dat hij dacht dat hij elke moord kon oplossen. Hij begon het gesprek door Joe wat routinevragen te stellen over zijn leven met Mickey. Joe, doodmoe en emotioneel uitgeput, werd aanvankelijk getroffen door Wilies volkomen gebrek aan medeleven. De Ranger keek hem vanonder de rand van zijn typische witte Stetson-cowboyhoed aan en was bruusk, aanmatigend en kort van stof. Niemand die hen zou zien, zou vermoeden dat de Ranger met een man praatte wiens vrouw zojuist bruut was vermoord.

Joe wilde weten hoe het onderzoek ervoor stond. Verdomme, hij wilde weten door wie zijn vrouw was vermoord. Maar Wilie liet niets los en gaf bijna geen details. Hij zei wel dat ze het metalen kistje hadden gevonden, maar dat er geen geld in zat. Nee, Joe had geen theorieën over wie Mickey zou hebben willen vermoorden. Hij kon nog steeds niet geloven dat iemand dat zou hebben gewild.

Hoe onaangenaam ook, het gesprek was niet confronterend. De beschuldigingen zouden later komen.

Wat Joe niet wist, was dat de rechercheurs zonder zijn toestemming alle waardevolle papieren en documenten uit zijn huis hadden meegenomen: bankafschriften, verzekeringspolissen, chequeboekjes, rekeningen, wilsbeschikkingen, zo ongeveer alles. De bankafschriften getuigden van een zuinige levensstijl, wat geen verrassing was. Joe en Mickey hadden gespaard en hadden zo'n vijfendertigduizend dollar, verdeeld over verschillende rekeningen. De hypotheek op hun huis bedroeg ongeveer zesendertigduizend dollar en werd gedekt door een levensverzekering. Als een van hen zou komen te overlijden, zou de hypotheek worden afbetaald. Het echtpaar had voor ongeveer honderdvijftigduizend dollar aan levensverzekeringen voor elkaar afgesloten, met een lage premie. Hun pensioen bij het Texas Teachers Retirement System bedroeg zesentwintigduizend dollar, uit te betalen aan de overlevende.

Joe zou niets van het geld zien.

De moord op een bekende is schokkend nieuws, ongeacht waar het gebeurt, maar in een dorp als Clifton, met drieduizend inwoners die elkaar zo'n beetje allemaal kenden, was Mickeys dood niet te verkroppen. Een meisje uit het dorp, uit een goede familie, een volop bewonderde en geliefde leerkracht, en de vrouw van een populaire schooldirecteur – als zij al niet veilig was, wie dan wel? De moord op Mickey Bryan was angstwekkend.

Wat nog bijdroeg aan de angst die Clifton in zijn greep had, was de vreselijke dood van een andere vrouw slechts vier maanden daarvoor. In juni was Joe Wilie naar Clifton geroepen voor het onderzoek naar de moord op Judy Whitley, een meisje van zeventien van wie het naakte lichaam in de bosjes was gevonden, op nog geen anderhalve kilometer van het huis van de Bryans. De tiener was vastgebonden, er was een prop in haar mond gestopt, ze was verkracht, en vermoord door verstikking.

Bestond er een verband tussen de twee moorden? In een veilige, rustige gemeenschap met weinig ernstige misdaad veroorzaakte het nieuws over Mickeys dood hevige opschudding onder de toch al opgeschrikte bevolking. Daardoor werd de druk op Joe Wilie en zijn team van rechercheurs nog groter. Eerlijk gezegd hadden ze maar weinig aanknopingspunten. Ze werkten dag en nacht en trokken alle sporen na, maar tot nu toe hadden ze nog niets.

En toen kwam Charlie Blue in beeld. Charlie was Mickeys oudere broer, die in Florida woonde, waar hij onderdirecteur van een landbouwscheikundig bedrijf was. Nadat hij dinsdag het nieuws over de dood van zijn zus had gehoord, vloog hij van Florida naar Texas en reed naar Clifton.

Volgens Joe hadden Mickey en Charlie nooit een hechte band gehad. Hij was een agressieve leidinggevende in het bedrijfsleven, die gewend was als baas op te treden en zijn zin te krijgen, een groot verschil met Mickeys rustige, bescheiden karakter. Als zwagers konden Joe en Charlie best met elkaar door één deur, maar ze gaven elkaar voldoende ruimte. Er was geen vijandigheid binnen de familie. Charlie woonde bijna tweeduizend kilometer verderop en ze zagen elkaar zelden.

Charlie logeerde bij zijn ouders, Vera en Otis, en zorgde voor hen terwijl de familie rouwde. Hij vroeg Joe of hij zijn auto mocht gebruiken zolang hij in het dorp was, en daar stemde Joe graag mee in. Joe was nog niet in staat om te rijden en werd door familieleden op sleeptouw genomen. Op vrijdag, de dag na de begrafenis, raakte Charlie gefrustreerd door het gebrek aan voortgang van het onderzoek en besloot er iets aan te doen. Zijn bedrijf had een gepensioneerde FBI-agent op de loonlijst staan: Bud Saunders, die als privédetective werkte. Charlie belde Saunders en vroeg hem naar Clifton te komen omdat hem wat dingen dwarszaten rondom Mickeys dood. Hij vertelde noch aan Joe Bryan, noch aan Joe Wilie dat hij zijn eigen privédetective bij de zaak betrok.

Saunders kwam op zaterdagmiddag aan en ontmoette Charlie bij de Dairy Queen. Ze stapten in de Mercury van Joe Bryan en maakten een lange autorit om de zaak te bespreken. Ergens op het platteland stopten ze langs de weg voor een plaspauze. Daarbij stapte Saunders in de modder, waardoor zijn schoenen vies werden. Charlie zocht een doekje en maakte de kofferbak open. Daar, in een kartonnen doos, lag een zaklamp waarvan de lens omhoogwees. Er zaten kleine vlekjes op. Charlie pakte hem en keek ernaar. Als zakenman had hij geen enkele ervaring met bloedvlekken of plaatsen delict, maar hij veronderstelde toch dat de vlekjes bloedspetters waren. Hij gaf hem aan Saunders, die het prompt met hem eens was. Ze reden terug naar Clifton en belden de Rangers vanuit een telefooncel.

Later die avond, nog steeds op zaterdag, regelde Joe Wilie een doorzoekingsbevel voor de Mercury van Joe Bryan. De zaklamp werd eruit gehaald en naar het forensisch lab van de staat gestuurd voor analyse. De auto zelf verkeerde in smetteloze staat, zonder bloedsporen aan de binnen- of de buitenkant. Joe had een hekel aan een vieze auto.

Wilie gaf de Mercury vrij, en Charlie reed ermee naar Bryans huis en liet hem zondagochtend om een uur of vier achter op de oprit. Daarna verlieten Saunders en hij het dorp. Charlie nam een vlucht van Austin naar Tampa.

Joe Bryan wist hier allemaal niets van. Toen hij zondagmiddag zijn auto zag staan, was die vier dagen niet in zijn bezit geweest en grondig doorzocht door Joe Wilie en zijn team.

Wilies grote doorbraak kwam toen het forensisch lab meldde dat de vlekjes op de zaklamplens menselijk bloed waren en dat de bloedgroep O was, net als die van Mickey, maar niet die van Joe. In 1985 bestonden er nog geen DNA-tests. Wilie werd argwanend, ook al heeft de helft van de wereldbevolking bloedgroep O. Toen een forensisch onderzoeker ook nog wat kleine plastic deeltjes op de zaklamp vond en vermoedde dat die dezelfde eigenschappen hadden als de hulzen van de hagelpatronen die op de plaats delict waren gevonden, was Wilie ervan overtuigd dat de zaklamp was gebruikt bij de moord.

De Ranger had de dader te pakken.

Op 23 oktober, acht dagen na de moord, zat Joe Bryan bij zijn moeder thuis in Elm Mott samen met haar tv te kijken in de woonkamer toen Wilie onverwachts op de stoep stond. Naast hem stonden de commissaris van de politie van Clifton, Ron Brennand en de sheriff van Bosque County, Denny Proffitt. Joe was opgelucht en blij om hen te zien en hoopte dat ze goed nieuws hadden over het onderzoek.

Maar Wilie zei: 'Je staat onder arrest wegens de moord op je vrouw.'

In eerste instantie kon Joe geen woord uitbrengen, en daarna vroeg hij: 'Op basis van welk bewijs?'

Daar had Wilie geen antwoord op. Joe werd geboeid op de achterbank van een patrouillewagen gezet en naar het nabijgelegen Waco gebracht, waar hij in staat van beschuldiging werd gesteld. Daarna werd hij naar de gevangenis van Bosque County in Meridian gebracht, waar hij werd uitgekleed en naakt werd gefotografeerd. De politie was op zoek naar krassen en blauwe plekken om mogelijk een wanhopige laatste vechtpoging van Mickey aan te tonen.

Zulk bewijs werd niet gevonden.

Het nieuws over Joe's arrestatie werd wijd en zijd met ongeloof ontvangen. Niemand die Joe kende geloofde ook maar een seconde dat hij Mickey had vermoord, de vrouw van wie hij hield, die hij koesterde en aan wie hij innig was toegewijd. Zijn collega's op school konden hun oren niet geloven en waren kwaad. Leerlingen en oud-leerlingen protesteerden hevig. Joe stond erom bekend dat hij nooit boos werd en in elke situatie zijn hoofd koel hield. Hij had noch het temperament, noch het motief om iemand iets aan te doen, en al helemaal zijn vrouw niet.

Het is niet duidelijk of Ranger Wilie en zijn team na de

arrestatie op verzet stuitten. Ze hadden het onderzoek overhaast, geen getuigen of nuttige aanwijzingen gevonden en een duidelijk alibi genegeerd, en nu klopten ze zichzelf op de borst voor de pers. De heldhaftige Ranger was weer eens stoer het dorp binnengereden en had de mensen gered door een koelbloedige killer te arresteren.

Wilie en zijn team hadden hun strategie van 'eerst aanklagen, daarna onderzoeken' toegepast en haastten zich nu om het element van het misdrijf te bewijzen dat om aandacht schreeuwde: het motief. Er was absoluut geen bewijs of zelfs geen gerucht dat wees op huwelijksproblemen tussen Joe en Mickey. Die hadden ze niet. Ze waren onafscheidelijk, konden goed opschieten met hun familie, hadden weinig geld om over te kibbelen, vonden het heerlijk om samen te zijn en brachten liever tijd met elkaar door dan met vrienden.

Om twijfel te zaaien over de hechte band van het echtpaar, besloten de rechercheurs dat Joe homoseksueel was. En omdat ze dachten dat hij uit was op mannenlust, nou ja, dan was de stap naar moordlust natuurlijk klein.

De verdachtmaking was een feit. Een van hun meest bizarre theorieën luidde dat Mickey er op een of andere manier achter was gekomen dat Joe een verachtelijk dubbelleven leidde en ze van plan was hem daarmee te confronteren en van hem te scheiden enzovoort. Er was nergens ook maar een flintertje bewijs om zelfs maar in die richting te denken, maar dat maakte niet uit. De hele zaak was volkomen gespeend van enig motief, dus was het onontkoombaar dat de politie dat dan maar gewoon verzon.

Er werd olie op het vuur van de verdachtmakingen gegooid door iets wat Joe Wilie in de kofferbak van de Mercury van Joe Bryan had gevonden toen hij die zaklamp zocht. Het was een pin-upkalender van de Chippendales, met voor elke maand een kleurenfoto van schaars geklede mannen die poseerden. (Die hadden Joe en Mickey samen gekocht als een grappig cadeautje voor een vriend, waarna ze het ding vergeten waren en het in de kofferbak was blijven liggen.)

Meer bewijs was niet nodig, toch?

Nadat Joe was gearresteerd en op borgtocht was vrijgelaten, kamden de rechercheurs de hele gemeenschap uit, op zoek naar bewijs dat hij gay was, waarbij ze niet aarzelden om allerlei obscene geruchten de wereld in te helpen.

Toen Joe Wilie bij Susan Kleine, Mickeys goede vriendin en collega, kwam om haar te ondervragen, stond ze met haar oren te klapperen door zijn eerste vraag: 'Vindt u Joe verwijfd?' Voordat ze antwoord kon geven, zei hij erachteraan: 'Het gerucht gaat dat Joe gay is.'

Susan was goed bevriend met zowel Joe als Mickey en ze was er stellig van overtuigd dat hij haar nooit iets zou aandoen. Ze kende hen goed, ze kende hun vrienden en familie goed, en ze had nog nooit iemand horen zeggen dat Joe gay zou zijn. Nog nooit, totdat Joe Wilie erover begon.

Ze sputterde hevig tegen en zei dat Joe volgens haar helemaal niet verwijfd was en absoluut niet gay. En nee, ze had dat gerucht ook nog nooit gehoord, tot nu. Ze wond zich op toen Wilie steeds maar dat soort vragen over Joe's geaardheid bleef stellen. Ze kende de waarheid en wist ook hoe verschrikkelijk de geruchten konden zijn voor iemand als Joe. Uiteindelijk waarschuwde ze Wilie dat hij zich op glad ijs begaf en dat hij zorgvuldig moest omgaan met iemands reputatie.

Wilie en zijn team waren allesbehalve zorgvuldig. In tientallen vraaggesprekken met vrienden en kennissen bleven ze maar hameren op het 'gay'-gedeelte van Joe's leven, ook al wist niet één getuige daar ook maar iets van. Nu gingen de rechercheurs nog creatiever te werk en stelden vragen over 'geruchten' dat Joe iets had met een mannelijke leerling en dat Joe in het weekend stiekem naar New Orleans ging voor losbandige avontuurtjes in homobars. De geruchten, die stuk voor stuk door de politie waren verzonnen en aangewakkerd, werden herhaald, doorverteld en aangedikt, waarna ze een eigen leven gingen leiden.

In de aantekeningen van de rechercheurs staan opmerkingen als 'Homoneigingen?' en 'Is hij gay?' en 'Flikker?'.

Terwijl de rechercheurs alle aspecten van Joe's privéleven uitspitten, vroegen ze ook zijn telefoongegevens op. Dat was een van die momenten waarop oplettende rechercheurs zouden beseffen dat ze op het verkeerde spoor zaten. Zo niet Wilie en zijn makkers. Joe had in de maand voor de moord telefoontjes gepleegd naar Mickey, zijn moeder, zijn oudere broer, een neef, een vitaminewinkel, een contactlensbedrijf en een ziekenhuis. Er zat niet één telefoontje tussen dat ook maar in de verste verte verdacht was.

Nee, er waren geen oplettende rechercheurs aan het werk. De arrestatie was verricht, ze hadden hun dader en nu probeerden ze dat uit alle macht te bewijzen.

Joe Bryan was een gelukkig getrouwde heteroman die Mickey nooit ontrouw was geweest. Tijdens hun huwelijk hadden ze een innige, intieme relatie gehad. Net als in de meeste huwelijken waren ze in de beginjaren actiever geweest, vooral toen ze er hard aan 'werkten' om kinderen te krijgen. Toen ze erachter kwamen dat Mickey niet zwanger kon worden, waren ze intens verdrietig, maar ze waren pas eind twintig, en veel te jong om geen seks meer te hebben.

Op het moment dat de 'gay'-geruchten eindelijk ook Joe

bereikten, bij zijn moeder thuis in Elm Mott, voelde dat als de zoveelste verachtelijke aanval op een onschuldige man. Wat kunnen ze nog meer doen? vroeg hij zich af.

De inwoners van Clifton waren gezagsgetrouwe burgers met veel vertrouwen in de autoriteiten: de politie, de openbaar aanklagers, de rechters. Een lelijke roddel die door de gemiddelde burger werd rondgebazuind, zou misschien niet ver gekomen zijn, maar als zoiets werd verteld door iemand met het gezag van een politieman, laat staan een Texas Ranger, legde dat gewicht in de schaal. Het duurde dan ook niet lang of de geruchten, die volkomen ongegrond waren, werden opgepikt en doorverteld. En zoals dat nu eenmaal gaat met roddels: hoe sensationeler ze waren, des te sneller gingen ze rond.

Zodra de lastercampagne op stoom kwam, bleef Joe weg uit Clifton.

De school stuurde hem met betaald verlof en voor het eerst sinds vele jaren draaide zijn leven niet om zijn leerlingen en het schoolrooster. Hij miste het allemaal vreselijk en hij miste ook zijn vrienden, van wie er velen zich langzaam terugtrokken.

Maar het allermeest miste hij zijn geliefde Mickey; zijn vrouw en beste vriendin.

Eén keer per week ging hij naar zijn huis in Clifton om het gras te maaien. Hij begon zich een indringer in zijn eigen woonplaats te voelen. Zijn buren deden nog steeds vriendelijk, maar anderen hielden afstand. Hij ging vaak naar het kerkhof, waar hij naast Mickeys graf zat te huilen. Het verlies was een rauw, rafelig gat in zijn hart. Dat hij ervan werd beschuldigd haar te hebben vermoord, maakte de pijn ondraaglijk.

Zijn christelijke geloof had hem altijd gesteund en geleid.

Hij bad meer dan ooit en las de Bijbel, op zoek naar hulp. Hij bleef naar de kerk gaan en werd gesterkt door zijn verbondenheid met de andere gelovigen. Maar die verbondenheid spatte uiteen toen zijn dominee hem op een dag belde en na een vriendelijk praatje eindelijk tot het werkelijke doel van het telefoontje kwam. Verschillende mensen van de First Baptist Church hadden geklaagd dat ze zich onbehaaglijk voelden door Joe's aanwezigheid. Vond hij het vervelend om weg te blijven tot de rechtszaak achter de rug was? Dat was de zoveelste pijnlijke klap, en Joe trok zich nog meer terug in zijn eigen, duistere wereld.

Niet lang daarna bracht de schoolinspecteur Joe een bezoek en vroeg hem ontslag te nemen.

Tot overmaat van ramp verscheen Charlie Blue weer op het toneel en bemoeide zich weer met de zaak door een rechtszaak aan te spannen om Mickeys nalatenschap te beschermen en te voorkomen dat Joe hun spaargeld opmaakte aan juridische kosten. De rechter stemde ermee in en Joe moest geld van zijn broers en zussen lenen om zijn advocaten te kunnen betalen. Otis en Vera, Mickeys ouders, verbraken alle communicatie met Joe.

Zes maanden na de moord begon de rechtszaak in de rechtbank van Bosque County in het dorp Meridian, de belangrijkste plaats van de county, die nog kleiner was dan Clifton. Joe's advocaten hadden de cruciale beslissing genomen om niet te verzoeken om een andere locatie. Ze redeneerden dat hun cliënt bekend en gerespecteerd was in zijn gemeenschap, en dat deze beschuldigde man het verdiende om door zijn dorpsgenoten te worden beoordeeld. Die beslissing leek verstandig toen de meeste potentiële juryleden hun hand opstaken nadat er werd gevraagd of ze Joe Bryan kenden of van hem gehoord hadden.

Voor zijn familie en vrienden was het een schok om hem

tussen zijn twee advocaten in achter de verdedigingstafel te zien zitten. Soms leek hij verdrietig en van slag, en andere keren kwam hij bijna strijdlustig en fel over, omdat iedereen wist dat deze rechtszaak een schijnvertoning was; hij was onschuldig en wilde gewoon dat het allemaal snel ging en dat de rechtszaak achter de rug was. Sinds de dag van zijn arrestatie was het geen moment bij Joe opgekomen dat hij schuldig zou worden bevonden aan de moord op Mickey. Hij was weleens bang dat het zou gebeuren, omdat rechtszaken nu eenmaal onvoorspelbaar waren, maar hij kende de waarheid en was er zeker van dat die hem zou redden. Hij hoorde niet in de rechtszaal, verdomme, iemand anders moest hier zitten.

De aanklager in de zaak was Andy McMullen, de gekozen officier van justitie, die weinig ervaring had met moordzaken. Het bewijs dat werd aangedragen door Joe Wilie en zijn team was zo belabberd en indirect en het zat zo vol enorme gaten, dat een schuldigverklaring twijfelachtig leek. Maar McMullen was niet van plan om tegen een Texas Ranger in te gaan die beweerde een belangrijke moordzaak te hebben opgelost.

McMullens taak was al vanaf het moment dat de rechtszaak begon een en al moeizaam geploeter. Hij had geen direct bewijs, hooguit indirect. Er waren geen getuigen; niemand had in de nacht dat Mickey was vermoord iets ongewoons gezien of gehoord. Om Joe voor de moord te veroordelen, zou het OM de juryleden zover moeten krijgen dat ze een ongeloofwaardige theorie geloofden: 1) op de avond van 14 oktober spraken Joe en Mickey elkaar rond kwart over negen aan de telefoon en wensten elkaar welterusten; 2) daarna glipte Joe uit zijn hotelkamer in Austin, tweehonderd kilometer verderop, en reed in twee uur naar zijn huis in Clifton; 3) Joe maakte die rit ondanks hevig onweer en ondanks een oogprobleem dat cornea-erosie heet, een aandoening waardoor hij 's nachts moeilijk kon zien; 4) Joe kwam rond middernacht thuis, parkeerde zijn auto op de oprit, maakte de voordeur open met zijn sleutel en ging de keuken binnen; 5) Joe liep door het donkere huis terwijl Mickey lag te slapen, vond zijn .357 Magnum-pistool, laadde dat vol met hagel, vond de zaklamp en ging naar hun donkere slaapkamer, waar hij vier keer op zijn vrouw schoot; 6) en terwijl hij erop los schoot, hield hij de zaklamp zo vast dat Mickeys bloed, van bloedgroep O, op Joe, de muren, het plafond en de zaklamp zelf spetterde; 7) Joe, die onder het bloed zat, waste zich, trok schone kleren en schoenen aan, gooide de bebloede kleren weg en verliet zijn huis; 8) terwijl hij ervandoor ging, pakte hij het pistool, dat nooit gevonden werd, en de zaklamp, die hij in de kofferbak van zijn auto legde, zich kennelijk niet bewust van het feit dat de spetters ook daarop terecht waren gekomen; 9) Joe 'pikte' ook de trouwring die hij aan zijn vrouw had gegeven, net als haar horloge en haar diamanten ring; 10) nadat hij zijn vrouw had vermoord, reed Joe op de vroege ochtend van 15 oktober terug naar Austin, glipte ongezien zijn kamer binnen, sliep een paar uur en verscheen stipt om halfnegen bij zijn vrienden aan het ontbijt, alsof er niets gebeurd was.

Met heel veel moeite zou dit bizarre scenario bijna kunnen worden verklaard. Bijvoorbeeld: Joe koos 14 oktober omdat hij dan niet thuis zou zijn en zijn alibi goed zou worden vastgelegd; hij reed in vier uur heen en weer met zijn beperkte gezichtsvermogen omdat hij dat per se wilde, want hij wist dat iedereen in het dorp op een dinsdagnacht diep in slaap zou zijn, dus hoefde hij zijn auto niet te verbergen; hij kon stilletjes zijn huis binnengaan omdat hij een sleutel had; misschien had hij zijn pistool van tevoren gela-

The Norfolk Four, van links naar rechts: Eric Wilson, Derek Tice, Joe Dick en Dan Williams (foto's ter beschikking gesteld door de families)

Clarence Brandley wordt op 2 september 1980 naar de gevangenis van Montgomery County gebracht vanuit de stadsgevangenis van Conroe (met dank aan de *Houston Chronicle*)

Clarence Brandley in de bezoekerskooi van de dodencel, circa 1987 (ter beschikking gesteld door Centurion)

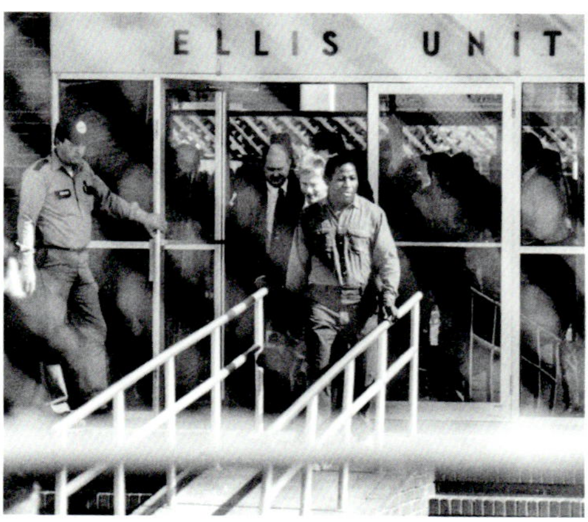

LINKS: Clarence Brandley zet zijn eerste stap naar de vrijheid op 23 januari 1990, na tien jaar dodencel (ter beschikking gesteld door Centurion) RECHTS: Een foto van Clarence, vlak na zijn vrijspraak in 1990 (fotograaf onbekend)

LINKS: Kennedy Brewer na zijn vrijspraak, bij het Martin Luther King, Jr. Memorial in Washington D.C. (ter beschikking gesteld door Joe York) RECHTS: Levon Brooks na zijn vrijspraak, nog steeds met zijn oorbel (ter beschikking gesteld door Joe York)

DOMINIC LUCCI

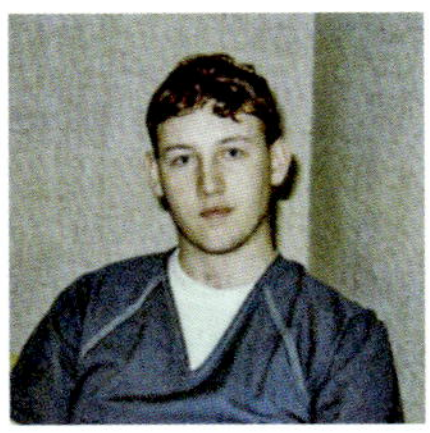

MARK JONES

KEN GARDINER

BOVEN: Politiefoto's, 31 januari 1992 ONDER: Vlak nadat op 18 juli 2018 alle aanklachten waren ingetrokken (ter beschikking gesteld door Centurion)

Marks moeder, Deborah McGill, omhelst haar zoon voor het eerst in zesentwintig jaar op het moment van zijn vrijlating op 20 december 2017 om twee minuten over halfvier 's middags (ter beschikking gesteld door Centurion)

Op 20 december 2017 vierden Kenneth Gardiner, Dominic Lucci en Mark Jones (van links naar rechts) hun vrijheid, direct na hun vrijlating uit de gevangenis (ter beschikking gesteld door Centurion)

Mark Jones, Dominic Lucci, Jim McCloskey en Kenneth Gardiner (van links naar rechts) zien elkaar in 2021 weer in Princeton, New Jersey (ter beschikking gesteld door Centurion)

Derrick Chappell in de gevangenis (met dank aan het Pennsylvania Innocence Project)

Morton Johnson met zijn advocaat van het Innocence Project, Vanessa Potkin (met dank aan het Innocence Project)

Samuel Grasty
(met dank aan het Innocence Project)

In juli 1983 bezoekt de man van Ellen Reasonover, Glen Baldwin, zijn vrouw in de gevangenis (foto gemaakt door een gedetineerde)

Ellen Reasonover, veroordeeld voor moord met voorbedachten rade, op 11 januari 1984, een paar dagen voordat ze werd veroordeeld tot levenslang met vijftig jaar lang geen kans op vervroegde vrijlating (ter beschikking gesteld door de St. Louis Mercantile Library van de universiteit van Missouri-St.Louis)

In 1986, tijdens haar gevangenschap, haalt Ellen Reasonover een certificaat voor Legal Research and Writing (foto gemaakt door een gedetineerde)

Ellen Reasonover viert haar vrijheid in het kantoor van Centurion Princeton, najaar 1999 (ter beschikking gesteld door Centurion)

Joe en Mickey Bryan uit Clifton, Texas (met dank aan Joe Bryan)

Op 1 mei 2024 bezoekt Joe Bryan voor het eerst in vijfendertig jaar het graf van Mickey (met dank aan Joe Bryan)

Foto van het verdedigingsteam van David Alexander en Harry Granger, genomen in de Angola-gevangenis in Louisiana (foto genomen door een gedetineerde)

Harry en David in Princeton, ter ere van Jims pensionering in 2015 (ter beschikking gesteld door Centurion)

David met zijn moeder Iris Alexander, in 2018 in zijn huis in New Iberia (ter beschikking gesteld door Centurion)

De eenentwintigjarige Kerry op 4 juli 1977, een paar weken na de moord op Linda Jo Edwards. Linda's huisgenoot zag de moordenaar en beschreef hem als iemand met 'zilvergrijs haar, dat in een middellang kapsel was geknipt dat net tot op zijn oren viel' (met dank aan Rhonda Orms)

De eenenveertigjarige Kerry met Jim McCloskey en Paul Nugent op 13 november 1997, als hij uit de gevangenis komt na twintig jaar dodencel in Texas (ter beschikking gesteld door Centurion)

Kerry en Sandra op hun trouwdag, 25 maart 2000 (met dank aan rechter Maryellen Hicks)

Nu de dodencel een paar jaar achter hem ligt, genieten Kerry en Sandra in 2003 van het gezinsleven met hun grote trots, hun zoon KJ van drie (ter beschikking gesteld door de familie)

Todd Willingham in de dodencel (© Ken Light/ Contact Press Images)

De ravage na de brand in Corsicana, Texas, in december 1991 (ter beschikking gesteld door Texas State Fire Marshal's office)

Stacy en Todd Willingham en hun drie dochters (ter beschikking gesteld door de familie van Todd Willingham)

den en lag het al klaar; hij wilde het licht in de slaapkamer niet aandoen omdat Mickey dan misschien wakker zou worden en zich zou verzetten, dus viel hij liever in het donker aan zodat ze weerloos zou zijn en nooit zou weten wie haar had vermoord; hij wist dat het een bloederige bedoening zou worden, dus had hij al schone kleren en schoenen klaargelegd zodat hij makkelijk weg kon. Enzovoort.

Elk detail kon van alle kanten worden betwist. Maar in een strafzaak moet een veroordeling zonder gerede twijfel worden bereikt, en mag die niet worden gebaseerd op wat er *zou kunnen of had kunnen* gebeuren. Er is solide bewijs vereist, en in *de Staat versus Bryan* had de Staat daarvan weinig of niets te bieden.

Bovendien ontbrak een motief. Tijdens de rechtszaak was het OM niet in staat om ook maar het allerkleinste flintertje bewijs te leveren dat Joe en Mickey huwelijksproblemen hadden. Integendeel. Na maandenlang hun vrienden en familie te hebben doorgezaagd, hadden de rechercheurs helemaal niets gevonden wat wees op een spoortje van een conflict of een woord van ongenoegen.

Ook de homoseksuele invalshoek was op niets uitgedraaid. Ondanks de insinuaties, de roddels en de beladen vragen die ze in de county hadden rondgestrooid, hadden de rechercheurs geen greintje bewijs van fout gedrag bij Joe kunnen ontdekken, of dat nu met mannen of met vrouwen was. Ze hadden geprobeerd Joe door het slijk te halen, maar de rechtszaal zat tot de nok toe vol met zijn vrienden en aanhangers, wat duidelijk bewees dat hij bewonderd werd en zelfs geliefd was. Zo'n veertig van zijn vrienden waren van plan om voor hem te getuigen.

McMullens openingspleidooi voor de jury was zo niet-overtuigend en ineffectief dat het bijna een overgave was, alsof hij toegaf dat het OM niet echt een sterke zaak had.

Over het algemeen grijpen aanklagers die geen sterk bewijs hebben naar hoogstaande ethische standpunten en schreeuwen ze een hoop, waarbij ze zelfs de Heilige Schrift of Shakespeare aanhalen om de aandacht van de jury van hun zwakke zaak af te leiden. Dat deed McMullen niet. Hij presenteerde geen theorie over de zaak. Hij bazelde maar wat, kwam met een paar clichés aanzetten en bedankte de juryleden voor hun diensten.

Het vuurwerk kwam daarna, van een andere aanklager, een jurist van buiten het dorp, die Garry Lewellen heette. Toen Charlie Blue gefrustreerd was geraakt door het trage tempo van het onderzoek, had hij zijn eigen rechercheur erbij gehaald. Nu was hij al net zomin onder de indruk van McMullen, dus huurde hij zijn eigen aanklager in: Garry Lewellen. Volgens de Texaanse wet mocht het slachtoffer van de familie een speciale aanklager inhuren, zolang de officier van justitie de leiding over de zaak hield.

Lewellen was luidruchtiger en opvliegender dan McMullen, en hij blafte voldoende om de aandacht van de jury te trekken. Maar het OM raakte het momentum dat hij aan de zaak had gegeven algauw weer kwijt. De jury kreeg schokkende foto's van de plaats delict en plattegronden van de slaapkamer en het huis te zien, die allemaal weinig aantoonden. De twee mensenharen die in een kartonnen doos in de kofferbak van Joe's Mercury waren aangetroffen, kwamen niet overeen met die van hem of Mickey. Sommige vingerafdrukken in de slaapkamer waren van Joe, maar het was dan ook zijn slaapkamer. Er werden er ook een paar op zijn zaklamp gevonden. Hij had ook nooit ontkend dat die van hem was. Een ongeïdentificeerde handafdruk die in de slaapkamer was aangetroffen, was niet van Joe en kon ook niet in verband worden gebracht met Mickey, omdat de vergelijkingstesten verknoeid waren. Een scheikundige uit het forensisch lab van de staat getuigde dat ze foto's van de zaklamp onder haar microscoop had bekeken en een fragment had gezien waarvan ze dacht dat het afkomstig *zou kunnen zijn geweest* van de plastic hulzen die op de plaats delict waren gevonden.

Opmerkelijk genoeg was de zaklamp niet in de rechtszaal aanwezig. Het is niet duidelijk waar die destijds werd bewaard, maar uit het dossier blijkt duidelijk dat het OM die niet aan de jury liet zien. Alle analyses van de zaklamplens waren uitgevoerd door *foto's* van de zaklamp te bestuderen, en niet de zaklamp zelf.

De eerste dagen van de rechtszaak sleepten zich voort zonder dat er belastend bewijs tegen Joe werd gepresenteerd.

Het belangrijkste bewijsstuk was potentieel ook het schadelijkst voor de zaak van het OM: de sigarettenpeuk die op de keukenvloer gevonden was. Omdat Joe en Mickey geen van beiden rookten, was het redelijk om aan te nemen dat de moordenaar doodgemoedereerd een sigaret had gerookt nadat – of misschien zelfs voordat – hij het misdrijf had gepleegd.

Hoe dan ook, de sigarettenpeuk was een groot probleem voor het OM. Iemand had die peuk daar achtergelaten, en die iemand was de moordenaar.

Maar Joe Wilie liet zich niet van de wijs brengen. Hij had een nieuw verhaal. Hij legde de jury geduldig uit dat hij zelf op die sigarettenpeuk was getrapt toen hij buiten stond, en dat hij die zonder dat hij het wist mee de keuken in had genomen, waarna hij van de zool van zijn cowboylaars was gevallen. Hoe de Ranger wist dat hij erop getrapt had, werd er niet bij verteld. Hoe hij wist dat hij het ding een paar tellen later op een of andere manier mee de keuken in had genomen, werd er ook niet bij verteld. Probleem opgelost.

En Wilie had zelfs een getuige. Een politieagent, Kenneth Fields, getuigde dat hij inderdaad had gezien dat de sigarettenpeuk van Wilies laars op de keukenvloer viel. Natuurlijk had Fields dat op dat moment tegen niemand gezegd en het ook niet in zijn rapport geschreven. In Wilies eigen rapport van vijfentwintig pagina's wordt met geen woord gerept over de kleverige sigarettenpeuk.

Op de vierde dag van de rechtszaak riep het OM Charlie Blue naar de getuigenbank.

Hij en Lewellen, de aanklager die hij betaalde, dreunden een goed gerepeteerd vraag-en-antwoordspel op om vast te stellen dat Blue de bezorgde oudere broer was die alleen maar gerechtigheid wilde voor zijn zus. Hij vertelde de jury zijn verhaal over zijn ontmoeting met Saunders, zijn privédetective, en dat ze samen hadden rondgereden op het platteland, tot ze langs de weg waren gestopt voor een plaspauze. Nadat ze de kofferbak hadden opengemaakt, zag Blue de zaklamp, merkte de rode vlekjes op de lens op en zei meteen: 'Dat lijkt wel bloed.' Het was niet verrassend dat Saunders dat beaamde.

Ook nu weer kregen de juryleden niet de kans om naar de zaklamp te kijken. In plaats daarvan kregen ze kleurenfoto's waarop ternauwernood wat piepkleine, nauwelijks te onderscheiden vlekjes te zien waren.

De zaak van het OM sleepte zich moeizaam voort, met weinig drama en geen duidelijk bewijs van Joe's schuld. De meest cruciale getuigenis was afkomstig van Joe Wilie, toen hem tijdens het kruisverhoor door Joe's advocaten werd gevraagd naar de afwezigheid van een motief. Ze vroegen: 'U bent helemaal niet met een motief gekomen waarom deze man zijn vrouw zou vermoorden, of wel soms?'

Wilie antwoordde: 'Ze levert hem driehonderdduizend

dollar op door haar dood, als u naar een motief wilt raden.'

Die bewering was niet alleen opruiend en hoogst schadelijk, maar bovendien niet waar. Mickeys levensverzekering was ruwweg honderdvijftigduizend dollar. Na haar dood hadden Joe en zij ongeveer vijfendertigduizend dollar op de bank en een bescheiden huis met een hypotheek. Het was verwerpelijk om onder ede te getuigen dat Joe's motief – het enige mogelijke motief – van financiële aard was geweest. Het noemen van de levensverzekering had reden moeten zijn voor een nietigverklaring van het proces.

Joe's advocaten sprongen dan ook overeind en protesteerden hevig. De aanklagers schreeuwden terug. Nadat de rust was weergekeerd, stond de rechter de getuigenis toch toe.

Na vier dagen had het OM niets dan zwak bewijs gepresenteerd, dat niet alleen indirect was, maar grotendeels ook dubieus. Het verloop van de zaak veranderde drastisch op de vijfde dag, toen Robert Thorman plaatsnam in de getuigenbank. Als onlangs gecertificeerde deskundige op het gebied van bloedsporenanalyse zou hij zorgen voor wetenschappelijke zekerheid in een verder troebele zaak.

Zoals de meeste getuigen-deskundigen doen, begon Thorman met een brallerige uiteenzetting van zijn geloofsbrieven en opleidingen: zijn lange carrière bij de politie en zelfs de militaire politie, en zijn opleiding op het gebied van bloedsporenanalyse. De jury wist niet dat hij geen wetenschappelijke studie op dat gebied had gedaan, en dat zijn enige opleiding bestond uit een cursus van veertig uur in een hotel in Beaumont, vier maanden daarvoor.

Daarna legde hij de fundering voor zijn expertise door de plaats delict te beschrijven toen hij daar op de avond van 15 oktober aankwam. De jury had al genoeg bloederige beelden gezien en zat niet op meer te wachten. Thorman zei dat er een 'enorme hoeveelheid' spetters was geweest en dat er een 'enorme hoeveelheid' bloed op de moordenaar moest hebben gezeten, wie het ook mocht zijn.

De zaklamp was het cruciale bewijsstuk, en daar kwam Thorman algauw op. Omdat de zaklamp niet beschikbaar was en niemand ooit kon vertellen waar dat verdomde ding was, gebruikte Thorman een paar foto's die de jury al gezien had. Ze toonden geen herkenbaar bloed, maar eerder een paar kleine vlekjes, die voor het oog van de gemiddelde persoon niets voorstelden. Maar voor een hoogopgeleide deskundige als Thorman zat er een enorme hoeveelheid bewijsmateriaal in die vlekjes. Ze waren veroorzaakt door terugslag, of 'terugspetteren' zoals hij het noemde, en ze waren – voor hem in elk geval – bewijs dat het bloed van het slachtoffer vanuit haar wonden van baan was veranderd en op hoge snelheid was teruggekomen. Omdat een deel van het bloed op de zaklamp terecht was gekomen, kon je redelijkerwijs aannemen dat de zaklamp zich op de plaats delict had bevonden.

Thorman zei verder dat de afwezigheid van spetters op het handvat van de zaklamp erop duidde dat iemand het ding vasthield tijdens het schieten.

Dat paste naadloos in het scenario van het OM dat Joe stiekem zijn eigen huis was binnengegaan, het licht niet had aangedaan omdat hij bang was dat de persoon die hij zou gaan vermoorden dan wakker zou worden, en met de zaklamp in zijn ene hand en het pistool in zijn andere hand de slaapkamer in was gegaan.

Thorman gebruikte een paar wetenschappelijke termen die hij onlangs had geleerd en vermengde die met wat gewoon jargon om te zeggen dat hij zeker wist dat de zaklamp een cruciaal onderdeel van de moord was geweest. Na de schietpartij had Joe het ding in de kofferbak van zijn auto gelegd, maar hij was vergeten het bloed eraf te vegen. En omdat Mickey bloedgroep O had gehad (net als miljarden andere mensen) was het, voor Thorman en de onderzoekers tenminste, duidelijk dat Joe zijn vrouw had vermoord.

Bij het kruisverhoor vroeg Joe's advocaat aan Thorman hoe het kon dat Joe's auto, de Mercury, zo smetteloos schoon was toen de rechercheurs hem onderzochten, ondanks de 'enorme hoeveelheid' bloed die was teruggespetterd op de moordenaar. Er was nergens een spoor van bloed te bekennen. En hoe had de moordenaar de plaats delict kunnen verlaten zonder ook maar een spoor van Mickeys bloed mee te nemen? Het forensische team had geen bloedige vingerafdrukken en geen laars- of schoenafdrukken aangetroffen.

Nu begon Thorman te improviseren. Hij speculeerde dat Joe zich had gewassen en schone kleren en schoenen had aangetrokken, en dat hij ook nog de tijd had gevonden om zijn auto grondig schoon te maken.

Thormans zogenaamde vakgebied was bloedsporenanalyse, en die was afgebakend door de plaats delict zelf. Hij had een certificaat om dat aan te tonen. Waar haalde hij dan de kennis vandaan om te voorspellen wat een moordenaar zou kunnen doen nadat die de plaats delict had verlaten? Hoe kon hij in hemelsnaam zeker weten dat de moordenaar zich had gewassen, schone kleren en schoenen had aangetrokken en zijn auto had schoongeboend om bloedvlekken te verwijderen?

Het was allemaal speculatie. Thorman begaf zich ver buiten zijn expertisegebied. Dat gedeelte van zijn getuigenis was gebaseerd op vooroordelen en het was ontoelaatbaar, dus had het moeten worden geschrapt, met een waarschuwing aan de jury om deze getuigenis buiten beschouwing te laten. Joe's advocaten protesteerden luidkeels, maar de rechter stond deze rammelende getuigenis toch toe.

Robert Thorman redde de zaak van het OM door er wetenschappelijke zekerheid aan te verlenen. Tot aan zijn getuigenis hadden de aanklagers zich stuntelend door een ratjetoe aan geruchten, speculatie, halve waarheden en insinuaties heen geploeterd. Maar op het laatste moment had een gecertificeerde deskundige de zaklamp uit de kofferbak van Joe's auto aangegrepen als belangrijk onderdeel van de moord op Mickey.

Thorman had het tij op dramatische wijze gekeerd.

Vijf dagen lang had Joe achter de tafel van de verdediging gezeten en hulpeloos toegekeken terwijl het OM een niet-overtuigende zaak in elkaar probeerde te puzzelen, waarmee uiteindelijk niet zijn schuld bewezen werd. Hoe zou dat ook kunnen? Hij wilde heel vaak opstaan en schreeuwen: 'Ik ben onschuldig! Ik heb het niet gedaan! Jullie hebben de verkeerde te pakken! De moordenaar loopt nog vrij rond!'

Hij had Mickey niet vermoord en had er alle vertrouwen in gehad dat dat tijdens de rechtszaak zou worden aangetoond. Maar nadat hij vijf dagen lang was beschuldigd door de gerespecteerde autoriteiten, zelfs een Texas Ranger, was hij bang. Zijn angst werd veroorzaakt door de gezichten en de reacties van de juryleden, die aanvankelijk sceptisch hadden geleken, maar na urenlang beschuldigingen aan zijn adres te hebben aangehoord nu argwanende blikken op Joe wierpen. De deskundige getuigenis van Thorman leek hun aandacht te trekken.

Joe begon te begrijpen hoe een vermoeden van schuld werkte. Het ging ongeveer zo: bij een moord zoals die op Mickey is de gemeenschap geschokt en wil onmiddellijk gerechtigheid. De mensen willen dat de moordenaar gepakt, opgesloten en gestraft wordt. Als er een verdachte wordt gearresteerd, is het publiek opgelucht en wordt er een overhaast oordeel geveld: de verdachte moet wel schuldig, of in elk geval betrokken zijn, anders zou de politie hem niet arresteren. Als eenmaal het vermoeden bestaat dat de verdachte schuldig is, wordt hij naar de rechtbank gesleept, en daar komt hij tegenover de macht van de Staat te staan – de politie en de openbaar aanklagers, precies de autoriteiten waarvan iedereen altijd is ingeprent dat ze te vertrouwen zijn. De juryleden, gewone mensen die uit de gemeenschap zijn geselecteerd, stellen veel meer vertrouwen in de getuigenis van de autoriteiten dan in alles wat door de verdachte wordt aangedragen, want die vecht natuurlijk voor zijn leven en doet alles om zijn hachje te redden.

Joe realiseerde zich dat ze vermoedden dat hij schuldig was. De rechtszaak was niet eerlijk. Het speelveld was niet gelijk verdeeld.

Hij wilde per se voor zichzelf getuigen. Hij had niets verkeerd gedaan en had absoluut geen strafblad waar hij zich zorgen om hoefde te maken bij het kruisverhoor. Zijn gedrag was onberispelijk en zijn advocaten beaamden dat hij voor zichzelf kon spreken. Hij begon met alles te ontkennen wat de jury zojuist had gehoord. Hij was in een hotelkamer tweehonderd kilometer verderop toen zijn vrouw werd vermoord. Hij had haar niet vermoord, daar had hij geen reden toe, hij had geen motief. Het was absurd om iets anders te suggereren. Die zaklamp was van hem, maar hij had hem niet in de kofferbak van zijn auto gelegd en kon zich ook niet meer herinneren hoe dat ding daar terecht was gekomen.

Soms was hij emotioneel, vooral als hij over Mickey sprak, maar hij hield zichzelf in de hand en overleefde het rechtstreekse verhoor.

Bij het kruisverhoor bestookte Garry Lewellen hem met een eindeloze stortvloed aan beschuldigingen, waarmee Joe werd weggezet als leugenaar. Joe hield voet bij stuk en zei telkens weer dat hij zijn hotelkamer die avond nooit had verlaten. Keer op keer herhaalde hij: 'Ik weet het niet, ik weet het niet, ik heb hier nooit iets van begrepen.' Terwijl Lewellen maar op hem in bleef hakken, barstte Joe in tranen uit en zei steeds opnieuw: 'Ik heb Mickey niet vermoord en ik weet niet wie het wel gedaan heeft.'

Lewellen kreeg het laatste woord, en het laatste wat de jury hoorde was zijn luide, boze eindpleidooi, dat hij afsloot met: 'Mickey ging die avond niet naar bed zonder de ramen en deuren te vergrendelen. Ze deed de deur op slot en er kwam een man binnen met een sleutel, en nadat de hel was losgebroken in die slaapkamer, ruimde hij alles op, trok schone kleren aan, veegde de badkamer schoon, gooide zijn kleren in een zak en liep de voordeur uit. Daarna reed hij terug, liep het Hyatt-hotel binnen en deed of zijn neus bloedde.'

De jury beraadslaagde slechts vier uur en oordeelde dat Joe schuldig was aan moord. Hij werd veroordeeld tot negenennegentig jaar cel. Een week later werd hij op de achterbank van een patrouillewagen gezet en kwam na tweehonderdvijftig kilometer aan bij de gevangenis van Huntsville, waar zich de drukke executiekamer van de staat bevond. Het gevangenisgebouw had hoge muren van rode baksteen en zag er met zijn wachttorens uit als een middeleeuws kasteel. Bij de eerste aanblik schrok Joe hevig, maar inmiddels was hij bijna gevoelloos voor de zoveelste klap die werd toegebracht aan de waarheid en zijn vrijheid. En gek genoeg was hij niet bang. Hij wist dat God hem zou beschermen.

In april 1986 kwam Joe op zesenveertigjarige leeftijd binnen in het Texaanse gevangenissysteem, waar hij de volgende vierendertig jaar zou blijven.

De gevangenis is zelfs voor degenen die het verdienen een vreselijke plek. Voor een onschuldig persoon is het de voortzetting van een onvoorstelbare nachtmerrie. Voor Joe was het einde verhaal, de laatste halte, de plek waar hij nooit meer weg zou komen. Beroofd van degene van wie hij hield, vals beschuldigd door strijdlustige politiemensen, ten onrechte veroordeeld door een corrupt systeem, en verbannen naar een hel waar hij tot zijn dood zou moeten blijven, belandde hij onmiddellijk in een toestand van donkere, oneindige depressie. De eerste dagen en nachten in Huntsville was hij verdoofd en in zichzelf gekeerd. Hij voelde zich net een zombie en beleefde de dagelijkse routines in een roes, terwijl hij zichzelf wijs probeerde te maken dat de nachtmerrie als bij toverslag voorbij zou zijn. De eenzaamheid was afschuwelijk pijnlijk. Hij werd twee keer aangevallen door belagers, maar wist ze van zich af te slaan en werd met rust gelaten.

Zijn cel was anderhalve bij tweeënhalve meter, wat al een krappe ruimte was voor één man, maar Joe had ook nog een celgenoot, een *cellie*, die het onderste bed had omdat hij er het langst zat. Het vermijden van fysiek contact vereiste behendigheid en geduld. Als een van hen naar het toilet moest, verdween de ander.

Het duurde niet lang voordat Joe besefte dat er een week was verstreken, en daarna nog een. Daarna een maand. Hij raakte algauw geïnstitutionaliseerd en bracht de dag door zoals hem werd opgedragen. Zo goed als elk aspect van zijn leven werd voor hem bepaald: opstaan, eten, twee keer per week douchen, werken, sporten, bezoekjes van zijn familie en zijn advocaten. In zijn schaarse vrije tijd speelde hij piano tijdens de kerkdiensten in de kapel, gaf andere medegedetineerden les als ze schoolcertificaten wilden halen, hielp gevangenismedewerkers die een studie volgden en las minstens twee boeken per week.

Zijn advocaten deden alsof ze optimistisch waren over zijn kansen in hoger beroep, al hadden ze persoonlijk ervaring met de keiharde reputatie van de Texaanse hoven van beroep voor strafzaken. Joe bekeek zijn zaak opnieuw; hij las en bestudeerde alles, van de akten die waren ingediend door zijn advocaten tot de rechtbankverslagen, de moties en het oordeel van de rechter.

Hij sprak zo vaak mogelijk met zijn advocaten af, als die zich vrij konden maken om naar Huntsville te komen. In hun verweerschriften voerden ze onvermoeibaar aan dat de zaak van het OM onvoldoende was, dat het in Thormans werk ontbrak aan wetenschappelijke integriteit en dat er gewoonweg geen redelijke grond was om Joe, de echtgenoot, als verdachte neer te zetten.

Joe Wilies arrogante getuigenis trok de aandacht van het hof van beroep.

Hij zat volkomen fout toen hij tegen de jury beweerde dat Joe driehonderdduizend dollar zou opstrijken door Mickeys dood. Het werkelijke bedrag van haar levensverzekering was ongeveer de helft, maar zo'n getuigenis zette hoe dan ook aan tot vooroordelen, ongeacht het bedrag.

Twee jaar na de rechtszaak werd Joe's veroordeling teruggedraaid. Hij was door het dolle heen en dacht – heel even – dat er een eind zou komen aan het onrecht. Maar nee hoor, de Staat beschuldigde hem prompt opnieuw en plande een tweede rechtszaak in.

Die was een herhaling van de eerste, met dezelfde aanklagers en dezelfde getuigen.

Robert Thorman was nu nog zekerder van zijn bevindingen en begaf zich ook nu weer ver buiten zijn 'expertise'-gebied. Het enige beduidende verschil was het gebrek aan steun van Joe's vrienden. Slechts een paar van hen wilden in zijn voordeel getuigen. De rest was afgehaakt.

In juli 1988 werd Joe opnieuw schuldig bevonden aan moord en nogmaals veroordeeld tot negenennegentig jaar gevangenisstraf.

Naarmate bloedsporenanalyse in de jaren tachtig en negentig populairder werd, werd het ook controversiëler. Advocaten bekritiseerden het keer op keer als pseudowetenschap. Andere deskundigen – echte wetenschappers – bestudeerden het en vonden een heleboel tekortkomingen. Door verschillende beruchte zaken rezen er serieuze twijfels over de betrouwbaarheid ervan.

De meest stuitende fout werd misschien wel gemaakt in de zaak tegen David Camm, een trooper van de staatspolitie uit Indiana die dertien jaar achter de tralies zat vanwege een afschuwelijk misdrijf waar hij niets mee te maken had. Op een lenteavond in maart 2000 was Camm met wat vrienden aan het basketballen en reed na afloop van de wedstrijd naar huis. In zijn garage trof hij een onbeschrijfelijk bloederig tafereel aan: zijn vrouw en twee kinderen waren doodgeschoten. Ondanks het gebrek aan motief, en ondanks de getuigenissen van talloze mensen die hem bij de basketbalwedstrijd hadden gezien en zijn alibi bevestigden, geloofden politie en justitie toch dat Camm de moordenaar was. Ze vonden acht bloedvlekjes op zijn T-shirt en ze vonden ook een paar deskundigen die zeiden dat de vlekjes daar 'met hoge snelheid op gespat' waren. Met andere woorden: het T-shirt was aanwezig tijdens de moorden. Camms advocaten kwamen met deskundigen die daar fel tegen ingingen en getuigden dat de acht vlekjes 'overgedragen bloedspatten' waren, oftewel bloedvlekjes die op het shirt waren gekomen toen Camm verwoed probeerde hulp te verlenen. Hij werd berecht, schuldig bevonden, ging in hoger beroep, kreeg een herziening, werd opnieuw berecht, werd opnieuw schuldig bevonden, ging weer in hoger beroep, kreeg opnieuw een herziening, en werd voor de derde keer berecht. Aan het eind van zijn derde rechtszaak, dertien jaar na zijn arrestatie, werd hij eindelijk vrijgesproken en ging vrijuit.

Een inbreker met een strafblad werd veroordeeld nadat zijn DNA overeen bleek te komen met bewijs van de plaats delict.

Er volgden meer geruchtmakende onterechte veroordelingen, waardoor bloedsporenanalyse nog controversiëler werd, net als andere vormen van schimmig forensisch onderzoek, zoals de analyse van haren, schoenafdrukken, brandstichting en bijtsporen. Strafrechtbanken in heel Amerika werden overspoeld met onwetenschappelijke getuigenissen door onbevoegde deskundigen die een aardig bedrag kregen van de aanklagers. Mettertijd werden veel onterechte veroordelingen nietig verklaard omdat advocaten en Innocence-voorvechters aan de weg timmerden en DNA-tests steeds veelvuldiger werden ingezet en accuraat bleken.

In 2009 publiceerde de National Academy of Sciences een uitgebreid rapport met gigantische gevolgen voor het strafrecht. Als reactie op de vloedgolf aan klachten van advocaten, rechtsgeleerden en forensische wetenschappers, en ook als reactie op het toenemende aantal sensationele vrijspraken van onschuldige mensen op basis van DNA-tests, was de NAS aan de slag gegaan en had de forensische disciplines onder een vergrootglas gelegd. De bevindingen waren verontrustend.

Veel van wat doorging voor deskundige getuigenissen was zeer speculatief en niet gebaseerd op wetenschappelijk onderzoek. Met betrekking tot bloedsporenanalyse gaf het rapport een aantal kritische waarschuwingen en sloot af met: 'De onzekerheden die gepaard gaan met bloedspoorpatroonanalyse zijn enorm.'

De advocaten die Joe bijstonden in zijn hoger beroep, Walter Reaves en Jessica Freud, brachten zijn zaak naar de federale rechtbank met een habeas corpus-akte. Om dat met succes te kunnen doen, moesten ze nieuw bewijs van zijn onschuld kunnen presenteren. Ze overtuigden de rechtbank ervan om toestemming te geven voor nieuwe DNA-tests van de sigarettenpeuk en de zaklamplens. Beide bleken tevergeefs: er kon van geen van beide een DNA-profiel worden verkregen. Maar uit één test kwam een schokkende conclusie: er was geen bewijs dat het bloed op de lens daadwerkelijk bloed was!

In 2017, in een hoorzitting om te bepalen of Joe een nieuwe rechtszaak moest krijgen, lieten de advocaten de rechtszaal versteld staan door een beëdigde verklaring van Robert Thorman, die inmiddels met pensioen was. Thorman schreef: 'Mijn conclusies waren verkeerd. Sommige technieken en methoden waren onjuist. Daardoor was een deel van mijn getuigenis niet correct.' Maar, schreef hij verder, 'ik heb absoluut niet gelogen in mijn rapport of getuigenis, want ik deed destijds wat ik juist achtte op basis van mijn opleiding'.

Tijdens diezelfde hoorzitting getuigde een DNA-analist van het forensisch lab in Texas dat hij zes piepkleine vlekjes op de zaklamplens had getest. Vijf ervan waren negatief voor de aanwezigheid van bloed. Het zesde was positief, maar er kon niet worden vastgesteld wiens bloed het was. Er werden DNA-monsters van het handvat van de zaklamp genomen. Joe en Mickey werden beiden uitgesloten.

Walter Reaves en Jessica Freud vernietigden de zaak van de Staat tegen Joe.

Desondanks werd zijn aanvraag voor een nieuwe rechtszaak afgewezen.

Net als zijn verzoeken om vervroegde vrijlating. Ondanks zijn vrijwel onberispelijke staat van dienst in de gevangenis – geen wangedrag, geen reprimandes, uitsluitend goede beoordelingen van zijn cipiers, de leidinggevenden en zijn medegedetineerden – werd Joe's verzoek om vervroegde vrijlating zeven keer afgewezen.

In maart 2021 had Joe last van hartfalen en verkeerde hij in slechte gezondheid. Bovendien waren de gevangenisautoriteiten nerveus door de covidepidemie. De reclasseringsdienst draaide de beslissing om nooit verklaarde redenen terug en liet Joe vrij.

Hij werd verwelkomd door zijn familie en ging bij zijn oudere broer in Houston wonen.

Wie heeft Mickey Bryan vermoord? Omdat het onderzoek zo grondig is verprutst, zal de waarheid nooit boven tafel komen. Zodra de rechercheurs hadden besloten dat Joe gay was en daardoor in staat was tot moord en daardoor bereid was zijn vrouw te doden om haar koest te houden, en ook om haar levensverzekering op te strijken, arresteerden ze hem een week na de moord. Op dat moment waren ze in de greep van een ernstig geval van tunnelvisie en hielden ze abrupt op met naar andere verdachten zoeken. Ze hadden hun dader te pakken.

In plaats van verschillende verdachte aanwijzingen te volgen, prikten ze her en der rond, op zoek naar sporen van Joe's verachtelijke geheime leven. Ze vonden niets. De echte moordenaar liep nog vrij rond.

Als ze de moeite hadden genomen om iets beter te kijken, hadden ze de moordenaar misschien wel in hun midden gevonden. Er was sterk bewijs dat in de richting van een foute politieagent wees: Dennis Dunlap van de politie van Clifton.

Judy Whitley was het meisje van zeventien dat vier maanden voor de moord op Mickey was verkracht en vermoord. Haar naakte, vastgebonden lichaam werd op nog geen anderhalve kilometer van het huis van de Bryans gevonden. Joe Wilie had ook de leiding over dat onderzoek, dat onopgelost bleef. De druk van die eerste moord zou Wilie ertoe kunnen hebben aangezet om snel te handelen om de tweede 'op te lossen'.

Dennis Dunlap was een lanterfanter die voor verschillende politiebureaus in kleine dorpjes werkte en geen enkele baan lang volhield. Hij was in het verleden gewelddadig geweest tegen vrouwen en stond erom bekend dat hij hen tijdens zijn dienst lastigviel en achtervolgde. Hij was geen rechercheur Moordzaken en deed geen onderzoek naar de moord op Whitley, maar zijn collega's stonden er versteld van dat hij zoveel van de zaak wist en zelfs kon beschrijven hoe het slachtoffer was gestikt. Hij werd korte tijd als verdachte beschouwd, maar toen hij plotseling ontslag nam en het dorp verliet, hadden de rechercheurs geen belangstelling meer voor hem. Het bewijs van de zaak werd in een politiekluis bewaard en ook dat verdween. Het was bekend dat hij af en toe terugkeerde naar Clifton.

Joe Bryan heeft altijd het vermoeden gehad dat de politie van Clifton tegen Dunlap heeft gezegd dat hij weg moest gaan, om te voorkomen dat ze voor schut zouden staan. Zodra hij uit beeld was, werd er niet langer onderzoek naar hem gedaan.

In 1996 werkte Dunlap als conciërge in het stadje Rosenberg in Texas. Zijn vriendin belde het alarmnummer en toen de politie aankwam, vonden ze hem in de garage, waar hij aan een touw om zijn nek hing. Hij liet geen zelfmoordbriefje achter, maar kort voor zijn dood had hij aan zijn vriendin opgebiecht dat hij Judy Whitley had vermoord. Hij had tegen zijn ex-vrouw, niet zijn vriendin, opgeschept dat hij een affaire met Mickey had en dat hij bij haar was in de nacht dat ze werd vermoord.

Toen de politieagenten Dunlaps persoonlijke bezittingen doorzochten, vonden ze brieven en krantenknipsels die hem in verband brachten met de moorden in Clifton. Een nieuwe politiecommissaris daar bekeek de zaak-Whitley opnieuw en ondervroeg Dunlaps oud-collega's. Ze herinnerden zich dat hij op de hoogte was van de gruwelijkste aspecten van de verkrachting en de moord. In juni 1999, veertien jaar na de moord, verklaarde de politie van Clifton dat de moord was opgelost. De kop in de plaatselijke krant luidde: DUNLAP OFFICIEEL VERKLAARD TOT MOORDENAAR WHITLEY.

Er zou geen gerechtigheid volgen voor Mickey Bryan, en evenmin voor haar man. De politie heeft de zaak niet heropend, omdat Joe's veroordeling nog steeds staat.

Het is 1 mei 2024. Joe woont bij zijn oudere broer in Houston en is nog steeds voorwaardelijk vrij. Om Clifton en Bosque County te bezoeken, moet hij schriftelijk toestemming aan zijn reclasseringsambtenaar vragen. Het staat hem vrij om in de hele staat te reizen, behalve in Bosque County. De toestemming wordt verleend en Joe heeft de papieren in zijn auto.

Hij is al in geen vijfendertig jaar bij Mickeys graf geweest. Het bevindt zich op een oud kerkhof in een afgelegen gedeelte van de county, vlak bij het stuk grond dat al tientallen jaren in het bezit is van haar familie. Het kerkhof is verwaarloosd, slecht onderhouden, en terwijl hij door het onkruid tussen de oude grafzerken loopt, mompelt hij bij zichzelf: 'Mickey zou dit maar niets vinden.'

Hij vindt haar graf, loopt ernaartoe en begint te huilen nu de herinneringen bovenkomen. Het verlies is overweldigend: het verlies van zijn ware liefde en zijn beste vriendin, het verlies van al die jaren in de gevangenis, het verlies van een carrière waar hij zo van genoot, het verlies van vriendschappen.

Maar hij weigerde zijn christelijke geloof te verliezen. Hij bidt nog steeds en leest dagelijks de Heilige Schrift, net zoals in de gevangenis. Als eeuwige leraar leidt hij Bijbelstudiegroepjes, net als in de gevangenis. Hij speelt zelfs piano bij het koor, als ze hem dat vragen, net als in de gevangenis. Hij heeft de hel achter de tralies overleefd vanwege de kracht die hij in zijn geloof heeft gevonden. God heeft hem beschermd, zoals hij wist.

En Joe heeft de mensen die verantwoordelijk waren voor zijn vervolging al lang geleden vergeven. Hij kan mensen als Joe Wilie, Ron Brennand en Robert Thorman nooit vergeten, maar hij heeft ze vergeven.

Nu hij naar Mickeys naam op de grafzerk kijkt, veegt hij zijn ogen af, schudt zijn hoofd en stelt zachtjes de vragen waar hij al bijna veertig jaar mee leeft: 'Wie zou Mickey in hemelsnaam kwaad willen doen? En waarom?'

Achter de spiegel

Jim McCloskey

Het stadje New Iberia ligt aan een moerassige rivierarm in het zuiden van Louisiana, omringd door suikerrietvelden, niet ver van de Golf van Mexico. Het werd in de achttiende eeuw gesticht door Franse immigranten, later bekend als Cajuns, die daar vanuit Nova Scotia door de Britten naartoe waren verbannen. Tegenwoordig heeft het stadje zo'n dertigduizend inwoners – ongeveer voor de helft zwart en voor de helft wit – en is het de hoofdplaats van Iberia Parish; *parish* is het woord dat in Louisiana wordt gebruikt voor county. New Iberia is de geboorteplaats van de beroemde romanschrijver James Lee Burke en zijn fictieve rechercheur Dave Robicheaux, die voor het bureau van de sheriff van Iberia Parish werkt. Het stadje gaat er prat op dat het zich bij de plek bevindt waar de tabasco oorspronkelijk vandaan komt, Avery Island.

Op 30 maart 1976 even voor drie uur 's middags werd Louis Gladu op het platteland aan de rand van New Iberia beroofd en vermoord terwijl hij deed waar hij zich elke dag mee bezighield, namelijk werken in de Hasty Mart, een buurtsuper waarvan hij de eigenaar was. Hij werd in een plas bloed gevonden door Katherine Eldridge, een klant die zojuist was binnengekomen om frisdrank te kopen met haar twee kinderen, een van vijf en een baby. Hoewel ze bijna hysterisch was, lukte het haar toch om het bureau van de sheriff te bellen vanaf de betaaltelefoon in de winkel.

Binnen de kortste keren wemelde het in de winkel van de sheriffmedewerkers en de forensisch onderzoekers, in totaal twaalf mensen, inclusief de sheriff van Iberia Parish zelf, Gerald Wattigny, die meer dan twintig jaar eerder voor het eerst was gekozen voor deze baan. Het onderzoek werd geleid door hoofdinspecteur Horace Comeaux, hoofdrechercheur van de sheriff. Dit was een grote zaak. Het was een buitengewoon zinloze, niet uitgelokte moord die de kleine gemeenschap schokte. Gladu, een witte man van tweeënzestig, was tegen de grond geslagen en had daardoor een wond van vijf centimeter boven zijn rechterslaap opgelopen. Daarna was hij, terwijl hij op zijn rug lag, twee keer van dichtbij beschoten met een .32 kaliber Clerke-revolver, eenmaal in zijn hart en eenmaal in zijn neus. Hij was op slag dood.

De kassalade stond open en er was tweehonderd dollar gestolen. De elfhonderd dollar in Gladu's portemonnee en de zeshonderdvijfennegentig dollar in papieren zakjes die daar vlakbij lagen, waren in de haast over het hoofd gezien door de moordenaar of de moordenaars. Pakjes sigaretten die naast de kassa op de toonbank hadden gelegen, waren nu her en der over de vloer gestrooid. Gladu's bril lag bijna drie meter bij zijn lichaam vandaan. Er waren verse bandensporen gevonden op het grind van een oprit zo'n zeventig meter verderop in de straat, aan de kant tegenover de Hasty Mart. De politie maakte gipsafdrukken van de sporen.

Eldridge vertelde de politie dat ze onderweg naar de Hasty Mart langs een lichtblauwe auto was gekomen, die op het punt stond vanaf het grindpad de hoofdweg op te rijden waar zij reed, de Sugar Mill Road. Zodra ze die had verlaten en het parkeerterrein van de winkel op reed, scheurde diezelfde auto keihard voorbij. De zwangere Ellen Abney van negentien woonde in een stacaravan aan het grindpad. Even voor drieën werd ze door het geblaf van haar honden gewekt uit haar middagdutje en zag ze, dacht ze, een blauwe vierdeursauto met vier zwarte mannen erin keren op het doodlopende grindpad, waarna ze langs haar caravan reden bij het verlaten van het pad.

Hoofdinspecteur Comeaux liet het bureau een bevel uitvaardigen voor alle eenheden om uit te kijken naar een lichtblauwe vierdeursauto van een oud model, met vier zwarte mannen erin.

Er volgden zes vruchteloze dagen zonder verdachten. Terwijl sheriff Wattigny de druk op Comeaux opvoerde om een arrestatie te verrichten, schoot deputy-sheriff Eddie Moore, de enige zwarte persoon van het team, de hoofdrechercheur te hulp. Moore noemde zichzelf 'Shaft', naar de gladde, succesvolle zwarte privédetective uit de film *Shaft*. Om aan dat beeld te voldoen, had Moore steevast drie vuurwapens bij zich: een op zijn schouder, een op zijn heup en een op zijn enkel. In een poging indruk te maken op zijn baas, bracht hij op 5 april Mary Arceneaux mee, een zwarte vrouw en beroepscrimineel die beweerde dat ze informatie had over de moord in de Hasty Mart.

Mary was vijfendertig en had al een behoorlijk strafblad. In 1973 had ze schuld bekend voor twaalf keer ongedekte cheques uitschrijven. Ze kreeg vier maanden voorwaardelijke gevangenisstraf met een proeftijd van twee jaar. In mei 1974 werd ze beschuldigd van negen nieuwe gevallen van vervalsing en zeven nieuwe gevallen van ongedekte cheques uitschrijven. Ze pleitte schuldig voor één geval van vervalsing en alle zeven keren dat ze een ongedekte cheque had uitgeschreven. De rechter veroordeelde haar tot achttien maanden vanwege de vervalsing en nog eens tweeënveertig maanden vanwege de ongedekte cheques. Die laatste aanklacht schortte hij echter op, mits ze akkoord ging met een proeftijd van twee jaar onder begeleiding, die zou ingaan nadat ze haar achttien maanden had uitgezeten. De rechter merkte bij de uitspraak op: 'Haar veelvuldige neiging tot op de verkeerde wijze geld verkrijgen, is het gevolg van haar omgang met drugsdealers.'

Nadat Mary in 1975 was vrijgekomen uit de gevangenis, begon haar proeftijd van twee jaar. Ze probeerde er in januari 1976 tijdens haar proeftijd vandoor te gaan, maar werd uiteindelijk gepakt via een connectie van deputy Moore. Door haar daden belandde ze in een juridisch kwetsbare positie. Nu zou ze terug moeten naar de gevangenis om de celstraf van tweeënveertig maanden uit te zitten die de rechter eigenlijk had opgeschort. Op 5 april 1976, toen ze hoofdinspecteur Comeaux ontmoette, dacht ze dat ze hem misschien kon helpen bij het oplossen van de zaak-Hasty Mart en op die manier haar aanklacht kon wegstrepen, zodat ze uit de gevangenis zou blijven.

Comeaux ondervroeg Mary over de moord, hoewel ze van tevoren al een voorbereidende sessie met deputy Moore en deputy-chief Jim Desormeaux had gehad, die haar op de hoogte hadden gebracht van de details van de misdaad. Tijdens het verhoor met Comeaux beweerde ze dat ze op 29 maart, de avond voor de overval op de Hasty Mart, door een man met de naam Harold, met wie ze veertien maanden iets had gehad, was opgepikt in haar huis in St. Martinville, vijftien kilometer ten noorden van New Iberia. In de auto zaten ook twee mannen die ze niet kende. De een werd voorgesteld als Vinny, maar ze kreeg nooit te horen hoe de andere man heette. Harold bracht hen allemaal naar New Iberia, en onderweg praatten de mannen erover dat ze 'een winkel gingen overvallen en die vent zouden vermoorden en nog vijf mensen zouden vermoorden'. Ze zei dat ze in een blauwe, 'niet echt oude' en 'niet heel donkere' vierdeurs Chevrolet zaten. Na een tijdje bracht Harold haar met de auto weer naar haar huis in St. Martinville.

De volgende dag haalde Harold haar op met diezelfde twee mannen. Toen haar werd gevraagd hoe laat, antwoordde ze: 'Rond de schemering.' Comeaux maakte duidelijk dat hij dat antwoord maar niets vond (het zou na de moord zijn geweest) en liet haar weten dat het 'rond het middaguur' geweest moest zijn. Dat pikte ze op en ze beaamde vlug dat het 'rond lunchtijd' geweest was. Nadat ze een tijdje hadden rondgereden, zei ze, reed Harold een grindpad op en parkeerde daar, zo'n zeventig meter vanaf de hoofdweg aan de overkant van de straat waar de winkel was. Hoewel ze extreem overgewicht had en moeilijk kon bewegen, beweerde ze dat ze met de mannen naar binnen wilde gaan, maar dat ze zeiden dat ze in de auto moest blijven.

Vinny en Harold kwamen 'onder het bloed' terug naar de auto en de derde man was op mysterieuze wijze verdwenen. Vinny verweet Harold dat hij hem niet ook de kans had gegeven om op het slachtoffer te schieten. Hoewel Mary vanuit de auto onbelemmerd zicht op de winkel zou hebben, zei ze toch dat ze de derde man niet had zien wegrennen.

Daarna had Mary geopperd dat ze met z'n drieën naar het huis van haar overleden opa op Cypress Island konden rijden, waar Harold zijn pistool en zijn bebloede shirt kon begraven.

Tijdens het verhoor kreeg Mary een album met politiefoto's te zien, waaruit ze een foto van David Alexander aanwees als de man die ze als Harold kende. Comeaux kwam er enige tijd later achter dat Alexander nooit Harold werd genoemd door mensen die hem kenden. Hij werd over het algemeen 'Bro' of 'Cool Bro' genoemd. Hoewel ze zei dat ze meer dan een jaar iets met hem had gehad, had Arceneaux geen idee waar Alexander woonde en wist ze ook niet één naam van zijn kennissen.

Op een gegeven moment identificeerde ze tijdens het verhoor foto nummer drie uit een fotoreeks als de derde man die samen met Harold en Vinny de winkel was binnengegaan. Volgens de foto heette hij Sammy Derouen. Een paar minuten later, toen Comeaux meer over Derouen wilde weten, veranderde ze haar verhaal en zei dat hij in St. Martinville woonde en nooit met hen mee was gegaan; de man die had meegedaan met de overval en daarna was verdwenen, was iemand anders.

Daarna zei ze tegen Comeaux dat ze hem kon meenemen naar de plek op Cypress Island waar Alexander het bewijsmateriaal had begraven. Met lampen en schoppen reed Comeaux met vier andere deputy's noordwaarts naar het eiland, waar ze groeven op de door Mary aangewezen plek. Ze vonden niets.

Comeaux kwam rond elf uur 's avonds terug van Cypress Island, maar het zou een lange nacht voor hem worden. Per ongeluk was Herbert Derouen opgehaald voor verhoor in plaats van zijn broer Sammy, die volgens Mary de derde persoon in Harolds auto was. De politie had in de gaten dat de verkeerde broer was binnengebracht, dus werd ook Sammy gehaald, zodat Mary naar hem kon kijken. Nu beweerde ze dat Herbert Derouen eigenlijk de derde man in de auto was, en niet Sammy.

Hoewel Herbert Derouen volgens Mary's wisselende verhalen eigenlijk was achtergebleven in St. Martinville, verhoorde Comeaux deze Herbert die nacht toch vier uur lang, en dat verhaal werd via een doorkijkspiegel gevolgd door de deputy's Moore en Steve Woodring, en door Mary. Derouen hield urenlang vol dat hij onschuldig was en helemaal niets wist over het misdrijf in de Hasty Mart. Comeaux bleef Mary's verslag van de gebeurtenissen herhalen in een poging dat door Derouen te laten herhalen in een bekentenis. Gefrustreerd door Derouens voortdurende ontkenningen, sloeg Comeaux hem een keer hard in zijn gezicht. Derouen weigerde nog steeds te bekennen. Uiteindelijk nam deputy-chief Desormeaux het verhoor over en ging in z'n eentje met Derouen in zijn kantoor zitten. Tot op de dag van vandaag weet niemand hoe hij het voor elkaar kreeg, maar om halfvijf 's nachts had hij een mondelinge bekentenis van Herbert Derouen, die hij om kwart voor negen die ochtend had uitgewerkt tot een getypte schuldbekentenis. Derouen was twintig en had geen strafblad. Hij woonde sinds zijn twaalfde bij zijn oma. Hij had slechts één jaar lagere school en een IQ van 61, was analfabeet en kon niet klokkijken. Hij werkte parttime als timmermanshulp voor een vriend van de familie.

Hoe hard de politie ook probeerde om ervoor te zorgen dat Derouens verhaal op één lijn lag met dat van Mary, dat van hem was in meerdere opzichten anders. In tegenstelling tot Mary beweerde hij dat er een tweede auto bij het misdrijf betrokken was. En niet zomaar een tweede auto, maar een eenvoudig te identificeren taxi. Hoewel Mary beweerde dat Derouen in St. Martinville was achtergebleven, zei Derouen dat hij en een man met de naam Ronnie Miller, samen met een man van wie hij niet wist hoe hij heette, in Millers taxi naar de Hasty Mart was gereden; hij verwees naar die onbekende man als de 'jongen met het bobbelgezicht' omdat hij bultjes op zijn gezicht en in zijn nek had. Miller zou de auto die door David Alexander bestuurd werd zijn gevolgd naar de Hasty Mart. Hij parkeerde voor de winkel, terwijl Alexander aan de overkant van de straat parkeerde. Volgens Derouen zaten er twee mensen bij Alexander in de auto: de 'dikke mevrouw' (Mary) en een man van wie hij de naam niet kende. Hij maakte geen melding van de derde man die volgens Mary in Alexanders auto zat.

Derouen zei dat Alexander de Hasty Mart binnenging met drie metgezellen: Ronnie Miller, Bobbelgezicht en de man uit Alexanders auto die hij niet kende. Derouen bleef buiten bij de uitgang van de winkel staan. Door het raam zag Derouen dat Alexander een pistool trok en op de winkeleigenaar schoot. Derouen raakte in paniek en rende weg, maar Bobbelgezicht kwam achter hem aan, trok een mes en dwong hem terug naar Millers taxi. De twee groepjes gingen heel even terug naar St. Martinville. Daarna bracht Miller Derouen thuis.

Hoewel in Mary's verhaal de tweede auto ontbrak, ging deputy Woodring toch naar het huis van Ronald Miller, de vermeende bestuurder van de zogenaamde tweede auto, en arresteerde hem die ochtend, 6 april, om tien over halfvijf. Verbijsterd door zijn arrestatie wegens moord en een gewapende overval hield Miller vol dat hij onschuldig was. Er werd geen verklaring van hem afgenomen. Hij was een dertigjarige taxichauffeur van de Williams Cab Company in New Iberia zonder strafblad en met een universitaire graad. Hij had een witte Plymouth-sedan uit 1969 waar hij al drie jaar fulltime in reed als onafhankelijke chauffeur. Zoals volgens de stadsverordening verplicht was voor alle 'huurvoertuigen', stond er op zowel het portier aan de bestuurderskant als op dat aan de passagierskant duidelijk het opschrift WILLIAMS TAXI CO. en het telefoonnummer en de code van de stadsvergunning. Het leek niet bepaald het soort auto dat een crimineel zou gebruiken om een gewapende overval en een moord mee te plegen, en ook nog op klaarlichte dag voor de plaats delict te parkeren.

De deputy's Moore en Woodring arresteerden in diezelfde nacht om zeven voor halfdrie ook de zesentwintigjarige David Alexander bij hem thuis. In 1967 was Alexander een van de eerste twee zwarte leerlingen die hun diploma haalden op de katholieke highschool van New Iberia. Hij reed in een donkerblauwe Buick en werkte sinds zijn eindexamen als fulltime taxichauffeur bij het taxibedrijf van zijn ouders, de Alexander Cab Company, een concurrent van de Williams Cab Company. In 1972 had hij schuld bekend voor marihuanabezit en in 1974 voor zware geweldpleging, waarbij hij met een .22 pistool naar een dronken man had gezwaaid toen die hem en zijn jongere broer bedreigde terwijl ze in hun auto zaten na een barruzie met de man. Daarvoor had hij verschillende maanden een reclasseringsprogramma in de gevangenis gevolgd en werd het hem verboden om een vuurwapen in bezit te hebben, waar hij graag aan gehoorzaamde. Toch was hij door zijn vroegere misdrijf in een boek met politiefoto's terechtgekomen, waardoor hij kwetsbaar was voor Mary's beschuldiging. Alexander, die om drie uur 's nachts werd vastgezet wegens gewapende beroving en moord, hield vol dat hij helemaal niets te maken had met de misdrijven bij de Hasty Mart.

Op 6 april, tegen het ochtendgloren, twaalf uur nadat Comeaux Mary had verhoord, waren er drie mensen gearresteerd en in staat van beschuldiging gesteld wegens de gewapende overval en de moord op Louis Gladu. Een van hen was David Alexander, de vermeende chauffeur van de blauwe auto, en de andere twee – Herbert Derouen en Ronald Miller – zouden in de taxi hebben gezeten. Drie verdachten liepen nog vrij rond en waren niet geïdentificeerd: Vinny en de derde man uit Alexanders auto, en Bobbelgezicht uit de taxi.

Comeaux was de hele nacht op geweest, maar hij was nog niet klaar. Nu er weer daglicht was, nam hij Mary om kwart voor zeven opnieuw mee naar Cypress Island, nog steeds op zoek naar het begraven pistool en het bebloede shirt. Ze groeven op verschillende andere plekken die ze aanwees, maar tevergeefs. Uiteindelijk gaf ze toe dat ze had gelogen dat er iets op Cypress Island was begraven. In een poging de klap te verzachten, in elk geval tijdelijk, zei ze tegen Comeaux dat haar vriendje Raymond Sam het vuurwapen had dat was gebruikt om Gladu te vermoorden. Maar toen Sam haar toesprak waar de politie bij was, stortte ze in en gaf toe dat ze had verzonnen dat haar vriendje erbij betrokken was.

Haar leugens en grillige verhalen over het misdrijf werden door sommige rechercheurs maar ongeloofwaardig gevonden, vooral door deputy Steve Woodring, maar hoofdinspecteur Comeaux was de baas en hij was vastbesloten de zaak op te lossen. Ondanks alle twijfels gaf hij het niet op met Mary, en die kon dankzij een toevallige ontmoeting nu eindelijk de derde man in Alexanders auto identificeren. Op de terugweg van Cypress Island die ochtend, waren Woodring, Moore en Mary langs een groepje zwarte mannen gereden, die stonden te praten. Mary keek naar hen en leek haar oog op een van hen te laten vallen. Maar zodra een andere man bij de groep wegliep, veranderde Mary's vinger van richting en wees ze hem aan als een van de overvallers van de Hasty Mart. Hij heette John Nelson Collins. Mary identificeerde hem als de derde man die bij haar, Alexander en Vinny in de vluchtauto had gezeten.

Collins werd prompt gearresteerd en naar de parish-gevangenis gebracht, waar Comeaux hem op 6 april om kwart voor elf 's ochtends zijn rechten voorlas. Collins was een vijfentwintigjarige vader van drie kinderen die nog nooit met politie en justitie in aanraking was geweest. Hij was vrachtwagenchauffeur en kon slechts sporadisch werken vanwege een hartkwaal. Zijn vader, die een jaar voor de arrestatie van zijn zoon was overleden, was twintig jaar lang deputy-sheriff van Iberia Parish geweest onder sheriff Wattigny.

Later die dag identificeerde Mary ook Dan Tharpe als deelnemer, waarschijnlijk als 'Vinny', aangezien ze Collins al als de derde man in Alexanders auto had aangewezen. Haar identificatie werd ondersteund door het feit dat Tharpes moeder een lichtblauwe vierdeurs Chevy had. Tharpe werd beschuldigd van de Hasty Mart-misdrijven en bracht een paar uur in de cel door, waarna hij werd vrijgelaten omdat de politie zijn alibi had bevestigd. Op aandringen van de politie deed Mary nog een poging. Ze keek weer naar het boek met politiefoto's en identificeerde een foto van Harry Granger als de man in de auto van Alexander, die ze 'Vinny' had genoemd. Woodring en Moore haalden Granger de volgende ochtend op. Hij werd om zeventien over drie vastgezet wegens moord en gewapende beroving.

Toen Arceneaux tijdens het verhoor van 5 april de vraag kreeg hoe lang Vinny was, antwoordde ze: 'Niet heel lang, maar behoorlijk lang.' Granger was één meter vijfenzestig – helemaal niet lang – en woog eenenvijftig kilo. Zijn bijnaam was 'Joe Willie'. Hij werd door niemand die hij kende 'Vinny' genoemd. Granger was tweeëntwintig, was na de tweede klas van de middelbare school gegaan en had af en toe een baantje, maar werd nog steeds onderhouden door zijn familie. In 1973 had hij schuld bekend voor een kleine diefstal en had een voorwaardelijke gevangenisstraf gekregen. Hij had een koffertje van de achterbank van een auto gestolen. Toen hij erachter kwam dat het een dokterstas was, had hij hem teruggebracht. Verder had hij niets op zijn kerfstok.

De volgende dag, donderdag 8 april, brachten Woodring en Moore weer iemand anders naar het bureau voor verhoor, Rene Jackson. Hoe hij verdachte werd is onbekend.

Derouen identificeerde hem als de derde man in Millers taxi, die hij Bobbelgezicht had genoemd. Jackson werd om vijf voor halfeen 's middags vastgezet en beschuldigd van moord en gewapende beroving. Net als Derouen had hij geen strafblad en kon hij niet lezen of schrijven. Hij kon alleen een kruisje zetten als handtekening. Tot zijn arrestatie, op zijn drieëntwintigste, had hij bij zijn vader gewoond, die weduwnaar was en voor hem zorgde. Hij had slechts weinig scholing en kon vanwege zijn verstandelijke beperking niet werken, dus verliet hij zijn buurt zelden, en dan nog alleen om te vissen. Zijn enige vervoermiddel was zijn fiets. Zijn gezicht had ernstige acnelittekens. (Misschien noemde Derouen hem daarom Bobbelgezicht.)

Volgens een rapport dat was opgesteld door OM-onderzoeker O'Neil 'Sonny' Tyler werd de ongeletterde Jackson overgedragen aan Comeaux en 'bekende' uiteindelijk. In Tylers rapport wordt Jacksons verdacht gedetailleerde en samenhangende schuldbekentenis aan de hoofdrechercheur beschreven, met daarin specifieke details van de misdrijven in de Hasty Mart, waarbij de namen van alle betrokkenen worden genoemd en ook gezegd wordt wat hun rol was, inclusief die van hemzelf. Zijn zogenaamde bekentenis kwam volmaakt overeen met Derouens verslag van wat er die dag in de Hasty Mart zou zijn gebeurd.

Maar in Tylers rapport stond ook een extreem emotionele confrontatie tussen Jacksons vader (die zich naar de gevangenis had gehaast nadat zijn zoon gearresteerd was) en Comeaux, die hem had verteld over Jacksons bekentenis. Zijn vader eiste dat hij zijn zoon onmiddellijk mocht zien. Terwijl Comeaux erbij stond, vertelde Jackson, die onbedaarlijk huilde, aan zijn vader: 'Ik heb het niet gedaan. Ik heb het niet gedaan. Ze proberen me erin te luizen.' Terwijl de deputy's Jackson in de cel zetten, gingen zijn vader en broer enorm tekeer en moesten worden tegengehouden. Jacksons vader zei tegen Comeaux: 'Ik ga naar mijn graf in de wetenschap dat Rene dit niet heeft gedaan.'

De zaak werd nu overgedragen aan aanklager Dracos Burke, de neef van mysteryschrijver James Lee Burke en de topaanklager van het OM van het district waar Iberia Parish en nog twee andere county's onder vielen. Op 10 mei 1976 achtte een grand jury de zes mannen, allemaal zwart, schuldig aan moord met voorbedachten rade en een gewapende overval op Louis Gladu: David Alexander, Harry Granger en John Collins, die in Alexanders donkerblauwe auto zouden hebben gezeten, en Ronald Miller, Herbert Derouen en Rene Jackson, die naar verluidde in Millers witte taxi hadden gezeten. Ook Mary werd schuldig bevonden, maar Derouen en zij kregen immuniteit in ruil voor hun getuigenis tegen de anderen. Mary werd vrijgelaten, maar Derouen bleef vastzitten omdat de autoriteiten, die wisten dat zijn cognitieve vaardigheden beperkt waren, hem gemakkelijk moesten kunnen bereiken voor de voorbereiding op de grand jury en de rechtszaak.

Dat de rechercheurs van de sheriff hun zaak hadden opgehangen aan de onzinverhalen van Mary en Derouen was één ding, maar het was nog maar de vraag of een man met Burkes intelligentie en ervaring dat ook zou doen. Stel je eens voor: zeven mensen die in twee auto's zitten, waarvan er één zeventig meter verderop geparkeerd wordt en de andere, een witte taxi met daarop aan allebei de kanten in koeienletters de bedrijfsnaam, het telefoonnummer en de vergunningscode, vlak voor een winkel wordt gezet. De drie inzittenden van die witte taxi – de dertigjarige taxieigenaar en zijn twee jonge, verstandelijk beperkte passagiers – moesten wachten tot de drie mannelijke inzittenden van de andere auto de afstand van driekwart footballveld hadden overbrugd om bij hen te komen. Daarna ging het zestal zonder toegewezen taak de winkel binnen om die te beroven. Stel je voor dat die zes mensen, van wie de meesten geen strafblad hadden en die geen van allen ooit iets met de anderen te maken hadden gehad, ongemaskerd een buurtsuper binnenliepen en op klaarlichte dag een gewapende overval pleegden. Waarom zouden de vermeende twee leiders, Alexander en Granger, vijf andere mensen meenemen, van wie twee met een verstandelijke beperking, om als handlangers deel te nemen aan de overval?

Dracos Burke wist dat zijn belangrijkste getuigen twee verschillende verhalen hadden verteld. Mary had het over slechts één auto gehad en zei dat de drie mannen die daarin zaten de overval op de winkel hadden gepleegd. Ze had vanuit Alexanders geparkeerde auto volledig en ongehinderd zicht op de Hasty Mart, maar toch had ze de witte taxi en de inzittenden helemaal niet gezien, en ze had ook Jackson niet gezien, die achter Derouen aan zou zijn gegaan. Ze ontbraken in haar verhaal. Derouen daarentegen had het over twee auto's en zes mannen die het misdrijf gepleegd zouden hebben. Burke wist ook dat noch de sheriff, noch de onderzoekers van het OM enig bewijs of getuigen hadden aangedragen om te weerleggen dat de verdachten, zoals ze zelf volhielden, elkaar niet kenden en nooit iets met elkaar te maken hadden gehad. En Burke wist dat de politie geen enkel bewijs had om te weerleggen dat Alexander, zoals hij zelf volhield, Mary nog nooit van zijn leven had gezien, laat staan dat hij veertien maanden iets met haar had gehad; en ze hadden evenmin ook maar één persoon gevonden die Alexander 'Harold' noemde, of Granger 'Vinny'. En toch ging Burke om onverklaarbare redenen verder met deze poppenkast en vervolgde de hele groep.

Maar wat er daarna gebeurde, was werkelijk te gek voor woorden. Op 1 juli bekende een van de echte moordenaars in de zaak-Hasty Mart, de zeventienjarige Jerry Paul Francis, uit eigen beweging dat hij het misdrijf had gepleegd met de vierentwintigjarige Preston Demouchet. Ze waren samen verantwoordelijk voor een hele reeks vrijwel identieke misdrijven, en dit was er een van.

Op 10 mei (de dag waarop de zes mannen werden aangeklaagd) pleegden Demouchet en Francis midden op de dag een gewapende overval op een ijzerwarenzaak in Rayne, zo'n zestig kilometer ten noordwesten van New Iberia. Tijdens de overval werd de vierenzeventigjarige Curtis Johnson, die in zijn eentje in de winkel werkte, dodelijk getroffen. Op 24 mei beroofde het tweetal even voor drieën 's middags een andere buurtsuper in het nabijgelegen Jeanerette, achttien kilometer ten zuidoosten van New Iberia. Demouchet drukte zijn .32 tegen het hoofd van een van de twee vrouwelijke medewerkers, die op de grond lagen. Er kwam een auto aan, waardoor de mannen met het geld uit de kassa moesten vluchten, wat hoogstwaarschijnlijk het leven van beide vrouwen redde.

De bankoverval die het einde van hun misdaadgolf betekende, vond op 26 mei rond het middaguur plaats in het dorpje Parks, vijfentwintig kilometer ten noorden van New Iberia. Demouchet schoot de achtenveertigjarige Beverly Chauffe, de vrouw die als enige medewerker aanwezig was, in haar hoofd. Ze hield het zestien maanden vol en bezweek daarna alsnog aan haar verwondingen. Beide mannen waren te zien op de beveiligingscamera's op het moment dat ze de bank verlieten. Voordat Demouchet de bankbediende neerschoot, smeekte ze hem: 'O god, doe me alsjeblieft geen kwaad. Het is maar geld.'

Nadat de twee desperado's tienduizend dollar cash van de

bank in Parks hadden gestolen, dumpten ze hun wapens in een afvoerkanaal in New Iberia en vluchtten naar het huis van Demouchets zus in Houston. De FBI nam hen twee dagen later in hechtenis naar aanleiding van informatie die ze hadden gekregen van Francis' moeder, die hen op de camerabeelden van de bank zag toen die op de televisie werden vertoond. De FBI droeg hen op 23 juni over aan de autoriteiten van Louisiana voor strafrechtelijke vervolging. Francis, die besefte dat hij er gloeiend bij was, gaf vrijwillig een gedetailleerde bekentenis en wees de sheriffs de weg naar het kanaal, zodat ze de wapens konden vinden.

Na een zoektocht van twee dagen, waarbij het kanaal werd drooggelegd, werden beide vuurwapens door Comeaux gevonden en naar het forensisch lab gestuurd voor tests. Het ene was een .32 Clerke-revolver, waarvan door ballistisch onderzoek werd vastgesteld dat het zonder twijfel het vuurwapen was waarmee Gladu was vermoord.

Demouchet was een zware crimineel. In 1969, op zijn achttiende, werd hij, na een gevangenisstraf van één jaar wegens zware mishandeling, veroordeeld tot zes jaar in Angola – de grootste gevangenis van de Verenigde Staten – voor meerdere inbraken en ook weer zware mishandeling. In 1972, een paar maanden nadat hij voorwaardelijk vrij was gekomen, werd hij gearresteerd wegens poging tot moord, waar hij kennelijk nooit voor werd vervolgd. Wel werd hij teruggestuurd naar de Angola-gevangenis om zijn straf van zes jaar alsnog uit te zitten, omdat hij zich niet aan de voorwaarden van zijn voorwaardelijke invrijheidsstelling had gehouden. In augustus 1974, nadat hij opnieuw voorwaardelijk vrij was gekomen, schoot hij in een drukke bar een vrouw dood. Op 13 december 1974 werd de aanklacht door een milde schikkingsovereenkomst met openbaar aanklager Dracos Burke gereduceerd tot dood door schuld, met een celstraf van drie jaar in de gevangenis van Iberia Parish, en niet in de Angola-gevangenis. De rechter die hem de straf oplegde, zei tegen hem: 'Ik vind dat het OM erg mild is door u de straf hier te laten uitzitten in plaats van in de Angola-gevangenis.' Uiteindelijk zou Demouchet slechts de helft van die tijd zitten. Begin 1976 liep hij alweer vrij rond in New Iberia, kort voor de moord op Gladu.

Op 30 juni, een week nadat hij de bankoverval in Parks had bekend, biechtte Demouchets handlanger Francis nog meer op. Omdat hij ongeletterd was, dicteerde hij een brief aan een andere gedetineerde, om die naar sheriff Wattigny te sturen. Daarin noemde Francis vijf misdrijven die hij met de sheriff wilde bespreken, omdat hij wist dat zijn leven 'kapot' was. Hoewel hij de Hasty Mart niet specifiek noemde, was een van de misdrijven die hij beschreef een gewapende overval en moord in New Iberia, op 30 maart om vijf voor drie 's middags. Dat trok de aandacht van de sheriff. De volgende dag, op 1 juli, werd Francis naar aanleiding daarvan verhoord door sheriff Wattigny, hoofdinspecteur Comeaux en OM-onderzoeker Sonny Tyler. In de loop van het verhoor onthulde Francis veel details over de zaak-Hasty Mart, die verbijsterend accuraat waren en alleen bekend zouden kunnen zijn bij de politie en de moordenaar. In tegenstelling tot Mary hoefde hem niets te worden ingefluisterd, want hij vertelde de waarheid. Francis zei dat de overval tussen halfdrie en drie uur was gepleegd. Demouchet en hij gingen door de hoofdingang naar binnen. Demouchet schoot de man neer terwijl Francis achter de kassa stond om het geld te pakken. Demouchet sloeg de man met een pistool op zijn achterhoofd en schoot daarna twee keer op hem terwijl de man neerviel, wat buiten de ruimte gebeurde waar de toonbank was, 'in de gang'. Francis sprong over de toonbank en stootte daarbij wat sigaretten op de grond. De oude man had een bril. Ze pakten tweehonderd dollar cash en een zak kleingeld en lieten de kassalade openstaan. Het zou ook kunnen dat een getuige hun vluchtauto had gezien – een vrouw in een van de stacaravans aan de overkant van de straat.

Verder vertelde hij de wetsdienaars ook dat hij bij Demouchet was geweest toen die de vrouw van de bank in Parks en de man van de ijzerwarenwinkel in Rayne had neergeschoten. Hij voegde eraan toe dat Demouchet hetzelfde pistool had gebruikt om die twee mensen en 'de oude man' in New Iberia neer te schieten.

Voorafgaand aan zijn bekentenis zei hij tegen de politie: 'Jullie hebben die zes jongens voor niets in de gevangenis gezet. Die jongens hebben het niet gedaan [...] Het slaat nergens op. Ik en Preston Demouchet en 'Shine' [Malcolm Roy, de bestuurder van hun auto] hebben het gedaan [...] Shine reed in de auto van zijn broer.' Later in het verhoor benadrukte hij nogmaals: 'Het slaat nergens op om die jonge gasten daarbinnen te laten lijden voor iets wat ze niet gedaan hebben.' Hij voelde aan dat deze wetsdienaars zijn verhaal over wie het misdrijf in de Hasty Mart werkelijk had gepleegd niet geloofden of niet wilden geloven, en vroeg zijn verhoorders tweemaal: 'Willen jullie op je leven zweren dat ik niet in die winkel was?' En daarna: 'Ik was daar!' Francis sprak vanuit zijn hart. Zijn geweten speelde op en hij wilde er alles aan doen om de zaak recht te zetten.

Francis, die wel wist dat Demouchet nooit van zijn leven zou bekennen, daagde de politie uit om Malcolm Roy op te zoeken. Hij dacht dat Roy, als die zou weten dat Francis hem had aangewezen, wel zou toegeven dat hij er ook bij was geweest. De medewerkers van de sheriff wachtten vijf dagen voordat ze de achttienjarige jongen binnenbrachten voor verhoor. Die dag, 6 juli, was een vreselijke dag voor

Roy. Hij legde verschillende verklaringen af. Zoals Francis al had voorspeld, bekende hij tijdens het eerste gesprek met Comeaux zijn betrokkenheid bij de zaak-Hasty Mart. Hij zei dat hij de auto van zijn broer had geleend en dat hij, op aanwijzingen van Demouchet, met Francis en Demouchet naar de Hasty Mart was gereden. Het was kwart voor drie 's middags. Demouchet zei dat hij met draaiende motor in de auto moest blijven wachten, terwijl zij met z'n tweeën naar binnen gingen 'om iets te drinken te halen'. Voor hij het wist kwamen Francis en Demouchet de winkel uit rennen, Demouchet met bloed aan zijn handen en een pistool, terwijl hij zei dat hij 'die bitch had vermoord' ('bitch' is de criminele benaming voor een slachtoffer, zowel mannelijk als vrouwelijk); Francis had een zak met kleingeld bij zich. Roy reed terug naar New Iberia, zette hen af bij de sociale huurwoningen en ging naar het huis van zijn moeder, waar hij de auto teruggaf aan zijn broer.

Zijn verslag ondersteunde belangrijke elementen van Francis' bekentenis van een week daarvoor. Demouchet was de schutter, Francis kwam terug met een zak met kleingeld, en het tijdstip van het misdrijf was kwart voor drie 's middags. Francis en Roy wisten geen van beiden dat een ooggetuige de vluchtwagen had omschreven als lichtblauw, wat de kleur was van de tweedeurs Pontiac LeMans uit 1973 van Roys broer.

En toen gebeurde het ondenkbare. De politie weigerde de bekentenis van de moordenaars te accepteren. Ze zeiden tegen Roy dat ze hem niet geloofden. Sterker nog, sheriff Wattigny dreigde hem met gevangenisstraf omdat hij had gelogen. Onder druk gezet om zijn verklaring in te trekken, kwam Roy met een ander verhaal, waarmee zijn bekentenis aan de sheriff werd verklaard. Hij zei dat hij naar de gevangenis wilde om onder zijn huwelijk uit te komen. Ook dat wilden Wattigny en zijn deputy's niet geloven. Ze haalden zijn vrouw naar het bureau en keken – ongetwijfeld geamuseerd – toe terwijl ze haar jonge echtgenoot uitkafferde. Uiteindelijk legde Roy, afgewezen en verslagen, een derde verklaring af, ditmaal geholpen door de deputy's. Hij zei dat Iran Alexander (Davids vader) hem vijfenveertigduizend dollar had aangeboden om de schuld op zich te nemen voor zijn zoon, dat Iran hem een getypt verhaal van anderhalve pagina had gegeven dat hij uit zijn hoofd moest leren en daarna moest verbranden, en dat had hij gedaan. Zodra Roy deze herroeping (en een valse beschuldiging van omkoping) om kwart voor drie 's middags had ondertekend, mocht hij zonder aanklacht naar huis.

Bang voor waar dit toe zou leiden, deden de rechercheurs van de sheriff geen onderzoek naar Roys beweringen van omkoping, en ze gingen ook niet naar de eigenaar van de auto, Roys broer Joseph, om na te trekken of die zijn auto inderdaad aan Roy had uitgeleend op de dag van de moord op Gladu. De sheriffs hebben Roys auto, of een foto daarvan, nooit aan ooggetuigen Abney en Eldridge laten zien. Ze lieten ook na om de autobanden van de auto te vergelijken met de sporen die op het grindpad waren aangetroffen.

Twee dagen later, op 8 juli, trok ook Francis zijn bekentenis in en zei, in een verklaring die verdacht veel op die van Roy leek, tegen Comeaux en Wattigny dat Theresa Collins, de moeder van John Collins, hem vijfenveertigduizend dollar had geboden om te zeggen dat haar zoon onschuldig was en dat Francis en de anderen de schuldigen waren. Hij zei dat ze hem in de gevangenis had opgezocht en hem een getypt briefje had gegeven met haar aanbod, dat zijn celgenoot hem later had voorgelezen. Francis zei dat hij het briefje door de wc had gespoeld en dat mevrouw Collins of iemand anders nooit meer contact met hem hadden opgenomen over dat aanbod. Toch zei hij dat het aanbod hem ertoe had aangezet om zijn bekentenis in te trekken. Er werden nooit aanklachten tegen Theresa Collins of Iran Alexander ingediend voor hun vermeende pogingen tot omkoping.

Nu hadden de aanklagers alles wat ze nodig hadden om de bekentenissen van Francis en Roy in de zaak-Hasty Mart terzijde te schuiven. Op 14 juli schreef officier van justitie Burke een brief aan de advocaten van de verdachten om hen te informeren over de valse bekentenissen en de pogingen tot omkoping van Iran Alexander en Theresa Collins. In zijn brief stelde Burke, valselijk, dat de bekentenis van Jerry Paul Francis op 1 juli 'bol stond van de inconsistenties en feitelijke onjuistheden [...] en dat de valsheid van zijn verslag algauw was vastgesteld'.

De grootste uitdaging voor Dracos Burke en de rechercheurs van de sheriff was nu hoe ze de .32 Clerke uit handen van Demouchet en in handen van Alexander moesten krijgen, zodat ze hard konden maken dat Alexander het wapen had gebruikt om Gladu dood te schieten. Ze kwamen aanzetten met een verhaal over een 'wapenruil'. Het begon met een verhoor van Demouchet op 29 juni in het kantoor van Burke, in bijzijn van Comeaux en Moore. Volgens Burkes aantekeningen was het doel van het verhoor om te bepalen hoe de .32 door Alexander kon zijn gebruikt voor het misdrijf in de Hasty Mart, terwijl het wapen van Demouchet was. In een gesprek van een uur werd dat probleem opgelost. Demouchet zei dat hij het pistool op 25 maart aan Alexander had geleend zodat die 'een klusje kon opknappen' en dat Alexander het op 2 april aan hem had teruggegeven. Die wapenruil kwam officieel in de boeken toen Comeaux op 10 juli een verklaring afnam van Demouchet. Die vertelde dat hij het pistool op 23 maart voor twintig dollar aan Alexander 'verpandde' en dat Alexander beloofde het pistool de week erna weer terug te geven. Demouchet zei dat hij het pistool op aandringen van Alexander had geladen met .32 kogels. Deze keer zei hij dat Alexander hem het pistool op 1 april had teruggegeven.

Om de indruk te wekken dat alles volgens het boekje was verlopen, bracht Burke de rechter, Robert Johnson, en de advocaten van de verdachten op 4 augustus in een onderlinge bespreking op de hoogte van Demouchets verklaring van 10 juli en vertelde erbij dat dezelfde .32 Clerke door zowel Demouchet als Francis was gebruikt, ook bij een paar andere misdrijven, waaronder 'een bankoverval in Parks en een overval op een winkel in Rayne'. Daarna stuurde hij ze een transcriptie van Francis' verklaring, die op 8 juli was opgenomen, en van de verklaring van Malcolm Roy op 6 juli, waarin ze hun bekentenissen van de misdrijven in de Hasty Mart introkken en verslag deden van de zogenaamde pogingen tot omkoping. Nu was alles afgedekt.

David Alexander en Harry Granger werden van 13 tot en met 17 september 1976 gezamenlijk berecht. (John Collins en Ronnie Miller kregen een latere procesdatum, omdat Collins' advocaat een medische ingreep moest ondergaan.) Hun oorspronkelijke aanklacht wegens moord met voorbedachten rade had mogelijk de doodstraf met zich meegebracht, maar in juli, terwijl ze in afwachting waren van hun rechtszaak, verklaarde het hooggerechtshof van Louisiana dat de doodstraf in strijd was met de grondwet. Nu ze niet meer op de doodstraf konden mikken, besloten de aanklagers dat ze hen alleen zouden berechten wegens gewapende beroving, omdat ze dan slechts schuldig hoefden te worden bevonden door tien van de twaalf juryleden. In de weken voorafgaand aan de rechtszaak bood Burke aan dat Granger volledige vrijspraak zou krijgen als hij tegen Alexander wilde getuigen. Dat weigerde Granger, en hij zei tegen zijn advocaat dat die tegen Burke moest zeggen dat hij geen idee had wie de moord had gepleegd en dat hij niet zou liegen door Alexander of wie dan ook aan te wijzen.

De familie Alexander kon slechts achtduizend dollar bij elkaar schrapen voor een advocaat. Dat was voldoende om het vooraanstaande advocatenkantoor van Camille Gravel uit Alexandria in de arm te nemen, dat een jonge en veelbelovende advocaat, Mike Small, aanwees om Alexander bij te staan. Harry Granger was behoeftig en moest het daarom doen met een door de rechtbank aangewezen advocaat, de onervaren Jerry Theriot, die onbekwaam bleek te zijn en het helemaal niet aankon, waardoor hij tegen de jury zei dat hij afhankelijk was van Small, en dat 'de verdediging van meneer Alexander ook de verdediging van meneer Granger zou zijn'. Er kwam bijna niets meer van zijn kant, en hij stelde zelden een vraag tijdens het kruisverhoor. Tijdens de rechtszaak werd de verdediging tegengewerkt door Burkes weigering om de verklaringen van zijn getuigen over te dragen, omdat hij beweerde dat hij volgens de toenmalige wetten van Louisiana alleen verplicht werd om die te verschaffen als ze 'ontlastend' waren. Zijn antwoord op Smalls verzoek om deze informatie bevatte de absurde opmerking: 'Het OM heeft geen bewijs dat ontlastend is voor de verdachten.'

Tijdens de rechtszaak getuigde Katherine Eldridge dat ze geen auto's op de weg had gezien toen ze van haar huis naar de Hasty Mart reed. Haar getuigenis was in tegenspraak met wat ze voor en na de rechtszaak aan anderen had verteld, namelijk dat ze wél een lichtblauwe auto had gezien, die op het punt stond de grindweg af te rijden en die daarna voorbijscheurde toen ze het parkeerterrein van de Hasty Mart op reed. Dat had ze tijdens haar oorspronkelijke getuigenverklaring gezegd, en ook tegen de grand jury (die moest bepalen of er voldoende grond was om de verdachten te berechten). Maar nu repte ze niet over de auto, op verzoek van hoofdinspecteur Comeaux, die er belang bij had dat de auto donker- in plaats van lichtblauw was. Daarbij kwam ook nog dat het forensisch lab – het Acadiana Crime Lab – weliswaar had geconstateerd dat de bandsporen van Alexanders auto niet overeenkwamen met die op het grindpad, maar dat de autoriteiten die cruciale informatie niet met de verdediging hadden gedeeld. Terwijl dat, in combinatie met Eldridges oorspronkelijke verklaring, tijdens de rechtszaak nu juist had kunnen worden gebruikt om de bewering van Ellen Abney en Mary Arceneaux dat Alexanders auto was gebruikt door de moordenaars te weerleggen.

Mary Arceneaux en Herbert Derouen trokken de kar voor het OM. De verklaringen die ze voorafgaand aan de rechtszaak hadden afgelegd, werden door beiden aangedikt. Van al Mary's vele veranderingen was de belangrijkste haar verhaal over Cypress Island. Nu, tijdens de rechtszaak, getuigde ze dat zij en de andere criminelen na de overval naar Cypress Island waren gereden om de tijd te doden, zonder iets te zeggen over haar eerdere verhaal over het begraven van het pistool en het bebloede shirt. Sterker nog, nu beweerde ze dat ze geen idee had wat Alexander met het pistool had gedaan. Het laatste wat zij ervan wist, was dat hij het in zijn bebloede shirt had gewikkeld en onder zijn autostoel had gelegd. Volgens haar waren ze na Cypress Island rond de schemering teruggereden naar St. Martinville en waren ze naar de Candle Light Lounge gegaan, waar ze wat hadden zitten kletsen.

Mary getuigde ook dat ze nooit voor een vergrijp was veroordeeld, afgezien van de vervalsingszaak uit 1974, terwijl ze in werkelijkheid alleen al tussen haar dertigste en haar veertigste minstens twintig veroordelingen op haar naam had staan. Om nog maar te zwijgen van het aantal toen ze in de twintig was. Burke stond er zwijgend bij en liet die valse verklaring ongestraft voorbijgaan. Na de veroordeling beweerde Burke naar aanleiding van verzoeken om hoger beroep ten onrechte dat Mary's 'getuigenis tijdens de rechtszaak overeenkwam met haar aanvankelijke verklaringen aan politieagenten'.

Derouens getuigenis bevatte behoorlijk wat aanvullingen ten opzichte van wat hij oorspronkelijk had gezegd tijdens de verhoren op het bureau van de sheriff. De belangrijkste aanvulling was een verslag van een zogenaamde repetitie door alle zeven deelnemers, die de avond voor de overval al een keer met twee auto's naar de Hasty Mart zouden zijn gereden. Ook beschreef Derouen nu voor het eerst dat Alexander de winkel uit was gerend nadat hij het slachtoffer had neergeschoten, en dat hij tegen Miller had gezegd dat ze elkaar zouden ontmoeten in de Candle Light Lounge in St. Martinville. Volgens Derouen droeg Alexander zijn bebloede shirt nog steeds toen ze elkaar in St. Martinville weer zagen, en had hij zijn pistool onder de bestuurdersstoel gelegd.

In het kruisverhoor maakte Small Derouens flauwekulversie van de gebeurtenissen belachelijk. Tijdens het rechtstreekse verhoor had Derouen getuigd dat hij die dag om tien over twee uit zijn werk was gekomen. Small vroeg hem naar de wandklok in de rechtszaal te kijken en te zeggen hoe laat het was. Dat kon hij niet. Tijdens Smalls kruisverhoor gaf Derouen toe dat geen van de zes personen die de winkel waren binnengegaan een rol toebedeeld had gekregen, dat hij gewoon voor de lol was meegegaan, dat hij hen geen van allen goed kende, dat hij er nooit echt bij stil had gestaan waarom er zes mannen en twee auto's nodig zouden zijn om op klaarlichte dag een winkel te beroven, dat het hem niet had uitgemaakt om iets 'slechts' te gaan doen met mensen die hij niet kende, en dat er de avond ervoor niets over was gezegd dat ze elkaar na de overval in de club zouden ontmoeten. Dat werd gewoon spontaan afgesproken toen David Alexander de winkel uit vluchtte nadat hij die man had doodgeschoten.

Burke was van plan om zijn zaak af te ronden met de getuigen Preston Demouchet en Jerry Paul Francis, maar Demouchet was erop voorbereid om dubbelspel te spelen. Demouchet ontkende dat hij de .32 Clerke ooit aan Alexander had geleend. Hij zei dat het niet eens zijn pistool was. Hij ontkende ook de verklaring die hij op 10 juli aan de politie had gegeven over de zogenaamde 'wapenruil'. Comeaux had dat verhaal verzonnen, zei hij, en Demouchet was er alleen maar in meegegaan om ervoor te zorgen dat Comeaux, die hem de hele tijd zat te sarren, hem met rust liet. Hij sloot zijn getuigenis af met de woorden: 'Ik heb David Alexander nooit wat voor pistool dan ook gegeven. Helemaal nooit.'

Toen Jerry Paul Francis ten overstaan van de jury over zijn betrokkenheid bij de misdrijven in de Hasty Mart werd ondervraagd door aanklager Burke en daarna aan een kruisverhoor werd onderworpen door advocaat Small, deed hij in totaal drieëntwintig keer een beroep op het vijfde amendement en benadrukte herhaaldelijk dat hij volgens de grondwet het recht had om niet tegen zichzelf te getuigen. Beide kanten probeerden hem in hun voordeel te gebruiken en stelden hem vragen die in de lijn van hun versie van de gebeurtenissen lagen. Burke vroeg hem of hij tegen Comeaux had gezegd dat hem geld was beloofd als hij de schuld van de moord in de Hasty Mart op zich zou nemen. Small vroeg of hij zich herinnerde dat hij Comeaux een gedetailleerde verklaring had gegeven waarin hij toegaf dat hij het misdrijf samen met Demouchet en Malcolm Roy had gepleegd. In beide gevallen beriep hij zich op het vijfde amendement. Daarna liet het OM hem gaan.

De verdediging probeerde Alexanders alibi voor de middag van 30 maart vast te stellen door de getuigenis van ene Gail Guidry, die de jury vertelde dat Alexander haar om halfdrie met zijn taxi had opgehaald om haar naar haar werk te brengen. Tijdens het kruisverhoor gaf ze toe dat ze hulp had gehad van de verdediging om zich te herinneren dat het op 30 maart was geweest. Alexanders moeder, die de taxiritten inplande, was bereid om het overzicht van Alexanders ritten van die dag te laten zien, maar Small riep haar niet op als getuige omdat het hem was opgevallen dat het overzicht van 30 maart keurig was uitgetypt, in tegenstelling tot de overzichten van andere dagen.

De belangrijkste getuige van de verdediging was Malcolm Roy. Een week voor de rechtszaak had Roy tijdens een inleidende hoorzitting getuigd en opnieuw bekend dat hij het misdrijf in de Hasty Mart had gepleegd. De politie was boos om deze schaamteloosheid en had hem gearresteerd op beschuldiging van het indienen van een vals politierapport – namelijk zijn bekentenis in de zaak-Hasty Mart. Tijdens de rechtszaak las Small Roys bekentenis van 6 juli voor, en daarna de verklaring van diezelfde dag, waarin hij zijn bekentenis introk. Roy hield dapper vol dat zijn bekentenis waar was en zijn herroeping vals. Hij beaamde dat Small hem had gewaarschuwd dat hij, door te getuigen, kon worden vervolgd wegens gewapende beroving en moord, en nu ook wegens meineed, en dat niemand hem op enig moment enige voordeeltjes voor zijn getuigenis had beloofd. Daarna vertelde hij opnieuw het verhaal van de manier waarop hij samen met Demouchet en Francis het misdrijf in de Hasty Mart had gepleegd. Tijdens het kruisverhoor waarschuwde Burke hem dat hij zijn recht om niet tegen zichzelf te getuigen in de wind sloeg. Onverstoorbaar vertelde Roy aan de jury dat hij bekende omdat hij er niet van had kunnen slapen en omdat het al sinds 30 maart aan zijn geweten knaagde. Hij zei dat hij er geen idee van had dat Demouchet de winkel ging beroven, laat staan iemand vermoorden.

Morris Lee, de timmerman bij wie Derouen werkte, zei tegen de jury dat hij zeker wist dat Derouen de middag van 30 maart van één uur tot halfvier bij hem had gewerkt en dat hij hem altijd van en naar zijn werk bracht, omdat Derouen geen vervoer had. Hij had Derouens werkgegevens aan deputy-chief Jim Desormeaux laten zien. Tijdens het kruisverhoor door Small verklaarde Desormeaux dat hij Lee al een tijdje kende en dat hij geen reden had om aan hem te twijfelen, waarbij hij zei: 'Ik dacht dat hij de waarheid vertelde.' Alexander legde een getuigenverklaring af en zei dat hij onschuldig was. Granger ging er schoorvoetend mee akkoord om niet te getuigen, gezien de zeer emotionele toestand waarin hij tijdens de rechtszaak verkeerde.

Helaas bleek bij het slotpleidooi dat Small niet was opgewassen tegen de taak. Ten nadele van de verdachten complimenteerde hij nodeloos de plaatselijke politie, met inbegrip van de rechercheurs van de sheriff en Burke, en zei dat het mensen waren die niet zouden liegen of hun getuigen zouden vragen om te liegen. Zijn ongegronde verdediging van hun integriteit was onverklaarbaar en leek slechts te dienen om in de gunst te komen bij de wetsdienaars van Iberia Parish. Hij uitte ook enige onzekerheid over de onschuld van de verdachten: 'Als ze dit gedaan hebben, verdienen ze het om naar het huis van bewaring te gaan.' Tegelijkertijd maakte Small het OM ronduit belachelijk omdat de aanklagers vertrouwden op de tegenstrijdige, duidelijk valse verklaringen van Mary en Derouen, en bespotte hij het OM vanwege het verwerpen van duidelijk, overtuigend bewijs dat in de richting van Demouchet en Francis wees. Theriots slotpleidooi was ongelofelijk kort; slechts twee pagina's transcriptie. Hij deed niet veel meer dan de jury vragen om rekening te houden met het begrip gerede twijfel, dat de rechter zou uitleggen tijdens zijn instructies. Zonder iemand die voor hem opkwam, had Harry Granger geen enkele kans.

Na afloop van de tweede dag van getuigenverklaringen ging de zaak om acht uur 's avonds naar de jury. Uit het dossier wordt niet duidelijk hoe lang de jury wegbleef, maar nog diezelfde dag, op 17 september, kwam met tien tegen twee stemmen het oordeel 'schuldig' voor beide verdachten. Op het moment dat het oordeel werd verkondigd, was Granger zo kwaad dat hij Steve Woodring, die naast hem stond, een stomp gaf en daarna prompt flauwviel. Op 16 oktober stonden Alexander en Granger naast elkaar voor de jury om te horen welke straf ze zouden krijgen. Toen Alexander de vraag kreeg of hij nog iets wilde zeggen voor hij het vonnis zou horen, antwoordde hij: 'Ik heb niemand beroofd. Ik heb niemand vermoord. Dat weten jullie allemaal. Er is een God in de hemel, man.' Nadat het ook aan Granger werd gevraagd, zei die eenvoudigweg: 'Ik ben het met hem eens.' De rechter veroordeelde hen allebei tot negenennegentig jaar gevangenisstraf wegens gewapende beroving. Hun volgende halte was Angola, de beruchte staatsgevangenis.

Burke wist niet wat hij aan moest met Rene Jackson, volgens Derouen de derde man in Millers taxi, dus besloot hij alle aanklachten tegen hem te laten vervallen. Op 30 november liet Burke Jackson opnemen in het Central Louisiana State Hospital voor een klinische evaluatie. Het behandelend team diagnosticeerde hem met een ernstige verstandelijke beperking en merkte op dat hij niet wist hoe oud hij was, het alfabet niet kende en niet kon tellen. Volgens het rapport had hij negen maanden in de gevangenis doorgebracht wegens misdrijven waarvan hij volhield dat hij ze niet had gepleegd. Volgens het team van artsen was hij niet gevaarlijk, en ze lieten hem op 7 december, een week na zijn opname, als volkomen vrije man naar huis gaan. Dit was dezelfde man van wie Derouen in zijn eerste politieverklaring had beweerd dat hij hem na de schietpartij bij de winkel achterna was gerend en hem onder bedreiging van een mes had gedwongen om terug te lopen naar Millers auto. Op 6 december, de dag voordat Jackson werd vrijgelaten, was zijn toegewijde vader, die had gezworen dat hij naar zijn graf zou gaan in de wetenschap dat zijn zoon onschuldig was, overleden door een astma-aanval.

John Collins en Ronald Miller waren doodsbang bij het vooruitzicht dat ze een straf van negenennegentig jaar in de Angola-gevangenis moesten uitzitten. Hun rechtszaak stond gepland op maandag 24 januari 1977. De kans op vrijspraak was heel klein, aangezien dezelfde getuigen die waren gebruikt bij de veroordeling van Alexander en Granger nu ook zouden opdraven om hen te beschuldigen. Verrassend genoeg kwam Dracos Burke hen te hulp. Als ze schuld zouden bekennen voor medeplichtigheid na het feit, zou hij de aanklachten voor gewapende beroving en moord laten vallen en ervoor zorgen dat ze hun straf in de parish-gevangenis mochten uitzitten in plaats van in de Angola-gevangenis. Als de rechter hun de maximale straf van vijf jaar zou opleggen, zouden ze na twee tot drie jaar vrijkomen. Als zoethoudertje deed hij er ook nog bezoeken aan huis bij. Omdat het vooruitzicht van de Angola-gevangenis voor hen allebei onverdraaglijk was, en met steun van hun vrienden en familie, slikten ze uiteindelijk de bittere pil en bekenden ze hun betrokkenheid bij een afschuwelijk misdrijf waar ze in werkelijkheid niets mee te maken hadden gehad. Collins had een vrouw en drie kinderen om rekening mee te houden, en de ongetrouwde Miller moest aan zijn moeder denken. Een paar dagen voor de rechtszaak legde de rechter hun de maximale straf van vijf jaar op. Ze zaten er twee jaar van uit en kwamen daarna voorwaardelijk vrij.

Ironisch genoeg logen beide mannen om zichzelf als schuldige aan te wijzen en zo een mogelijke levenslange straf in de Angola-gevangenis te vermijden, maar hadden ze eerder geweigerd te liegen om Alexander en Granger als schuldige aan te wijzen als onderdeel van een deal met Burke waardoor ze zelf vrijuit zouden gaan.

Vanwege een formeel detail in het strafrecht van Louisiana werden Preston Demouchet en Jerry Paul Francis berecht en veroordeeld voor gewapende beroving, en niet voor moord, in de zaken van zowel de bank als de ijzerwarenwinkel. En dat terwijl de slachtoffers in beide gevallen dodelijk werden getroffen. Niettemin werden beide mannen voor allebei de misdrijven veroordeeld tot negenennegentig jaar gevangenisstraf, en zitten ze tot op de dag van vandaag nog steeds vast.

Op 1 juli 1980 was er een nieuwe sheriff in het dorp. Errol Romero, een voormalig onderwijzer en een politieke nieuwkomer, maakte na een bittere strijd een eind aan vierentwintig jaar heerschappij van sheriff Wattigny. Het eerste wat hij deed was de deputy's Comeaux, Moore en Desormeaux ontslaan, want hij dacht dat ze onbekwaam en corrupt waren. Omdat hij vermoedde dat Alexander en Granger weleens ten onrechte veroordeeld zouden kunnen zijn, heropende hij hun zaak en begon een onderzoek dat enkele jaren zou duren.

Voormalig deputy van Iberia Steve Woodring was een van de mensen die Romero ondervroeg. Halverwege de jaren tachtig was Woodring een ervaren rechercheur van de afdeling Gewapende overvallen in Baton Rouge. In een beëdigde verklaring die hij aan sheriff Romero gaf, noemde Woodring de redenen waarom hij ervan overtuigd was dat alle zes de mannen onschuldig waren. Dat was onder andere iets waar hij persoonlijk getuige van was geweest. 'Aanklager Burke wilde wanhopig graag dat Miller en Collins zijn aanbod van immuniteit [in ruil voor een getuigenis tegen Alexander en Grange] zouden aannemen en zette hen hevig onder druk.' Burke wist dat beide mannen veel overtuigender in de getuigenbank zouden zijn dan de verstandelijk beperkte Herbert Derouen en beroepscrimineel Mary Arceneaux. Rechercheur Woodring was er getuige van dat Comeaux en Desormeaux, die in opdracht van Burke handelden, dat 'talloze keren' aan allebei de mannen aanbood. Woodring was diep onder de indruk van het feit dat Miller en Collins weigerden het aanbod aan te nemen, ook al zouden ze een celstraf van negenennegentig jaar kunnen krijgen als ze veroordeeld werden. Jaren later zei Collins dat hij immuniteit had geweigerd, want: 'Als ik zou liegen ten nadele van die mannen, zou ik nooit vrij zijn... niet hierbinnen,' zei hij, terwijl hij op zijn hart tikte.

Woodring had al vanaf het allereerste begin twijfels over Mary's oprechtheid. Later zei hij dat zelfs Horace Comeaux begon te twijfelen aan haar waarachtigheid, vooral nadat ze had toegegeven dat ze had gelogen over het feit dat Alexander het pistool had begraven op Cypress Island. OM-onderzoeker Sonny Tyler had Mary in zijn eigen handschrift, in een document dat tijdens de rechtszaak boven water kwam, beschreven als 'pathologische leugenaar'.

Woodring was Mary in 1985 opnieuw tegengekomen. Zijn eenheid deed onderzoek naar een reeks gewapende overvallen op Texaco-tankstations in Baton Rouge. Mary, die opnieuw gearresteerd was wegens vervalsingen, zei tegen Woodring en zijn collega's dat ze hun, in ruil voor geld en het intrekken van de aanklacht, de naam zou geven van de Texaco-overvaller. Ze gaf een naam door en zei dat de man het gestolen geld had geteld waar zij bij was. De echte overvaller werd een paar weken later gepakt. Het was geen verrassing dat hij niet de man was die vals was beschuldigd door Mary. Steve stond ervan te kijken en dacht: ze doet het weer.

Toen hij haar ermee confronteerde en daarbij ook haar getuigenis tijdens de zaak-Hasty Mart ter sprake bracht, zei hij dat hij vermoedde dat deputy Eddie Moore haar had aangespoord om te liegen over die jongens. Ze negeerde de vraag en beklaagde zich in plaats daarvan bitter over het feit dat Moore geld had afgeroomd van de contante bedragen die hij op het bureau van de sheriff had gekregen om aan haar te geven in ruil voor haar medewerking in de zaak-Hasty Mart. Volgens Woodring kreeg ze, vanaf april tot aan het eind van de rechtszaak in september, een paar honderd dollar per maand plus huurvergoeding.

Sheriff Romero sprak ook met een van de ooggetuigen in de zaak-Hasty Mart, Katherine Eldridge. Ze zei tegen Romero dat de lichtblauwe auto die ze in de buurt van de plaats delict had gezien kleiner was dan de donkerblauwe Buick van David Alexander, die ze had bekeken op het terrein waar de in beslag genomen auto's stonden. Deputy Comeaux had beweerd dat de auto die ze had gezien die van Alexander was, maar daar was ze het niet mee eens geweest. Ze had verstand van auto's. Ze had in een werkplaats gewerkt. Comeaux en Burke hadden haar berispt nadat ze tegenover de grand jury had getuigd dat de auto lichtblauw was geweest, en ze hadden haar gewaarschuwd om 'niet nog eens zo'n kunstje te flikken'.

Na talloze vraaggesprekken en een uitgebreid dossieronderzoek dat enkele jaren in beslag nam, presenteerde Romero beëdigde verklaringen aan aanklager Burke, waarin hij stelde dat Comeaux, Moore en Desormeaux getuigen hadden geïntimideerd en betaald, en een getuige (Herbert Derouen) grof had bejegend, met als enige doel om hen getuigenverklaringen tegen Alexander en Granger te laten afleggen in een verzonnen verhaal.

Burke weigerde de voormalige wetsdienaars aan te klagen en beweerde dat er 'gebrek aan bewijs' was. Dit ging zo over en weer en leidde tot een rel. In 1985 spanden de drie oud-deputy's een civiele procedure tegen Romero aan wegens smaad. Er gingen vier jaar van inzage van stukken en getuigenverklaringen overheen voordat de zaak in 1989 zonder rechtszaak werd geschikt. Hoewel de civiele procedure Romero's nieuwe onderzoek stillegde, werd Burke door de verzoeken om inzage van de stukken gedwongen om verschillende ontlastende documenten uit de dossiers van Alexander en Granger over te dragen, die hij sinds de rechtszaak in zijn kantoor verborgen had gehouden en waarop stond: NIET UIT DIT KANTOOR VERWIJDEREN. Burke had Romero geen toegang tot de dossiers gegeven tijdens Romero's oorspronkelijke poging de moord opnieuw te onderzoeken.

Als onderdeel van de civiele procedure tegen Romero onderging Herbert Derouen in 1987 een psychologische evaluatie. Tijdens zijn gesprekken met de psycholoog bleef Derouen volhouden dat hij onschuldig was en klaagde dat hij had gelogen en ervoor had gezorgd dat onschuldige mannen werden veroordeeld vanwege zijn eigen angst om de gevangenis in te moeten. Hij beweerde dat hij niet op de plaats delict was geweest en geen idee had wie de misdrijven had gepleegd, dat hij die dag voor Morris Lee had gewerkt en dat hij negen maanden voor niets in de gevangenis had gezeten. De psycholoog stelde vast dat Derouens intellectuele vermogens overeenkwamen met die van een kind op de lagere school, en dat hij heel makkelijk over te halen was om te zeggen wat anderen wilden dat hij zou zeggen, ongeacht de feiten. In zijn getuigenverklaring tijdens de civiele zaak verklaarde Derouen dat hij nooit bij de Hasty Mart was geweest voordat Comeaux hem daar mee naartoe had genomen, en dat hij tijdens de rechtszaak had gelogen omdat de politie dreigde met gevangenisstraf 'tenzij hij de waarheid vertelde'.

In 1996 ging Centurion zich met de zaak bezighouden. Inmiddels waren de verzoeken om hoger beroep van Alexander en Granger afgewezen, evenals twee verzoeken om herziening van de rechtszaak. We startten een uitputtend nieuw onderzoek dat vele jaren zou duren en waarin we allerlei gesprekken voerden en talloze dossiers uit de archieven van de rechtbank en de advocatenkantoren uitplozen, en daarnaast wezen we het tv-programma *60 Minutes* op deze vreselijke, overduidelijke rechterlijke dwaling. In december 1998 werd het verhaal in dit programma uitgezonden onder de titel 'Wie heeft Louis Gladu vermoord?'. Ed Bradley was de verslaggever. Steve Woodring, die nog steeds bij de politie van Baton Rouge werkte, zei tegen Bradley: 'Ze zijn absoluut onschuldig. Ik ben absoluut zeker van wat ik zeg. [...] Iedereen die deze zaak onderzoekt, komt tot dezelfde conclusie, behalve het bureau van de sheriff en de medewerkers van het OM in Iberia Parish.' Bernie Boudreaux, de officier van justitie die er al meerdere termijnen zat, bleef tegen *60 Minutes* volhouden dat hij er rotsvast van overtuigd was dat de juiste mannen in de gevangenis zaten en schuldig waren. Tijdens de uitzending zei Bradley tegen de kijkers dat een van de redenen dat

Boudreaux de verdachten schuldig achtte, was dat de getuigenissen van Arceneaux en Derouen 'bevestigd, consistent en geloofwaardig' waren.

Toen Bradley aan Arceneaux vroeg of ze betaald was voor haar getuigenis, antwoordde ze: 'Zeker. Ik kan alleen maar zeggen dat het omkoping was.' Maar Bernie Boudreaux zei dat ze niets betaald had gekregen. Woodring zei dat ze geld had ontvangen van het bureau van de sheriff. Ze werd betaald. Malcolm Roy zei tegen Bradley: 'Ze hebben die jongens erin geluisd. Ze wisten wat ze deden. Niet een van die jongens is daar geweest. Ik was stomverbaasd toen ze hen oppakten, want die jongens hebben het niet gedaan.' John Collins en Ronald Miller, die schuld hadden bekend voor mindere vergrijpen om zo een levenslange gevangenisstraf te ontlopen, werden geïnterviewd terwijl ze naast elkaar zaten. Collins gaf een aardige samenvatting van de zaak door te zeggen: 'Iedereen die de waarheid heeft verteld, ging de bak in. Iedereen die heeft gelogen, mocht naar huis.'

Tijdens ons onderzoek spoorde Centurion de eigenaar van de Candle Light Lounge op, Geraline Mitchell. Die liet niets heel van de getuigenis van Mary en Derouen, die hadden beweerd dat zij en de moordenaars daar met z'n allen bijeen waren gekomen op de avond van de moord. In een beëdigde verklaring stelde Mitchell dat ze Mary heel goed kende. Ze herinnerde zich dat ze tegen de rechercheurs van de sheriff had gezegd dat Mary op 30 maart zeer zeker niet in haar club was geweest, omdat Mary inmiddels uit de club was verbannen wegens het niet betalen van een barrekening. Bovendien had Geraline de club dichtgegooid vlak nadat ze hem die avond rond zes uur had geopend, omdat haar man haar vertelde over de schietpartij in de Hasty Mart en tegen haar zei dat ze de bar moest sluiten.

In 1997 legde Jerry Paul Francis aan Centurion uit waarom hij zijn bekentenis had ingetrokken en was meegegaan in het verzonnen verhaal over omkoping: sheriff Wattigny had tijdens het verhoor tegen hem gezegd: 'Je graaft alleen maar je eigen graf door iets te bekennen wat je niet hebt gedaan. We proberen alleen maar te voorkomen dat je echt in de problemen komt en straks veel langer vastzit.' Hij zei: 'Comeaux stelde voor dat ik was omgekocht om te bekennen. Dus ik gaf ze wat ze wilden.'

Gekweld door zijn valse getuigenis tegen Granger en Alexander vertelde Herbert Derouen aan Centurion: 'Ik denk er de hele tijd aan. Ik kan al jaren niet slapen omdat die jongens in de gevangenis zitten. Het speelt voortdurend door mijn hoofd.'

De broer van Malcolm Roy, Joseph, zwoer in een beëdigde verklaring dat hij op de middag van 30 maart 1976 inderdaad zijn blauwe Pontiac LeMans uit 1973 had uitgeleend aan zijn broer. Hij herinnerde zich dat hij er een grote hoeveelheid kleingeld – in totaal iets van acht of negen dollar – in de asbak had zien liggen toen hij er voor het eerst mee wegreed nadat Malcolm de auto die middag aan hem had teruggegeven. Malcolm had tegen hem gezegd dat hij betrokken was bij het misdrijf in de Hasty Mart.

Centurion had het geluk om gebruik te kunnen maken van de diensten van Peggy Woodward, een advocaat uit New Orleans. Ze werkte samen met Centurion-onderzoeker Paul Henderson, was onvermoeibaar en produceerde een akte van honderdnegenenzeventig pagina's met honderddrieëndertig bewijsstukken, ter ondersteuning van een verzoek om herziening van de rechtszaak. In het verzoek vertelde ze het hele verhaal van de schandalige rechterlijke dwaling die geleid had tot de onterechte veroordeling van David Alexander en Harry Granger. Die werd in 1999 ingediend bij de rechtbank van het 16th Judicial District in New

Iberia, de rechtbank waar de oorspronkelijke veroordeling had plaatsgevonden. Het OM reageerde met een akte van zevenenzestig pagina's waarin de feitelijke standpunten uit het verzoek grotendeels omzeild werden en vooral werd ingegaan op procedurele argumenten. Daarna bleef het verzoek twee jaar lang in de raadskamer van rechter William Hunter liggen.

Op 18 september 2001, een week na de aanslagen van 11 september, liet rechter Hunter weten dat hij het verzoek afwees. Zijn motivering was een exacte kopie – pagina voor pagina en woord voor woord – van de akte van het OM, alleen stond zijn handtekening eronder in plaats van die van de officier van justitie. De verzoekers kregen twee jaar later ook een afwijzing van het hooggerechtshof van Louisiana, zonder commentaar. De hele federale rechterlijke macht volgde het voorbeeld van de staatsrechtbanken en wezen hun aanvraag voor herziening zonder enige uitleg af. Zonder ook maar een hoorzitting hadden Alexander en Granger nu geen enkele juridische mogelijkheid meer over.

Hun enige kans op vrijheid lag nu in handen van de reclassering van Louisiana. Doordat de Angola-gevangenis veel te vol werd, was er een wet gekomen waardoor iedere gedetineerde die minstens vijfenveertig was en twintig jaar had uitgezeten in aanmerking kwam voor voorwaardelijke vrijlating. Alexander en Granger kwamen daarvoor in aanmerking, want ze hadden er inmiddels bijna dertig jaar op zitten. Ze wisten dat de reclassering niet welwillend tegenover gedetineerden stond die beweerden onschuldig te zijn. Reclasseringsambtenaren wilden wroeging vanwege gepleegde misdrijven zien, geen gezanik als 'ik heb het niet gedaan'. Maar ze hadden voor hun gevoel een overweldigend sterke zaak om hun onschuld aan te tonen en besloten daaraan vast te houden.

Tijdens de hoorzittingen in 2005 en 2006 verschenen rechercheur Woodring en oud-sheriff Romero voor de reclasseringsraad en spraken met vurige overtuiging over hun geloof in de onschuld van de gedetineerden. Gladu's dochter, Ann Gladu Begnaud, schreef een brief aan de reclassering waarin ze een daverend pleidooi gaf voor hun vrijlating, met de woorden: 'Ik ben ervan overtuigd dat door vervalst bewijsmateriaal twee onschuldige mannen zijn veroordeeld voor de moord op mijn vader.' Ze voegde eraan toe dat ze al vanaf het allereerste begin dat ze de rechtszaak had bijgewoond twijfels had over hun schuld, en dat ze dat ook had aangegeven bij zowel de sheriff als de openbaar aanklager.

Ook de families van de mannen gaven uiting aan hun liefde en steun voor Alexander en Granger in de loop van al die dertig jaar, en ze beloofden hun steun voort te zetten als de raad hen naar huis zou laten gaan. Als klap op de vuurpijl voegde Centurion ook nog een kopie van de sterke uitzending van *60 Minutes* bij, zodat de raad die kon bekijken.

Na afloop van de hoorzittingen maakte de raad na kort overleg ter plekke bekend dat ze de mannen voorwaardelijk vrijlieten. Later hoorde Centurion dat de raad die voorwaardelijke vrijlating vooral had verleend omdat de drie leden van het panel er door de uitzending van *60 Minutes* van overtuigd waren geraakt dat Alexander en Granger onschuldig waren en helemaal nooit in de gevangenis terecht hadden mogen komen.

Alexander ging op 23 december 2006 naar huis en werd buiten de gevangenispoorten omhelsd door zijn moeder Iris. Zijn vader Iran van tweeëntachtig overleed twee weken later aan longkanker. Grangers dag van de vrijheid kwam op 19 januari 2007, toen zijn zus Eva hem ophaalde en hem thuisbracht, waar zijn moeder op hem wachtte in het huis waar hij was opgegroeid. Hoewel zijn moeder in 2010 overleed, woont Granger nog steeds in dat huis en is hij keukenmedewerker op de booreilanden in de Golf van Mexico. Alexander pakte zijn oude baan als taxichauffeur bij het taxibedrijf van zijn ouders weer op. Hij rijdt nog steeds op de taxi, maar heeft ook de dagelijkse leiding. De twee mannen zijn permanent op vrije voeten, maar moeten de staat allebei nog steeds vierenzestig dollar per maand aan administratiekosten van de reclassering betalen, en moeten toestemming vragen om buiten de staat te reizen.

Granger is zeventig en Alexander vierenzeventig. Ze verkeren allebei in redelijk goede gezondheid en kijken met een filosofische blik naar hun onterechte gevangenisstraf van dertig jaar. Granger zegt dat de beste jaren van zijn leven hem weliswaar zijn afgenomen, maar dat hij niet achterom kan blijven kijken en dat hij verder is gegaan met zijn leven; het komt erop neer dat hij geniet van een rustig, vredig leventje. Alexander voelt zich gezegend. Hij is de baas over zijn eigen leven, kan in zijn eigen levensonderhoud voorzien en is onafhankelijk. Hij vraagt zich af of wat hem is overkomen zijn 'lot' is, en zegt hoe dan ook: 'Alles ligt in Gods handen.' Hij merkt met enige voldoening op dat hij alle mannen die eraan hebben meegewerkt hem in de gevangenis te krijgen heeft overleefd, zelfs Dracos Burke, die in 2022 op honderdtweejarige leeftijd is overleden. En trouwens, zegt hij met een twinkeling in zijn ogen, het leven is nu veel beter dan toen hij in de Angola-gevangenis twintig jaar lang voor vier cent per uur katoen plukte en op de akkers werkte.

Door de jaren heen hebben mensen die de zaak bestudeerden zich vaak afgevraagd waarom de politie en justitie van New Iberia per se David Alexander en Harry Granger wilden vervolgen, terwijl de echte daders al voor de rechtszaak opdoken en bekentenissen aflegden die overeenkwamen met de feiten van het misdrijf. Daar kunnen verschillende redenen voor zijn geweest. Ten eerste zou het gênant en misschien zelfs vernederend zijn geweest om toe te geven dat er zes mensen ten onrechte waren aangeklaagd, vooral omdat die aanklacht het gevolg was van werk dat was verricht door de hele gemeenschap van wetsdienaren, inclusief de gekozen sheriff en de meest gerespecteerde aanklager van het OM. Een andere reden kan zijn geweest dat de autoriteiten bang waren dat als ze achter Demouchet, de echte moordenaar, aan waren gegaan, aan het licht zou komen dat ze in het verleden te inschikkelijk voor hem waren geweest, ondanks zijn gewelddadige verleden. Demouchet was informant van het bureau van de sheriff van Iberia Parish, en als beloning daarvoor werd hij door de plaatselijke autoriteiten heel coulant behandeld, ondanks zijn vele misdrijven. Maar zo gewelddadig als hij zich toonde, had hij nooit vrij rond mogen lopen op de dag dat Louis Gladu werd neergeschoten. De gevolgen van die onthulling zouden funest kunnen zijn geweest voor de carrières van de gekozen ambtenaren van New Iberia.

De arrestatie en de vervolging van de zes mannen uit Iberia heeft iets weg van *Alice in Wonderland.* Voor David Alexander en Harry Granger, die beiden dertig jaar van hun leven kwijt zijn, was het de hele tijd alsof ze, net als Alice, achter de spiegel keken. Wat er was gebeurd kon niet waar zijn, maar toch was het zo. Tijdens zijn interview met *60 Minutes* had John Collins precies weten te formuleren hoe het recht ondersteboven en binnenstebuiten was gedraaid: 'Iedereen die de waarheid heeft verteld, ging de bak in. Iedereen die heeft gelogen, mocht naar huis.'

Verstrikt in eigen leugens

Jim McCloskey

De plaats Tyler in de staat Texas, ook wel bekend als de Rozenhoofdstad van Amerika vanwege de indrukwekkende productie van rozen, is de hoofdstad van Smith County en ligt honderdzestig kilometer ten oosten van Dallas, midden in de Bible Belt. In 1977 had dit stadje in het oosten van Texas bijna vijftig baptistenkerken, met een inwoneraantal van ruim vijfenzestigduizend. Patrick Mahomes, quarterback bij de Kansas City Chiefs en winnaar van drie Super Bowls, is afkomstig uit Tyler, waar ook een vestiging van de universiteit van Texas is, die in de jaren zeventig bekendstond als de Texas Eastern University (TEU). Dit keurige stadje en de universiteit waren niet voorbereid op het afschuwelijke nieuws dat op de ochtend van vrijdag 10 juni 1977 bekend werd gemaakt.

Paula Rudolph was om halfeen 's nachts thuisgekomen in haar appartement in het grote Embarcadero-complex in Tyler, nadat ze een paar uur met een vriend had doorgebracht die voor zaken in de stad was. Nadat ze door de voordeur was binnengekomen en in de donkere gang stapte, stond ze oog in oog met een man die drie meter verderop in haar felverlichte logeerkamer stond. Hij zette snel een stap naar haar toe en deed zonder iets te zeggen de slaapkamerdeur dicht. De man was geen vreemde; tenminste, dat dacht Paula op dat moment. Het was Jim Mayfield, haar baas van de bibliotheek van de TEU. Ze wist ook waarom hij er was: voor haar vriendin, Linda Jo Edwards, met wie hij een affaire had. Gegeneerd riep Paula: 'Het is goed, ik ben het maar. Ik ga naar bed.' Daarna liep ze snel door de woonkamer naar haar eigen slaapkamer en deed de deur dicht. Een paar minuten later hoorde ze de patiodeur open- en dichtgaan.

In haar slaapkamer stak de zesendertigjarige bibliotheekmedewerker een sigaret op en rookte. Mayfield had Paula bezworen dat zijn langdurige affaire met Linda voorbij was. Nu leek het erop dat hij haar stiekem had opgezocht. Paula's eerste gedachte was: die eikel kan haar maar niet met rust laten. Ze had medelijden met Linda, die pas tweeëntwintig was en duidelijk haar hoofd op hol had laten brengen, en die veel te jong was om de stress aan te kunnen van een relatie met een getrouwde man die twee keer zo oud was als zij. Paula en Linda hadden het vaak over die grillige, verwarrende relatie gehad, die door Paula werd omschreven als 'ellendig'. Het leek wel of Mayfield het aan de ene kant wilde uitmaken, maar aan de andere kant niet.

Drie weken eerder, op 19 mei, had Linda een zelfmoordpoging gedaan nadat Mayfield haar had verlaten om terug te keren naar zijn vrouw Elfreide, met wie hij drieëntwintig jaar getrouwd was. Linda had acht tot tien Dalmane-slaappillen van 30 mg geslikt. Mayfield had haar de volgende ochtend buiten bewustzijn aangetroffen toen hij langskwam om zijn kleren op te halen. Hij droeg haar naar zijn auto en bracht haar snel naar het ziekenhuis, waar ze zes dagen moest blijven. Na haar ontslag had Mayfield Paula overgehaald om Linda in huis te nemen, zodat ze er weer bovenop zou komen, en hij had haar bezworen dat hij en Linda geen minnaars meer waren en dat hij haar niet zou komen opzoeken in Paula's appartement.

Nadat de universiteit erachter was gekomen wat de oorzaak van de zelfmoordpoging was, had het universiteitshoofd, James Stewart, Mayfield ontslagen als bibliotheekdirecteur en Linda als secretarieel medewerker bij de faculteit geesteswetenschappen. Het ontslag van Mayfield vond plaats op maandag 6 juni, slechts drie dagen voor de moord op Linda.

Nu lag Paula nog een paar minuten in bed te lezen, zette haar wekker en ging slapen. Ze werd de volgende ochtend om tien over zeven wakker. Toen ze geen antwoord kreeg nadat ze Linda had geroepen, deed ze Linda's slaapkamerdeur open. De aanblik zou haar de rest van haar leven achtervolgen. Linda lag met haar armen en benen gespreid op haar bed, zo goed als naakt en onder het bloed. Paula duwde haar hand in haar mond, deinsde achteruit de kamer uit en slaagde er op een of andere manier in om twee telefoontjes te plegen, eerst naar de politie en daarna naar Olene Harned, haar vertrouwde vriendin en oudere collega van de bibliotheek, die kort na de politie aankwam.

Het was een misselijkmakend tafereel. Linda was verminkt; elk deel van haar seksuele anatomie was kapotgemaakt. De moordenaar had drie wapens gebruikt, alle drie uit Paula's appartement. Met een beeldje van tweeënhalve kilo dat hij van het dressoir in de woonkamer had gepakt had hij herhaaldelijk, minstens tien keer, op haar gezicht, mond en hoofd ingeslagen, tot ze buiten bewustzijn was geraakt. Daarna had de moordenaar een naaischaar van een tafel gepakt om haar minstens negen keer in haar nek te steken, waardoor haar halsslagader en haar nekader waren doorgesneden. Hij had met een groentemes van vijfentwintig centimeter lang en zevenenhalve centimeter breed allerlei gruwelijke dingen gedaan. Hij had vanuit haar beide mondhoeken sneeën van meerdere centimeters over haar wangen gemaakt, drie keer in haar rechterborst gesneden en het mes vlak onder haar borst diep in haar lichaam gestoken en drie keer in haar rug geramd, bijna helemaal tot aan haar borstkas. In een vlaag van waanzin had hij daarna meerdere keren met de schaar in haar genitaliën gestoken, waarbij hij de vulva en de vagina helemaal had vernietigd. Hij sneed een paar centimeter van haar hoofdhaar af en nam dat mee, kennelijk als aandenken.

Linda's spijkerbroek lag op de grond bij haar bed, naast haar linkerenkel, en was schoon, zonder bloed, wat erop duidde dat zij of de moordenaar hem voor de aanval had uitgetrokken. Haar blouse en haar beha waren met het mes kapotgesneden en boven haar borsten getrokken. Ook haar slipje was met het mes kapotgesneden en uitgetrokken, en het lag bij haar rechtervoet. Haar rechterpantykousje was weg, maar ze had haar linker nog aan. Het beeldje en de schaar lagen op de grond. Het groentemes – onderdeel van een dure messenset die Paula in een la in de keuken bewaarde – was aanvankelijk kwijt, ondanks een verwoede zoektocht door de politie. Het werd uiteindelijk vijf dagen later gevonden door Paula's vader, toen die het appartement leeghaalde. Het mes had al die tijd onder een stapel kleren in Linda's slaapkamerkast gelegen.

Er werden kleine bloedsporen aangetroffen op de beddensprei en het kussen, nauwelijks waarneembaar met het blote oog. In de kamer werden minimale bloedspatten gevonden. De badkamer die aan de ruime slaapkamerkast grensde was schoon, droog en smetteloos. De moordenaar moest onder het bloed hebben gezeten, maar had er toch geen spoor van achtergelaten, afgezien van een druppel op het glazen terrarium bij de patiodeur toen hij er vanuit de slaapkamer door de woonkamer en over de patio vandoor was gegaan. Er waren geen sporen van braak in het appartement, en ook geen teken van een worsteling in de kleine slaapkamer van drie bij drieënhalve meter. Er was niets van zijn plek gehaald of omgestoten. Het strijkijzer was aan en stond rechtop op de strijkplank. De tv stond aan. Het bed, dat een twijfelaar op blokken was, was opgemaakt en niet overhoopgehaald. De plaats delict was ijzingwekkend schoon en netjes. Hoe de moordenaar deze ninja-achtige schoonmaakactie voor elkaar had gekregen, was een raadsel voor de forensisch onderzoekers die het misdrijf hadden geanalyseerd, en ook voor de FBI.

Maar één ding was duidelijk: Linda Jo Edwards, één meter tachtig lang, achtenzestig kilo zwaar, atletisch en sterk, zonder verdedigingswonden en met intacte vingernagels, was hoogstwaarschijnlijk het slachtoffer van een verrassingsaanval door iemand die ze kende en vertrouwde.

Paula werd die ochtend meegenomen naar de binnenstad om een verklaring af te leggen en beschreef de man die ze de avond ervoor had gezien tot in de details. 'Hij had zilvergrijs haar, dat in een middellang kapsel was geknipt dat net tot op zijn oren viel. Zijn lichaam was dat van een witte, zongebruinde man met een witte korte broek. Hij had een lang, slank figuur. Mijn eerste indruk was dat het mijn baas was, Jim Mayfield.' In een latere getuigenverklaring beschreef ze de lengte van de man consequent als drie tot vijf centimeter langer dan haar eigen lengte van één meter achtenzestig. Wie het ook was, zei ze, hij had een getraind lichaam en bewoog zich snel. Hij was goed geproportioneerd, had redelijk brede schouders en was duidelijk door de zon gebruind.

Haar gedetailleerde beschrijving kwam precies overeen met Mayfield. Die had zilvergrijs haar dat zo was geknipt dat het net tot over zijn oren viel. In februari 1978 beaamde Mayfield in een verklaring dat zijn zilvergrijze haar 'redelijk kort was en net op de rand van de oren viel – niet helemaal tot het midden van het oor'. Paula getuigde in latere hoorzittingen tweemaal dat Mayfield één meter zeventig of misschien ietsje langer was. Al Mayfields collega's van de universiteit herinnerden zich dat hij vaak een korte witte tennisbroek droeg en slank en zongebruind was. Hij was geobsedeerd door lichamelijke fitheid en tenniste of squashte bijna elke dag.

Brigadier Eddie Clark was rechercheur bij de politie van Tyler. Ondanks zijn jonge leeftijd (hij was pas zesentwintig) en zijn gebrek aan ervaring met moordzaken (dit was zijn eerste) werd hij aangewezen om het onderzoek naar de moord te leiden. Clark had Linda haar hele leven gekend. Ze waren allebei opgegroeid in Bullard, een dorpje met één spoorwegovergang en vijfhonderd inwoners, dat zo'n dertig kilometer ten zuiden van Tyler lag. Ze zaten allebei op Bullard High School. Linda deed vier jaar na Eddie eindexamen, samen met zijn jongere zus Susan. Eddie was in 1970 klassevertegenwoordiger van zijn eindexamenklas en werd van al zijn vijftig jaargenoten beschouwd als degene met de meeste kans van slagen. Linda's brute moordenaar voor het gerecht slepen was voor hem iets persoonlijks. Hij had het gevoel dat hij dat niet alleen verschuldigd was aan de inwoners van Tyler, maar ook aan Linda's familie en vrienden, en de mensen in Bullard, die niets minder van hem verwachtten.

Linda was op Bullard High de ster van het basketbalteam geweest en had wel negentig kilo gewogen voordat ze Mayfield ontmoette. Ze was een knappe jonge vrouw, sociaal, vrolijk en geliefd. Kort na de middelbare school trouwde ze met een jongen uit de buurt, Bobby Lester. Voor een plattelandsmeisje was Linda behoorlijk spilziek, en de creditcardrekeningen liepen in de duizenden dollars voor kleren en sieraden. Ze wilde de mooiere dingen in het leven, die Bobby zich niet kon veroorloven. Bobby, die zielsveel van haar hield, werkte dubbele diensten in de bandenfabriek van Tyler om het hoofd boven water te kunnen houden. In november 1975 ging Linda als invalkracht in de bibliotheek van Mayfield werken. Het duurde niet lang of de tweeënveertigjarige Mayfield, een onverbeterlijke rokkenjager, zag de schoonheid en potentiële seksualiteit van de twintig jaar oude Linda. Hun affaire begon in 1975 op het kerstfeest van de bibliotheek bij Mayfield thuis met een kus onder de mistletoe, en duurde tot de dag waarop ze stierf. Gedurende die tijd werd Linda door Mayfield fysiek onder handen genomen en gekneed tot de vrouw die hij wilde. Door middel van een regime van pillen, diëten en sporten lukte het hem om haar twintig tot vijfentwintig kilo te laten afvallen en haar zover te krijgen dat ze contactlenzen nam en haar kapsel veranderde. Onder zijn Svengali-achtige leiding werd ze getransformeerd tot een statueske figuur waar hij verrukt van was, en waar zij trots op was.

Zodra Mayfield besefte dat hij verdacht zou worden, nam hij contact op met Eddie Clark en werd nog diezelfde middag, op 10 juni, door hem verhoord op het politiebureau. Hij gaf een nogal afgezwakte beschrijving van zijn affaire met Linda en beweerde dat die begonnen was nadat ze bij hem had aangeklopt wegens huwelijksproblemen. Linda was in juni 1976 bij haar man weggegaan en was blij geweest met Mayfields uitnodiging om in het huis van zijn gezin in Tyler te komen wonen, samen met zijn vrouw en hun drie geadopteerde kinderen, Bonnie van achttien, Charley van zeventien en Louella van zestien.

Mayfield zei tegen brigadier Clark dat Linda bij hen woonde tot januari 1977, toen het gezin verhuisde naar een nieuw huis aan Lake Palestine, zo'n vijfentwintig kilometer ten zuiden van Tyler. Elfreide wilde Linda niet langer in huis. Dus trok Linda bij haar oma in Bullard in, op korte afstand van het meer. Inmiddels was Bonnie getrouwd en zat Charley bij het leger, zodat Louella het enige kind was dat nog thuis woonde. Mayfield zei tegen brigadier Clark dat de affaire nog vijf maanden voortduurde, tot de hele situatie half mei uitmondde in een korte, gepassioneerde week waarin hij zijn vrouw en dochter verliet en verhuisde naar een appartement dat hij voor hem en Linda had gehuurd in het Embarcadero-complex, niet ver van Paula Rudolph, om zes dagen later van gedachten te veranderen en terug te keren naar zijn gezin, waarna Linda zo radeloos was dat ze zichzelf van het leven probeerde te beroven.

Brigadier Clark wist al aardig wat over Linda, omdat hij degene was die haar zelfmoordpoging had onderzocht. Van haar vrienden in Bullard had hij gehoord dat ze nog meer affaires had gehad terwijl ze met Bobby getrouwd was geweest. Hij had gehoord dat Linda een maand voor haar dood iets had gehad met een oude middelbareschoolvriend, en dat ze haar beste vriendin had gevraagd om haar te dekken als Mayfield belde. Diezelfde vriendin vertelde aan Eddie hoe bezitterig Mayfield was. Jaren later zei ze tegen anderen dat 'hij dood zou gaan als hij wist dat ze een ander had'. Eddie hoorde uit andere bronnen dat Linda en Mayfield, toen ze bij de familie Mayfield in Tyler woonde, hun affaire voortzetten waar Elfreide en hun tienerkinderen bij waren. Eddie wist dat Linda ook heel wat tijd in het huis van de Mayfields bij het meer had doorgebracht en vaak door buren werd gezien als ze in een bikini op de steiger aan het zonnen was. Eddie kwam er ook achter dat Linda de gewoonte had om Mayfield 's avonds te bellen en hem dan smeekte om naar haar appartement te komen, tot Elfreides verbolgenheid. Ze konden niet bij elkaar uit de buurt blijven. Hij was seksueel verslaafd aan haar, zij was stapelverliefd op hem.

Mayfield sloot zijn verhaal af door Eddie te vertellen dat hij de dag voordat ze werd vermoord verschillende keren bij Linda was geweest. Ze kwam aan het eind van de ochtend naar de TEU om met hem te praten. Dat bezoek liep uit op een lunch bij de Dairy Queen tot halftwee, toen ze vertrok voor een sollicitatiegesprek bij een plaatselijke bank. Ze kwam om vier uur weer naar zijn kantoor om te zeggen dat ze de baan had. Daarna reden ze om halfzes ieder in hun eigen auto weg, op jacht naar een appartement voor haar, tot ze om zes uur allebei hun eigen weg gingen. Hij liet achterwege dat ze die middag ook samen hadden getennist op de baan van het Embarcadero-complex. Volgens hem had hij Linda die avond om halfnegen voor het laatst gezien, toen ze onverwachts voor de deur stond bij zijn huis aan Lake Palestine. Ze praatten een paar minuten op zijn oprit. Ze vertelde hem dat ze op de plaatselijke tennisbaan een andere man – iemand die Steve heette – had leren kennen en vroeg Mayfield of die zaterdag haar auto wilde repareren. Mayfield zei tegen Eddie dat hij die avond thuis was gebleven met zijn vrouw en Louella.

Mayfield stemde ermee in om de maandag daarop, 13 juni, weer naar het politiebureau te komen voor een leugendetectortest. Maar op maandag nam hij de beste strafpleiter van Tyler in de arm, Buck Files, die de leugendetectortest onmiddellijk afblies. Files deelde brigadier Clark mee dat hij niet zonder zijn toestemming met Mayfield of diens vrouw mocht praten, waardoor hij de Mayfields effectief uitsloot van het politieonderzoek.

Diezelfde middag, op vrijdag 10 juni, had brigadier Clark nog andere bezoekers die informatie kwijt wilden: hoogleraar geschiedenis dr. Andrew Szarka en hoogleraar logopedie dr. Judy Freeman, samen met hun echtgenoten. Ze waren allemaal buren van Mayfield aan Lake Palestine, en ook oud-collega's van de TEU. Beide echtparen kenden Linda goed en vermoedden dat Mayfield betrokken zou kunnen zijn geweest bij haar dood. De Szarka's meldden dat Linda bij hen was langsgekomen zodra ze de avond ervoor met Mayfield had gepraat en dat ze een halfuur was gebleven, tot negen uur. Linda had verteld dat Mayfield erg van streek was geweest toen ze hem had verteld dat ze had besloten ook nog met andere mannen om te gaan, terwijl ze toch hun relatie voortzetten. Judy Freeman, die tien jaar ouder was dan Linda, was vertrouweling van de jongere vrouw geweest. Ze vertelde brigadier Clark hoe bezitterig en jaloers Mayfield was, en dat hij niet wilde dat Linda met andere mannen omging.

Het duurde niet lang of de politie was erachter waar Linda de avond van de moord was geweest. Ze had de rit van ruim vijfentwintig kilometer van het Embarcadero naar het huis van de Mayfields in tweeëntwintig minuten afgelegd en was daar rond halfacht aangekomen. Omdat hij nog niet thuis was, was ze naar een tennisbaan in de buurt gegaan en kwam daar de vijfentwintigjarige Steve Nations tegen. Ze was nooit verlegen en dus stelde ze zich voor, gaf hem haar telefoonnummer en zei dat hij haar mocht bellen als hij wilde tennissen. Daarna ging ze naar het huis van de Freemans, maar die waren er niet. Na haar bezoek aan Mayfield en de Szarka's kwam ze om halftien thuis. Paula zei tegen Linda dat ze ging douchen en zich klaar ging maken om naar een vriend in de Rodeway Inn te gaan. Ze zou ongeveer een uur later weggaan. Linda verliet het appartement rond tien uur en ging naar de nabijgelegen tennisbanen van het Embarcadero om te kijken wie daar was. Ze kwam Orlando en Alma Padron tegen, die in een van de Embarcadero-appartementen woonden, en ze nodigden haar bij hen thuis uit om iets te drinken. Linda nam de uitnodiging aarzelend aan, maar zei steeds dat ze terug moest naar haar appartement voordat haar huisgenoot wegging voor de avond.

Jaren later zei Alma Padron dat Linda die avond nerveus en schrikachtig was. Haar benen trilden en ze keek voortdurend op haar horloge. Ze leek ergens over te piekeren terwijl ze op het puntje van de bank zat. Eerder, op de tennisbaan voordat ze naar het appartement van de Padrons waren gegaan, had Linda haar hart uitgestort bij Alma, die ze nauwelijks kende. Linda praatte over haar scheiding, haar zelfmoordpoging vanwege haar problemen met een getrouwde man, en zijn jaloezie. Ze praatte ook over haar nieuwe baan bij de bank, waar ze die dag was aangenomen, en dat ze helemaal opnieuw wilde beginnen. Alma voelde wel aan dat Linda vastbesloten was om het verleden los te laten, maar dat ze er tegelijkertijd emotioneel 'helemaal doorheen' zat. Linda ging om vijf voor halfelf weg bij de Padrons en was op tijd terug in haar appartement om Paula om halfelf te zien weggaan.

Slechts twee uur later, om halfeen, kwam Paula thuis en zag ze de moordenaar in Linda's slaapkamer.

In een bizarre wending in de zaak bleek dat de zestienjarige Louella Mayfield zich in de week van 23 tot 27 mei, twee weken voor de moord, in haar scoutinguniform had voorgedaan als politieagent en verschillende appartementencomplexen in Tyler had bezocht, waaronder het Embarcadero. Ze vertelde de beheerders van de appartementen dat ze onderzoek deed naar een moord waarbij Jim Mayfield en Linda Jo Edwards betrokken waren. De volgende dag werd Louella door de politie gewaarschuwd dat zulk gedrag een ernstige overtreding was. Daarna, ongeveer een week voordat Linda werd vermoord, stormde Louella binnen op Linda's werkplek bij de TEU, en ging waar iedereen bij was luidkeels tegen Linda tekeer, waarbij ze dreigde haar te vermoorden als ze met haar vader bleef omgaan. Daarna beende ze haar vaders kantoor in en schreeuwde tegen hem dat hij een eind moest maken aan zijn affaire met Linda.

Alles wat Louella had gedaan, stond in een politierapport van ene brigadier Hayden, die zijn verslag afsloot met de woorden: 'Ik ken Louella persoonlijk als iemand die mentaal en emotioneel onstabiel is; ze is heel hyperactief en een pathologische leugenaar.'

Jaren later vertelde Louella aan *The Dallas Morning News* waarom ze die dingen had gedaan: 'Mijn moeder had er heel veel emotionele stress van [...] en dat deed pijn.' Dat was absoluut waar. Elfreide was inderdaad afgemat doordat haar man voortdurend achter andere vrouwen aan zat, en ze was er kapot van toen hij had besloten haar en Louella te verlaten en bij Linda in te trekken. Nadat ze had gehoord over Linda's zelfmoordpoging, vroeg ze zich hardop af tegen haar beste vriendin, Wanda Joyce: 'Wanneer houdt het nou eens op?'

Jim Mayfield was Elfreides schoolvriendje uit Coffeyville in Texas, en hij was de liefde van haar leven. Ze was vastbesloten hem niet kwijt te raken aan een vrouw die half zo oud was als zij. Op 19 mei, haar tweeënveertigste verjaardag, een paar dagen nadat hij bij haar weg was gegaan, belde ze Mayfield op en smeekte hem om thuis te komen. Door dat verzoek wist Mayfield niet meer waar hij het zoeken moest. Verscheurd tussen zijn jonge maîtresse en zijn jeugdliefde begon hij grillig gedrag te vertonen. Nog diezelfde dag diende hij de papieren in om van Elfreide te scheiden, maar ging meteen daarna naar haar terug. Door die klap werd Linda's hart gebroken. Dat was de avond dat ze, gedeprimeerd en in de steek gelaten, de pillen slikte die bijna een eind aan haar leven maakten.

Brigadier Clark verhoorde Louella op dinsdag 14 juni naar aanleiding van haar dreigementen aan het adres van Linda. Louella gaf toe dat ze die had geuit, en dat ze zich had voorgedaan als politieagent. Ze wilde haar vader terug; diens afwezigheid maakte haar moeder kapot. Ze zei ook tegen Clark dat zij, haar vader en haar moeder alle drie thuis waren. Gebaseerd op dat verhoor schrapte brigadier Clark Louella als verdachte. De volgende ochtend werd brigadier Clark trouwens gebeld door advocaat Files, die zei dat hij Louella niet meer mocht verhoren.

Brigadier Clark beschouwde Mayfield en zijn vrouw aanvankelijk wel als verdachten. Als Linda tegen Mayfield had gezegd dat ze hun relatie wilde beëindigen, zou Mayfield haar – zo redeneerde Clark – misschien uit woede hebben vermoord door haar geslachtsdelen te verminken; op die manier zou niemand anders haar kunnen krijgen. Clark dacht ook dat Elfreide een motief zou kunnen hebben gehad om Linda's geslachtsdelen te verminken: dan zou Linda ze nooit meer kunnen gebruiken om haar huwelijk kapot te maken. Maar uiteindelijk konden brigadier Clark en de politie van Tyler zich niet voorstellen dat de directeur van de universiteitsbibliotheek of iemand van zijn familie in staat was tot zulke gewelddadigheden. De Mayfields pasten gewoon niet in het profiel van zo'n moordenaar. Vooral niet in het profiel dat was opgesteld door Jerry Landrum, een psycholoog uit de buurt, die brigadier Clark al vaker had ingezet en die toevallig in het Embarcadero woonde. Nadat hij de foto's van de plaats delict had gezien en in de week van 13 juni door Clark was bijgepraat, was Landrum van mening dat de moordenaar waarschijnlijk achttien tot dertig jaar oud was, dat hij homoseksueel, impotent en introvert was, en dat hij drugs gebruikte en aan epilepsie leed. Dus dacht brigadier Clark dat het tijdverspilling zou zijn om de collega's van Mayfield en Linda van de universiteit te verhoren, of iemand anders die in het heden of het verleden te maken had met Mayfields beroeps- of privéleven. In plaats daarvan richtte hij zijn aandacht op het Embarcadero-complex, in de overtuiging dat hij Linda's sadistische moordenaar in een van die tweehonderdvijfenzestig appartementen zou vinden. En daarmee liet hij Mayfield vrijuit gaan.

Op 10 juni om negen uur 's ochtends onderzocht brigadier Doug Collard, die bij de politie over de identificatie van vingerafdrukken ging, Paula's appartement op vingerafdrukken. Hij was geïntrigeerd door de duidelijke afdrukken die hij van de patiodeur wist af te halen, en dat die 'op hem af sprongen' zodra hij het poeder op de deur had aangebracht. Later die ochtend zei hij tegen Clark: 'Als je de man vindt wiens afdrukken op de schuifdeuren van de patio zitten, heb je je moordenaar te pakken.' De daaropvolgende twee maanden klopte Clark van 's ochtends vroeg tot 's avonds laat aan bij elk appartement en legde contact met bijna alle bewoners. Hij nam van alle mannen in het Embarcadero vingerafdrukken af, onderwierp enkelen van hen aan een leugendetectortest, en deed onderzoek naar degenen die een strafblad hadden. Hij was helemaal geobsedeerd.

Op 2 augustus vond hij wat hij zocht. Hij kwam James Taylor tegen, bij wie hij al eerder vingerafdrukken had afgenomen en die hij had ondervraagd. Taylor was een zelfstandige vrachtwagenchauffeur die regelmatig olie-apparatuur bezorgde bij een familiebedrijf buiten de stad. Voor het eerst vertelde Taylor hem nu dat er, terwijl hij de stad uit was geweest toen Edwards werd vermoord, tijdelijk een gast in zijn appartement had gewoond. Zijn naam was Kerry Max Cook. Nadat Taylor dat weekend was teruggekomen van zijn rit, had hij gehoord dat Kerry de dag na de moord was vertrokken uit Tyler en naar Jacksonville was gegaan, een stadje zo'n vijftig kilometer ten zuiden van Tyler, om zijn ouders op te zoeken. Taylor zei tegen Clark dat Cook problemen met justitie had gehad in Jacksonville. Hij zei ook dat Cook op maandag 13 juni was teruggekeerd naar Taylors appartement, en dat Taylor hem later die dag in Houston had afgezet toen hij weer iets moest bezorgen.

Voordat Cook in Taylors appartement had gelogeerd, was hij barman geweest in Dallas, bij een gaybar die de Old Plantation heette. Taylor had Cook daar ontmoet en hij had hem voorgesteld aan zijn vriend, Robert Hoehn, die kapper was in Tyler. Taylor en Hoehn waren allebei homoseksueel en voelden zich aangetrokken tot Cook. Door het feit dat Cook in een gaybar werkte en tijdelijk bij Taylor logeerde, dacht de politie later dat hij homoseksueel was.

De volgende dag kreeg brigadier Collard Cooks vingerafdrukken van de politie in Jacksonville en vergeleek ze met de afdrukken op Paula's patiodeur. Opgewonden zei hij tegen Clark dat ze overeenkwamen. Eddie en zijn collega's dachten dat ze eindelijk de dader te pakken hadden. Die indruk werd versterkt toen ze erachter kwamen dat Cook, die eenentwintig was, een strafblad had. Geen geweldsdelicten, maar hij had wel in de gevangenis gezeten. Begin jaren zeventig was hij als jeugddelinquent vaak van huis weggelopen en had hij vrienden meegenomen op uitstapjes in gestolen auto's. Door escapades belandde hij korte tijd in een Texaanse gevangenis voor mensen die voor het eerst een misdrijf hadden gepleegd. Hij kwam op zijn achttiende verjaardag vrij, op 5 april 1974, en ging terug naar zijn ouders in Jacksonville. Daar kwam hij opnieuw in de problemen toen hij een etalageruit had ingetrapt nadat hij er ten onrechte van was beschuldigd dat hij iets uit de winkel had gestolen. Daarvoor kreeg hij een voorwaardelijke gevangenisstraf wegens vernieling. Zijn proeftijd liep af in het voorjaar van 1977. Voor het eerst in vier jaar was hij vrij en had hij niets meer met justitie te maken.

In de periode van die eerste arrestaties was Kerry naar het Rusk State Hospital gestuurd voor een evaluatie voorafgaand aan de rechtszaak. De man die hem onderzocht was niemand minder dan dr. Jerry Landrum, de psycholoog die vier jaar later een profiel van Linda's moordenaar zou opstellen voor brigadier Eddie Clark. In zijn rapport over Kerry noemde dr. Landrum hem een 'typische opstandige jongere' en 'een onvolwassen, onzelfstandige jongere die 's nachts om zijn moeder roept'. Nadat hij had vastgesteld dat Kerry niet psychotisch was en ook geen mentale stoornissen had, zag dr. Landrum geen reden om hem vast te zetten en liet hij hem gaan.

Op 3 augustus nam brigadier Clark verklaringen af van twee mensen die tijdens de dagen voorafgaand aan de moord interactie met Cook hadden gehad: Randy Dykes, Taylors neefje van zeventien, en Cooks vriend Robert Hoehn. Ze vertelden allebei een verhaal dat brigadier Clarks aandacht trok. Tijdens zijn verblijf had Kerry op een gegeven moment gezien dat een meisje zich aan het uitkleden was in de slaapkamer van een ander appartement. Dat meisje was Linda Jo Edwards. Hoehn zei dat hij dat verhaal op de avond van de moord om elf uur van Kerry had gehoord toen ze vanaf Taylors appartement naar het zwembad van het Embarcadero liepen. Dykes zei tegen de brigadier dat hij het verhaal een paar dagen daarvoor had gehoord, ook tijdens een wandeling naar het zwembad met Kerry. Zowel Dykes als Hoehn liet Clark het raam zien. Dykes vertelde nog een ander detail: op 7 juni, drie dagen voor de moord, zat Cooks hals onder de afdrukken van zuigzoenen. Dykes had Kerry naar de afdrukken gevraagd en Kerry zei dat hij het meisje dat hij door het raam had gezien – Linda Jo Edwards – bij het zwembad was tegengekomen en dat ze naar haar appartement waren gegaan en hadden gevreeën.

Door de verhalen van Hoehn en Dykes raakte Eddie Clark ervan overtuigd dat Kerry een gluurder was. En in combinatie met dr. Landrums profiel kwam hij tot de conclusie dat Kerry de moordenaar van Linda was. In werkelijkheid waren er wat aanwijzingen dat Linda exhibitionistische trekjes had: twee andere mannen in het gebouw verklaarden later dat ze haar weleens naakt achter het raam hadden zien staan, alsof ze bewonderd wilde worden. Maar in de overtuiging dat ze de dader te pakken hadden, ondernam de politie bliksemsnel actie tegen Kerry. Op 3 augustus vaardigde A.D. Clark (geen familie van Eddie Clark), de openbaar aanklager van Smith County, een arrestatiebevel uit voor Kerry Max Cook wegens moord met voorbedachten rade op Linda Jo Edwards. Maar pas op vrijdag 5 augustus om halfvier hoorde de sheriff van Cherokee County, Danny Stallings uit Jacksonville – die Kerry en zijn familie kende – van de ouders van Kerry waar hij was. Kerry werkte als barman in de Holiday Club in Port Arthur, Texas. Brigadier Clark en sheriff Stallings vlogen die avond om acht uur met een privévliegtuig van Tyler naar Port Arthur.

Met ondersteuning van de plaatselijke politie werd Kerry om tien voor elf door brigadier Clark gearresteerd in de club. Daarna ging de politie over op het doorzoeken – Kerry zou het later 'overhoophalen' noemen – van zijn appartement. Het was bijna middernacht en Kerry's vriendin, Amber Norris, met wie hij sinds een paar weken samenwoonde, zat doodsbang in haar nachthemd op bed. Er werd niets gevonden wat als bewijsmateriaal kon dienen.

In de gevangenis van Port Arthur probeerden brigadier Clark, Stallings en de zedenpolitie van Port Arthur, die Kerry uren achter elkaar ondervroegen, een bekentenis van hem los te krijgen. Ze schreeuwden hem beschuldigingen vol krachttermen toe en zeiden, valselijk, dat zijn haar en sperma op Linda's lichaam waren aangetroffen. Een van de mensen van de plaatselijke politie duwde Kerry's hoofd zelfs in een wc-pot en trok telkens weer door, terwijl hij hem toeschreeuwde dat hij moest bekennen. Allemaal tevergeefs. Uiteindelijk zetten ze hem vlak voor het ochtendgloren op het vliegtuig terug naar Tyler. Maar daarmee was de ellende nog niet voorbij. De politie van Tyler trok Kerry's kleren uit en sloot hem in een gevangeniscel zonder ramen op, waar een airco ijskoude lucht op zijn naakte lichaam blies.

Een dag of twee later kwamen Kerry's vader en moeder, Earnest en Evelyn Cook. Ondanks zijn rebelse jeugd hield Kerry van hen beiden en hij had veel respect voor zijn vader, die beroepssergeant in het leger was geweest en het wagenpark van verschillende legerbases in Europa had beheerd. Kerry en zijn oudere broer Doyle Wayne, die door Kerry geadoreerd werd, waren legerkinderen die in hun jeugd van de ene naar de andere basis in Duitsland waren verhuisd. In 1972 was zijn vader na eenentwintig dienstjaren met pensioen gegaan en was de familie teruggekeerd naar Jacksonville, Texas, waar Evelyn en hij waren opgegroeid, elkaar hadden ontmoet en later getrouwd waren.

Tijdens het bezoek vroeg Kerry's vader of hij het vermoorde meisje kende. Zodra Kerry hem vertelde dat hij haar bij het zwembad had ontmoet en naar haar appartement was gegaan, interrumpeerde Earnest hem waarschuwend: 'Zeg nooit tegen iemand dat je in dat appartement bent geweest of dat je haar zelfs maar kende. Als je dat wel doet, schuiven ze je die moord in de schoenen. Beloof me dat je je mond erover houdt.' De volgende veertien jaar volgde Kerry het advies van zijn vader op en ontkende hij dat hij Linda Jo Edwards ooit had ontmoet. In die leugen zou hij, samen met het web van leugens dat de aanklagers om hem heen weefden, nog jaren verstrikt blijven.

Op 1 september ging brigadier Clark naar Port Arthur om de mensen te ondervragen die Kerry kenden. Hij bracht wat tijd door met Kerry's vriendin, Amber Norris, met wie hij samenwoonde. Ze vertelde hem dat ze Kerry op 1 juli voor het eerst had ontmoet in een gaybar in Houston, toen ze op bezoek was bij vrienden. Ze kwam na het weekend van de Fourth of July terug naar Port Arthur, en Kerry kwam met haar mee. Hij kreeg op 7 juli een baan als barman bij de Holiday Club en ze huurden samen een appartement. Half juli ging ze met hem mee naar Jacksonville, waar ze zijn vader, moeder en broer ontmoette. Ze zei tegen de nieuwsgierige brigadier Clark dat hun liefdesleven heel normaal was en dat ze wel aan orale, maar niet aan anale seks deden. Hoewel Kerry en zij verschillende homoseksuele vrienden hadden, had ze geen idee of Kerry biseksueel was. Hij was nooit impotent bij haar. Af en toe rookten ze marihuana en als hij onder invloed was, werd hij 'grappig', nooit boos of gewelddadig.

De grand jury, die moest beslissen of er voldoende gronden waren voor een rechtszaak, kwam tussen augustus en oktober 1977 bijeen om over Kerry's zaak te praten. Cyrus Kugler, de manager van de Holiday Club waar Kerry werkte, getuigde op 19 september. Hij had niets dan goeds over Kerry te zeggen.

De clientèle van de Holiday Club bestond, zo zei hij, uit heteroseksuele *middle-class* Amerikanen, geen gays. Hij karakteriseerde Kerry als een 'jongen die heel makkelijk in de omgang was en bevriend was met veel mensen rondom de club'. Iedereen mocht hem graag, zowel mannen als vrouwen. Er waren heel wat meisjes die wel iets met hem wilden. Hij was altijd aardig, beleefd, goedgemanierd. Hij was een ervaren, uitstekende barman die geen training nodig had. Om beter bij de klanten van de club te passen, had Kerry zijn haar laten knippen en ging hij conservatief gekleed.

Diezelfde dag, op 19 september, verscheen ook Jerry Landrum voor de grand jury. Hij weidde uit over zijn eerdere profiel van de moordenaar. Hij zei dat de aanvaller hoogstwaarschijnlijk biseksueel was en impotentieproblemen had, waardoor hij een buitensporige hoeveelheid woede en vijandigheid naar vrouwen koesterde. Hij geloofde dat de belager een 'seksueel ontoereikende' man was met een 'pathologische vijandigheid jegens een moederfiguur'. In een tegenstrijdige en ietwat onbegrijpelijke analyse stelde hij eerst dat de moordenaar, een homoseksuele man, werd gedreven om de geslachtsdelen van het slachtoffer te verminken omdat hij die zelf niet had. Maar in één adem voegde hij eraan toe dat het een zedendelict door een biseksuele man was, waardoor de leden van de grand jury in verwarring werden gebracht.

Drie getuigen – Taylors neefjes Randy en Rodney Dyke, en Robert Hoehn – verklaarden tegenover de grand jury dat Kerry hun had verteld dat hij Linda in het zwembad van het Embarcadero had ontmoet en dat ze hem had uitgenodigd in haar appartement, waar ze hadden gevreeën, waardoor hij afdrukken van zuigzoenen in zijn hals had. Hoehn verklaarde dat Cook hem op maandag 6 juni tijdens een etentje bij Hoehns thuis had verteld over die ontmoeting met Linda. Randy verklaarde dat Kerry hem dat op de ochtend van 7 juni had verteld, nadat hij hem had gevraagd naar de afdrukken van zuigzoenen in Kerry's hals. Hoehn verklaarde ook dat hij en Kerry op 9 juni, de avond van de moord, samen naar de volwassenenfilm *The Sailor Who Fell from Grace with the Sea* hadden gekeken, die op kabel-tv werd uitgezonden, maar dat Kerry daar volgens Hoehn geen oog voor had. Hij verklaarde ook dat Kerry die avond niet boos, gefrustreerd of van slag was. Alle drie de mannen werden ondervraagd door A.D. Clark, met brigadier Eddie Clark naast hem.

Uit angst dat deze getuigenis voor de grand jury, die een onschuldige verklaring gaf voor Kerry's vingerafdrukken op Linda's patiodeur, zijn zaak tegen Kerry zou ondermijnen, hield A.D. Clark deze onrechtmatig achter voor Kerry's advocaten. De getuigenverklaring zou pas veertien jaar later weer boven water komen.

In juni 1978, tien maanden na zijn arrestatie, vond Kerry's rechtszaak plaats. Zijn advocaten waren Larue Dixon en John Ament. Dixon was de voormalig openbaar aanklager van Cherokee County, die Kerry vijf jaar daarvoor had vervolgd en naar de gevangenis had gestuurd; Ament had Kerry voor een paar van die aanklachten bijgestaan. Als partners in Jacksonville namen ze de zaak aan voor een vergoeding van vijfhonderd dollar; meer kon de familie Cook zich niet veroorloven. Ze kregen geen andere betalingen voor hun werk, waardoor het onmogelijk was om getuigen-deskundigen en onderzoekers te betalen om te helpen bij de verdediging van Kerry. De aanklager was de vijfendertigjarige Michael Thompson, een arrogante buldog die alles uit de kast zou halen om een veroordeling te krijgen.

De moord op Linda Jo Edwards was het gruwelijkste misdrijf in de geschiedenis van het oosten van Texas. Thompson en zijn baas, officier van justitie A.D. Clark, waren vastbesloten om Kerry Max Cook niet alleen te veroordelen, maar ook de doodstraf te geven. Daarbij kwam dat Clark, die door de gouverneur was aangesteld als officier van justitie nadat zijn voorganger ontslag had genomen, later dat jaar in de race was om gekozen te worden. In de aanloop naar de rechtszaak wist Clark dat hij meer bewijs moest hebben – en flink wat ook – voor een veroordeling. Zijn politieke carrière hing ervan af.

De eerste uitdaging werd gevormd door de vingerafdrukken op de patiodeur, die onweerlegbaar van Kerry waren. Hoe en wanneer waren die afdrukken op de deur gekomen? Was hij eerder op de avond een ongenode gast, of was hij naar binnen geglipt om haar te vermoorden? Clarks oplossing was dat hij Doug Collard overhaalde om te verklaren dat die afdrukken zes tot twaalf uur oud waren geweest op het moment dat ze werden gevonden, zodat Kerry in Linda's appartement geplaatst kon worden op het tijdstip van haar overlijden. Door het achterhouden van de grandjurygetuigenis van de drie mannen, die een alternatief boden voor Kerry's aanwezigheid in Linda's appartement, en door te beweren dat Collard de vingerafdrukken op de patiodeur op het tijdstip van het misdrijf plaatste, was Clark een flink eind op weg om de aanval op Linda te presenteren als een misdrijf 'tussen twee onbekenden' dat was gepleegd door de krankzinnige verdachte. Hij wist natuurlijk donders goed dat Kerry helemaal geen onbekende van Linda was.

Nu moest A.D. Clark ervoor zorgen dat Paula Rudolph kon beamen dat Kerry de man was die ze in de slaapkamer had gezien. Kerry's uiterlijk was volkomen anders dan dat van de man die ze aan de politie en de grand jury had beschreven. Daar was zelfs bewijs voor. Op de ochtend nadat Linda was vermoord, was Randy Dykes met Kerry meegegaan om zijn rijbewijs te laten vernieuwen. Op het gemeentehuis van Tyler werden daarvoor nieuwe pasfoto's gemaakt. Daarop stond Kerry met een volle bos stevig donkerbruin haar dat beide oren bedekte en ook langs de zijkanten van zijn gezicht hing. Dat was heel wat anders dan 'zilvergrijs haar, dat in een middellang kapsel was geknipt dat net tot op zijn oren viel'. Op de foto stond ook dat Kerry's lengte één meter tachtig was, aanzienlijk langer dan de één meter zeventig zoals Paula had beschreven. Helaas voor Kerry raakte de foto kwijt in de post en werd pas jaren later teruggevonden.

Hoe dan ook, Paula werd nooit gevraagd om een line-up te bekijken en kreeg ook nooit een fotoreeks te zien om de dader te identificeren. Ze werd tijdens de twee hoorzittingen voorafgaand aan de rechtszaak nooit gevraagd om Kerry te identificeren als de man die ze gezien had, ondanks het feit dat Kerry aan de andere kant van de zaal achter de tafel van de verdediging zat. En er werd haar evenmin gevraagd of Kerry de man was die ze had gezien toen ze op 19 september moest getuigen voor de grand jury. Bij de hoorzitting waar een beslissing over Kerry's borgtocht moest worden genomen, werd haar gevraagd of ze de man die ze had gezien kon identificeren. Ze antwoordde ontwijkend: 'Ik zal niet onder ede zweren wie het was.' Aanklagers Clark en Thompson wisten dat ze tijd nodig hadden om Paula ervan te overtuigen dat de man die ze voor de moord op Linda vervolgden inderdaad de moordenaar was, en om Paula te laten beamen dat de man die ze had gezien onmogelijk Jim Mayfield kon zijn geweest, want Jim Mayfield kon nooit zo'n barbaarse daad hebben verricht.

Het duurde bijna een jaar voordat ze van gedachten veranderde, min of meer. Tijdens de rechtszaak wist ze ineens niet meer zeker of ze het haar van de man wel had gezien. Haar onzinnige redenering voor deze belangrijke ommezwaai was dat ze naar een felverlichte kamer had gekeken, waarin ze slechts een 'reflectie van een silhouet' had gezien. (Forensische experts zijn het erover eens dat vanuit het donker op korte afstand naar een goed verlichte kamer kijken de ideale visuele omgeving is om accurate observaties te doen.) Paula zei dat ze de gelaatstrekken niet had gezien, 'alleen schaduwen en vlakken op een vorm, een figuur'. Toen ze vroeg of de verdachte de man was die ze had gezien, antwoordde ze: 'Ja, hij past in het plaatje.' Dus uiteindelijk was haar identificatie van Kerry gebaseerd op het silhouet van een lichaamsvorm, en daar paste Kerry volgens haar bij.

Nu Paula zich achter de aanklagers had geschaard, krabbelde ze terug van wat ze oorspronkelijk tegen de politie had gezegd. Ze wist nu zeker dat de man die ze had gezien niet Jim Mayfield was. Maar ze was er nog steeds van overtuigd dat die man een witte korte broek aan had gehad. Dat bleek gunstig voor Kerry toen Robert Hoehn getuigde voor het OM. Maar de getuigenis die daarna kwam, was in de ogen van de jury absoluut bezwarend.

Net als tijdens hun verklaringen voor de grand jury schilderden Hoehn en de gebroeders Dykes Kerry ook nu weer af als een gluurder. Randy verklaarde dat Kerry hem had verteld dat hij op een avond langs het slaapkamerraam van het meisje was gelopen en dat hij op de stoep was blijven staan kijken terwijl ze zich uitkleedde. Hij voegde eraan toe dat Kerry tegen hem had gezegd dat ze grote borsten had en met zichzelf speelde. Op de ochtend na Linda's dood ging Randy met Kerry mee naar Tyler om een sollicitatieformulier in te vullen, en daarna reed hij met hem naar

Jacksonville, waar hij hem afzette bij de werkplaats van zijn broer. Hoewel hij het tijdens de eerste rechtszaak niet zei, verklaarde Randy bij de herzieningszaak in 1994 dat hij Kerry op de ochtend nadat Linda was vermoord naar het gemeentehuis had gebracht om zijn rijbewijs te verlengen; geen waarschijnlijke bestemming voor een man die twaalf uur eerder een vrouw zou hebben verminkt.

Hoehn verklaarde tijdens de rechtszaak dat Kerry en hij op de avond dat Linda was vermoord samen naar de volwassenenfilm *The Sailor Who Fell from Grace with the Sea* hadden gekeken. Maar in scherp contrast met zijn getuigenis voor de grand jury – waarin hij meerdere keren had aangegeven dat Kerry 'geen oog voor de film had' – beschreef Hoehn nu tot grote afschuw van de conservatieve jury in geuren en kleuren de orale en anale seks die Kerry en hij zogenaamd hadden gehad terwijl de film te zien was, en dat Kerry had gemasturbeerd en op de vloer had geëjaculeerd terwijl Hoehn toekeek. Hoehn vertelde over een scène in de film waarin een jongetje in zijn moeders slaapkamer gluurde en toekeek terwijl ze zichzelf bevredigde. Hij zei dat Kerry 'zichzelf streelde' toen de kinderen in de film zich klaarmaakten om een kat te verminken, en dat hij een vleesmes omhooghield en zei: 'Laten we hem eruit snijden.' Er was helemaal niets van waar, maar de aanklagers gingen erin mee en zetten Kerry weg als een perverse, benevelde homoseksuele moordenaar die zo seksueel opgewonden was geworden door de film en door de herinnering aan de aanblik van Linda die naakt voor haar slaapkamerraam stond, dat hij naar haar appartement was gegaan, door de patiodeur naar binnen was geglipt, haar had overrompeld en met haar had gedaan wat de jongetjes in de film met de kat deden. Als Ament en Dixon hadden beschikt over Hoehns getuigenis voor de grand jury, die nu voor hen was achtergehouden, hadden ze de bespottelijke presentatie van het OM onderuit kunnen halen.

Gedeelten van Hoehns getuigenis tijdens de rechtszaak waren wel gunstig voor Kerry's zaak, alleen was de jury nu zo afgeknapt dat ze er waarschijnlijk geen geloof aan hechtten. Hoehn, de kapper, zei tegen de jury dat Kerry een volle bos donkerbruin haar tot op zijn schouders had, en dat hij de blauw met rode boxershort droeg die hij altijd aanhad (dus geen witte tennisshort).

Hoehn verklaarde ook dat Kerry en hij het appartement iets na middernacht verlieten om een pakje sigaretten te gaan kopen. Toen ze terugkwamen, zette hij Kerry af bij de hoofdingang van het Embarcadero. Hij wist zeker dat dat tussen halfeen en vijf over halfeen was, niet eerder en niet later. Nadat ze de sigaretten hadden gekocht, had Kerry voorgesteld dat ze nog even zouden rondrijden. Hoehn had nee gezegd. Toen hij Kerry afzette, nodigde die hem uit om nog even binnen te komen en iets langer bij hem te blijven. Hoehn had het aanbod afgeslagen, omdat hij de volgende ochtend vroeg op moest om te gaan werken.

Dus als Kerry de moordenaar was, zou hij in een oogwenk in een monster moeten zijn veranderd nadat Hoehn was weggereden. In een opwelling had hij dan terug moeten rennen naar Taylors appartement om een witte korte broek aan te trekken en daarna was hij dan naar Paula's appartement gerend en door de patiodeur naar binnen geglipt, waarna hij Linda had overvallen en verminkt, alles keurig had opgeruimd en geen enkel spoortje bloed had achtergelaten.

Er was een reden voor Hoehns valse getuigenis tegen Kerry. Om onverklaarbare redenen waren de aanklagers van Smith County ervan overtuigd dat Hoehn de moord op Linda samen met Kerry had gepleegd. De politie verhoorde

Hoehn zo intens en zat hem zo onafgebroken op de huid dat hij een advocaat in de arm nam om het een halt toe te roepen. Maar aanklager Thompson bleef het proberen. Nadat het laatste jurylid was geselecteerd, vroeg hij om een pauze en loodste Kerry en zijn advocaten naar een vergaderruimte. Hij bood Kerry een schikking aan waarbij hij, als Kerry zou zeggen dat Hoehn de moord samen met hem had gepleegd, een gevangenisstraf van vijfentwintig jaar zou voorstellen in plaats van de doodstraf. Kerry hield vol dat hij onschuldig was, dus hij weigerde en zette de rechtszaak door.

De fixatie van de autoriteiten op Robert Hoehn was nergens op gebaseerd. Hoehn leek helemaal niet op de man die Paula had beschreven. Hij had blond haar dat bovenop dunner werd. Hij had overgewicht en was nogal pafferig, met een flinke bierbuik. Hij was rond de één meter tachtig en woog zo'n tachtig kilo. Zijn huid was bleek en zeker niet zongebruind. Nadat Kerry had geweigerd te schikken, kreeg Hoehn immuniteit als hij getuigde zoals hij nu had gedaan. Nu zou hij niet alleen onder de moordaanklacht uit komen, maar vermeed hij ook vervolging onder de wet tegen sodomie van mensen met hetzelfde geslacht, die in Texas van kracht was tot aan 2003, toen het Amerikaanse hooggerechtshof oordeelde dat de wet in strijd was met de grondwet.

Na Hoehns getuigenis hadden de aanklagers nog een bajesverklikker achter de hand voor de jury. Thompson liet Edward Scott Jackson (ook bekend als 'Shyster') in de getuigenbank plaatsnemen. Hij zat sinds november 1976 in de gevangenis voor moord met voorbedachten rade en was in afwachting van zijn rechtszaak. Shyster zei tegen de jury dat Kerry, toen ze samen in de gevangenis van Smith County zaten, had opgebiecht dat hij Linda had vermoord.

Shyster herhaalde bloederige aspecten van de moord, die Kerry hem verteld zou hebben. Zo zou Kerry hem hebben verteld dat hij Linda's vagina eruit had gesneden en die had meegenomen, samen met een deel van haar hoofdhaar. Jackson herinnerde zich dat Kerry een bijzondere haat koesterde voor vrouwen met donker haar (Linda had lang, donkerbruin haar), maar dat hij van vrouwen met blond en rood haar hield. Hij zou vulgaire dingen over donkerharige vrouwen hebben gezegd terwijl ze samen seksblaadjes bekeken, zoals: 'Die bitch verdient het om in elkaar geslagen te worden omdat ze op die manier poseert.'

Shyster verzekerde de jury dat hij geen geheime deals met de aanklager had gesloten voor deze getuigenis. Thompson bevestigde dat nog eens tijdens zijn slotpleidooi en beweerde: 'Ik zal net zo hard schreeuwen om [Shyster] Jackson te veroordelen als deze moordenaar, en hij zal onderuitgaan. Ik sluit geen deals met moordenaars.' Maar dat was niet hoe het ging. Op 15 augustus 1978, bijna op de kop af een maand nadat Kerry in de dodencel belandde, verscheen Shyster weer voor de rechtbank. Hij bekende schuld aan onopzettelijke doodslag, werd veroordeeld tot een gevangenisstraf die zo lang was als de tijd die hij al had gezeten, en werd op vrije voeten gesteld. Hij had zeshonderdvijfentwintig dagen in de gevangenis van Smith County gezeten wegens een moordaanklacht, in plaats van levenslang in een staatsgevangenis in Texas als hij veroordeeld was geweest tijdens een rechtszaak.

De laatste getuige van het OM was dr. V.V. Gonzalez, een lijkschouwer die het lichaam had onderzocht op de plaats delict en die later die ochtend autopsie had verricht bij de begrafenisonderneming. Dr. Gonzalez was niet opgeleid tot patholoog-anatoom en werkte officieel ook niet in die hoedanigheid. In 1977 had Smith County nog geen gerechtelijk laboratorium. Jaren later bekeek de vermaarde Texaanse forensisch patholoog dr. Lloyd White het werk van Gonzalez in Linda's zaak nog eens. Hij beschreef het autopsierapport en de getuigenis als 'bijna onbegrijpelijk'. Dr. White karakteriseerde dr. Gonzalez ook als 'niet in staat enige soort wond of verwonding te beschrijven op een manier die strookt met de algemeen aanvaarde normen van de beoefening van forensische pathologie'.

Dr. Gonzalez deelde één heel belastende en hoogst verdachte bevinding. Ook al had hij er geen melding van gemaakt in zijn autopsierapport, hij verklaarde in zijn getuigenis dat hij geloofde dat er een deel van het vaginale kanaal was 'afgesneden' en 'ontbrak'. Hij was in staat om dat vast te stellen, ook al had de moordenaar zo vaak ingestoken op de vagina en het gebied eromheen dat haar genitaliën en haar rectum helemaal tot aan de bekkenholte waren weggesneden. Zodra dr. Gonzalez de getuigenbank verliet, liet het OM weten verder geen getuigen meer te hebben.

De verdediging had slechts drie getuigen, allemaal gedetineerden van de gevangenis van Smith County. Ze vertelden de jury alle drie dat Shyster Jackson hun had verteld dat hij een deal had gesloten met de openbaar aanklager, waardoor hij schuldig zou kunnen pleiten aan onopzettelijke doodslag, een gevangenisstraf zou krijgen die overeenkwam met zijn voorarrest, en naar huis zou mogen. En zo ging het ook precies.

De advocaten waren bang dat Thompson over Kerry heen zou walsen, dus haalden ze Kerry over om zelf niet te getuigen.

In Thompsons slotpleidooi gebruikte hij Gonzalez' opmerking over 'de ontbrekende vagina' om de jury te vertellen dat die 'perverseling' Linda's ontbrekende pantykousje had gepakt, 'die lichaamsdelen erin had gegooid' en het appartement met het pantykousje in zijn hand verlaten had. Daaraan voegde hij de schandelijke opmerking toe: 'Het zou me niets verbazen als hij die lichaamsdelen heeft opgegeten.' Thompson schilderde Kerry af als een 'jonge seksuele psychopaat' en drukte de jury op het hart om 'zijn verknipte, verwrongen en perverse geest uit te roeien' en 'iets aan die perverseling te doen voordat hij het nog een keer doet bij een jonge vrouw uit onze county'.

Thompson zei tegen de jury dat, nadat Kerry de dag na de moord, op 10 juni, met Randy Dykes was meegereden naar Jacksonville, 'hij [Kerry] op de vlucht bleef en nooit terugkwam naar Tyler [...] hij rende als een haas de stad Tyler uit en kwam niet meer terug'. Thompson wist dat dat niet waar was. Hoewel James Taylor niet tijdens de rechtszaak had getuigd, had hij op 3 oktober 1977 in zijn verklaring aan de grand jury wel gezegd dat Kerry op maandagmiddag 13 juni, drie dagen na de moord, naar Tyler was teruggekeerd nadat hij het weekend bij zijn familie in Jacksonville had doorgebracht. Kerry had Tyler pas weer verlaten nadat Taylor hem uit zijn appartement had geschopt toen hij had gehoord dat Kerry seks had gehad met een van zijn vrienden. Dat was een ongefundeerd gerucht, maar Taylor had zijn jaloezie niet kunnen onderdrukken en hij had Kerry gevraagd te vertrekken. Later die dag bracht Taylor hem naar Houston, waar hij iets moest bezorgen met de vrachtwagen. Kerry belde later die week twee keer vanuit Houston en vroeg of hij mocht terugkomen. Taylor weigerde en hoorde nooit meer iets van hem.

Net als de grandjurygetuigenissen van Hoehn en de gebroeders Dykes werd ook die van Taylor veertien jaar lang achtergehouden voor de verdediging.

In hun slotpleidooi probeerden advocaten Ament en Dixon te benadrukken hoe sterk Kerry's uiterlijk afweek van Paula's aanvankelijke beschrijving van de moordenaar. Ze voerden aan dat Kerry het misdrijf niet kon hebben gepleegd, omdat Paula de moordenaar om halfeen in de slaapkamer had gezien en Kerry op datzelfde tijdstip was afgezet door Hoehn. Ze maakten de 'gevangenisbekentenis' van Shyster Jackson belachelijk en karakteriseerden hem als een gladde prater die niet kon worden geloofd. Dixon voorspelde – en dat bleek later uit te komen – dat ze binnen twee maanden in de krant zouden lezen dat Shyster had bekend schuldig te zijn aan onopzettelijke doodslag en vrijuit zou gaan. Maar Cooks advocaten konden niet om Collards getuigenis heen dat de vingerafdrukken zes tot twaalf uur oud waren toen ze werden aangetroffen. Zonder Kerry's bekentenis dat hij de patiodeur had aangeraakt toen Linda en hij een paar dagen eerder naar haar appartement waren gegaan om te vrijen, werd Kerry door Collards getuigenis in het appartement geplaatst op het tijdstip van de moord.

De juryleden kwamen op 28 juni 1978 om tien uur 's avonds tot een oordeel, nadat ze de hele middag en avond hadden beraadslaagd. Ze achtten Kerry schuldig aan moord met voorbedachten rade. De fase van de strafbepaling begon de volgende dag.

Daarvoor nam dr. Jerry Landrum plaats in de getuigenbank. Hij werkte nu als zelfstandig psycholoog, niet langer in Rusk Hospital. Maar hij herinnerde zich zijn evaluatie van Kerry van een paar jaar geleden. Hij zei tegen de jury dat hij zijn aantekeningen niet meer had, maar dat hij zich herinnerde dat hij hem had gediagnosticeerd als 'antisociale persoonlijkheid'. Hoewel hij hem daarna niet meer had gesproken, voegde hij eraan toe dat hij Kerry in de categorie 'ernstige psychopaten' zou scharen, en dat hij er niet aan twijfelde dat Kerry een voortdurende bedreiging voor de samenleving was, die niet zou kunnen worden gerehabiliteerd als hij werd geïnstitutionaliseerd. Omdat de verdediging nooit inzage kreeg in zijn evaluatie van september 1973 wisten ze niet dat Landrum zijn eigen conclusie tegensprak dat Kerry 'niet psychotisch' was en 'geen mentale stoornis' had, en dat er geen reden was om Kerry vast te zetten.

Later kwam uit dat dr. Landrum voortdurend een verkeerde voorstelling van zijn cv gaf en er hoogst dubieuze praktijken op na hield. Hij verklaarde vaak onder ede dat hij een doctorsgraad in de psychologie had, terwijl hij in werkelijkheid een doctoraat had in educatie en personeelszaken. In 1982 bespotte het Texaanse hof van beroep voor strafzaken de diagnose die dr. Landrum had gesteld bij een andere gedetineerde uit de Texaanse dodencel en diens toekomstige gevaar voor de samenleving, en noemde die 'absurd' en iets wat niet serieus kon worden genomen. In dat geval gaf Landrum zijn mening nadat hij de gedetineerde dertig minuten lang zwijgend had geobserveerd terwijl hij alleen met hem was en de gedetineerde al die tijd had geweigerd met hem te praten.

De andere hoofdgetuige tegen Kerry in de hoorzitting om de straf te bepalen, was dr. James Grigson, een forensisch psychiater. Hij had Cook onderzocht en had ook geconstateerd dat die een antisociale persoonlijkheid had, wat hij definieerde als een persoon zonder geweten die geen rekening houdt met het leven van een ander. Hij ging nog verder en plaatste hem 'helemaal aan de uiterste rand, het allerergste randje waar je de psychopaat vindt' en voegde eraan toe: 'Ernstiger dan dat kan niet [...] ik ben er absoluut voor honderd procent van overtuigd dat hij een bedreiging is en blijft, waar hij ook is.' Dr. Grigson bleek een beroepsgetuige te zijn voor het OM. Hij had namens de Staat in honderdzevenenzestig zaken van ernstige geweldsmisdrijven getuigd, die bijna allemaal uitliepen op de doodstraf. In de media werd hij 'Dr. Death' genoemd. Uiteindelijk werd hij ontmaskerd als nepdeskundige van het OM, en hij werd in 1995 door de American Psychiatric Association geroyeerd wegens onethisch gedrag. Nadat hij beroepsmatig in ongenade was gevallen, overleed hij in 2004 op tweeënzeventigjarige leeftijd.

Maar dat kon de jury destijds natuurlijk nog niet weten, en Kerry's familie had geen geld om een deskundige te betalen die de getuigenissen van Landrum en Grigson kon weerleggen. Op 29 juni 1978 werd de fase van de strafbepaling in Kerry's rechtszaak na slechts enkele uren van getuigenverklaringen afgesloten: de jury stemde unaniem voor de doodstraf. De rechter bekrachtigde het vonnis onmiddellijk en stelde: 'U wordt veroordeeld tot de doodstraf door middel van een injectie.' Daarna werd Cook snel door deputy-sheriffs de rechtszaal uit geloodst, waar hij werd opgewacht door een horde verslaggevers en tv-camera's. Toen iemand schreeuwde 'vertel eens waarom je het gedaan hebt', antwoordde hij: 'Ik ben onschuldig. Ik ben erin geluisd. Maar op een dag zal ik bewijzen dat ik het niet gedaan heb. Al kost het me tien of twintig jaar, ik zal bewijzen dat ik het niet gedaan heb.'

Op 18 juli 1978 kreeg Kerry toestemming voor een laatste, emotionele omhelzing met zijn ouders en zijn broer Doyle Wayne in de gevangenis van Smith County. Nadat een deputy-sheriff tegen Kerry had gezegd 'het is tijd om naar huis te gaan', deden de autoriteiten hem kettingen om en namen hem mee voor de drie uur durende rit naar het zuiden, naar de beruchte dodencelunit bij Huntsville in Texas. Hij kreeg nummer zeshonderd, wat betekende dat hij de zeshonderdste persoon in Texas was die ter dood veroordeeld was. Zijn nieuwe thuis bevond zich in een vleugel met vijftig cellen. Zijn cel had aan drie kanten betonnen muren, elk één meter vijfenzeventig lang, en een wastafel, een toilet en een deur die bestond uit stalen tralies, die elektronisch werden bediend. De dagelijkse routine bestond uit ontbijt om halfvier 's ochtends, daarna lunch om kwart voor tien, en als afsluiting diner om halfvier 's middags. Elke maaltijd werd geserveerd op een metalen dienblad dat onder de deur door werd geduwd door een betrouwbare gedetineerde (een gedetineerde die privileges had verdiend wegens goed gedrag). Licht uit om tien uur 's avonds.

Omdat Kerry's zaak breed was uitgemeten in de pers, was zijn reputatie als 'homotuig' hem vooruitgesneld. Hij werd door de medegevangenen in zijn cellenblok voortdurend belachelijk gemaakt als 'kutlikkende flikker', en ze schreeuwden naar hem en dreigden dat hij hun 'bitch' zou worden. Het was angstaanjagend. Hij werd door een meelevende gedetineerde gewaarschuwd dat hij, zodra hij seksueel werd belaagd – en dat zou zeker gebeuren – uit alle macht moest terugvechten, alsof zijn leven ervan afhing, wat misschien ook wel echt zo was. Als hij dat niet deed, zou hij geen respect meer krijgen en loslopend wild zijn.

En toen gebeurde het. Kerry had de moed gevonden om met de andere gedetineerden via de gemeenschappelijke ruimte naar de kleine recreatiekooi te gaan. Voor hij het wist bedreigde James Demouchette, een grote zwarte man, Kerry met een mes en dwong hem zich uit te kleden terwijl de anderen toekeken.

Kerry gehoorzaamde en zette zich schrap voor het onvermijdelijke. Zodra Demouchette klaar was, kerfde hij in Kerry's billen de tekst *Good Pussy* en zijn nieuwe naam voor hem, *Cindy*. Vanaf dat moment was Kerry als een schaap tussen de wolven.

Overspoeld door schaamte sneed Kerry met een scheermes zijn polsen door. Dat was de eerste, maar niet de laatste keer dat hij een zelfmoordpoging deed. Nadat hij hersteld was, werd hij naar de voorkant van het cellenblok verhuisd, dichter bij de bewakers. Maar het seksueel misbruik ging door. Misschien had hij de aanvallen kunnen laten ophouden als hij had teruggevochten, maar hij was bang dat hij zijn kwelgeest dan misschien zou vermoorden en dat zou een bevestiging voor de aanklagers zijn dat hij een moordenaar was. Dan zou hij de beul nooit ontlopen. Dus in plaats daarvan bestudeerde hij wetboeken uit de juridische bibliotheek, vastbesloten om een uitweg te vinden door zichzelf wegwijs te maken in het Texaanse strafrecht.

Intussen hadden de media Kerry's veroordeling opgepikt. Het eerste artikel waarin de zaak van het OM kritisch werd bekeken, verscheen in april 1979 in een plaatselijke krant in Longview, in Texas. Het was geschreven door Bob Howie en de kop luidde WACHT DE ECHTE SCHULDIGE NU OP EXECUTIE IN DE DODENCEL? Het artikel trok de aandacht van Harry Heard, een advocaat uit Longview, die aanbood om pro bono beroep aan te tekenen tegen Kerry's veroordeling.

Een paar maanden later, in juni 1979, publiceerden verslaggevers Donnis Baggett en Howard Swindle van *The Dallas Morning News* een stuk dat insloeg als een bom. Shyster Jackson, de bajesverklikker die over Kerry had gelogen in de getuigenbank, herriep het verhaal dat hij in september van het jaar daarvoor aan Baggett en Swindle – en een Texas Ranger, Stuart Dowell – had verteld in een interview. Shyster had niet alleen het verhaal over Kerry's 'bekentenis' volledig uit zijn duim gezogen, maar zei nu ook dat hij het samen met officier van justitie A.D. Clark had verzonnen, in ruil voor een deal. In plaats van de maximumstraf van levenslang die hij zou kunnen krijgen voor zijn rechtszaak wegens moord, zou hij daar nu mooi onderuit komen met een straf van eenentwintig maanden in de countygevangenis, die hij al had uitgezeten in voorarrest. Shyster had de kans om vrijuit te gaan met beide handen aangegrepen en de leugen tegen Kerry's jury verteld.

Hoewel Shyster nu spijt had van de valse getuigenis waardoor een onschuldige man naar de dodencel was gestuurd, weigerde hij een beëdigde verklaring voor Ranger Dowell te tekenen uit angst voor een aanklacht wegens meineed. Hij vertrok naar zijn geboortestaat Missouri, waar hij in 1982 nog een moord pleegde. Daarvoor werd hij berecht en veroordeeld, zodat hij alsnog levenslang kreeg.

Advocaat Heard diende het verzoek om hoger beroep voor Kerry's zaak in en lichtte dat op 13 februari 1980 toe voor het hoogste gerechtshof van Texas, de Court of Criminal Appeals (CCA). Hij wees de rechtbank erop dat Jacksons verklaring kenmerkend was voor de verzinsels van het OM tegen Cook. Zijn overzicht omvatte negentien verschillende fouten tijdens de rechtszaak, waardoor de veroordeling naar zijn mening onbetrouwbaar en in strijd met de grondwet was. Kerry was voorzichtig optimistisch dat de CCA in zijn voordeel zou oordelen. Maar de jaren verstreken zonder dat er een beslissing werd genomen. Op 7 december 1982 werd in Texas de eerste man geëxecuteerd sinds 1964. Er verstreken nog meer jaren, en de CCA had nog steeds Kerry's hoger beroep niet behandeld. Kerry's enige vriend in de dodencel, Kenneth Brock, werd op 19 juni 1986 geëxecuteerd, ook al hadden de aanklager die hem had veroordeeld en de vader van het slachtoffer bij gouverneur Mark White aangedrongen op uitstel. Kerry was er kapot van. Hij voelde zich alleen en in de steek gelaten.

Toen kwam de echte klap. Op 9 december 1987 wees de CCA zijn hoger beroep af. De rechtbank had het verzoek bijna acht jaar lang onbeantwoord gelaten, de langste periode zonder reactie op een hogerberoepsverzoek ooit in de Amerikaanse geschiedenis. De CCA had met acht tegen één gestemd om de veroordeling in stand te houden. De rechtbank noemde Jacksons gevangenisbekentenis, Paula Rudolphs identificatie en Cooks vingerafdrukken op de patiodeur als meer dan voldoende bewijs om de verdachte te veroordelen. Wel was de rechtbank het eens met een van de argumenten van advocaat Heard, namelijk dat de getuigenis van dr. Grigson in de fase van de strafbepaling ontoelaatbaar was, omdat dr. Grigson een gesprek met Kerry had gehad om te beoordelen of die in de toekomst een gevaar zou opleveren, zonder dat hij Kerry's advocaten daarvan op de hoogte had gesteld of om toestemming had gevraagd. Toch oordeelde de rechtbank dat de toelating van dr. Grigsons getuigenis een onschadelijke fout was geweest, omdat dr. Landrum een soortgelijke mening had gegeven en vond dat Kerry niet kon worden gerehabiliteerd.

Rechter Sam Houston Clinton was de enige die het er niet mee eens was. Al in het begin van zijn motivering van tweeëntwintig pagina's stelde hij dat er verontrustende aspecten aan de zaak kleefden, en: 'Een weldenkende beoordelaar van alle feiten blijft zitten met de serieuze vraag of een weldenkende rechter hier schuld zou kunnen vinden zonder gerede twijfel.' Rechter Clinton was met name verontrust door de identificatie door Paula Rudolph. Hij wijdde dertien pagina's aan een analyse van haar getuigenis en zijn twijfels over de betrouwbaarheid daarvan. Hij was ook verontrust over het feit dat de ongeïdentificeerde vingerafdruk die op de schaar was gevonden een golvend patroon had, terwijl Kerry's vingerafdruk dat kenmerk niet had. Bovendien waren Kerry's vingerafdrukken alleen op de patiodeur te vinden en verder nergens in het appartement. Er waren daarentegen wel vijf andere ongeïdentificeerde vingerafdrukken gevonden, die geen van alle van Kerry waren. Clinton was niet onder de indruk van Jacksons getuigenis over de bekentenis, die naar zijn mening de meest bezwarende zwakte in de zaak was. En hij hechtte ook weinig waarde aan de onverbloemde getuigenis van Robert Hoehn over de seksuele handelingen die zogenaamd hadden plaatsgevonden op de avond van de moord.

Slechts een paar dagen na de beslissing van de CCA kreeg Kerry nog meer verpletterend nieuws: zijn geliefde broer, de drieëndertigjarige Doyle Wayne, was dood – vermoord door een tragisch misverstand. Doyle Wayne was gezellig met een vriend naar een club in Longview gegaan. Rond sluitingstijd had de vriend een zonnebril van het hoofd van een andere gast getrokken. De man, die dacht dat Doyle Wayne de schuldige was, had een .44 Magnum-revolver tegen zijn nek gedrukt en hem doodgeschoten. (De schutter werd gepakt en zou schuld bekennen aan opzettelijke doodslag. Hij zou zestien jaar gevangenisstraf krijgen omdat hij Doyle Wayne van het leven had beroofd.) Het verlies van hun beide zoons was bijna te veel om te dragen voor de Cooks.

Drie dagen na het nieuws over de dood van zijn broer werd Cook opnieuw verkracht. Hij werd verteerd door hopeloosheid en deed weer een zelfmoordpoging. Ook nu weer sneed hij zichzelf met een scheermes, deze keer in zijn pols, zijn benen en zijn penis. Op wonderbaarlijke wijze overleefde hij het, en de twee jaar daarna werd hij behandeld door het psychiatrische team van de gevangenis. Zulke aandacht was ongekend in de dodencel. Eindelijk gaf iemand Kerry Max Cook vriendelijke en meelevende zorg.

In 1988 begon het tij te keren voor Kerry. In februari trok zijn zaak de aandacht van een getalenteerde advocaat, Scott

Howe van het pas opgerichte Capital Punishment Project, dat gedetineerden uit de dodencel bijstond. Howes directe zorg was Cook in leven houden. Rechter Joe Tunnell van Smith County, die kort daarvoor was aangesteld om toezicht te houden op de zaak-Cook, had de executiedatum bepaald op 8 juli 1988. Howe ging bij het hooggerechtshof in beroep tegen die beslissing en vroeg om uitstel van executie. Op 28 juni 1988, tien dagen voordat Kerry zou moeten sterven, verleende de rechtbank het uitstel en stuurde de zaak terug naar de CCA voor een herziening. De CCA keek er nog eens naar. Op 17 januari 1990 bevestigden ze de veroordeling en de straf nogmaals. Maar zes maanden later, op 13 juni, gebeurde er iets schokkends. Diezelfde rechtbank was van gedachten veranderd. In een bijna nog nooit vertoond moment van zelfreflectie waar de juridische wereld versteld van stond, willigde de CCA het verzoek van Scott Howe om een nieuwe behandeling van de zaak in, waarmee Kerry's hoop op een nieuw onderzoek oplaaide.

Kort nadat de CCA Kerry's zaak heropende, bemachtigde Scott Howe twee cruciale beëdigde verklaringen. De een werd aangeboden door de gepensioneerde George Bonebrake, oud-directeur van de afdeling Vingerafdrukken van de FBI en een deskundige met landelijke bekendheid en meer dan veertig jaar ervaring. Nadat Bonebrake de getuigenis van brigadier Collard had bestudeerd, was hij ontstemd over veel van Collards beweringen. Wat hem vooral dwarszat, was dat Collard een tijdstip had verbonden aan de vingerafdrukken op de patiodeur. Hij oordeelde dat die conclusie volslagen onbetrouwbaar was en stelde dat het onmogelijk te bepalen was of de vingerafdruk daar twee dagen of twee weken zat voordat de politie hem had ontdekt. Hij voegde eraan toe: 'Op het gebied van vingerafdrukanalyse is het een algemeen geaccepteerd principe dat een onderzoeker niet met redelijke precisie de leeftijd van een vingerafdruk kan vaststellen.'

Howe kreeg ook een beëdigde verklaring van dr. Gary Mears, een vaste hoogleraar psychologie aan de universiteit van Texas in Tyler, die daar van 1973 tot 1985 het hoofd van de afdeling Psychologie was geweest. Dr. Mears vertelde dat Jim Mayfield een dag of twee na de moord op Linda naar zijn kantoor was gekomen en had gevraagd hoe hij een leugendetectortest kon 'verslaan'. Mayfield wist dat Mears een leugendetector in zijn laboratorium had staan en dat hij de wetenschap daarvan bestudeerde. In dat gesprek begon Mears over een boek dat hij kort daarvoor was tegengekomen in de universiteitsbibliotheek, getiteld *The Sexual Criminal*. Het boek was in 1949 gepubliceerd en bevatte politiefoto's van vermoorde vrouwen van wie de geslachtsorganen verminkt waren. Het was huiveringwekkend dat de foto's overeenkwamen met Linda's verwondingen. Nadat dr. Mears bij toeval op het boek was gestuit, was hij erachter gekomen dat Mayfield het boek zelf had besteld voor de bibliotheek. Mayfield was in verlegenheid gebracht en zei zwakjes: 'Ik heb nog meer van dat soort boeken.' Diezelfde middag meldde Mears dat gesprek bij een oudere agent van de politie van Tyler, maar die leek niet geïnteresseerd en ging er niet achteraan. En dat was nog niet alles, want toen Mears Mayfield de volgende dag tegenkwam, vertelde die hem dat de politie aan zijn advocaat de tips had doorgespeeld die Mears hem had gegeven over het boek en de leugendetector. Mears was met stomheid geslagen. Het leek wel of de politie met Mayfield samenwerkte in plaats van hem als verdachte te behandelen.

Rond diezelfde tijd dook David Hanners, onderzoeksjournalist van *The Dallas Morning News* en winnaar van de Pulitzer Prize, ook in Kerry's zaak. Hanners wilde de onderste steen boven hebben. Zijn eerste artikel, dat op 28 februari 1988 op de voorpagina stond, had als kop: GEDETINEERDE WAS ERIN GELUISD. Dat verhaal en de artikelen die volgden gingen in op alle aspecten van de zaak en bevatten interviews met de meeste mensen die er iets mee te maken hadden gehad, onder wie de politie van Smith County, advocaten en getuigen. Randy Dykes zei tegen de verslaggever dat de aanklager hem had opgedragen wat hij wel en niet mocht zeggen. Hij zwoer in een beëdigde verklaring uit 1991 ook dat aanklager Thompson maar tegen hem bleef schreeuwen en zei dat hij zijn verhaal goed moest vertellen. Hij zei: 'Ik zat nog op de middelbare school en hij intimideerde me echt. Ik besloot dat ik maar gewoon zou zeggen wat hij wilde horen, zodat ik daar zo snel mogelijk weg kon. Toen ik thuiskwam, heb ik aan mijn familie verteld wat er was gebeurd.' Zijn jongere broer Rodney Dykes, die een gevangenisstraf uitzat wegens drugsbezit en diefstal, zei tegen Hanners dat justitie hem woorden in de mond had gelegd.

Robert Hoehn was op 12 september 1987 in Dallas overleden aan aids, maar een goede vriend vertelde aan Hanners dat hij gesprekken met Hoehn had gehad op diens sterfbed. Hoehn had gezegd dat de zaak-Cook hem achtervolgde, dat hij zich schuldig voelde over zijn rol bij de veroordeling, en dat de verkeerde man in de dodencel zat. Hij bezwoer zijn vriend: 'Cook was echt nooit schuldig.'

Op 9 oktober 1988 publiceerde *The Dallas Morning News* nog een artikel, dat draaide om het feit dat Collard een tijdstip had verbonden aan de vingerafdrukken op de patiodeur, wat nog meer bewijs was voor de bedriegerij van de aanklagers. De kop luidde: HOOFDGETUIGENIS IN ZAAK-COOK NAAR VERLUIDT VALS. Dat artikel had verregaande gevolgen en leidde in 1989 tot een onderzoek door de International Association for Identification. In een reactie van dertien pagina's gaf Collard op 22 mei 1989 toe dat hij, toen hij die getuigenverklaring gaf, wist dat 'er geen positieve of wetenschappelijke manier was om te bepalen wat het tijdstip was waarop de vingerafdruk was achtergelaten', en dat 'geen enkele andere potentiële onderzoeker zo'n analyse zou ondersteunen'. Maar toen hij tegen A.D. Clark had gezegd dat hij geen wetenschappelijke basis had om vast te stellen wanneer de afdruk was achtergelaten, had Clark gezegd dat hij het dan maar als zijn 'mening' moest presenteren. Collard protesteerde daar herhaaldelijk tegen, maar kreeg te maken met hevige, voortdurende weerstand van Clark. Toen Collard eindelijk zwichtte, kon A.D. Clark zijn getuigenis als magische kogel gebruiken: eerst om redelijke verdenking vast te stellen, daarna om een aanklacht van de grand jury te krijgen, vervolgens om de voorwaarden van Kerry's borgtocht te bepalen en als laatste om Kerry's veroordeling rond te krijgen. Met Collards valse getuigenis dat de afdrukken op de deur slechts zes tot twaalf uur oud waren, was Kerry kansloos geweest.

In februari 1990 werd Kerry geïnspireerd om Centurion met potlood een brief van eenenzestig kantjes te schrijven om ons om hulp te vragen, nadat hij had gehoord over onze rol bij de vrijspraak van Clarence Lee Brandley, die tien jaar ten onrechte in de gevangenis had gezeten en uiteindelijk was vrijgelaten uit de Texaanse dodencel ('Schuldig tot het tegendeel bewezen is'). Hanners assisteerde Kerry door alle krantenartikelen en interviews naar Centurion te sturen. Nadat ik de zaak uitvoerig over de telefoon met Hanners had besproken en het hele dossier had bestudeerd, bracht ik Kerry in november twee keer een langdurig bezoek. Ik raakte overtuigd van zijn onschuld en zette Centurion op zijn zaak.

Omdat Centurion dacht dat Mayfield een waarschijnlijke

verdachte was, besteedden we het grootste deel van 1991 aan alles wat de politie van Tyler niet had gedaan: we ondervroegen talloze mensen die hem kenden, zoals buren, familieleden, universiteitscollega's, faculteitsmedewerkers, bibliotheekpersoneel en medewerkers uit zijn carrière, helemaal terug naar Coffeyville in Kansas, waar hij was opgegroeid en aan zijn werkende leven begonnen was. We kwamen erachter dat hij aan het begin van zijn carrière een zenuwinzinking had gehad en een jaar of twee niet buitenshuis was gekomen. Elfreide was de steun en toeverlaat van het gezin in die donkere tijden.

De mensen die Mayfield kenden, herinnerden zich één opvallend kenmerk: zijn explosieve temperament. Een van zijn oud-collega's vergeleek hem met een condensator, omdat hij de spanning liet opbouwen en die dan als een bliksemschicht liet vrijkomen. Iemand anders vergeleek hem met een vulkaan. Weer een ander herinnerde zich dat Mayfield 'beefde van withete woede' als zijn opvliegendheid de overhand kreeg. Ze merkten allemaal op dat hij ontplofte en dat er daarna een vreemde kalmte over hem heen kwam. De meeste mensen die we spraken, zouden niet verbaasd zijn als Linda slachtoffer was geworden van Mayfields woede. Iedere vrouw die voor hem had gewerkt bij de TEU of Midwestern University, waar hij van 1969 tot 1973 als bibliotheekdirecteur had gewerkt, achtte hem heel goed in staat tot de moord op Linda. Kort voordat hij bij Midwestern wegging, hadden negen vrouwen die voor hem werkten een brief aan het hoofd van de universiteit gestuurd waarin ze vroegen om Mayfields onmiddellijke ontslag vanwege zijn 'veelvuldige woedeaanvallen' en ongepaste gedrag. Nadat Linda was vermoord, hadden de vrouwelijke medewerkers van de TEU het vermoeden gehad dat Mayfield daarbij betrokken kon zijn geweest.

Zelfs zijn adoptiezoon Charley dacht dat Mayfield verdacht moest worden van Linda's dood. Hij zei tegen de politie dat zijn adoptievader, met zijn 'gewelddadige driftbuien', in staat zou zijn om zo'n gruwelijk misdrijf te plegen. Hij voorspelde ook dat Elfreide achter haar echtgenoot zou blijven staan, ook al had hij haar, Charley en diens zussen mishandeld.

De mensen die wisten hoe het huwelijk van de Mayfields in elkaar zat, begrepen dat het Elfreides enige levensdoel was om aan al zijn grillen en huiselijke wensen tegemoet te komen. Ze was een toegewijde huisvrouw met vele talenten, die zelf Mayfields kostuums naaide. Wanda Joyce, Elfreides beste vriendin, zei dat Elfreide zoveel van hem hield dat ze zelfs bereid was om met hem onder een steen te leven. Elfreides zussen zeiden datzelfde tegen andere mensen. Mayfield speelde absoluut de baas over Elfreide. Hij regeerde zijn gezin met ijzeren hand. Hij kreeg alles wat hij wilde. Volgens de vrouwelijke medewerkers van de TEU-bibliotheek gaf hij haar orders als een drilsergeant en was ze zijn voetveeg. Elfreide leed in stilte onder zijn verbale mishandeling en het feit dat hij voortdurend achter andere vrouwen aan zat.

Wanda Joyce dacht dat er iets bij Mayfield was geknapt, waardoor hij gek was geworden en Linda had vermoord. Elfreide had haar dat nooit verteld, maar ze kwam een week na Linda's dood wel bij haar langs. Ze zag er afgetobd en ontdaan uit, en zei tegen Wanda: 'Ze denken dat Jim het heeft gedaan, maar we hebben allemaal een leugendetectortest gedaan en hebben die goed doorstaan.' Ze voegde eraan toe: 'De stress is onverdraaglijk. Het is één grote nachtmerrie.' Maar Elfreide bleef hem door dik en dun steunen. Uiteindelijk redde ze zijn leven door hem een alibi te geven, waarvoor hij bij haar in het krijt stond tot de dag waarop hij stierf, op 12 juli 2019.

Mayfields directieassistent en opvolger bij de bibliotheek, Olene Harned, gaf een inkijkje in Mayfields manier van denken in de dagen voorafgaand aan de moord op Linda. Mayfield was dol op zijn baan bij de universiteit en zijn leven aan Lake Palestine, legde ze uit. Nadat hij in zijn twintigjarige carrière om de drie à vier jaar was verhuisd, had hij nu het gevoel dat hij eindelijk op zijn plek was en een gerespecteerde, vooraanstaande positie had bemachtigd. Op zijn vierenveertigste hoopte hij dat hij de rest van zijn carrière decaan en directeur van de TEU-bibliotheek kon blijven.

Volgens Olene was Mayfield er kapot van dat hij werd ontslagen. Hij verweet Linda dat die zijn carrière kapot had gemaakt. Hij zei tegen Olene dat Elfreide en hij hadden besloten naar Houston te verhuizen en de scherven van hun leven op te rapen. Elfreide had daar familie. Hij was bang dat Linda hem naar Houston zou volgen. 'Als ze dat doet, kom ik nooit van haar af.'

Maar Olene wist dat de waarheid gecompliceerder was dan dat. Mayfield was al net zo geobsedeerd door Linda en kon niet zonder haar. Hij was uitgeput door de gevolgen van de affaire en wilde het uitmaken. Maar hij kon het niet opbrengen om dat ook daadwerkelijk te doen.

Voor Olene en de andere vrouwelijke bibliotheekmedewerkers was het duidelijk dat Mayfields seksuele interesse voor Linda hem en zijn gezin verscheurd hadden en zijn beroepsleven kapot had gemaakt. Zijn secretarieel medewerker, Sophia Lenderman, herinnerde zich: 'Het was algemeen bekend dat Jim van haar af wilde, dat hij hun relatie beu was. Hij had het erover dat hij het wilde uitmaken, maar dat kon hij op een of andere manier niet omdat hij seksueel verslaafd aan haar was.'

Op de ochtend nadat Linda was vermoord, kwam Mayfield een uur te vroeg op zijn werk, even na zevenen. Bibliotheekmedewerker Ann White was er al. Ze had zojuist een telefoontje gekregen dat Linda 'ernstig in elkaar geslagen was'. Hij wilde per se dat Ann hem naar het Embarcadero bracht. Terwijl ze in de auto zaten en naar de politieactiviteiten bij haar appartement keken, toonde Mayfield geen bezorgdheid om Linda, maar riep boos uit dat ze hem had geruïneerd, hem zijn baan had gekost en heel veel problemen voor hem had veroorzaakt. Vrijdag aan het eind van de middag, nadat hij zijn politieverhoor had afgerond, ging Mayfield langs bij Chad Edwards, een vriend en hoogleraar muziek aan de universiteit, in diens huis aan Lake Palestine. Tijdens dat bezoek, dat een paar uur duurde, begon hij onbeheerst te huilen en hij bleef maar huilen, en wachtte tot het donker werd op de politie, die hem vast en zeker zou komen arresteren. Op het randje van nog een zenuwinzinking ging hij terug naar huis, naar de altijd vergevingsgezinde Elfreide.

Op de maandag na de moord kwam hij het kantoor binnen en zei tegen Olene dat hij een persoonlijke leugendetectortest die zijn advocaat bij hem had afgenomen niet goed had doorstaan, en dat hij het nog een keer zou proberen. Hij zat te trillen en te huilen, en de tranen dropen over zijn kin. Olene besefte dat hij doodsbang was voor zijn eigen hachje. Het was geen verdriet om Linda. Hij zei tegen Olene: 'Ik ben als de dood dat ze me verantwoordelijk houden voor de moord.'

Naast de gesprekken met Mayfields familie, collega's en kennissen sprak Centurion ook met de naasten van Linda. Collega's van haar zeiden dat ze, in de periode na haar zelfmoordpoging en vlak voor haar dood, tegen hen had gezegd dat ze problemen met Mayfield had en dat ze bezwoer dat ze hem terug zou krijgen, wat er ook gebeurde. Woensdag 8 juni, Linda's een-na-laatste dag op aarde, was Jim Mayfield jarig. Hij werd vierenveertig. Die ochtend kwam Linda bij hem langs op kantoor en gaf hem een stel belletjes waarvan ze, ironisch genoeg, zei dat ze geluk brachten en de boze geesten afweerden. Sophia Lenderman herinnerde zich dat Linda die ochtend vol adoratie, bijna verering, naar Mayfield had gekeken. De lunchpauze brachten ze alleen in Paula's appartement door. Linda bedolf hem onder de cadeaus, waaronder een nieuwe tennisoutfit, aftershave en een schilderij dat Linda zelf had gemaakt. In een van de eerste verklaringen van Mayfield zei hij dat ze alleen 'gevreeën' hadden.

Die avond ging Linda van zeven tot negen naar tekenles en praatte daarna nog ongeveer een uur alleen met haar tekendocent, Gloria Coughenour, een vrouw die twee keer zo oud was als zij. In de tweeënhalf jaar dat Gloria Linda's tekendocent was, was ze ook haar vriendin en vertrouweling geworden. Gloria was op de hoogte van Linda's verleden met Mayfield en de problemen die dat voor alle betrokkenen had veroorzaakt. Die avond was Linda opgetogen omdat haar zwager een baan voor haar had geregeld in Baytown, zo'n veertig kilometer ten oosten van Houston, waar hij met Linda's zus Carolyn woonde. Gloria had de indruk dat Mayfield niet in Linda's plannen paste, dat Linda opnieuw wilde beginnen en dat ze het daarover had gehad met Mayfield, net als over het feit dat ze naar Houston zou verhuizen. Coughenour wist niet dat Linda de volgende dag, 9 juni, een sollicitatiegesprek zou hebben bij een bank in Tyler. Niemand, behalve Mayfield misschien, wist precies wat Linda echt van plan was.

In april 1990 verloor Kerry zijn vader Earnest aan kanker. Door zijn verdriet raakte hij in een diepe depressie. Maar anderhalf jaar later kwam er goed nieuws. Op 18 september 1991 draaide de CCA Kerry's veroordeling terug en gaf opdracht tot een nieuwe rechtszaak. De rechtbank had besloten dat de getuigenis van dr. Grigson inderdaad niet alleen ontoelaatbaar was, maar ook schadelijk voor Kerry, omdat hij de jury er in de fase van de strafbepaling van overtuigd had dat Kerry in de toekomst een gevaar zou opleveren. Een procedurefout, ja, maar wel een kans op vrijheid na veertien jaar gevaarlijke, wrede opsluiting.

Scott Howe had zijn missie volbracht. Hij wist ook dat hij nu een stap opzij moest zetten. Zijn kracht lag in een hoger beroep aanvragen, en Kerry had een strafpleiter nodig voor zijn tweede rechtszaak. Scott en Kerry vroegen mij om hen te helpen bij de selectie. Ik stelde Paul Nugent in Houston voor. Ik had al eerder met Nugent en diens partner, Mike DeGeurin, gewerkt om Clarence Brandley vrij te krijgen uit de dodencel. Nugent was maar al te graag bereid om de zaak op zich te nemen en ging ermee akkoord om Kerry pro bono bij te staan.

Begin jaren negentig was A.D. Clark allang weg bij het OM van Smith County. Jack Skeen – Clarks directe neef; hun moeders waren zussen – was de nieuwe officier van justitie. Hij zou Kerry vervolgen, samen met zijn topaanklager, David Dobbs. In het najaar van 1991, voordat Nugent aan boord kwam, hadden Dobbs en ik bewijsmateriaal uitgewisseld. Tot de belangrijkste stukken die hij me gaf, behoorden de tot dan toe achtergehouden grandjurygetuigenissen van Hoehn, Taylor en de gebroeders Dykes, en het onderzoeksrapport van de politie van vierentachtig pagina's. Ik gaf hem een memo van tweeëntwintig pagina's met de redenen waarom Centurion dacht dat Mayfield de dader was. Ik probeerde hem tevergeefs te overtuigen van Kerry's onschuld en Mayfields schuld. Dobbs zei dat hij dacht dat Mayfield van Linda had gehouden en dat hij onder de indruk was van het feit dat Mayfield telkens huilde als hij over haar sprak. Tot mijn grote afschuw vertelde hij aan Mayfield wie mijn informatiebronnen waren en wat ze over hem hadden gezegd.

Op een avond gingen Dobbs en ik naar de plaats delict – Paula's nu leegstaande appartement – en speelden het moment na waarop Paula binnenkwam en Linda's moordenaar zag. We bootsten het licht van die avond na en speelden om beurten de rol van Paula en die van de moordenaar. Het was voor ons allebei duidelijk dat dit de ideale visuele omstandigheden waren om accurate observaties te doen. Daarom stond ik versteld toen Dobbs tijdens deze oefening zei dat hij niet dacht dat Kerry degene was die Paula had gezien, maar dat dat Hoehn was geweest, en dat Kerry in de kast had gezeten waar het mes was gevonden. Ik wierp vol geschokt ongeloof tegen dat Paula's beschrijving tot in de details overeenkwam met Mayfield en dat Hoehn in geen enkel opzicht leek op de man die Paula had beschreven.

Ter voorbereiding op de rechtszaak kreeg Paul Nugent toegang tot Dobbs dossiers en stuitte op het memo uit 1989 van Collard aan de International Association for Identification, waarin hij uitlegde waarom hij een tijdstip had verbonden aan de vingerafdrukken op de patiodeur, ook al wist hij dat het verkeerd was. Er leken vier pagina's te ontbreken uit Hoehns getuigenis voor de grand jury, en Dobbs verzekerde Paul dat hij daarnaar zou zoeken.

Op 4 maart 1992 werd Kerry uit de dodencel gehaald en naar de gevangenis van Smith County gebracht, in afwachting van zijn rechtszaak. Zonder toestemming wachtte Dobbs, achter Paul Nugents rug om, Kerry op toen hij bij de gevangenis aankwam. Hij probeerde Kerry te ondervragen over zijn vingerafdrukken op de plaats delict, een flagrante, onethische schending van het verbod om een verdachte te ondervragen zonder dat zijn advocaat erbij is. Rechter Tunnell berispte Dobbs later voor dat wangedrag.

Paul probeerde de nieuwe rechtszaak te vermijden door aan te voeren dat het OM volgens de regel van de dubbele vervolging geen toestemming zou mogen krijgen om Kerry opnieuw voor hetzelfde misdrijf te vervolgen, terwijl de aanklagers tijdens de eerste rechtszaak cruciaal ontlastend bewijsmateriaal hadden achtergehouden voor de verdediging en de rechtbank en bovendien talloze getuigen hadden omgekocht tot meineed. Als de rechter zou meegaan in Nugents argumentatie, zou een nieuwe rechtszaak uitgesloten zijn en dan zou Kerry op vrije voeten worden gesteld.

Om hierover te kunnen beslissen, hield rechter Tunnell in het najaar van 1992 een aantal hoorzittingen die gericht waren op deze aantijgingen van wangedrag bij de politie en de aanklagers, zodat hij kon kijken of de regel van de dubbele vervolging hier van toepassing was.

Er waren vele getuigen die verklaringen aflegden tijdens deze hoorzittingen, onder wie A.D. Clark, Collard, Dobbs en Eddie Clark. Zelfs Shyster Jackson werd overgebracht uit de staatsgevangenis van Missouri. Hij trok zijn volledige getuigenis in en gaf toe: 'Ik heb gelogen om mijn eigen hachje te redden.' Daarna verklaarde hij dat A.D. Clark hem had gecoacht, informatie had doorgespeeld en foto's van het slachtoffer had laten zien. Zijn getuigenis tijdens de rechtszaak was een grote schijnvertoning geweest. Tijdens de gesprekken die hij in de gevangenis met Kerry Cook had gevoerd, had die altijd volgehouden dat hij onschuldig was.

Na afloop van de hoorzittingen verkondigde rechter Tunnell tot grote verbijstering van de verdediging dat de rechtszaak zou doorgaan en dat hij pas na afloop daarvan uitspraak zou doen over de kwestie van de dubbele vervolging. Dat sloeg nergens op. Daarmee werd het doel van de hoorzittingen onderuitgehaald; die waren namelijk bedoeld om te bepalen of er wel een rechtszaak zou mogen volgen.

Vanwege de enorme media-aandacht in Tyler gaf Tunnell toestemming om de rechtszaak te verplaatsen naar Georgetown, destijds een conservatief stadje dat de hoofdstad was van Williamson County in het midden van Texas, zo'n veertig kilometer ten noorden van Austin en meer dan driehonderd kilometer van Tyler.

Rechter Tunnell deed voorafgaand aan de rechtszaak ook een paar uitspraken in het voordeel van het OM, waardoor Kerry's verdediging werd gedwarsboomd. De schadelijkste daarvan was de uitsluiting van de grandjurygetuigenis van Robert Hoehn, James Taylor en de gebroeders Dyke, die door A.D. Clark waren achtergehouden voor Kerry's eerste team van advocaten. Daardoor kon de jury niet horen dat er een alternatieve reden bestond voor Kerry's vingerafdrukken op de patiodeur, namelijk dat Kerry op maandagmiddag 6 juni in Linda's appartement was geweest om te vrijen, met de afdrukken van zuigzoenen in zijn nek als bewijs van hun romantische afspraakje. Zonder de getuigenis over die zuigzoenen wist Nugent dat hij niet in staat zou zijn om aan te voeren dat Kerry zijn vingerafdrukken al dagen voor de moord op de patiodeur had achtergelaten. Hij protesteerde hevig tegen het verbod van de rechter en zei dat hij volgens de Texaanse regels met betrekking tot inzage in de stukken toestemming zou moeten krijgen om die getuigen te ondervragen met behulp van hun eerdere verklaringen, om op die manier volledig inzicht te krijgen in hun gesprekken met Kerry en die niet te beperken tot het feit dat Kerry tegen hen had gezegd dat hij had gezien dat Linda naakt in haar appartement stond. Als reactie daagde de rechter Nugent uit om Kerry in de getuigenbank te laten plaatsnemen als hij wilde dat de jury iets zou horen over die zuigzoenen en Kerry's vrijpartij met Linda. Natuurlijk zou zo'n getuigenis hoogst dubieus klinken als hij alleen van Kerry afkomstig was en niet werd ondersteund door verklaringen van zijn vrienden. En dus konden Dobbs en Skeen dankzij de uitspraak van rechter Tunnell dezelfde misleidende insteek kiezen als A.D. Clark tijdens de eerste rechtszaak: dat dit misdrijf door een onbekende was gepleegd en dat de dader een perverseling met een seksuele afwijking was.

De rechter verbood Nugent ook om de jury iets te vertellen over het wangedrag van de aanklagers dat de vorige rechtszaak had bezoedeld. Nugent mocht niets zeggen over Shyster Jacksons valse bekentenis of over Collards onwetenschappelijke vermelding van het tijdstip waarop de vingerafdrukken op de patiodeur waren achtergelaten. De misstappen van het OM werden weggeveegd voor deze nieuwe jury. Rechter Tunnell legde ook strikte beperkingen op over wat de getuigen van de verdediging mochten zeggen over het bewijs waarmee Jim Mayfield als verdachte in de zaak kon worden aangewezen. Zo verbood de rechter dr. Mears om tegen de jury te zeggen dat Mayfield hem een paar dagen na de moord had gevraagd hoe hij een leugendetectortest kon 'verslaan' en had toegegeven dat hij het boek *The Sexual Criminal* had besteld, waarin afbeeldingen stonden van verminkte geslachtsdelen die griezelig veel leken op Linda's verwondingen. Die rechterlijke bepalingen kantelden de rechtszaak aanzienlijk in het voordeel van het OM, net zoals door het OM gesponsorde meineed invloed had gehad op de eerste rechtszaak.

De tweede rechtszaak begon eind november 1992, veertien jaar na de eerste. De zaak van het OM was een verfijndere, enigszins uitgebreidere versie van wat het in de eerdere rechtszaak had gepresenteerd. Paula wist nu zeker dat de man die ze gezien had de verdachte was, en niet Mayfield. Toen ik naar Dobbs keek, die Paula ondervroeg, dacht ik terug aan ons gesprek in Paula's appartement een jaar daarvoor, toen Dobbs tegen me zei dat Hoehn degene was die Paula had gezien, en niet Kerry. Maar nu ontlokte hij haar precies de tegenovergestelde verklaring, namelijk dat ze Kerry had gezien en niet Hoehn.

Nu Robert Hoehn dood was, kreeg Nugent niet de kans om tijdens een kruisverhoor op die getuigenis over de avond van de moord in te gaan en misschien een bekentenis te ontlokken dat de getuigenis tijdens de rechtszaak in 1978 vals was geweest en was verzonnen door de strijdlustige Michael Thompson. Rechter Tunnell stond de advocaten toe om het grootste deel van Hoehns getuigenverklaring uit 1978 voor te lezen aan de jury, inclusief de obscenere gedeelten. Ook de film werd afgespeeld voor de jury.

Omdat Collard eerder had toegegeven dat er geen wetenschappelijke manier was om een tijdstip te verbinden aan vingerafdrukken, omzeilde hij dat handig door ze nu te omschrijven als 'verse afdrukken'. Dobbs haalde Danny Carter erbij, het hoofd van de afdeling Latente vingerafdrukken van het Texas Department of Public Safety, die bevestigde dat de vingerafdrukken op de patiodeur van Kerry waren. Tunnell besloot hem, zonder dat de jury aanwezig was, te vragen of het juist was om een vingerafdruk als 'vers' te omschrijven. Carter zei meewarig 'nee'. Een vingerafdruk omschrijven als 'vers' was net zoiets als schatten hoe oud zo'n afdruk was, en iemand die vingerafdrukken onderzocht kon niet inschatten hoe lang die er al zaten. Zoveel eerlijkheid van een getuige van het OM was onverwacht, ook al kon de jury het niet horen. Vingerafdrukdeskundige

George Bonebrake bevestigde dat punt voor de jury toen hij als getuige voor de verdediging sprak.

Nu het OM niet langer beschikte over de valse bekentenis van Shyster Jackson, kwamen ze met een gloednieuwe getuige met een 'bekentenis', namelijk Robert Wickham, een voormalige reserve-deputy. Op 26 september 1991, een week nadat de CCA opdracht had gegeven voor een nieuwe rechtszaak, deelde hij de aanklager voor het eerst mee dat Kerry tijdens de rechtszaak in 1978 een bekentenis aan hem had afgelegd in een lift. Hij herhaalde dat verhaal in 1992 tegen de jury. Hij zei dat hij Kerry naar de rechtszaal had begeleid en dat Kerry er toen uit had geflapt: 'Ik heb haar vermoord en het kan me geen ruk schelen wat ze met me doen.' Wickhams excuus voor zijn stilzwijgen van dertien jaar was dat hij dacht dat het niet toelaatbaar was als bewijs, omdat niemand anders het gehoord had.

Wickhams verhaal vertoonde een opvallende zwakke plek. Hij zei dat Kerry in de lift handboeien om had en een gevangenisoverall droeg. Maar in Smith County gold een strikt beleid waarbij gedetineerden in burgerkleding en zonder handboeien naar de rechtszaal moesten worden begeleid om te voorkomen dat de juryleden werden beïnvloed. Bovendien diende Wickhams verhaal overduidelijk zijn eigen belangen. Hij had een restaurant waar de politie vaak kwam. Zijn werknemers beschouwden hem als een 'wannabe-agent'. Als reserve-deputy was hij geen echte deputy. Hij was vrijwilliger en moest twintig uur per maand onbetaald werken om zijn reservestatus te behouden. Door zijn getuigenis tijdens Kerry's tweede rechtszaak verhoogde hij zijn status bij de mensen van de politie van Tyler die vaak in zijn restaurant kwamen.

Als onderdeel van het fabeltje dat Kerry en Linda elkaar niet kenden, haalde Dobbs de rechter over om journalist

David Hanners te laten getuigen. David, die heel goed wist hoe Kerry erin was geluisd, zei schoorvoetend tegen de jury dat Kerry altijd had volgehouden dat hij Linda nooit had ontmoet en ook nooit in haar appartement was geweest. Hij zei dat zijn vingerafdrukken op de deur waren gekomen toen hij haar van buitenaf bekeek. Zijn getuigenis was schadelijk voor de verdediging en was een goed voorbeeld van hoe die leugen hem uiteindelijk de das omdeed. Pas toen Paul Nugent en ik Kerry in de zomer van 1992 voorbereidden op de rechtszaak, vertelde hij eindelijk de waarheid over zijn ontmoeting met Linda bij het zwembad en hun vrijpartij in het appartement. Hij vertelde ons wat hij zijn vader had beloofd en bood ons zijn welgemeende excuses aan. Maar doordat de rechter de grandjurygetuigenis van Robert Hoehn en de gebroeders Dykes over de zuigzoenen had verboden, had Nugent helaas geen geloofwaardige manier om de jury de waarheid te laten horen. De leugen was een eigen leven gaan leiden.

Dobbs liet Mayfield, Elfreide en Louella plaatsnemen in de getuigenbank. Mayfield legde een urenlange verklaring af. Dobbs nam hem van begin tot eind mee door zijn relatie met Linda. Mayfield verzekerde de jury dat er een eind was gekomen aan zijn seksuele relatie met Linda nadat hij op 19 mei was teruggekeerd naar zijn vrouw. Vanaf dat moment hadden ze een vader-dochterrelatie gehad en had hij haar aangemoedigd om haar leven op te pakken en met andere mannen om te gaan. Natuurlijk ontkende hij dat hij Linda had vermoord. Tijdens het kruisverhoor ontkende hij dat hij tegen Ann White had gezegd dat Linda zijn carrière kapot had gemaakt en dat hij zich niet kon herinneren of hij tegen Olene Harned had gezegd dat hij bang was dat Linda hem naar Houston zou volgen. Maar zelfs als ze dat had gedaan, zei hij, was het geen probleem geweest. Hij gaf toe dat Linda en hij elkaar 's avonds in Paula's appartement zagen als Paula weg was. Hij ontkende dat hij vaak tenniste. Hij verklaarde dat Elfreide en Linda vriendschappelijk met elkaar omgingen.

Elfreide en Louella bevestigden Mayfields alibi zonder blikken of blozen. Ze zeiden dat hij in de nacht van 9 op 10 juni de hele tijd thuis was gebleven. Elfreide ontkende dat ze tegen haar man had gezegd dat Linda niet bij hen mocht wonen aan Lake Palestine. Ze herinnerde zich niet dat ze ooit vijandige gevoelens voor Linda had gehad en verklaarde, ongeloofwaardig, dat Jims affaire hem wel zijn carrière had gekost, maar dat ze geen wrok koesterde jegens Linda. Linda was bij hen ingetrokken omdat ze iemand nodig had om het huis schoon te maken. Toen haar man half mei 1977 weer thuiskwam nadat hij met Linda had samengewoond, praatte ze niet met hem over wat er gebeurd was, omdat het 'voorbij was'. Ze zei: 'Ik dacht er niet meer aan.' Ze herinnerde zich niet dat ze na Linda's zelfmoordpoging tegen Wanda Joyce had uitgeroepen: 'Wanneer houdt het nou eens op?' Louella gaf toe dat ze had gedreigd Linda te vermoorden als de affaire met haar vader zou doorgaan.

Voor de verdediging van Kerry concentreerde Paul Nugent zich op het neerzetten van Jim Mayfield als de waarschijnlijkere verdachte. Helaas mochten alle getuigen, gezien de bepalingen die de rechter voorafgaand aan de rechtszaak had opgelegd, slechts kleine beetjes van wat ze wisten aan de jury vertellen. Negen faculteitsleden en medewerkers getuigden voor de verdediging. Olene Harned, Mayfields opvolger bij de bibliotheek, had Paula na de moord een paar dagen bij zich in huis genomen. Terwijl Paula daar was, had ze Olene meer dan eens verteld dat ze Mayfield die avond had gezien. Olene verklaarde ook dat Mayfield op de campus vaak een witte tennisshort droeg en dat ze bang was dat Linda achter hem aan zou gaan naar Houston.

Bibliotheekmedewerker Ann White getuigde dat Mayfield op de ochtend na de moord boos had geklaagd dat Linda zijn carrière kapot had gemaakt. Professor Andrew Szarka zei tegen de jury wat hij op vrijdagmiddag 10 juni ook tegen de politie had gezegd: dat Linda de avond ervoor, slechts een paar uur voordat ze werd vermoord, bij hem thuis was gekomen. Linda was van streek vanwege haar relatie met Mayfield en zei dat ze Mayfield had verteld dat ze met andere mannen wilde omgaan en dat Mayfield daar slecht op had gereageerd. Professor Gary Mears was de enige die mocht getuigen dat Mayfield vaak tenniste en dat hij voldeed aan de beschrijving van de man die Paula gezien had.

Doris Carpenter, de beheerder van het Embarcadero, herinnerde zich dat Paula een paar dagen na de moord bij haar op kantoor was gekomen en dat ze, op de vraag of ze bang was geweest toen ze die man in Linda's kamer had zien staan, had geantwoord: 'Nee, want het was Mayfield.'

In zijn slotpleidooi wees Dobbs op het verband tussen Linda's ontbrekende pantykousje en de filmscène waarin het jongetje zijn moeders kamer binnenging nadat hij gezien had dat ze met zichzelf speelde. Hij herinnerde de jury eraan dat Kerry zo opgewonden was geweest bij het zien van de film dat hij was gaan masturberen en was klaargekomen op het tapijt. Skeen benadrukte in zijn afsluitende opmerkingen herhaaldelijk tegen de jury dat de verdediging geen alternatieve uitleg had gegeven voor Kerry's vingerafdrukken op de patiodeur, en dat ze er dus moesten zijn achtergelaten op de avond dat hij haar had vermoord. Skeen wist natuurlijk heel goed dat er wel een andere uitleg bestond, maar dat de rechter die gewoonweg niet als bewijsmateriaal had toegelaten.

Tijdens het juryberaad gebeurden er twee ongelofelijke dingen. Ten eerste stuurde de jury een briefje naar de rechter met de tekst: 'We hebben het pantykousje gevonden in de spijkerbroek van Linda Jo Edwards.' Als goede feitenonderzoekers had de jury besloten de spijkerbroek uit de plastic bewijszak te halen, waar hij al vijftien jaar in had gezeten. Toen ze hem uitschudden om hem over de hele lengte te bekijken, viel het 'ontbrekende pantykousje' uit de rechterpijp. En kijk nou toch eens, er zaten geen lichaamsdelen in! Op een of andere manier had noch de politie van Tyler, noch iemand van het OM van Smith County er ooit aan gedacht om de pijpen en de zakken van de spijkerbroek te doorzoeken op bewijs.

Terwijl de beraadslagingen van de jury de derde dag ingingen, vond het tweede ongelofelijke voorval plaats. Op 16 december zag Paul dat Dobbs de originele grandjurygetuigenis van Hoehn aan het lezen was. Omdat hij hem niet vertrouwde, griste hij de papieren uit Dobbs' handen. Tot zijn grote schok bevatte de transcriptie de ontbrekende pagina's, waarvan Dobbs herhaaldelijk had ontkend dat hij ze had. Nugent las de achtergehouden pagina's vol ontsteltenis. Toen Hoehn was gevraagd of Kerry de avond van de moord naar de film had gekeken, had Hoehn geantwoord: 'Nee, nee, de film stond aan, maar hij had er geen oog voor.' Intussen had Dobbs juist tegen de jury gezegd dat Kerry zo opgewonden was geraakt door de film dat hij besloot Linda aan te vallen en af te slachten. Nugent liet de ontbrekende pagina's met de sterk ontlastende inhoud onmiddellijk aan rechter Tunnell zien. De rechter wees zijn verzoek om ze aan de jury te laten zien af. Opnieuw gebruikte hij zijn beslissingsbevoegdheid om de valse aanklacht tegen Kerry te versterken.

Na vijf dagen deelde de jury aan Tunnell mee dat ze hopeloos vastliepen. Hij verklaarde de zaak nietig, wees Kerry's borgtocht af en liet hem naar de gevangenis van Smith County terugbrengen, in afwachting van zijn derde rechtszaak. Na afloop ondervroeg Centurion zeven leden van de jury en kwam erachter dat ze waren vastgelopen met zes tegen zes. De onverklaarde vingerafdrukken op de patiodeur en het feit dat Kerry had ontkend dat hij Linda kende, waren de voornaamste redenen van degenen die 'schuldig' hadden gestemd. Degenen die 'niet schuldig' hadden gestemd, hadden sterke verdenkingen tegen Mayfield. Ze dachten dat het een crime passionnel was, die gepleegd was door iemand met wie ze een intieme relatie had, die extreem boos op haar was en die een enorme obsessie met haar had. Mayfield paste in dat plaatje. Ze kenschetsten Mayfield, zijn vrouw en zijn dochter ook als 'leugenaars'. Ze waren ervan onder de indruk dat de getuigen van de universiteit, die Kerry niet kenden maar Mayfield wel, bereid waren om tegen Mayfield te getuigen, hoewel ze daar veel moeite voor moesten doen omdat ze driehonderd kilometer heen en driehonderd kilometer terug moesten rijden.

Paul had het tot gelijkspel weten te schoppen tegen Dobbs en Skeen, ondanks de beperkende en uitsluitende bepalingen van rechter Tunnell en het bedrog van de aanklagers. In januari 1993 deed Tunnell eindelijk uitspraak over de dubbele vervolging. Tunnell was van mening dat Collards vermelding van het tijdstip waarop de vingerafdrukken waren achtergelaten, en het feit dat A.D. Clark daarop had aangedrongen, opzettelijk was beraamd om de rechtbank en de jury te misleiden. Hij berispte de aanklagers omdat die de verdediging niet op de hoogte hadden gesteld van hun overeenkomst met Shyster Jackson in ruil voor zijn belastende getuigenis. Hij kenschetste Dobbs' ontmoeting met Kerry in de gevangenis als een 'ernstige schending van plicht en protocol'. Maar ondanks dat alles oordeelde rechter Tunnell niet dat Kerry moest worden vrijgelaten op grond van dubbele vervolging. Nee, hij gaf het OM toestemming om verder te gaan met nóg een rechtszaak.

Rechter Joe Tunnell ging in juni 1993 met pensioen. Kerry's derde rechtszaak begon op 31 januari 1994 onder leiding van rechter Robert D. Jones. Nadat hij een paar jaar eerder was weggestemd in Travis County (waar Austin de hoofdstad van is), werd hij interim-rechter, die door een regionale beheerder werd aangewezen om ondersteuning te bieden aan rechtbanken die een tekort aan rechters hadden. In de media kreeg dit programma de naam HAVE GAVEL, WILL TRAVEL ('met een rechtershamer in de hand, reis je door het hele land'). Rechter Jones nam de bepalingen met betrekking tot het bewijs van rechter Tunnell in zijn geheel over en reserveerde dezelfde rechtszaal in Georgetown voor de derde rechtszaak. Met minimale wijzigingen legden alle getuigen dezelfde verklaringen af als in de tweede rechtszaak. Wat de derde rechtszaak anders maakte, was de deelname van twee getuigen-deskundigen van een elite-eenheid van de FBI, de Behavioral Science Unit uit Quantico, in de staat Virginia, die zich volledig richtte op onderzoek naar daders van geweldsmisdrijven, vooral seriemoordenaars en lustmoordenaars.

De belangrijkste getuige-deskundige van het OM was FBI-agent David Gomez. Hij had zojuist een tweejarige opleiding als analist van geweldsmisdrijven bij de Behavioral Science Unit afgerond. Een van zijn verantwoordelijkheden was lokale politieteams in Texas adviseren. Aan de kant van de verdediging hadden we Robert Ressler, een wereldberoemde specialist in lustmoorden. Ressler was een van de oprichters van de Behavioral Science Unit en had er zestien jaar lang gewerkt als leidinggevende special agent en topcriminoloog, tot hij in 1990 met pensioen was gegaan. Hij was coauteur van de twee onmisbare naslagwerken op het gebied van gewelddadige moord, *Sexual Homicide: Patterns and Motives* (1988) en de *Crime Classification Manual* (1992). Gomez gaf tijdens de rechtszaak toe dat deze twee boeken belangrijk bronnenmateriaal waren geweest tijdens zijn onlangs afgeronde opleiding.

Gomez classificeerde de moord op Linda Jo Edwards als 'lustmoord', wat hij definieerde als een moord die was gericht op de geslachtsorganen van het slachtoffer, eventueel met verwijdering van bepaalde lichaamsdelen. Hij concludeerde dat dit was gedaan door een onbekende die geen intieme band had met het slachtoffer, en dat de dader gemotiveerd werd door een persoonlijk gevoel van seksuele ambivalentie, ontoereikendheid en onvolwassenheid. Linda's lustmoordenaar had haar geslachtsdelen verwoest om haar te neutraliseren. Wonderbaarlijk genoeg zag Gomez geen 'overkill' – overmatig geweld – in de aanval, maar slechts de mate van kracht die nodig was geweest om haar te domineren en te vermoorden. Daarom zou hij het niet classificeren als 'huiselijk geweld of partnermoord', wat een moord is die wordt gepleegd door iemand die een intieme relatie met het slachtoffer heeft, en waarbij vaak overkill voorkomt, die terug te voeren is op woede. Gomez dacht dat de aanval op de vaginale streek het lustaspect van het misdrijf was, en geen overkill. In zijn conclusie was hij het eens met Dobbs' theorie dat voyeuristische activiteiten een fantasiefase van een misdrijf konden veroorzaken en de seksuele frustraties van de dader konden reflecteren.

Ressler zag de moord heel anders. Hij classificeerde het misdrijf wel als huiselijk geweld, hoogstwaarschijnlijk door een voormalige geliefde van het slachtoffer. Hij zag duidelijk bewijs van 'extensieve overkill', die vaak te zien is bij partnermoord. De wonden wezen op een extreme woede jegens Linda. De ernstige vaginale schade duidde op een voormalige relatie die de moordenaar ertoe had aangezet om het deel van haar te verwoesten dat aanvankelijk zijn belangstelling had gewekt en had geleid tot zijn eigen ondergang. Ressler verwierp het idee dat dit een lustmoord was die gemotiveerd werd door seksueel onvermogen of ambivalentie, wat hij geen van beide ooit was tegengekomen als motief voor een verminkingsmoord. Hij was ook bereid om te verklaren dat mensen die zich bezighielden met voyeurisme, of die vermeende gluurders waren, niet confronterend waren en geen gewelddadige lustmoorden pleegden.

Maar Resslers cruciale getuigenverklaring zou nooit door een jury worden gehoord. Tijdens zijn *voir dire*, de aan de rechtszaak voorafgaande ondervraging door de rechter om te bepalen of een getuige geschikt is om een verklaring af te leggen, zei Ressler tegen de rechter dat hij, als onderdeel van zijn voorbereiding, Gomez' getuigenverklaring had gelezen in het vliegtuig vanuit Virginia. Om die reden mocht hij van rechter Jones niet getuigen, want die verklaarde ten onrechte dat Ressler de regel had geschonden die het getuigen verbiedt om voorafgaand aan hun getuigenverklaring iets te weten te komen over de getuigenverklaring van de andere partij. Paul wees hem er terecht op dat het volgens de Texaanse wet verboden was dat getuigen van *feiten* niet van tevoren op de hoogte mogen zijn van getuigenverklaringen van de andere partij, maar dat dat niet geldt voor getuigen-*deskundigen*. Het was juist heel acceptabel dat deskundigen de getuigenverklaring van de andere partij bestudeerden voordat ze zelf zouden getuigen. Maar rechter Jones weigerde toe te geven. Hij liet Robert Ressler niet in de getuigenbank plaatsnemen, zodat de jury de indruk had dat de Behavioral Science Unit van de FBI slechts één mening had over de moord op Linda, namelijk die van agent Gomez. Daar maakte Skeen volop gebruik van. In zijn slotpleidooi noemde hij Gomez' naam talloze keren, en hij sloot af met de woorden: 'Wat Dave Gomez u heeft verteld, is de sleutel tot deze zaak.'

De schandelijke beslissing van de rechter had rampzalige gevolgen voor Kerry.

Nadat de jury na verschillende dagen beraadslagen vastliep, vroegen de juryleden of de rechter de getuigenverklaring van agent Gomez nog een keer wilde voorlezen. Een halfuur daarna maakten ze, op 23 februari, bekend dat ze Kerry Max Cook schuldig achtten aan moord met voorbedachten rade.

De fase van de strafbepaling duurde vijf dagen. Paul streed lang en hevig om Kerry's leven te redden, maar het resultaat was voorspelbaar, gezien de afgrijselijke aard van het misdrijf. De dag des oordeels kwam op 3 maart 1994. Voorafgaand aan het vonnis vroeg de rechter of Kerry nog iets te zeggen had. Hij antwoordde: 'Ja, Edelachtbare. Met alle respect voor de jury, en met alle respect voor de rechtbank, ik ben een onschuldig man, en moge de Heer hen vergeven, want ze weten niet wat ze doen.' Daarna veroordeelde rechter Jones hem tot de dood door een injectie, precies zoals Kerry zestien jaar eerder was veroordeeld.

Nadat Kerry tijdens de nieuwe rechtszaken twee jaar in countygevangenissen had doorgebracht, keerde hij nu als een verslagen, gebroken man terug naar de dodencel. Het was een maand voor zijn achtendertigste verjaardag, maar zijn haar was vroegtijdig grijs geworden. Intussen weigerde Paul het op te geven. Hoewel de kans ontzettend klein was, diende hij toch een verzoek tot hoger beroep in bij de Texaanse CCA. Op dat moment stond hij Kerry al bijna vier jaar pro bono bij. Als erkenning voor Pauls niet-aflatende toewijzing, was Centurion in staat om voldoende geld bijeen te krijgen om hem naar behoren te compenseren voor zijn werk ter voorbereiding van het hoger beroep.

Een jaar later, in juli 1995, diende Paul Nugent een gigantisch verzoekschrift van tweehonderddertien pagina's in, waarin hij een gedetailleerde uiteenzetting gaf van zestig gevallen van systemisch wangedrag van de aanklagers en flagrante rechterlijke uitsluitingen van ontlastend bewijs gedurende de drie rechtszaken. Kerry kon alleen maar diep onder de indruk zijn van de inspanningen van zijn advocaat, maar hij had de ene teleurstelling na de andere moeten verwerken. Destijds werd de CCA beschouwd als een overwegend conservatief gerechtshof. De kansen leken bijzonder klein voor hem.

Maar de CCA deed iedereen versteld staan. Op 6 november 1996 draaide het gerechtshof Kerry's veroordeling terug en hekelde de aanklagers vanwege hun gedrag en de rechtbanken voor hun uitsluiting van bewijs dat in het voordeel van de verdachte was. Rechter Charles Baird zei in zijn motivatie dat een nieuwe rechtszaak voor meneer Cook verboden zou moeten worden vanwege het feit dat 'het wangedrag van de aanklagers de waarheidsvinding zodanig heeft bezoedeld dat een volgende eerlijke rechtszaak onmogelijk is geworden'. Hij schreef: 'Het OM heeft zichzelf toegestaan een veroordeling te verkrijgen op basis van fraude, en zijn eigen plicht om de waarheid te vinden verzaakt', en 'het wangedrag van het OM in deze zaak bestaat niet uit een opzichzelfstaand incident of het handelen van één politieagent, maar uit het opzettelijke wangedrag van leden van de balie die de Staat vertegenwoordigen.' Hij was van mening dat 'de onwettige manipulatie van het bewijs van de kant van het OM het hele onderzoek van het misdrijf heeft aangetast'.

In de meerderheidsuitspraak van rechter Stephen Mansfield werd de veroordeling nietig verklaard, maar werd een nieuwe rechtszaak niet uitgesloten. Hij schreef: 'Het wangedrag van de aanklagers en de politie hebben deze hele zaak vanaf het begin bezoedeld.' Hij berispte de rechter omdat die had verboden dat de 'hoogst ontlastende' grandjurygetuigenverklaringen werden gebruikt, die een onschuldige uitleg boden voor de manier waarop Kerry's vingerafdrukken op de patiodeur terecht waren gekomen. Maar het belangrijkste was misschien wel dat de meerderheid oordeelde dat als het OM ervoor zou kiezen om Cook een vierde keer te berechten, alle verklaringen van de inmiddels overleden Hoehn moesten worden geschrapt uit de bewijsvoering. Daarmee was zijn smakeloze en volkomen uit zijn duim gezogen verhaal over dampende seks en schokkend voyeurisme op de avond van de moord nu strikt verboden.

En dus werd Kerry opnieuw door deputy's vanuit de dodencel naar de gevangenis van Smith County gebracht, deze keer in afwachting van zijn vierde rechtszaak. Het was 6 augustus 1997, twintig jaar en een dag na zijn arrestatie op 5 augustus 1977.

Een gekastijde, maar steeds vijandigere rechter Jones bepaalde tijdens de borgtochtzitting op 11 november dat de borgsom honderdduizend dollar was, omdat hij er net als Skeen van overtuigd was dat dat bedrag veel groter was dan wat Kerry's verdedigingsteam kon ophoesten. Twee dagen later maakte Jay Regan, de bestuursvoorzitter van Centurion en een Wall Street-investeerder, honderdduizend dollar over naar het kantoor van de sheriff van Smith County, tot grote schrik en ontsteltenis van Jones en Skeen. (Regan, die Kerry vertrouwde, wist dat hij het geld zou terugkrijgen zolang Kerry zich aan de voorwaarden van zijn vrijlating zou houden.)

Later die dag, op 13 november 1997, liep Kerry Max Cook de gevangenis van Smith County uit, recht in de armen van zijn moeder Evelyn. Zijn pas hervonden vrijheid was fantastisch. Maar hij was ook bang, want hij wist dat zijn strijd met Smith County nog lang niet voorbij was. Midden in het feestje op de stoep, met overal om ons heen verslaggevers en camera's, zagen Kerry, Paul en ik dat David Dobbs aan de overkant van de straat met een boos gezicht naar ons stond te kijken.

Vanuit de gevangenis had Kerry een vriendschap opgebouwd met Mikaela en Richard Raine uit Dallas, die in zijn onschuld geloofden. Ze waren zo ruimhartig om hem uit te nodigen om bij hen en hun vier kinderen te komen wonen in afwachting van zijn rechtszaak, en gaven hem zelfs een jackrussellterriër met de naam Everton. Strafpleiter Donya Witherspoon uit Dallas nam Cook aan als haar juridisch medewerker. Algauw verhuisde hij samen met Everton naar een eigen appartement. Een van de voorwaarden van zijn borgtocht was dat hij regelmatig naar Tyler moest om zijn urine op drugs te laten testen. Elke keer als hij de stad binnenkwam, kreeg hij een knoop in zijn maag omdat hij bang was dat de politie hem erin zou luizen wegens een verzonnen aanklacht. Maar in plaats daarvan schonk het leven Kerry een groot cadeau. Na een bijeenkomst van Amnesty International in Dallas ontmoette hij een leuke jonge vrouw, Sandra Pressey. Het duurde niet lang voordat het tweetal verliefd werd. Sindsdien zijn ze levenspartners.

Op de vooravond van de vierde rechtszaak, in februari 1999, bezwoer officier van justitie Skeen ondanks de uitspraak van de CCA dat hij niet zou rusten voordat Cook weer in de dodencel zat. Dobbs voegde eraan toe dat ze hem nooit zouden laten schikken, zelfs niet in ruil voor een levenslange gevangenisstraf. Ze wilden Kerry Max Cook onder de grond hebben. Centurion was al net zo vastbesloten om ervoor te zorgen dat Kerry's vierde rechtszaak ook zijn laatste zou zijn. We wisten dat hij een welgestelde verdediging nodig had, voorzien van de allerbeste forensische deskundigen en een groot team van juridisch talent om Paul Nugent te ondersteunen. Dit was niet het moment om op de uitgaven te beknibbelen. Een rijke weldoener, David Gelbaum, schoot ons te hulp en gaf ons een budget van driehonderdvijfenzestigduizend dollar. De advocaten Cheryl Wattley uit Dallas en Rocket Rosen uit Houston kwamen het team versterken. Acht verschillende deskundigen op het gebied van ooggetuigenidentificatie, visuele omgeving, valse bekentenissen, forensische pathologie, en psychiatrie stonden klaar om hun expertise aan te dragen. Onder hen bevond zich ook Robert Ressler, de grondlegger van de Behavioral Science Unit van de FBI. Terwijl 1998 omvloog, besloot rechter Jones dat Bastrop, een grotendeels landelijke county zo'n vijftig kilometer ten zuidoosten van Austin, de locatie voor de rechtszaak zou worden. De juryselectie zou half februari 1999 beginnen.

De week voor de rechtszaak werd er potentieel nieuw DNA-materiaal aangedragen. Voor het eerst in de tweeëntwintigjarige geschiedenis van de zaak had het OM Linda's ondergoed overgedragen aan het forensisch lab van de staat voor onderzoek. Opmerkelijk genoeg vond het lab spermavlekken die groot genoeg waren om een profiel te verkrijgen. Nadat beide kanten akkoord waren gegaan, gaf rechter Jones opdracht tot DNA-tests, terwijl intussen de rechtszaak van start zou gaan. We verwachtten de DNA-uitslagen ergens gedurende de rechtszaak. Dobbs zei tegen de media dat het sperma 'alleen kon zijn achtergelaten door de moordenaar'. Dat beaamden wij, want we wisten zeker dat het niet van Kerry was en dachten dat het van Mayfield zou zijn.

En er was meer: slechts een paar dagen voor de rechtszaak braken de aanklagers hun gelofte dat ze Kerry nooit de kans zouden geven om te schikken. Dobbs legde een niet-onderhandelbare deal op tafel, waarbij hij Kerry veertig jaar gevangenisstraf aanbood in ruil voor een schuldbekentenis. Kerry wees het aanbod meteen van de hand. Daarna stelde Dobbs een deal voor waarbij rechter Jones de mogelijkheid kreeg om hem minder dan veertig jaar te geven. Ook dat wees Kerry meteen van de hand. Hij zou zijn toekomst onder geen beding toevertrouwen aan rechter Jones. Eindelijk, op 16 februari 1999, enkele minuten voordat de juryselectie zou beginnen, bood Dobbs een niet-onderhandelbare deal voor een minder zware aanklacht (moord, maar niet met voorbedachten rade), zonder schuldbekentenis, en met een gevangenisstraf van twintig jaar. Aangezien Kerry die tijd al had uitgezeten, kon hij diezelfde dag naar huis als volkomen vrij man, zonder enige vorm van toezicht. Het enige nadeel was dat hij dan wel een veroordeelde moordenaar zou zijn. De rechter gaf hem een uur om te beslissen.

We kwamen met z'n allen bij elkaar in het huis dat Centurion voor het team had gehuurd. We zeiden tegen Kerry dat het zíjn leven was. Als hij de rechtszaak wilde doorzetten, waren we er klaar voor. Als hij de schikking zou accepteren, zouden we dat ook begrijpen. Hij verliet de kamer en nam een paar minuten voor zichzelf. We wachtten af.

Daarna kwam hij terug en vertelde wat hij had besloten. Hij zou de deal aannemen.

Hij had zoveel trauma's opgelopen in de dodencel dat hij niet het risico wilde lopen om daarheen terug te moeten en weer zijn executie te moeten afwachten. Hij koos voor gegarandeerde en onmiddellijke vrijheid, zodat hij die avond thuis kon zijn bij Sandra, in plaats van het risico op weer een veroordeling in een extreem conservatieve county met een vijandige, wraakzuchtige rechter. Die avond vierden Kerry, Sandra en het hele team het in een chic restaurant in Austin. Velen van ons hadden bijna tien jaar lang voor Kerry gevochten. We brachten om de beurt een toost uit. We konden niet wachten om te horen wat de DNA-uitslagen van de spermavlekken op Linda's slipje waren.

Eindelijk, op 16 april 1999, liet het forensisch lab van zich horen. Het sperma was onmiskenbaar van James Mayfield, en niet van Kerry Max Cook. Mayfield had tijdens beide nieuwe rechtszaken in 1992 en 1994 verklaard dat hij geen seks meer met zijn ex-minnares had gehad na haar zelfmoordpoging drie weken voor de moord. Het OM was verbijsterd, maar toch probeerde David Dobbs nog steeds wanhopig zijn waardigheid te redden. Hij beweerde dat de DNA-uitslagen niet noodzakelijkerwijs betekenden dat Kerry het misdrijf niet had gepleegd. Misschien was Mayfields sperma daar wel terechtgekomen toen Mayfield naar eigen zeggen voor het laatst seks met Linda had gehad, drie weken eerder, en had het drie weken lang wasbeurten overleefd; een absurde hypothese. Voordat hij het slipje aan het lab had overgedragen voor DNA-analyse, had Dobbs ermee ingestemd dat het sperma van Linda's moordenaar moest zijn. Maar nu de fundering van Kerry's schikkingsdeal – en de reputatie van het OM – op het spel stond, bleef hij volhouden dat Kerry schuldig was, dat de autoriteiten van Tyler de juiste dader te pakken hadden en dat het nieuwe DNA-bewijs 'irrelevant' was.

Maar door dat DNA-bewijs werd Kerry wel behoorlijk opgepept. Hij kreeg weer zelfvertrouwen en het inspireerde hem om zijn vrijspraak kenbaar te maken aan de hele wereld – letterlijk. Hij praatte welbespraakt over onterechte veroordelingen, de ellende van de doodstraf, en de zwaktes van het Amerikaanse strafrechtsysteem, en deed dat voor publiek in Londen, Parijs, Rome, Genève en heel Amerika. Hij werd een veelgevraagde *motivational speaker* en vertelde zijn verhaal om anderen te inspireren om nooit op te geven, hoe ellendig de omstandigheden ook zijn. Harvard, Princeton en andere universiteiten heetten hem welkom. Hij getuigde voor de Texas State Legislature om afschaffing van de doodstraf te bepleiten.

Zijn verhaal was een van de zes verhalen in de theaterproductie *The Exonerated*, die in oktober 2000 in première ging in New York en daarna in zalen in het hele land werd gespeeld. Zijn verhaal werd ook bewerkt tot een Hollywoodfilm met diezelfde naam, met in de hoofdrol Aidan Quinn. In 2007 publiceerde William Morrow zijn biografie, *Chasing Justice*.

Maar voor Kerry was zijn grootste prestatie in al die jaren de geboorte van zijn zoon, Kerry Justice Cook. KJ, zoals Kerry en Sandra hem noemen, wordt in 2024 vierentwintig.

Ondanks alle lof en eerbetoon had Kerry het moeilijk in het leven na de gevangenis. Hij leed aan acute PTSS en depressie. De veroordeling wegens moord achtervolgde hem en zijn familie nog steeds, en maakte het moeilijk om werk te vinden en te houden, en om huurcontracten en andere juridische documenten te tekenen. Soms meden buurtbewoners hem als ze hoorden over zijn verleden. Die problemen, en zijn langgekoesterde, diepe wens voor wettelijke vrijspraak, inspireerden Kerry er uiteindelijk toe om in actie te komen. Vrijspraak door het grootste deel van het publiek was niet voldoende. Hij wilde dat het strafrechtsysteem van Texas eindelijk erkende dat hij onschuldig was.

In 2012 pakte het Innocence Project zijn zaak op en bracht een team bijeen dat werd aangevoerd door Gary Udashen in Texas en Nina Morrison in New York. Drie jaar later, in september 2015, dienden ze in Smith County een habeas corpus-akte in, in een poging Kerry's veroordeling wegens moord terug te draaien en zijn onschuld aan te tonen op basis van de DNA-uitslagen uit 1999 en het systemische wangedrag van de politie en de aanklagers.

Hun onderzoek legde een verdachte beslissing van politie en justitie in Smith County bloot, met betrekking tot een bloederige haar die op Linda's billen was aangetroffen en die niet van Kerry en ook niet van Linda was. In 1999, toen de politie van Tyler de haar samen met Linda's ondergoed overdroeg aan het forensisch lab, vertelden de forensisch onderzoekers dat ook de haar in aanmerking kwam voor DNA-tests. Maar vlak nadat het lab had ontdekt dat het sperma overeenkwam met het DNA van Mayfield, gaf het OM de politie opdracht om de haar weer op te halen en niet te laten testen.

Als die bloederige haar op DNA getest zou zijn en van Mayfield zou zijn gebleken, zou dat de zaak wijd open hebben gegooid, want dan zou noch Mayfield, noch het OM de resultaten makkelijk hebben kunnen wegredeneren. Maar dat hoefden ze ook helemaal nooit te doen. In 2001 vernietigden de autoriteiten van Tyler de haar, wat een directe schending was van een Texaans statuut dat acht maanden daarvoor van kracht was geworden en waarin werd bepaald dat het verboden was om bewijs te vernietigen dat in aanmerking kwam voor DNA-tests. Jack Skeen was destijds nog steeds de officier van justitie. Hij bleef aan tot 2003, waarna hij rechter werd in Smith County.

Begin april 2016 ging Skeens opvolger als officier van justitie van Smith County, Matt Bingham, er na een verzoek van Gary Udashen tot ieders verrassing mee akkoord om een officieel gesprek te houden met Jim Mayfield, bij hem thuis in Houston. Bingham verleende Mayfield immuniteit voor alles wat hij zou zeggen, nam de eed bij hem af en gaf zijn advocaat Buck Files, die hem sinds jaar en dag bijstond, toestemming om erbij te zijn. Ook de eeuwig trouwe Elfreide was aanwezig.

Er waren veertig jaar verstreken sinds de moord op Linda. Mayfield was nu een drieëntachtigjarige gepensioneerde die, ironisch genoeg, jarenlang assistent-beheerder van de gevangenis van Harris County was geweest. Het onbelemmerde vraaggesprek duurde twee uur. Udashen nam het voortouw bij het stellen van de vragen, en Bingham volgde hem. De sessie leverde nogal wat belangrijke bekentenissen van Mayfield op. Hij gaf voor het eerst toe dat Linda en hij op 8 juni tijdens de lunchpauze wel seks hadden gehad in Paula's appartement om zijn vierenveertigste verjaardag te vieren, en dat Linda hem had overladen met cadeaus, waaronder een nieuwe tennisoutfit.

Hij wendde verbazing voor dat zijn sperma was gevonden in het ondergoed dat ze de avond van de moord droeg, want de laatste keer dat ze seks hadden gehad, was de dag ervoor geweest. Hij snapte niet waarom ze twee dagen vuil ondergoed had gedragen.

Hij gaf toe dat hij seksueel verslaafd was geweest aan Linda. Telkens wanneer hij bij haar in de buurt was, werd hij week en kon de verleiding om seks te hebben niet weerstaan. Sterker nog, ze gingen bijna elke keer als ze elkaar zagen met elkaar naar bed. 'Ik ben niet heel sterk als het over Linda gaat,' zei hij. Hij wist dat hij zo goed en zo kwaad als het ging bij Linda uit de buurt moest blijven.

Rond de tijd van haar overlijden was het voor hem het belangrijkste om zijn huwelijk te redden, Linda 'kwam op de tweede plaats'. Hij probeerde zijn leven weer op de rails te krijgen en 'de seks met Linda te stoppen'. Als hij haar bleef zien, zou alles weer van voor af aan beginnen. Zijn carrière bij de bibliotheek was verwoest. Hij was niet alleen zijn baan kwijtgeraakt, maar ook zijn huis bij het meer, en hij was bijna zijn vrouw kwijtgeraakt door haar. Hij zei dat hij niet van plan was zijn huwelijk kapot te laten gaan voor Linda. Hij had Elfreide beloofd dat het nu echt voorbij was tussen Linda en hem. Als Elfreide er ooit achter was gekomen wat er op zijn verjaardag in Paula's appartement was gebeurd, zou dat het einde van hun huwelijk hebben betekend.

Maar Linda wist niet van ophouden. Ze wilde de relatie in stand houden. Na zijn verjaardag wilde ze nog steeds met hem samen zijn. Ze was er niet blij mee dat hij naar Elfreide was teruggegaan. Toen ze op de avond van de moord naar zijn huis was gekomen, was het duidelijk dat ze nog steeds probeerde met hem af te spreken. Ze was die dag vier keer naar hem toe gekomen. Hij moest ermee ophouden. Hij wist dat hij op een of andere manier een eind moest maken aan hun relatie.

Hij gaf toe dat hij boos tegen Ann White had uitgeroepen dat Linda zijn carrière kapot had gemaakt, toen ze in Anns auto op het parkeerterrein van het Embarcadero hadden gezeten voordat Linda's lichaam naar buiten werd gebracht. Hij had tijdens de rechtszaken steeds ontkend dat hij dat had gezegd. Hij gaf ook toe dat hij misschien wel tegen Olene Harned had gezegd dat hij bang was dat Linda hem naar Houston zou volgen; dat Linda dat in haar hoofd had. Ook dat had hij tijdens de rechtszaken ontkend.

Mayfield maakte – misschien onbewust – door deze bekentenissen wel duidelijk dat hij een motief had om Linda te vermoorden. Om hetgeen te beschermen wat hij zo wanhopig probeerde te behouden – zijn huwelijk met Elfreide – moest hij een eind maken aan zijn relatie met Linda. Ze had zijn zo gekoesterde levensstijl al verwoest, net als zijn carrière, die zo perfect aansloot bij zijn ambities. Hij wist dat hij niet de wilskracht had om zijn seksuele verslaving aan haar te overwinnen, en dat ze hem opnieuw kapot zou maken als ze hem naar Houston zou volgen. Zoals hij een paar dagen voor de moord tegen Olene Harned had gezegd: 'Als ze naar Houston verhuist, kom ik nooit van haar af.' Er moest iets gebeuren om de relatie te beëindigen. De mensen die hem goed kenden, dachten dat zijn explosieve temperament de overhand had gekregen en dat hij in een vlaag van woede was doorgedraaid en verwoed de lichaamsdelen van Linda had verwoest die hém hadden verwoest.

In het gesprek gaf Mayfield ook voor het eerst toe dat professor Mears hem had aangesproken op het geïllustreerde verminkingsboek met de titel *The Sexual Criminal*. In zijn verklaringen voorafgaand aan de rechtszaken had Mayfield ontkend dat hij van het bestaan van het boek wist. Vanwege die ontkenning had rechter Tunnell, en later ook rechter Jones, Paul geen toestemming gegeven om het boek aan de jury te laten zien en Mayfield ernaar te vragen.

Mayfield zei dat hij Paula nooit meer had gesproken nadat Linda was vermoord, en dat hij ook nooit had geprobeerd contact met haar op te nemen om te horen hoe het met haar ging. Toen Udashen vroeg of hij wist dat Paula mensen vertelde dat hij de man was die ze die avond had gezien, zei hij dat hij dat inderdaad wist. Opmerkelijk genoeg zei hij tijdens het gesprek niet één keer dat Paula het mis had toen ze zei dat ze hem herkend had. Zoals altijd beweerde hij dat hij die avond thuis was met Elfreide en Louella. Hij had het huis niet verlaten. Elfreide, die nog steeds achter de man stond met wie ze tweeënzestig jaar getrouwd was, deed ook een duit in het zakje en zei: 'Tot aan mijn dood zal ik weten dat hij die avond bij mij was.'

Omdat Jack Skeen nu rechter was in Smith County, werd er een rechter van buiten de county aangewezen voor de hoorzitting naar aanleiding van Kerry's habeas corpusakte: rechter Jack Carter uit Texarkana. De hoorzitting was gepland op maandag 6 juni. In de tussentijd onderhandelden Udashen en Bingham achter de schermen voor een schikking. David Dobbs, die allang niet meer voor het OM werkte, hielp Bingham bij deze discussies. Hij en rechter Skeen wilden tot elke prijs een openbare hoorzitting vermijden, want dan zouden ze aan een vernederend kruisverhoor onderworpen worden. Kerry wilde op zijn beurt juist een uitgebreide hoorzitting, terugdraaiing van zijn veroordeling en bewijs van zijn onschuld.

Op de dag van de hoorzitting bereikten de partijen een akkoord. Aangezien uit zijn recente ondervraging duidelijk was gebleken dat Jim Mayfield tijdens de tweede en de derde rechtszaak meerdere keren meineed had gepleegd, stemde de openbaar aanklager ermee in om rechter Carter te adviseren om Kerry's veroordeling nietig te verklaren. Maar hij zou aanbevelen dat de eis om onschuldig te worden verklaard zou worden afgewezen. Voor de uitspraak over die laatste kwestie zouden de partijen geen hoorzitting houden, waar getuigenverklaringen voor nodig waren, maar mondelinge presentaties voor rechter Carter houden, in de stijl van slotpleidooien tijdens een rechtszaak. De verdediging zou met argumenten komen om Kerry's onschuld aan te tonen, en de aanklagers zouden ertegen ingaan en volhouden dat Kerry schuldig was. Rechter Carter stemde ermee in om het op die manier aan te pakken.

De enige die tegen deze voorgestelde regeling protesteerde was Kerry. Hoewel de overeenkomst ook inhield dat zijn veroordeling zou worden geannuleerd, wat hij al zo lang wilde, was Kerry er toch fel op tegen. Hij wilde in de rechtszaal niet alleen zijn onschuld bewijzen, maar ook dat Dobbs en Skeen verantwoordelijk werden gehouden voor de fysieke en psychische stress die hij door hen had moeten doorstaan sinds ze tientallen jaren eerder bij de zaak betrokken waren geraakt. Hij geloofde dat dit het best gedaan kon worden in een openbare hoorzitting in de rechtbank.

Maar na een lange, emotionele discussie op de avond voor de hoorzitting zwichtte Kerry toch, zij het met grote terughoudendheid, en ging akkoord met de regeling. Maar een dag of twee nadat alles in gereedheid was gebracht, deed Kerry, die nog steeds van slag was omdat de regeling niet voorzag in een openbare hoorzitting, iedereen versteld staan door zijn juridische team plotseling zonder enige waarschuwing te ontslaan. Gelukkig kwam een bekende advocaat uit Houston, Mark Bennett, die zich nog niet eerder met de zaak bemoeid had, hem te hulp en had maar één voorwaarde. Het zou voor hem onmogelijk zijn om tijd te steken in een poging de regeling in te trekken. Hij had nu slechts drie weken om zich voor te bereiden op de daadwerkelijke kwestie van de onschuldigverklaring.

Op 1 juli presenteerden de advocaten hun argumenten voor en tegen daadwerkelijke onschuld. De openbaar aanklager herhaalde het bewijs van het OM dat was gepresenteerd tijdens de eerste drie rechtszaken. Advocaat Bennett concentreerde zich op het enorme wangedrag van de aanklagers dat tot Kerry's eerdere onterechte veroordelingen had geleid, en baande de weg voor Mayfields schuld. Op 25 juli maakte rechter Carter zijn uitspraak bekend in de vorm van aanbevelingen aan de CCA. Hij adviseerde om Kerry's veroordeling wegens moord terug te draaien, zoals afgesproken, maar om Kerry's eis om onschuldig te worden verklaard af te wijzen. Hij merkte op dat om een veroordeelde persoon onschuldig te laten verklaren, de CCA eiste dat het nieuwe bewijsmateriaal onweerlegbaar aan heel zware normen moest voldoen.

Hoewel hij van mening was dat het DNA-bewijs hielp bij Cooks verdediging, was er een jury voor nodig om daaruit af te leiden dat Mayfield het op de avond van de moord in Linda's slipje had achtergelaten. Daarom concludeerde hij dat door het DNA niet onweerlegbaar bewezen werd dat Cook onschuldig was of Mayfield schuldig. Kerry's verdedigende team vond juist dat dit een heel eenvoudige deductie was.

Om te geloven dat Mayfield geen geslachtsgemeenschap met Linda had gehad op de avond dat ze vermoord was, maar zesendertig uur eerder, zoals Mayfield beweerde, zou de jury moeten accepteren dat Linda zesendertig uur achter elkaar hetzelfde vuile ondergoed had gedragen – van woensdag 8 juni rond lunchtijd, toen ze, zoals Mayfield had toegegeven, seks hadden gehad in Paula's appartement, tot 10 juni kort na middernacht, toen ze vermoord werd. Linda had die woensdagavond een paar uur lang tekenles gehad, was naar huis gegaan en had in haar slaapkamer geslapen, had zich de volgende ochtend aangekleed om Mayfield in zijn kantoor op te zoeken en met hem te lunchen, had om halftwee een sollicitatiegesprek bij een plaatselijke bank gehad en was daarna met Mayfield gaan tennissen. Een paar uur later reed ze naar Mayfields huis aan Lake Palestine om hun relatie met hem te bespreken. Zou het voor elke jury niet redelijk zijn om uit die feiten af te leiden dat Linda op een gegeven moment gedurende die anderhalve dag schoon ondergoed had aangetrokken, of het nu was terwijl ze zich na de seks met Mayfield op woensdag aankleedde, of toen ze zich de volgende ochtend aankleedde voor haar sollicitatiegesprek, of nadat ze had gedoucht na het tennissen op een warme zomermiddag en zich had omgekleed voor haar ritje naar Lake Palestine vroeg in de avond om bij Mayfield langs te gaan? Maar rechter Carter zag dat om een of andere reden toch niet zo.

In augustus 2016 diende rechter Carter zijn aanbevelingen in bij de Texaanse CCA, die ze kon accepteren of afwijzen. Acht jaar later, terwijl hij al zevenenveertig jaar voor gerechtigheid streed, wachtte Kerry Max Cook nog steeds op de beslissing van de rechtbank. Kerry dacht er onwillekeurig aan dat de CCA er ook acht jaar over had gedaan om zijn oorspronkelijke verzoek om hoger beroep in de jaren tachtig af te wijzen. Waarom deze rechtbank zo'n buitengewone laksheid aan de dag heeft gelegd in de behandeling van deze zaak, kan niemand zeggen. Maar hij hield uit alle macht vol en weigerde de hoop op te geven dat de rechtbank op een dag eindelijk zou doen wat rechtvaardig was. En toen, zonder enige waarschuwing, kwam het als een donderslag bij heldere hemel.

De Heilige Schrift zegt: 'Als je vertrouwen hebt, als je tegen deze berg zegt "kom van je plaats en stort je in zee", dan zal het ook gebeuren.' Eindelijk, na lange tijd, kwam er gerechtigheid op 19 juni 2024, toen rechter Bert Richardson van de CCA met een vernietigende, uitvoerige toelichting van honderdzes pagina's Kerry's berg van onrecht in zee stortte. Hij schreef: 'Deze zaak wemelt van de aantijgingen van wangedrag van het OM, waardoor het gerechtvaardigd is om de veroordeling van de verzoeker nietig te verklaren. En wat een solide ondersteuning van daadwerkelijke onschuld betreft, bevat deze zaak werkelijk alles: onbetwiste schendingen van de regels om ontlastend bewijsmateriaal over te dragen, bewijs van valse getuigenverklaringen, bekentenissen van meineed, en nieuw wetenschappelijk bewijs.'

Daarmee gaf de CCA Kerry alles waar hij gedurende die oneindige verloren jaren naar had verlangd: pure, onvervalste vrijspraak. Zijn droom om door het hoogste gerechtshof van Texas onschuldig te worden verklaard was uitgekomen. De hele wereld weet nu wat hij altijd heeft geweten: de *waarheid* dat hij erin was geluisd door politie, justitie en de rechterlijke macht van Smith County. Rehabilitatie is o, zo zoet!

De brand liegt niet

John Grisham

In 1976 hief het Amerikaanse hooggerechtshof een vierjarig verbod op executies op, en de vijfendertig staten waar de doodstraf geldt gingen los. Sindsdien zijn er vijftienhonderdtweeënzeventig mannen en vijftien vrouwen ter dood gebracht door gas, een dodelijke injectie of de elektrische stoel, en een door ophanging en een ander door een vuurpeloton. Texas is de trotse koploper, met vijfhonderdzesentachtig executies. Oklahoma komt op de tweede plaats met honderddrieëntwintig, waarmee deze staat op een haar na Virginia verslaat, waar het aantal van honderddertien executies waarschijnlijk niet meer zal veranderen, want die staat heeft de doodstraf nu verboden.

Het Death Penalty Information Center – het DPIC, een non-profitorganisatie die zich bezighoudt met de manier waarop de doodstraf in de Verenigde Staten wordt uitgevoerd – vermeldt momenteel twintig executies, waarvan de helft in Texas, van mannen die 'waarschijnlijk' onschuldig waren. Dat aantal kan niet worden bevestigd, want er is geen ondubbelzinnig biologisch (DNA-)bewijs van hun onschuld, en om voor de hand liggende redenen hebben rechtbanken over het algemeen geen belangstelling meer voor een zaak nadat de verdachte is overleden.

Maar voor journalisten en Innocence-voorvechters ligt

dat anders. In de wereld van het strafrecht zijn er maar weinig onderwerpen zo prikkelend als de mogelijkheid dat er een onschuldige is geëxecuteerd. Er is heel wat geschreven over die twintig executies, die door het DPIC worden omschreven als zaken met 'sterk bewijs' voor onschuld.

Maar één zaak heeft veel meer belangstelling gewekt dan alle andere. Het zal geen verrassing zijn dat die in Texas plaatsvond. Maar wat wel merkwaardig is, is dat dit de enige zaak was waarbij brandstichting het moordwapen was.

In 2004 werd Cameron Todd Willingham geëxecuteerd wegens een misdrijf dat nooit heeft plaatsgevonden.

Todd, zoals hij werd genoemd, werd in 1968 geboren in Ardmore, in de staat Oklahoma. Hij overleed zesendertig jaar later in Huntsville, in de staat Texas, vastgebonden op een brancard in de drukste executiekamer ter wereld. Hij bracht de laatste twaalf jaar van zijn leven door in de dodencel en is altijd blijven zeggen dat hij onschuldig was.

Hij had een moeilijke jeugd. Zijn ouders gingen uit elkaar toen hij nog heel klein was, en zijn vader hertrouwde met een vrouw die hij altijd als zijn moeder beschouwde. Op zijn vijftiende stopte hij met school en hield zich wat bezig met kleine criminaliteit: drugs, drinken, vechten en kruimeldiefstal. Hij hield van heavymetalmuziek, lichtzinnige meisjes, bier, whisky, nachtclubs en louche kroegen. Hij hield ook van snelle auto's en bekwaamde zichzelf tot een redelijk goede monteur, hoewel zijn baantjes nogal vaag waren. Op zijn twintigste ontmoette hij Stacy Kuykendall in een bar in Corsicana, in Texas, waar zo'n vierentwintigduizend mensen woonden. Haar jeugd was nog onstabieler geweest dan de zijne.

Stacy en Todd gingen samenwonen in een klein huurhuis in een arbeiderswijk in Corsicana, een uur rijden ten zuidwesten van Dallas. Hun relatie was onstuimig en vaak gewelddadig. Hij dronk te veel, bracht te veel tijd in biertenten door en zat achter andere vrouwen aan. Ze vochten en hij sloeg haar meer dan eens. Ze ging ergens anders wonen en kwam weer terug. Hij ging ergens anders wonen en daarna maakten ze het toch weer goed. Het leven werd rustiger door de geboorte van Amber. Todd en Stacy namen het ouderschap serieus en waren dol op de baby. Het duurde niet lang of Kameron en Karmen werden tegelijk geboren. Met drie dochtertjes, allemaal in de luiers, besloot Todd dat het, met al deze verantwoordelijkheid, tijd werd dat hij volwassen werd. Stacy en hij trouwden in 1991 in Ardmore.

Het was voor hen allebei moeilijk om fulltime werk te vinden. Todd werkte hier en daar in de bouw en als automonteur, terwijl Stacy in de bar van haar broer werkte. Het gezin was arm, meestal platzak, en had nauwelijks voldoende basisbenodigdheden om te overleven. In december 1991 hadden ze twee maanden achterstallige huur en konden ze ook hun andere rekeningen niet betalen. Todd was weer ontslagen. Kerstmis stond voor de deur en ze hadden bijna geen geld meer.

Op zondag 22 december belde Todds stiefmoeder Eugenia om met hen te praten. Zij en Todds vader waren van plan om een paar dagen daarna vanuit Oklahoma naar hen toe te komen om de kinderen te zien met kerst. Todd was goedgehumeurd, klaar voor de feestdagen, en hij genoot van zijn kleine kinderen. Hij was blij, want Stacy en hij hadden gezinsfoto's met de kinderen laten maken bij Kmart, en hij kon niet wachten om die aan de grootouders te laten zien.

De volgende ochtend ging Stacy vroeg van huis om kerstcadeautjes te kopen bij het Leger des Heils. Todd bleef bij de drie meisjes. Hij gaf de tweeling een flesje en ze vielen in slaap op hun vaste plek, op de vloer van hun slaapkamer. Amber deed ook een dutje. Todd ging op bed liggen en doezelde weg. Rond tien uur werd hij wakker doordat Amber schreeuwde: 'Papa! Papa!' Hij schoot overeind en er sloeg onmiddellijk dikke rook tegen zijn gezicht. Het huis stond in brand. Hij krabbelde uit bed en terwijl hij een broek meegriste, schreeuwde hij: 'O god, Amber, ga het huis uit! Ga het huis uit!' Hij kon haar niet zien en ze reageerde niet. Hij bleef laag om de rook te vermijden en ging naar de kinderkamer, maar zag alleen maar zwarte rook. Hij hoorde stopcontacten en lichtknopjes uit de muur ploppen. Bij de deur van de kinderkamer probeerde hij rechtop te gaan staan, maar zijn haar vatte vlam. De hitte en de rook waren te intens, waardoor hij naar achteren moest deinzen. Hij wist het vuur in zijn haar te doven, ging op handen en knieën zitten en bewoog op de tast door het duister. Op het moment dat hij voelde dat hij zijn bewustzijn dreigde te verliezen, kroop hij door de gang en schoot naar adem snakkend de voordeur uit. Toen hij achterom naar het huis keek, werd hij met afschuw vervuld. Er kwam rook uit.

Een buurvrouw, Diane Barbee, zag de rook en kwam aanhollen. Todd schreeuwde dat ze de brandweer moest bellen, vond een stok en sloeg een raam van de kinderkamer in. De vlammen sloegen uit de kapotte ruit. Hij sloeg nog een ruit in en er kwamen nog meer vlammen uit. Later vertelde een buurtbewoner aan de politie dat Todd schreeuwde: 'Mijn kinderen! Mijn kinderen!' Terwijl de hitte intenser werd, knalden alle vijf de ramen van de kinderkamer eruit en de vlammen 'werden naar buiten geblazen', zoals Diane Barbee het omschreef. De eerste brandweerploeg kwam eraan en er werden haastig slangen uitgerold, waarna er water werd gespoten. Door alle commotie kwamen er nog meer buurtbewoners aan, die ontsteld waren zodra ze hoorden dat de kinderen nog binnen waren.

Todd werd nog hysterischer. Een pastoraal werker van de politie, George Monaghan, pakte hem vast en loodste hem naar de achterkant van een brandweerauto in een poging hem te kalmeren. Todd huilde en zei: 'Mijn dochtertje probeerde me wakker te maken om me te vertellen dat er brand was! Ik kon niet bij mijn kinderen komen!'

Zodra er een brandweerman het huis uit kwam met het slappe lijfje van Amber in zijn armen, brak Todd en hij rende naar hen toe, waarna hij een sprintje trok richting de kinderkamer, waar de vlammen en de rook nog steeds uit de ramen sloegen. Een andere brandweerman pakte hem beet en wist hem met hulp van Monaghan tegen te houden. Todd was één meter tachtig, sterk, en nooit bang voor fysiek contact, en er waren meerdere brandweerlieden voor nodig om hem in bedwang te houden. Monaghan liep een blauw oog op in het strijdgewoel. Later zei een brandweerman: 'Als ik zag hoe dat vuur brandde, zou het voor iedereen waanzin zijn geweest om dat huis binnen te gaan.'

Todd werd naar het ziekenhuis gebracht en behandeld voor lichte schrammen en brandwonden. Terwijl hij daar was, kreeg hij te horen dat Amber was overleden doordat ze te veel rook had ingeademd. De verbrande lichamen van Kameron en Karmen waren op de vloer van hun kamer gevonden.

Heel Corsicana was ondersteboven door het nieuws over de tragedie, en er volgde een stroom van steun en medeleven. Er werd algauw een fonds opgericht om te betalen voor fatsoenlijke begrafenissen, en er kwam een grote menigte bijeen voor een hartverscheurend afscheid. Todd en Stacy klampten zich aan elkaar vast en worstelden zich als zombies door de nachtmerrie heen.

Vier dagen na de brand kwamen er inspecteurs om de schade te onderzoeken en de oorzaak te achterhalen. Todd gaf ze toestemming om hun werk te doen en zei: 'Ik weet dat we misschien nooit alle antwoorden zullen krijgen, maar ik wil wel graag weten waarom mijn kinderen me zijn ontnomen.' Het kleine, witte huis was uitgebrand, maar stond nog wel overeind. De helft van de buitenkant was verschroeid en geblakerd.

Douglas Fogg was de assistent-brandweercommandant van Corsicana en hij werd algauw bijgestaan door Manuel Vasquez van het korps van de State Fire Marshal. Vasquez was zo ongeveer een legende op het gebied van onderzoek naar brandstichting, en hij beweerde dat hij tussen de twaalfhonderd en de vijftienhonderd branden had onderzocht, met een perfecte staat van dienst. Hij kreeg een keer de vraag, onder ede, of hij ooit de verkeerde conclusie had getrokken bij het achterhalen van de oorzaak van een brand. Hij antwoordde: 'Als dat zo is, meneer, weet ik het niet. Ik ben er nooit op gewezen.' Hij was een kleurrijk, verwaand type en strooide graag met kreten als 'de brand vernietigt geen bewijs, maar creëert het', 'de brand liegt niet' en 'de brand vertelt het verhaal, ik interpreteer het slechts'. En: 'Ik verzamel alleen informatie. Ik heb geen plan. Ik heb geen vooropgezette ideeën.'

Maar goed, tijdens zijn lange carrière had hij bij tachtig procent van zijn onderzoeken brandstichting vastgesteld, een verbijsterend percentage. Het landelijk gemiddelde lag rond de vijftig procent.

Fogg en Vasquez hadden geen van beiden een universitaire opleiding gedaan. Ze hadden geen van beiden een wetenschappelijke achtergrond. In Texas, en in de meeste andere staten, kon iedereen deskundige op het gebied van onderzoek naar brandstichting worden door een cursus van achtenveertig uur te volgen, een toets te maken en een certificaat te krijgen.

Beide mannen hadden het vak al doende geleerd door gewoon de beproefde onderzoekstechnieken toe te passen, die algemeen geaccepteerd waren en werden doorgegeven.

Ze begonnen het onderzoek door de buitenkant van het huis te inspecteren, aantekeningen te maken en foto's te nemen. Daarna gingen ze naar binnen en keken in de keuken, waar slechts rook- en hitteschade te zien was; tekenen dat de brand daar niet was ontstaan. In de ouderslaapkamer, waar Ambers lichaam gevonden was, troffen ze ook weer alleen hitte- en rookschade aan. In de smalle gang zagen ze verkoolde plekken aan de onderkant van de muren. Vlammen branden omhoog naarmate de hitte toeneemt, maar dit vuur leek laag te hebben gebrand, vlak bij de vloer.

Dat was het eerste verdachte teken.

Het tweede bevond zich in de kinderkamer, waar ze brandpatronen op de grond zagen. Een brandversneller – benzine, aanstekervloeistof, verfverdunner en dat soort dingen – die op de grond wordt gegoten en aangestoken, zorgt ervoor dat het vuur zich concentreert in wat onderzoekers 'gietpatronen' of 'plasvormen' noemen. Voor Fogg en Vasquez was dat de eerste duidelijke aanwijzing dat er misschien een brandversneller was gebruikt. Daarna zagen ze dat de metalen veren onder de verbrande matrassen wit waren geworden, een teken dat er intense hitte van de vloer was opgestegen.

Bij de meeste huisbranden is er sprake van kapot glas van deuren, ramen of drinkgerei. Tientallen jaren hebben onderzoekers gesteund op een reactie die algemeen bekendstond als 'craquelé', een spinachtig patroon dat soms op gebarsten glas ontstaat. Dat werd beschouwd als een belangrijke aanwijzing dat een brand heel heet was geweest. Er werd ook algemeen aangenomen dat branden die waren veroorzaakt door brandversnellers heter waren dan branden die werden veroorzaakt door elektriciteitsdraden of brandend hout. Heter vuur zorgde ervoor dat glas barstte.

De brand liet een 'brandspoor' na dat Fogg en Vasquez vanaf de kinderkamer door de gang volgden en van daaruit door de voordeur. Bij de deur zagen ze tot hun verbazing verbrand hout onder de aluminium drempel. De vloer van de veranda aan de voorkant was van beton, en daarop zagen ze bruine vlekken, waarvan ze dachten dat ze waren veroorzaakt door brandversnellers. Bij het bestuderen van de brandpatronen werd duidelijk, voor Fogg en Vasquez tenminste, dat de brand op drie afzonderlijke plekken was ontstaan: de kinderkamer, de gang en de voordeur.

Voor brandonderzoekers betekenden meerdere brandhaarden slechts één ding: de brand was opzettelijk aangestoken. Opnieuw had Vasquez, de legendarische brandspeurneus, gevonden wat hij zocht. Brandstichting. Iemand had brandversnellers in de kinderkamer en door de gang gegoten, helemaal naar de voordeur, zodat de kinderen niet konden ontsnappen.

Fogg en Vasquez stuurden monsters van verbrande voorwerpen en materialen naar een lab om te onderzoeken of er resten van een brandversneller aanwezig waren. In het monster dat van de drempel bij de voordeur was gehaald, vond een chemicus substanties die vaak werden gebruikt in aanstekervloeistof.

Misdrijf opgelost. Drievoudige moord. En Todd was de enige verdachte. De autoriteiten aarzelden niet om hem te beschuldigen van misschien wel het gruwelijkst denkbare misdrijf: zijn kinderen levend verbranden.

De politie ging de buurt af op zoek naar getuigen en liet er geen twijfel over bestaan dat Todd er nu van verdacht werd de brand te hebben aangestoken. Het misdrijf was zo afschuwelijk en schokkend dat mensen het meteen geloofden. Het medeleven dat de inwoners van het stadje slechts een paar dagen eerder hadden getoond, sloeg snel om in afkeer.

De mensen die getuigen waren geweest van de brand en gedetailleerd, zelfs dramatisch verslag hadden gedaan van Todds pogingen om de meisjes te redden, hadden nu hun bedenkingen. Misschien had hij het niet hard genoeg geprobeerd. Misschien voerde hij wel gewoon een toneelstukje op. Zelfs kapelaan Monaghan, de pastoraal werker die een blauw oog had opgelopen toen hij Todd in bedwang probeerde te houden, zei: 'Het was allemaal niet wat het leek. Ik had het gevoel dat Willingham zichzelf volkomen in de hand had.'

Twee weken na de brand vroegen de inspecteurs of Todd even met hen om de tafel wilde voor een paar vragen, strikt routine. Hij had geen idee dat hij een verdachte was en werd niet op zijn rechten gewezen. Hij stemde er meteen mee in en kwam zonder advocaat naar de afspraak. Hij vertelde het verhaal over de brand en vertelde stap voor stap wat hij gedaan had. Toen hem gevraagd werd of hij enig idee had hoe de brand was ontstaan, zei hij nee, maar hij dacht dat het waarschijnlijk in de kinderkamer was geweest, want daar had hij de vlammen gezien. Stacy en hij gebruikten drie kachels om het huis warm te houden, en een daarvan stond in de kinderkamer. Het was een kille ochtend geweest en hij wist zeker dat de kachels aan hadden gestaan.

Vasquez vroeg Todd of hij schoenen had aangetrokken voordat hij het huis uit was gevlucht.

Hij zei nee.

Dat gaf de doorslag. Op dat moment wist Vasquez dat Todd zijn kinderen had vermoord. Als de vloer doordrenkt was geweest met brandversneller, zoals ze dachten, kon Todd niet zijn ontsnapt zonder zijn voeten te verbranden. Uit zijn medische onderzoek van die dag bleek niet dat hij verwondingen aan zijn blote voeten had.

Todd hield vol dat het vuur bij het plafond was en niet bij de vloer, maar Vasquez geloofde hem niet. Hij zou later verklaren dat hij van mening was dat Todd het vuur aanstak terwijl hij zich terugtrok naar de voordeur.

Een sensationeel misdrijf vroeg om een sensationele arrestatie. Een man die ervan werd verdacht zijn dochtertjes te hebben vermoord, kon niet zomaar worden gearresteerd door een stel deputy's met een arrestatiebevel op pad te sturen. Drie weken na de brand reden Todd en Stacy 's avonds in hun auto toen er opeens uit het niets arrestatieteams verschenen die hen dwongen aan de kant te gaan. Zwaarbewapende, strijdlustige politieagenten omsingelden de auto met geladen vuurwapens en jeukende vingers. Todd, die ongewapend was, gaf zich over zonder beschoten te worden. Stacy, ook ongewapend, was doodsbang.

Ze was ook vol ongeloof. Later vertelde ze aan rechercheurs dat Todd en zij wel vaak ruzie hadden en dat hij haar geslagen had, maar dat hij zijn dochters nooit had mishandeld. De kinderen hadden hen dichter bij elkaar gebracht. 'Onze kinderen waren door en door verwend,' zei ze.

Todd werd in de gevangenis gezet en aangeklaagd wegens driemaal moord met voorbedachten rade.

Over de kwestie van het motief had de politie aanvankelijk weinig te zeggen. De kinderen hadden levensverzekeringen van in totaal vijftienduizend dollar, maar die had Stacy's opa afgesloten, en hij was de begunstigde. Maar de autoriteiten deden binnen de kortste keren pogingen om het verhaal te verdraaien en lieten de schijn varen dat ze uitgingen van onschuld tot het tegendeel bewezen was. John Jackson, de assistent-officier van justitie, maakte een babbeltje met een krant in Dallas en beschreef Todd als een 'buitengewoon psychopathisch individu'.

Omdat Todd onbemiddeld was, kreeg hij twee advocaten toegewezen, die er allebei van overtuigd waren dat hij schuldig was. Iedereen was ervan overtuigd dat hij schuldig was, en de rechtszaak had moeten worden verplaatst naar een neutrale plek, ver uit de buurt van Corsicana. Dat gebeurde niet, en acht maanden na de brand zou de zaak voor de rechter komen in de plaatselijke rechtbank.

Stacy bleef loyaal aan Todd en wist dat hij zijn dochters nooit kwaad zou doen.

Hoewel haar familie daar anders over dacht, wilden ze het spektakel van een rechtszaak vermijden. Ze benaderden de aanklagers, die ermee instemden om Todd een onverwachte deal aan te bieden: een schuldigverklaring in ruil voor een levenslange gevangenisstraf.

Todds advocaten waren verheugd over het aanbod. Ze wisten dat hij schuldig was en dat twaalf willekeurige juryleden uit Corsicana hem snel schuldig zouden verklaren en de doodstraf zouden aanbevelen. Een van zijn advocaten, David Martin, werd geciteerd nadat hij gezegd had: 'Al het bewijs liet zien dat hij voor honderd procent schuldig was. Hij heeft brandversneller door het hele huis gegoten en aanstekervloeistof onder het bed van de kinderen aangebracht.'

Dat was de publieke opinie over de verdachte.

Zijn advocaten adviseerden hem om de deal aan te nemen, maar Todd weigerde en zei: 'Ik ga geen schuld bekennen voor iets wat ik niet heb gedaan, en al helemaal niet dat ik mijn eigen kinderen zou hebben vermoord.'

Ze wilden dat de rechtszaak overal behalve in Navarro County werd gehouden en vroegen de rechtbank om een andere locatie. Bij een hoorzitting naar aanleiding van dat verzoek toonden de advocaten opruiende verklaringen die de aanklagers aan verslaggevers hadden afgelegd. Ze lieten een video zien van een aanklager die met de pers praatte en die beweerde dat een mogelijk motief voor de moorden was dat 'de kinderen in de weg liepen als Todd bier dronk en aan het darten was'.

De rechter weigerde de locatie te veranderen.

Voor moord met voorbedachten rade was dit, zelfs naar Texaanse maatstaven, een snelle rechtszaak. De eerste getuige die het OM opriep was een verrassing: een man met de naam Johnny Webb. Een moordzaak is bijna nooit compleet zonder de valse getuigenis van minstens één bajesverklikker, en die van Todd was daarop geen uitzondering. Webb was veroordeeld wegens autodiefstal, drugs dealen, vervalsing en roof. Hij zat in de gevangenis omdat hij een vrouw met een mes bedreigd had. Hij gaf toe dat hij verslaafd was aan drugs en dat hij op zijn negende was begonnen met gebruiken, en hij beweerde dat hij getraumatiseerd was geraakt nadat hij in 1988 was verkracht in de gevangenis. Als beroepscrimineel was hij heel bedreven in de kunst van het verklikken, en hij was bang voor weer een lange periode in de gevangenis.

Webb zat toevallig in de cel toen Todd gearresteerd werd en sprak op een dag even met hem. Hun ontmoeting werd opgemerkt door de sheriff, die Webb benaderde en vroeg waar ze het over gehad hadden. De sheriff zei tegen Webb dat hij met Todd over de brand moest praten; misschien zou hij iets belastends zeggen. De sheriff meldde dit aan John Jackson, de aanklager die de leiding had over de zaak. Jackson regelde dat Webb naar zijn kantoor in de rechtbank kwam. Daar praatten ze over de brand, en Jackson was er rotsvast van overtuigd dat Todd zijn dochtertjes had vermoord. Jackson legde foto's van de dode meisjes neer, en die beelden kreeg Webb nooit meer uit zijn hoofd. Het bezoekje aan Jacksons kantoor werd een paar keer herhaald. Uiteindelijk vroeg Webb wat voor soort 'deal' Jackson wilde. Jackson beloofde dat hij de aanklacht wegens beroving zou laten verdwijnen, nu of later.

Webb vertelde de jury zijn verhaal: hij liep langs Todds cel, kort nadat die was binnengebracht, en gek genoeg wilde Todd over zijn misdrijf praten. Via een smalle voedselgleuf in de celdeur stortte Todd in en bekende aan Webb, een volslagen onbekende, dat hij de brand opzettelijk had aangestoken door aanstekervloeistof op de muren en de vloeren te sprenkelen. Die zogenaamde bekentenis vond plaats via een luidsprekersysteem waardoor bewakers naar de gedetineerden konden luisteren.

Webb dikte zijn verhaal ook nog aan met wat aanvullende verzinsels. Hij verklaarde dat Todd had toegegeven wat het motief was. Het leek erop dat Stacy de kinderen had mishandeld en een van hen zelfs echt had verwond, en Todd stichtte brand om de mishandelingen van zijn vrouw te verhullen.

Er was autopsie verricht op de lichamen van de kinderen. De doodsoorzaak was bij alle drie het inademen van rook. Er waren geen tekenen van blauwe plekken of trauma.

Voorafgaand aan Webbs getuigenverklaring had niet één persoon ook maar iets gezegd of gesuggereerd over kindermishandeling door Stacy of Todd.

Voor de goede orde verzekerde Webb de juryleden dat hem geen strafvermindering was beloofd door de aanklagers.

Jackson zei later dat hij niet dacht dat Webb een betrouwbare getuige was. Serieus? Waarom liet de openbaar aanklager Webb dan oproepen als de eerste getuige van het OM, in zo'n sensationele zaak? Waarom zou je een onbetrouwbare getuige laten proberen een man veroordeeld te krijgen wegens het afschuwelijkste misdrijf dat je maar kunt bedenken?

Daarna riep het OM verschillende buren op om te getuigen. Tijdens de brand hadden ze Todd gekenschetst als een vader die verwoed om hulp schreeuwde terwijl hij de ramen insloeg en probeerde het brandende huis binnen te gaan om zijn kinderen te redden. Dat was voordat de inspecteurs het woord 'brandstichting' in de mond namen. Acht maanden later, toen ze voor het OM getuigden, beschreven ze Todd als kalm en onverschillig, of misschien speelde hij toneel, of had hij zichzelf volledig in de hand.

De belangrijkste getuige voor het OM was Manuel Vasquez, een oudgediende in de rechtszaal. Hij legde tot in de kleinste details uit wat de twintig aanwijzingen van brandstichting waren en loodste de jury door zijn uitputtende onderzoek en analyse. Naar zijn mening was de brand opzettelijk aangestoken door Todd Willingham, met de bedoeling zijn kinderen te doden.

Als door de rechtbank aangewezen raadslieden hadden de advocaten een beperkt budget. De enige deskundige die ze zich konden veroorloven, was het met de aanklagers eens. Todd wilde per se zelf getuigen, maar de advocaten waren bang dat hij een slechte indruk zou maken. Hij getuigde niet, evenmin als Stacy. De slappe verdediging riep maar één getuige op en dat was een babysitter die zei dat ze niet dacht dat Todd zijn kinderen kon hebben vermoord.

De rechtszaak duurde slechts twee dagen. De jury beraadslaagde een uur voordat ze Todd schuldig bevonden aan moord met voorbedachten rade. De volgende dag, tijdens de fase waarin de straf werd bepaald, getuigden Stacy en een paar familieleden in een poging Todds leven te redden. Toen Stacy in de getuigenbank zat, vroeg de aanklager haar naar de betekenis van een grote tatoeage op Todds linkerbovenarm. Die bestond uit een doodshoofd en een slang.

'Het is gewoon een tatoeage,' antwoordde ze.

'Hij houdt gewoon van doodshoofden en slangen. Zegt u dat?'

'Nee. Hij heeft... Hij heeft gewoon een tatoeage laten zetten.'

Dit was onderdeel van de strategie van het OM om Todd weg te zetten als een psychopaat. Om dat nog verder te bewijzen, liet het OM twee medisch deskundigen komen. De eerste, Tim Gregory, was een psycholoog met een mastertitel. Zijn praktijk was gericht op gezinstherapie. Het OM had verschillende foto's die ongeschonden uit de brand waren gekomen. Twee daarvan waren posters van de heavymetalbands Iron Maiden en Led Zeppelin. Gregory werd gevraagd die beelden voor de jury te interpreteren. Naar zijn geleerde mening wezen ze op belangstelling voor de dood en sterven. Hij stelde: 'Heel vaak hebben mensen die veel van dit soort kunst hebben belangstelling voor satanische activiteiten.'

De tweede deskundige was een forensisch psychiater met de naam James Grigson, de beruchte dr. Death. Het was zijn taak, in elke zaak, om de jury ervan te overtuigen dat de verdachte een hopeloze moordenaar was die opnieuw zou moorden als hij de kans kreeg, en dat het dus de plicht van de jury was om hem tegen te houden met de doodstraf. Hij beschreef Todd als een 'extreem ernstige psychopaat' voor wie geen behandeling meer mogelijk was. Drie jaar na Todds rechtszaak werd dr. Grigson uit de American Psychiatric Association geschopt, zoals eerder vermeld bij de zaak-Kerry Cook, omdat hij herhaaldelijk een 'psychiatrische diagnose' had gesteld voordat hij de persoon in kwestie had onderzocht, en omdat hij, terwijl hij als getuige-deskundige in de rechtbank optrad, beweerde dat hij met honderd procent zekerheid kon voorspellen dat de persoon in de toekomst weer geweldsdelicten zou plegen.

De jury gaf unaniem de aanbeveling om Todd te laten executeren.

Todd werd naar de gevangenis gebracht en daar begon het lange wachten tot zijn verzoeken om hoger beroep door de bureaucratische molen gingen. Hij smeekte zijn advocaten hem te redden en schreef: 'Jullie kunnen je niet voorstellen hoe het is om hier te zijn, met mensen waar ik niet tussen hoor.' Hij was geen misdadiger en hoorde niet thuis tussen een stelletje moordenaars. Hij vocht met zijn celgenoten en bracht tijd door in 'de Kerker', een zwart gat waar onruststokers naartoe werden verbannen. Kindermishandelaars worden veracht in de gevangenis, en Todd vocht terug toen hij 'babymoordenaar' werd genoemd.

Todd mocht sommige medegedetineerden wel. Aan anderen had hij een hekel. Halverwege de jaren negentig werden er in Texas zoveel gedetineerden gedood dat Todd wel uitkeek om vriendschappen aan te knopen. Maar dan nog was het moeilijk om te zien dat zoveel mannen die hij kende hun laatste uren telden en verdwenen. Elke executie herinnerde de achterblijvers eraan dat hun dag nog zou komen.

Een gedetineerde die Todd echt graag mocht was Ernest Ray Willis, een van de weinige anderen die volhielden onschuldig te zijn. In tegenstelling tot wat algemeen gedacht wordt, beweren de meeste mensen die ter dood veroordeeld zijn niet dat ze onschuldig zijn. Velen van hen zijn trots op hun misdrijven en scheppen er graag over op, vooral in de gevangenis.

Willis' zaak had ongelofelijk veel overeenkomsten met die van Todd. Hij was veroordeeld omdat hij een huis waarin hij lag te slapen in brand zou hebben gestoken. In een andere kamer stierven twee vrouwen. Hij ontsnapte ternauwernood toen het huis in vlammen opging. Zijn blote voeten waren ongeschonden. Buren vonden dat hij zich verdacht gedroeg. Brandonderzoekers vonden gietpatronen en andere duidelijke tekenen van brandstichting. Er was geen motief. Willis had geen strafblad. De aanklagers besloten dat hij psychopaat was en veroordeelden hem wegens tweemaal moord met voorbedachten rade.

Todd stond versteld van de overeenkomsten. Willis had door puur toeval de aandacht van een machtig New Yorks advocatenkantoor getrokken, dat zijn zaak pro bono oppakte. De advocaten waren overtuigd van zijn onschuld en besteedden een fortuin aan deskundigen en onderzoekers.

Todd zat opgescheept met zijn oude team. Hij beklaagde zich vaak tegen zijn ouders hoe zwaar het was om te worden vertegenwoordigd door advocaten die dachten dat hij schuldig was.

De Texas Court of Criminal Appeals (CCA) draaide zelden een veroordeling terug, ongeacht een gebrek aan echt bewijs, of wat er tijdens de rechtszaak was gebeurd. In maart 1995 bekrachtigde de CCA Todds veroordeling unaniem. Daarbij zag de CCA geen problemen met de rechtszaak en zei dat de rechtbank Todds verzoek om een andere locatie terecht had afgewezen. Door die uitspraak kwam hij weer een stapje dichter bij executie. Hij wist een andere advocaat te regelen, Walter Reaves uit Waco, en was dolblij toen hij in de gaten kreeg dat meneer Reaves serieuze twijfels had over zijn veroordeling. Reaves diende habeas corpus-akten in bij de staatsrechtbank, en die werden afgewezen. In 2001 en 2002 diende hij ze in bij de federale rechtbank, maar ze werden weer afgewezen. Daarna deed hij een verzoek om hoger beroep bij het hooggerechtshof, maar in december 2003, twaalf jaar na de brand, weigerde het hof de zaak te behandelen. Er werd een executiedatum vastgesteld: 17 februari 2004.

Op 3 februari 2004 diende Walter Reaves een verzoek om tijdelijk uitstel in bij de reclassering en de gouverneur. Tien dagen later diende hij bij beiden een affidavit in met daarin een rapport dat de wetenschap achter het brandonderzoek in twijfel trok. Dat rapport was opgesteld door dr. Gerald Hurst, een bekende branddeskundige uit Austin, in de staat Texas.

Het verzoek om uitstel werd zowel door de reclassering als de gouverneur afgewezen.

Dr. Gerald Hurst was een briljant chemicus die als arme jongen tijdens de crisisjaren opgroeide in Oklahoma. Als kind hield hij zich bezig met radio's bouwen van oud ijzer, metaaldraad en metaal dat hij bij schroothandels vond. Een leraar zag zijn talent en loodste hem naar de universiteit. Uiteindelijk behaalde hij een doctorstitel in de scheikunde aan Cambridge University en werkte voor defensieleveranciers die geheime wapens maakten. Hij ontwierp bommen en andere explosieven en ontving een aantal lucratieve patenten. Mettertijd kreeg hij er genoeg van om wapens te bedenken waarmee mensen werden gedood, en ging hij branden onderzoeken voor verzekeringsmaatschappijen. Zijn kennis over brand en explosieven was enorm, en hij werd een toonaangevende deskundige op dat gebied.

Het strafrecht trok zijn aandacht, en toen hij brandstichting ging bestuderen, was hij geschokt door de methoden die door lokale en staatsinspecteurs werden gehanteerd. De meesten hadden alleen de middelbare school afgerond, en hadden hun kennis in de praktijk opgedaan. Ze leerden het van de oude garde, die het weer van de oude garde had geleerd. Er waren geen nationale normen die moesten worden gehanteerd bij het onderzoek naar brandstichting. In 1992 publiceerde de National Fire Protection Association de eerste richtlijnen, maar die werden stelselmatig genegeerd. De meeste brandonderzoekers, zowel de lokale als die van de staat, geloofden dat hun ervaring en intuïtie veel effectiever waren dan de nieuwe wetenschappelijke normen.

Eind jaren negentig begon dr. Hurst met het onderzoeken van brandstichtingszaken waarin mensen waren veroordeeld tot gevangenisstraf. Dankzij zijn substantiële inkomen uit patentroyalty's kon hij zich aan dat werk wijden zonder betaald te worden, en hij stak er heel veel tijd in. Tegen de tijd dat hij over Todds zaak hoorde, was zijn werk cruciaal geweest voor de vrijspraak van tien mensen.

Twee weken voor de executie, terwijl de tijd luid tikte, stuurde Walter Reaves hem Todds dossier. Dat spreidde hij uit in de overvolle kelder van zijn huis in Austin en hij ging aan de slag. Terwijl hij door de enorme berg materiaal heen ploegde, trokken een paar dingen zijn aandacht. Het eerste was een verklaring van Manuel Vasquez, die zei dat hij tussen de twaalfhonderd en de vijftienhonderd branden had onderzocht, en bij tachtig procent had ontdekt dat het om brandstichting ging. Dat was een ongelofelijk hoog percentage, en dr. Hurst geloofde het domweg niet. Landelijk meldden branddeskundigen al tientallen jaren een percentage van vijftig procent.

Het volgende was weer een verklaring van Vasquez, die

beweerde dat het vuur 'snel en heet' had gebrand vanwege een vloeibare brandversneller. Bij brandonderzoekers heerste de hardnekkige overtuiging dat brand die was ontstaan door ontvlambare vloeistoffen heter was dan brand die was ontstaan door bedrading, kachels, hout, stof of andere materialen. Dat was een schadelijke aanname, want daardoor ontstond vaak het vermoeden dat iemand – de brandstichter – benzine of aanstekervloeistof op de vloer had gegoten of gesprenkeld en daarna een lucifer had afgestoken. Maar die theorie was volkomen onjuist. Talloze experimenten hadden aangetoond dat hout en benzine min of meer op dezelfde temperatuur branden.

Hurst werd algauw sceptisch over alles wat Fogg en Vasquez in hun rapport vermeldden. Ze beweerden bijvoorbeeld dat de bruine vlekken op de veranda bewijs waren van een vloeibare brandversneller die geen tijd had gehad om in het beton te trekken. Dr. Hurst wist wel beter. Bruine vlekken op de vloer kwamen heel vaak voor bij brand en hadden zelden iets te maken met brandversnellers.

Een ander voorbeeld was de 'craquelé'-theorie dat het vuur zo snel en heet was geweest dat het glas gebarsten was. Hurst wist wel beter, want hij had verschillende soorten glas getest door ze te verhitten met een lasbrander en daarna opeens af te koelen met water. De spinnenwebpatronen in het glas waren hetzelfde, ongeacht de oorzaak van het vuur.

'Vlamoverslag' is een fenomeen dat ontstaat als een kamer zo heet wordt dat die létterlijk in vlammen uitbarst. Fogg en Vasquez gingen er, net als veel ouderwetse brandspeurders, van uit dat vlamoverslag veel sneller ontstond als er een brandversneller was gebruikt. Ook dat was een onjuiste aanname. Zodra er sprake is van vlamoverslag, hangt het pad van de brand af van nieuwe zuurstofbronnen. Op het moment dat Todd door de voordeur ontsnapte, schoot het vuur daarnaartoe. Op het moment dat hij de ramen insloeg, schoten de vlammen eruit. Fogg en Vasquez concludeerden dat het onmogelijk was dat Todd door de gang was gerend en de voordeur door was gegaan zonder zijn blote voeten te verbranden. Maar in het geval van vlamoverslag stond de gang op dat moment nog niet in brand. De rook was ondoordringbaar, maar het vuur was toen nog beperkt tot de kinderkamer. Na vlamoverslag wordt het onmogelijk om brandversnellerpatronen te bepalen.

Dr. Hurst voerde een experiment uit voor elk stukje bewijs dat in het rapport van Fogg en Vasquez werd geanalyseerd. Vasquez had een video van het huis gemaakt en die bestudeerde Hurst. Zijn experiment bewees dat elke oorspronkelijke conclusie fout was. Hij werkte methodisch de lijst met de twintig aanwijzingen voor brandstichting van Fogg en Vasquez af, en haalde ze stuk voor stuk onderuit. Er was geen bewijs dat de brand op meerdere plekken was ontstaan. Omdat hij niet ter plaatse was geweest, kon hij de oorzaak niet bepalen. Maar hij kon zonder twijfel zeggen dat het geen brandstichting was: het was een onopzettelijke brand, waarschijnlijk veroorzaakt door een kachel of slechte bedrading. Dat verklaarde waarom er nooit een motief voor de brand was vastgesteld. Hij typte snel zijn rapport. Dat begon met: 'Een moderne brandonderzoeker die brandhaarden en -oorzaken analyseert, zou zich heel goed kunnen afvragen hoe iemand zoveel cruciale fouten kan maken bij het interpreteren van het bewijsmateriaal.' Hij stuurde het naar Walter Reaves, die het onmiddellijk bij de reclassering indiende in de hoop op lastminute-uitstel van executie. De reclasseringsraad weigerde.

Walter Reaves werkte verwoed door om het rapport van Hurst bij de staats- en federale rechters te krijgen. Hij stuurde het ook naar het kantoor van gouverneur Rick Perry, waar het vier dagen voor de executie werd ontvangen. De advocaat had goede hoop dat gouverneur Perry uitstel zou verlenen om het rapport van Hurst te kunnen doornemen.

Perry was een verstokte, zelfs luidruchtige aanhanger van de doodstraf en had slechts ingegrepen bij één van de tweehonderdvierendertig executies die waren uitgevoerd tijdens de veertien jaar dat hij gouverneur was. In 2001 sprak hij zijn veto uit over een wetsvoorstel waarmee de executie van gedetineerden met een heel laag IQ zou worden verboden.

Zijn medewerkers bevestigden dat Perry het rapport van Hurst op 17 februari, de dag van de executie, in zijn bezit had.

Reaves belde Todd en vertelde hem dat de reclasseringsraad unaniem tegen hem had gestemd.

Tijdens zijn laatste levensdagen vroeg Todd aan Stacy of hij naast zijn kinderen begraven mocht worden. Ze weigerde. Ze was van Todd gescheiden toen hij in de dodencel zat en was daarna hertrouwd.

Haar verhaal, dat steeds veranderde, was dat ze hem lange tijd had geloofd na de brand, maar dat haar twijfels waren gegroeid. Ze zei dat ze naar de oorspronkelijke rechtbankdossiers en de brandonderzoeken had gekeken (maar niet naar dat van dr. Hurst) en dat ze tot de conclusie was gekomen dat hij inderdaad schuldig was. Ze zei tegen een verslaggever: 'Hij heeft mijn kinderen van me afgenomen.' Weken daarvoor had ze haar familie bijeen laten komen en tegen hen gezegd dat Todd haar had opgebiecht dat hij de brand opzettelijk had aangestoken met de bedoeling hun kinderen te doden. Na de executie ontkende ze dat hij dat had opgebiecht.

Op 17 februari ontmoette Todd zijn ouders en wat familieleden in de bezoekersruimte. Zelfs in dat laatste uur werd het hem verboden hen aan te raken. Hij kon zijn ouders niet omhelzen, want ze waren van elkaar gescheiden door plexiglas. Dat was de procedure bij alle executies in Texas.

Om vier uur 's middags at hij zijn laatste maaltijd: gebarbecuede varkensribbetjes, gefrituurde oker, enchilada's met bonen en rijst, uienringen en twee stukken citroenroomtaart. Hij kreeg te horen dat gouverneur Perry had geweigerd hem uitstel te verlenen. Hij zei tegen zijn ouders: 'Over vijfenvijftig minuten ben ik een vrij man. Ik ga naar huis om mijn kinderen te zien.'

Toen het tijd was, werd hij door cipiers naar de executiekamer gebracht en met leren banden vastgebonden. Een medisch team plaatste buisjes in allebei zijn armen. Hoewel er ruim voldoende vrijwilligers waren die de taak op zich wilden nemen, wilden de teamleden wel wat verantwoordelijkheid kunnen afschuiven. Ze hadden allemaal een andere rol, zodat niet één persoon als enige verantwoordelijk kon worden gehouden.

De gevangenisdirecteur vroeg of Todd nog een laatste woord had. Hij zei: 'De enige verklaring die ik nog wil afleggen is dat ik een onschuldig man ben, en dat ik ben veroordeeld voor een misdrijf dat ik niet heb gepleegd. Stof was ik, en tot stof zal ik wederkeren, dus de aarde wordt mijn troon.' Hij keek naar de getuigenkamer en zag Stacy, die daar niet had moeten zijn, en begon haar te vervloeken. De gevangenisdirecteur trok de microfoon weg en drukte op een afstandsbediening. Er werd natriumthiopental, een barbituraat, in Todds arm gepompt. Daarna pancuroniumbromide, dat het middenrif verlamt, waardoor de ademhaling stopt. Er werd een derde middel, kaliumchloride, toegediend om het hart te laten stilstaan. Hij overleed om tien voor halfzeven.

Op zijn eigen verzoek werd hij gecremeerd, en zijn ouders strooiden stiekem zijn as uit over de graven van zijn kinderen.

De executie was onmiddellijk controversieel. Doodstrafadvocaten en Innocence-voorvechters klaagden luidkeels dat Texas, en met name gouverneur Perry, ervoor had gekozen om de nieuwste wetenschappelijke bevindingen van dr. Hurst te negeren en de executie snel uit te voeren. Vanwaar die haast? Todd had slechts tien jaar in de dodencel gezeten, niet zo heel lang in de duistere wereld van de herziene rechtszaken.

Voorstanders van de doodstraf, vooral politici, klagen voortdurend over de eindeloze verzoeken om hoger beroep en beloven hun best te doen om mensen sneller te doden. De waarheid is dat het vaak jaren en zelfs decennia kost om het bewijs te vinden dat is achtergehouden door de politie en de aanklagers. Tragisch genoeg wordt dat bewijs vaak niet op tijd gevonden.

Wat is er in het kantoor van gouverneur Perry met het rapport van Hurst gebeurd? De officiële versie luidt dat het rapport is gelezen en in overweging is genomen. Een waarnemend persattaché zei: 'Zoals bij elke executie is de gouverneur vooraf op de hoogte gesteld van alle feiten van de zaak. Hij is op de hoogte gesteld van dit rapport [van Hurst] zodra dat die namiddag bij ons op kantoor werd gebracht. Nadat het document, dat vier pagina's lang was, was opgevraagd, verkregen en bekeken, deelde de gouverneur de mening van de staats- en federale rechters dat het rapport niet voldoende was om uitstel van executie te verlenen.'

Vragen over het onderzoek en de wetenschap erachter bereikten algauw de voorpagina. Twee verslaggevers van de *Chicago Tribune*, Steve Mills en Maurice Possley, gingen naar Corsicana om onderzoek te doen. Ze deden ook navraag bij prominente branddeskundigen en brandonderzoekers, die het er allemaal over eens waren dat het werk van Fogg en Vasquez ernstig tekortschoot. Dr. Hurst, een van de deskundigen, zei: 'Er is niets waardoor een weldenkende brandonderzoeker zou denken dat dit brandstichting was. Het was gewoon een brand.'

Zelfs Texas was het met hem eens. Edward Cheever, een brandweerman van de staat Texas die Vasquez had geassisteerd bij de oorspronkelijke inspectie in 1992, gaf toe: 'In de tijd van de brand in Corsicana legden we nog getuigenverklaringen af voor dingen die tegenwoordig niet meer kloppen. Destijds dachten we dat ze waar waren, maar dat is nu niet meer zo. Hurst had het bij het juiste eind. We weten nu dat we dat soort aannamen niet meer moeten doen.'

Kendall Ryland was brandweercommandant en voormalig docent brand en brandstichting aan de Louisiana State University. In zijn werkplaats probeerde hij de omstandigheden te simuleren die door Fogg en Vasquez beschreven waren. Nadat zijn experimenten op niets waren uitgelopen, zei hij tegen een verslaggever: 'Ik word er misselijk van als ik eraan denk dat die man is geëxecuteerd op basis van dit onderzoek. Ze hebben die man geëxecuteerd en ze hebben er gewoon geen idee van – in elk geval niet wetenschappelijk onderbouwd – of hij die brand heeft aangestoken, en of er zelfs wel sprake is van opzettelijke brandstichting.'

Een jaar na Todds executie richtte de staat, als reactie op de toenemende klachten over de schimmige forensische methoden die in de Texaanse rechtszalen werden gebruikt, de Texas Forensic Science Commission op. De eerste zaken die werden bekeken, waren die van Todd en die van Ernest Ray Willis, de andere brandstichtingszaak die vrijwel identiek was aan die van Todd.

Na zeventien jaar dodencel was Willis een vrij man, dankzij een getalenteerd juridisch team en ook dankzij dr. Hurst, die zijn zaak had bekeken en tot de conclusie was gekomen dat er geen sprake was van brandstichting. De officier van justitie geloofde het rapport en trok de aanklacht in.

In beide gevallen concludeerde dr. Hurst dat er geen sprake was van brandstichting. Todd was dood. Willis was vrij. Verschillende aanklagers, verschillende rechtsgebieden, dezelfde staat.

De commissie nam Craig Beyler, een bekende branddeskundige en wetenschapper, in de arm om de zaak opnieuw te bekijken. Zijn analyse volgde die van dr. Hurst, hoewel hij wat stevigere taal gebruikte. Hij concludeerde dat Fogg en Vasquez geen wetenschappelijke basis hadden om brandstichting te concluderen. Ze hadden bewijs genegeerd, ze waren afgegaan op volkswijsheden waar inmiddels geen geloof meer aan werd gehecht, ze hadden verzuimd potentieel alternatieve oorzaken te elimineren, ze kenden de basis van de branddynamica niet en hadden 'niet alleen de normen van tegenwoordig, maar zelfs van die tijd' geschonden. Hij bekritiseerde de bevindingen van Fogg en Vasquez als 'niets anders dan een verzameling persoonlijke overtuigingen die niets te maken hebben met wetenschappelijk brandonderzoek'.

Toen de commissie op het punt stond Beylers rapport te bekijken, ontsloeg gouverneur Perry opeens drie leden, onder wie de voorzitter. Perry, die er nog steeds van overtuigd was dat Todd schuldig was en de deskundigen die iets anders beweerden belachelijk maakte, verving de voorzitter door een Texaanse openbaar aanklager. Door die reorganisatie van de commissie werd Beylers getuigenis, net als andere deskundige bevindingen uit zijn onderzoek, opgeschort tot na de aankomende gouverneursverkiezingen.

Gouverneur Perry stelde zich kandidaat voor herverkiezing in 2010 en was van plan in 2012 een gooi naar het Witte Huis te doen.

In 2006 bracht het Innocence Project vijf van de meest toonaangevende onafhankelijke branddeskundigen van het land bijeen om het bewijsmateriaal in de zaak te bekijken. Dit 'Arson Review Committee' (het comité dat de brandstichting nog eens beoordeelde) onderzocht elk aspect van de brand en legde het werk van Fogg en Vasquez onder de loep. In het rapport van achtenveertig pagina's werd de conclusie getrokken dat de brand waarbij de drie kinderen van Willingham waren omgekomen onopzettelijk was ontstaan. Er stond onder andere: 'De patronen die door de brandonderzoekers zijn onderzocht en als bewijs zijn gebruikt, zijn het soort patronen dat altijd wordt gecreëerd door onopzettelijk veroorzaakte branden die zich ontwikkelen na vlamoverslag.'

En: 'De getuigen-deskundigen van het OM [...] zijn uitgegaan van een interpretatie van "aanwijzingen" waarvan zij hadden geleerd dat ze bewijs vormden voor brandstichting. Hoewel we er niet aan twijfelen dat deze getuigen geloofden wat ze zeiden, is van al die aanwijzingen wetenschappelijk bewezen dat ze ongegrond zijn.'

En: 'Helaas voor meneer Willingham "loog" de brand dan misschien niet, maar heeft meneer Vasquez verkeerd geïnterpreteerd wat die hem vertelde. Die bereidheid om een "deskundige" getuigenverklaring te bieden zonder te beschikken over de kennis om accurate informatie aan de jury te presenteren, zou een excuus kunnen zijn voor de vele ernstige fouten van meneer Vasquez. Maar het rechtssysteem dat toestaat dat een dergelijke getuigenverklaring wordt gepresenteerd, heeft ernstige behoefte aan hervorming.'

De veroordeling berustte op twee bewijsbronnen: het brandonderzoek en de getuigenis van Johnny Webb. Motief is geen vereiste voor moord met voorbedachten rade. Het OM wist dat het geen motief kon bewijzen, omdat dat er domweg niet was.

Terwijl het rapport en de getuigenis van Fogg en Vasquez van alle kanten kritiek kregen, maakten de aanklagers overuren om hun bajesverklikker, Johnny Webb, in het gareel te houden. Hij bleek instabiel en manipulatief. Zijn dreigementen om zijn verklaring in te trekken en de waarheid te vertellen, dreef het OM regelmatig tot waanzin.

Iedere verklikker wil een deal. Ze zitten in de cel terwijl ze weten dat ze nog langer de gevangenis in moeten, en weten precies hoe ze de politie en de aanklagers moeten bespelen. Tijdens een rechtszaak liegen alle verklikkers als ze zeggen dat ze geen deal met de aanklagers hebben gesloten. Er is altijd een deal. Daar heeft de aanklager voor gezorgd, en de aanklager weet dat de verklikker liegt. Omkopen tot meineed is een getuige aanzetten om te liegen, maar aanklagers worden nooit bestraft als hun verklikkers in de rechtszaal liegen.

Terwijl verslaggevers, advocaten en Innocence-voorvechters het slechte forensische onderzoek hekelden, zaten ze ook achter John Jackson aan. Als er een deal was geweest met Johnny Webb, waren ze vastbesloten om daarachter te komen. Gek genoeg werden ze daarbij geholpen door Jackson zelf. Veel van zijn pogingen om Webb te beschermen, waren gedocumenteerd door de eigen brieven van het OM.

Zo schreef Jackson twee maanden na de rechtszaak van Willingham aan een gevangenismedewerker dat Webb moest worden overgeplaatst naar een medische afdeling, een veel betere plek dan de beschermende afdeling waar hij nu zat. Hij legde uit dat Webb een cruciale getuige in een moordzaak was en dat hij, als verklikker, risico liep tussen de gewone gedetineerden. Hij schreef dat hij Webb misschien weer nodig zou hebben in de rechtszaal, en dat hij wilde dat hij 'in een omgeving met het minste risico' zou verblijven.

Een maand later schreef hij opnieuw, nu met het verzoek om Webb te laten terugbrengen naar de gevangenis van Navarro County in Corsicana, wat een nog veiliger omgeving was. Hij beweerde dat Webb doodsbedreigingen had gekregen en beschermd moest worden. Het zou voor Jackson makkelijker zijn om Webb dichter bij huis te hebben, en zelfs verderop in de straat. Hij schreef: 'In geval van herziening van de zaak wil ik ook graag kunnen rekenen op Webbs voortdurende medewerking.' Zijn verzoek werd afgewezen.

Er volgden meer brieven in de drie jaar daarna, terwijl Jackson ijverig werkte om zijn verklikker tevreden te houden. Jackson steunde op een vriend van hem, een rijke veefokker met de naam Charles Pearce, om geld op Webbs gevangenisrekening te zetten. In 1995 schreef Webb een brief aan Pearce met een verhaal over een cipier die hem, Webb, aanspoorde om zijn getuigenis in te trekken om andere gevangenen tevreden te stellen, die een hekel hadden aan verklikkers. Pearce vertelde dat verontrustende nieuws aan Jackson, die de gevangenisdirecteur een brief schreef waarin stond: 'Ik vind het vervelend om u steeds lastig te vallen met problemen van Johnny Webb. Webb is niet bepaald een modelburger, maar ik zou me ernstige zorgen maken als het gevangenispersoneel hem onder druk zet om zijn verhaal te veranderen.'

In 1996 schreef Webb een brief aan Jackson waarin hij overplaatsing eiste naar of een federale gevangenis, of de gevangenis van Navarro County. In de brief gaf Webb, of dat nu opzettelijk was of niet, eindelijk de waarheid toe. Hij schreef: 'Het OM heeft me bepaalde voordelen beloofd in ruil voor mijn getuigenis, die ertoe heeft geleid dat er een man naar de dodencel is gestuurd. Omdat ik me aan mijn belofte heb gehouden, moet het OM zich daar ook aan houden, totdat ik vrijkom uit de gevangenis.'

Jackson werkte achter de schermen aan vervroegde vrijlating voor Webb. Hij probeerde rechter Kenneth 'Buck' Douglas, dezelfde rechter die Todds rechtszaak had behandeld en Webb had veroordeeld tot vijftien jaar cel, zover te krijgen dat hij Webbs veroordeling zou omzetten in een lichtere aanklacht. Hij schreef namens Webb een brief aan de reclassering en dekte zich netjes in door de reclasseringsraad te verzekeren dat Webb geen strafvermindering was beloofd in ruil voor zijn getuigenis, en dat er geen 'verwachting van strafvermindering' was geweest.

Jackson schreef Webb een brief om hem gerust te stellen. Pearce schreef Webb een brief om hem gerust te stellen. Ze beloofden dat ze er alles aan zouden doen om hem vrij te krijgen. Ondanks deze hoogst ongebruikelijke stroopsmeerderij bij een beroepscrimineel, bleef Webb dreigen dat hij de waarheid openbaar zou maken. Nadat zijn verzoek om vervroegde vrijlating was afgewezen, vroeg Jackson de gouverneur zelf om clementie. Dat werd afgewezen. Jackson was vastbesloten om Webb tevreden te houden zolang de advocaten van Todd Willingham verzoeken om hoger beroep bleven indienen.

In 1996 werd Jackson verkozen tot rechter, als opvolger van rechter Douglas. Als circuitrechter had hij veel meer macht dan als assistent-officier van justitie. Een van de eerste dingen die hij deed was een bevel uitvaardigen aan de gevangenisdirectie om Webb terug te halen naar Navarro County voor een hoorzitting. Er is nergens terug te vinden dat die heeft plaatsgevonden.

Twee jaar later kwam Webb eindelijk voorwaardelijk vrij. Hij ging linea recta naar Pearce, die hem geld gaf om een pick-uptruck te kopen. Pearce stemde er ook mee in om de kosten voor een rijopleiding te betalen, waardoor Webb zijn vrachtwagenrijbewijs kon halen. Webb begon eraan, maar werd gepakt voor weer een drugsvergrijp en belandde weer in de gevangenis. Hij gaf aan dat zijn enige inkomen een toelage van duizend dollar per maand van Pearce was. Hij bekende schuld en kreeg twee jaar, maar omdat hij zich niet aan de voorwaarden van zijn voorwaardelijke vrijlating had gehouden, werd hij tot 2007 opgesloten. Zodra hij weer in de gevangenis zat, stuurde Pearce hem weer geld.

In maart 2000 bereidde Webb vanuit de gevangenis een fraai staaltje bajesadvocatuur voor, een met de hand geschreven document dat hij 'verzoek om intrekking getuigenis' noemde. Daarin gaf hij toe dat hij had gelogen over Todd Willingham, 'die onschuldig is aan alle aanklachten'. Hij stuurde het naar de officier van justitie, die het naar rechter John Jackson stuurde. Het werd nooit naar Todds advocaten gestuurd en het werd evenmin in Webbs rechtbankdossier gestopt. Webb liet de kwestie uiteindelijk rusten.

In augustus 2000 schreef rechter Jackson weer een brief aan Webb, waarin hij hem verzekerde dat hij en Pearce er hard aan werkten om hem weer vrij te krijgen.

In 2004, toen Todds executie naderde, verzocht zijn advocaat, Walter Reaves, om negentig dagen uitstel. Reaves had geruchten gehoord dat Webb een pick-uptruck had gekregen in ruil voor zijn getuigenis en wilde dat onderzoeken.

Rechter Jackson verzette zich tegen het verzoek. Het werd afgewezen.

Webb werd in 2007 voorwaardelijk vrijgelaten en trok zijn bekentenis opnieuw in. In een reeks opgenomen interviews met het Marshall Project, een non-profitnieuwsorganisatie die verslag doet over het strafrechtsysteem, zei Webb dat John Jackson hem had gedreigd met een lange gevangenisstraf vanwege de overval als hij niet zou liegen tijdens zijn getuigenis tegen Todd Willingham. Jackson had ook beloofd dat hij minder lang de gevangenis in hoefde als hij getuigde.

David Grann is een gelauwerd journalist die onder andere voor *The New Republic* en *The New Yorker* heeft geschreven. Zijn boeken zijn enorme bestsellers. In augustus 2009 publiceerde *The New Yorker* een lang onderzoeksartikel van hem, met de titel 'Trial by Fire: Did Texas Execute An Innocent Man?' (Berecht door brand: heeft Texas een onschuldig man geëxecuteerd?) Het verhaal was een schokkend exposé van de zaak-Willingham, die daardoor op de voorgrond kwam in het debat over de doodstraf. De research was onberispelijk, het artikel was prachtig geschreven en opmerkelijk evenwichtig, en er werd diep ingegaan op de wetenschap van onderzoek naar brand en brandstichting, om tot de conclusie te komen dat het rapport van Fogg en Vasquez ernstige fouten bevatte. Grann had iedereen geïnterviewd die maar met hem wilde praten: de families, buren, brandweerlieden, advocaten, politiemensen, aanklagers, getuigen, Johnny Webb, wetenschappers en zelfs een paar juryleden. De belangrijkste passages gaan over de geschiedenis van het brandonderzoek en de noodzaak van meer kennis en betere opleidingen.

In 2014 diende het Innocence Project, dat tien jaar onderzoek had gedaan naar de zaak-Willingham, een klacht over rechter Jackson in bij de Texas State Bar (de balie van de staat Texas), waarin werd aangevoerd dat er onderzoek naar hem moest worden gedaan en dat hij moest worden bestraft of zelfs strafrechtelijk vervolgd moest worden wegens het vervalsen van officiële dossiers, het achterhouden van bewijs voor de verdediging, het omkopen tot meineed en het belemmeren van de rechtsgang. In de klacht werd gesteld dat Jacksons gedrag 'zijn professionele, ethische en grondwettelijke verplichtingen schond'.

De balie nam dat soort klachten serieus. In 2013 was een rechter gedwongen geweest om ontslag te nemen, zijn bevoegdheid in te leveren en tien dagen in de gevangenis te zitten wegens de bekende onterechte veroordeling van Michael Morton. De rechter was de aanklager geweest en had bewijsmateriaal achtergehouden. Morton was beschuldigd van de moord op zijn vrouw en had vijfentwintig jaar in de gevangenis doorgebracht voordat zijn onschuld werd bewezen aan de hand van DNA-tests. De rechter zat vijf dagen in de gevangenis en werd vrijgelaten wegens goed gedrag. Het is de enige zaak in de Verenigde Staten waarbij de aanklager die er verantwoordelijk voor was dat iemand ten onrechte de gevangenis in moest zelf een gevangenisstraf moest uitzitten.

In 2014 verzocht de Texas State Bar met succes om de royering van officier van justitie Charles Sebesta wegens wangedrag bij de vervolging van Anthony Graves.

Na een onderzoek beschuldigde de balie John Jackson ervan dat hij had nagelaten Todds advocaten op de hoogte te stellen van de gunsten die Webb zou ontvangen in ruil voor zijn getuigenis. Jackson ontkende alles en eiste een juryzitting. In Navarro County! Er werd een speciale rechter bij gehaald en er werden twaalf juryleden gekozen. Advocaten van de balie lieten een videoverklaring van Webb zien, waarin hij toegaf dat hij tijdens Todds rechtszaak had gelogen nadat Jackson hem een voorkeursbehandeling had beloofd. Maar toen Webb in de getuigenbank plaatsnam, klapte hij dicht en weigerde vragen te beantwoorden. Hij beriep zich ruim vijftig keer op het vijfde amendement en weigerde een belastende verklaring tegen zichzelf af te leggen. Zijn geheugen werkte niet en hij kon zich niet veel herinneren. Hij zei bijna honderd keer dat hij gewoon niets meer wist.

De jury stemde met elf tegen één in het voordeel van John Jackson. Dat was een pijnlijke nederlaag voor de Texas State Bar en het Innocence Project, en een bevredigende overwinning voor Jackson.

Op 3 april 2014 besloot de Texas Board of Pardons and Paroles door middel van stemming om Todd Willingham niet postuum volledige vrijspraak te verlenen. Het Innocence Project had, samen met Todds familie en Michael Morton, aan gouverneur Perry gevraagd de raad opdracht te geven te onderzoeken of de staat Todd gratie moest schenken. De raad deed wel onderzoek, maar wees het verzoek om gratie af.

Een laatste woord van Johnny Webb. In een interview in 2015 met Maurice Possley namens het Marshall Project betreurde Webb het dat hij betrokken was geraakt bij de rechtszaak. Hij zei: 'Nu kom ik de rest van mijn leven niet meer van dat Willingham-gedoe af.'

Dankwoord

John Grisham

Nadat ik elk woord van de eerste vijftig boeken zelf geschreven heb, krijg ik ongetwijfeld de vraag waarom ik nu dan eindelijk heb besloten met een coauteur te werken. Het sarcastische antwoord is dat ik moe en lui ben. Waarom zou ik iemand anders niet de helft van het werk laten doen?

Maar het echte antwoord luidt dat Jim McCloskey een echte Amerikaanse held is. Hij begon aan zijn eenzame zoektocht naar rechtvaardigheid toen hij nog een jonge theologiestudent aan Princeton was. Hij heeft zijn leven en zijn carrière gewijd aan het vrij krijgen van onschuldige mensen. Hij heeft Centurion Ministries opgebouwd tot een invloedrijke Innocence-groep. Maar het allerbelangrijkste is dat Jim geweldige verhalen vertelt. Ik voel me vereerd dat ik samen met hem op het omslag en de titelpagina mag staan. Het komt niet elke dag voor dat je met een van je helden mag samenwerken.

Ook al heb ik veel te veel boeken geschreven, Doubleday heeft ze altijd graag gepubliceerd. Dat enthousiasme gaat nog steeds door. Jaren geleden realiseerde ik me wat een geluk ik heb om alleen maar boeken te hoeven schrijven zonder me druk te maken om hoe die in de winkels terechtkomen. Dat komt doordat ik een fantastisch team heb bij Doubleday, en daar heb ik hen al heel lang niet voor bedankt.

Suzanne Herz is al dertig jaar mijn uitgever. Ze heeft in de loop der jaren heel wat functies bekleed – bij elke uitgeverij stikt het van de functies – en ik ben in de vorige eeuw de draad al kwijtgeraakt. Maar het komt erop neer dat Suzanne het manuscript van me krijgt en me dan zo'n drie maanden later vers van de pers een prachtig boek stuurt, dat ik dan trots bij alle andere op een speciale plank zet. Ik weet niet precies wat er in die drie maanden allemaal gebeurt, maar ik weet dat zij er de baas over is. We bespreken het omslagontwerp en hebben daar vaak discussies over. We zijn het weleens oneens geweest over titels. Ze spoort me vaak aan om van hot naar her te gaan om te spreken en de boeken te promoten. Op het creatieve vlak zegt ze het heel gauw als ze een verhaal fantastisch vindt, en net zo gauw als ze dat niet vindt. Het staat haar vrij om alles in twijfel te trekken, zelfs een enkel woordje in het manuscript, en ik luister altijd naar haar. Ik ben het niet altijd met haar eens, en dan kibbelen we vaak heel plezierig. Ze kent het vak en weet op haar rustige, standvastige manier een goed boek te bespeuren, het in de winkel te krijgen en ervoor te zorgen dat het goed verkoopt. Haar schrijvers zijn haar heel trouw.

Het vertrouwen is impliciet en verankerd in onze lange vriendschap. Dank je wel, Suzanne.

Todd Doughty is Suzannes goede vriend en sidekick. We zijn met z'n drieën op pad geweest voor minitours en lachen nog steeds om onze avonturen. Todd regelt de publiciteit – ook bij hem weet ik niet precies meer hoe zijn functie nou heet – en hij weet meer over uitgeven en boeken verkopen dan wie dan ook in het vak. Hij kent iedere verslaggever, journalist, producent, redacteur en nieuwsmaker in het wereldje. Hij onderhoudt nauwe banden met boekverkopers en heeft honderden winkels in het hele land bezocht. Hij leest alles en volgt tientallen schrijvers, niet alleen binnen zijn eigen uitgeverij maar in de hele industrie. Hij kijkt naar elk tv-programma en elke film en kan een heel panel van *Double Jeopardy!* moeiteloos uitschakelen. Dank je wel, Todd.

Rondom Suzanne en Todd hebben we nog de andere leden van het team: Judy Jacoby van de advertenties, Lauren Weber van de marketing, en Eddie Allen van de redactie. Vimi Santokhi is de hoofdredacteur. Jaci Updike is verantwoordelijk voor de verkoop binnen heel Penguin Random House.

Kris Puopolo is onze geweldige redacteur, die moeiteloos aan de slag ging met de tien verschillende verhalen die op verschillende tijden van twee heel verschillende schrijvers kwamen.

Ook dank aan Neil Rosini, sinds jaar en dag mijn literaire advocaat. Neil is gespecialiseerd in auteursrecht en smaad, en hij heeft het manuscript zoals altijd met een scherpe blik gelezen, op zoek naar potentiële problemen. Hopelijk hebben wij als schrijvers de punten die hij heeft gevonden gecorrigeerd.

Dank aan Eric Brown voor zijn standvastige juridische adviezen door de jaren heen. Als voormalig advocaat probeer ik me altijd te herinneren hoe ik een goede cliënt moet zijn. Eric is altijd een prof om mee te werken.

Dank aan Claire Leonard, Ana Espinoza en David Litman.

En zoals altijd dank aan David Gernert, mijn agent en goede vriend. In 1990, toen hij redacteur was bij Doubleday, had David de wijsheid en het geluk om mijn tweede roman, *Advocaat van de duivel*, aan te kopen; voor ons allebei een goede zet. Hij publiceerde mijn volgende vijf romans, allemaal voor een groeiende markt. In 1995 ging David weg bij Doubleday en werd een megastaragent. Ik was zijn eerste auteur. Sindsdien hebben we samen een hoop lol gehad, en nu onze oude dag nadert, zijn we niet van plan het rustig aan te gaan doen. We spreken elkaar vrijwel elke dag, en zelden over boeken. We praten bij over familienieuwtjes, bespreken de basketbalwedstrijd van de avond ervoor, vrezen voor de dag waarop we een nieuwe heup of knie moeten krijgen, en meestal weet ik nog wel een flauw geintje te maken over zijn geliefde Mets als die verloren hebben, wat meestal het geval is.

Jim McCloskey

Het idee voor *Framed* is het geesteskind van John Grisham. Het concept, de titel en de opbouw van tien verbijsterende verhalen over onterechte veroordelingen komen uit zijn koker. Johns visie op het boek is geworteld in zijn compassie en sterke empathie voor de mensen die te lijden hebben onder deze vorm van onrecht, en zijn woede vanwege het feit dat zulke dingen zo vaak plaatsvinden.

Ik voelde me vereerd en nederig toen hij me begin 2021 uitnodigde zijn coauteur te worden. Ik moet mezelf nog steeds in mijn arm knijpen. Hoewel het een uitdagende klus is geweest, was het altijd heel prettig om met John te werken. Hij is innemend, genereus en graag bereid tot samenwerken. Toen we het werk voor dit project hadden afgerond, kreeg ik al heel gauw afkickverschijnselen. Mijn partnerschap met John tijdens het schrijven van *Framed* was het hoogtepunt van mijn professionele carrière.

Ik ben heel veel dank verschuldigd aan het redactieteam van Doubleday, die deze verhalen met grote tact en vaardigheden zo leesbaar hebben gemaakt als ze nu zijn. De hoofdredacteur met wie ik heel nauw heb samengewerkt was Kristine Puopolo, directielid bij Doubleday en redactioneel directeur non-fictie. Ze maakte het redactieproces bijna leuk terwijl ze behendig aanzienlijke verbeteringen aanbracht in wat ik haar had aangeleverd. Ik ga je missen, Kris. Ze werd op meerdere manieren vakkundig bijgestaan door haar assistent, Ana Espinoza, die een grote rol speelde bij het organiseren van de verzameling foto's die ik in mijn vijf hoofdstukken heb gebruikt.

Ik sta vooral in het krijt bij mijn literair agent, Deborah Grosvenor, die me in heel veel opzichten heeft gesteund. Ze is in de loop der jaren een goede vriendin geworden sinds het begin van onze samenwerking. Debbie heeft de uitgeefrechten van mijn biografie, *When Truth Is All You Have*, aan Doubleday verkocht. Ze heeft ook alle vijf mijn hoofdstukken van *Framed* geredigeerd voordat ik ze naar Kristine Puopolo stuurde, met wie Debbie nauw heeft overlegd over een aantal kwesties. Ze heeft me geadviseerd over de verschillende contracten die nodig waren om mijn gezamenlijke auteurschap met John en Doubleday/Penguin Random House te formaliseren. Ik zou niet weten wat ik zonder haar moest. Dank je wel, Debbie, voor alles wat je zo doeltreffend, geduldig en vol humor voor me doet.

John en ik zouden absoluut in gebreke blijven als we geen erkentelijkheid betoonden aan Corban Addison Klug, een buitengewone factchecker en zelf een gevierde non-fictieschrijver. Hij heeft alle tien de hoofdstukken nauwkeurig uitgeplozen om alle feiten te checken en eindnoten te schrijven waarin belangrijke beweringen worden gekoppeld aan bronmateriaal. Op mijn verzoek heeft hij ook redactioneel commentaar geleverd en suggesties gegeven voor mijn vijf verhalen.

Tyler Spikes, de archivist van Centurion, heeft keer op

keer extra zijn best gedaan om foto's uit te zoeken en te organiseren die te maken hadden met mijn vijf hoofdstukken. Zo heeft hij beeldmateriaal gezocht, de rechthebbenden opgespoord en ervoor gezorgd dat we het recht kregen om ze te gebruiken; een hele uitdaging gezien de leeftijd en de geografische spreiding van de foto's.

Nu wend ik me tot de mannen en vrouwen uit de zaken die ik belicht heb, want zonder hen zou er geen boek met de titel *Framed* zijn geweest. Dank jullie wel dat we jullie verhalen mochten vertellen. Hopelijk geeft het jullie enige troost en helpt het enigszins om het onvoorstelbare leed te verzachten dat jullie vele jaren geleden hebben doorstaan en waar jullie nog altijd de littekens van dragen. Jullie zijn Clarence Brandley, die in 2018 overleden is, medegedaagden Mark Jones, Kenneth Gardiner en Dominic Lucci, Ellen Reasonover, medegedaagden David Alexander en Harry Granger, en Kerry Max Cook.

Tijdens het schrijven van jullie verhalen heb ik heel diep inzicht gekregen in wat jullie is overkomen. Daardoor kreeg ik nog meer waardering en respect voor de moed en de goedheid waarmee jullie op miraculeuze wijze het ondraaglijke hebben gedragen. Het doet me denken aan wat Paulus zei in zijn brief aan de Romeinen (5:3-5): 'Ellende leidt tot volharding, en volharding tot betrouwbaarheid, en betrouwbaarheid tot hoop, en hoop wordt niet beschaamd.' Niemand is daar een beter voorbeeld van dan jullie.

Omdat het er zoveel zijn, kan ik hier niet alle advocaten, onderzoekers, rechters en getuigen noemen die een grote rol speelden bij de pogingen om vrijspraak te krijgen voor de onschuldige gedetineerden die in mijn hoofdstukken worden beschreven. Ze worden wel allemaal geciteerd en bij naam genoemd in hun respectieve hoofdstukken. Toch wil ik een paar van deze dappere mensen wel een eervolle vermelding geven.

Paul Henderson sloot zich in 1988 als vaste onderzoeker bij Centurion aan na een carrière als onderzoeksverslaggever bij *The Seattle Times*, waarvoor hij zelfs de Pulitzer Prize heeft gewonnen. Paul heeft onbaatzuchtig met mij aan drie van deze zaken gewerkt: Reasonover in St. Louis, Alexander en Granger in Louisiana, en Jones, Gardiner en Lucci in Savannah. Hij is een paar jaar geleden op achtenzeventigjarige leeftijd overleden. Iedereen bij Centurion zal zijn onvermoeibare energie en harde werk namens deze mensen nooit vergeten, en dat geldt ook voor heel wat andere 'cliënten' van Centurion.

Peggy Woodward en Steve Woodring verdienen speciale erkenning omdat ze zijn opgekomen voor Alexander en Granger in Iberia Parish. Woodward heeft het heldhaftig opgenomen tegen een vijandig, meedogenloos OM en de voltallige rechterlijke macht van Louisiana in de tien jaar dat ze ervoor heeft gestreden om deze mannen vrij te krijgen. Woodring werd, zeer tegen de wensen van zijn voormalige collega's bij de politie, een uitgesproken voorvechter, die ondubbelzinnig zijn geloof in hun onschuld uitsprak tegen iedereen die het maar wilde horen, inclusief *60 Minutes* op CBS.

Bill Srack zorgde bij de eerste rechtszaak van Clarence Brandley voor een nietigverklaring, als het enige jurylid dat 'niet schuldig' stemde. Zijn medejuryleden maakten hem belachelijk en zeiden spottend dat hij een '*nigger*-vriendje' was. In de maanden die volgden ontvingen hij en zijn vrouw onophoudelijk, dag en nacht, dreigtelefoontjes. En dat allemaal omdat hij van zijn geweten uitging. Mary Johnson betaalde een hoge prijs toen ze tegen haar baas, rechter Martin, getuigde tijdens de hoorzitting voor rechter

Perry Pickett. Hij ontsloeg haar als zijn griffier en ze werd persona non grata in de rechtbank van Conroe. Als gevolg raakte ze haar carrière kwijt.

Ten slotte wil ik mijn broer Richard en mijn zus Lois bedanken omdat ze me de afgelopen twee jaar hebben aangemoedigd en morele steun hebben gegeven tijdens het schrijven. Mijn warme dankbaarheid gaat ook uit naar mijn Centurion-familie, met aan het hoofd uitvoerend directeur Corey Waldron, die dat ook allemaal hebben gedaan.

Verantwoording

John Grisham

In tegenstelling tot mijn coauteur heb ik deze verhalen niet echt beleefd. Jim heeft ze waargemaakt. Hij was in de loopgraven – de straten, steegjes, bars, gevangenissen, arrestantencellen en rechtszalen – aan het spitten naar de waarheid. Hij was de hoofdpersoon, de protagonist, de spil van de intrige, en hij had te maken met de grote, grillige cast van getuigen, informanten, advocaten, aanklagers, rechters, families, en natuurlijk de onschuldige mannen en vrouwen zelf. En hij dramde net zo lang door tot hij de waarheid achterhaalde.

Ik las er alleen maar over. Ze kwamen naar me toe, in kranten en tijdschriften, boeken, juridische akten, rechtbankuitspraken en zelfs documentaires. Ik was afhankelijk van het werk van anderen, en die geef ik daar graag erkenning voor.

DE NORFOLK FOUR

In augustus 2007 stond er in *The New York Times Magazine* een artikel met de titel: 'What Happened in Norfolk?' Hoewel ik in Virginia woon, ligt Norfolk ver weg en ik had nog nooit iets over de zaak gehoord. Het artikel, geschreven door Alan Berlow, is een fascinerend verslag over het ongelofelijk knullige moordonderzoek door de politie van Norfolk. Inmiddels zaten de mariniers al een aantal jaar in de gevangenis en waren er heel wat advocaten aan het werk om ze eruit te krijgen. Ik kende een aantal advocaten en nam contact met ze op. Ze deelden hun dossiers met me en stuurden me zelfs een kopie van het clementieverzoek dat op het bureau van de gouverneur lag.

Richard Leo is hoogleraar rechten aan de universiteit van San Francisco en deskundige op het gebied van politieverhoortactieken en valse bekentenissen. Tom Wells heeft uitgebreid over onterechte veroordelingen geschreven. In 2009 hebben ze een uitstekend boek geschreven, *The Wrong Guys: Murder, False Confessions, and the Norfolk Four*. In dat boek wordt het grove gedrag van de politie van Norfolk blootgelegd en wordt aangetoond dat de bekentenissen zonder enige twijfel werden uitgelokt en frauduleus waren. Er staat een exemplaar van in de kast achter mijn bureau. Op het omslag staan de vier gezichten van de jonge mariniers in uniform, bijna dertig jaar geleden. Ik kijk er elke dag naar.

Een legertje van advocaten heeft tien jaar lang keihard gewerkt om ze vrij te krijgen. Ik zal er een paar noemen die me hebben geholpen, en daarbij zal ik er onvermijdelijk een paar over het hoofd zien. Bij voorbaat excuses. George Kendall, destijds van Holland & Knight, Des Hogan van Hogan & Hartson, en Don Salzman van Skadden Arps hebben hun dossiers voor me geopend. Don was bijzonder behulpzaam door het manuscript te lezen en mijn fouten te signaleren.

AUTOPSIESPELLETJES

In 2007 speelde ik een klein rolletje bij de oprichting van het Innocence Project op de Ole Miss Law School. Tucker Carrington werd aangetrokken als uitvoerend directeur en sindsdien zijn we vrienden. Mijn zoon, Ty, heeft ook rechten gestudeerd aan Ole Miss en hij heeft deelgenomen aan Tuckers Innocence-colloquium.

In 2014 publiceerden Tucker en Radley Balko, een onbevreesde onderzoeksverslaggever, een boek met de titel *The Cadaver King and the Country Dentist.* Het is een exposé van de terreurcampagne van dr. Steven Hayne en dr. Michael West. Ik had de eer om het voorwoord te mogen schrijven. Jaren geleden hadden Tucker en ik het erover om samen een boek te schrijven over de onterechte veroordelingen van Kennedy Brewer en Levon Brooks, maar ik kon geen tijd vrijmaken. Het boek dat Radley en hij hebben geschreven is een uitstekend verslag van een verhaal waar ik nog steeds versteld van sta.

ONBEKENDE MAN NR. 1

Paul Casteleiro is de directeur procesvoering van Centurion Ministries en hij heeft het al jaren aan de stok met openbaar aanklagers en officieren van justitie. Tijdens een van zijn rapportages aan de directie vatte hij de bizarre zaak samen uit Chester, in de staat Pennsylvania. Hij en Centurion vertegenwoordigen Sam Grasty en hij moedigde me aan om eens in de zaak te duiken.

Vanessa Potkin is de topadvocaat van het Innocence Project in New York en heeft al heel wat uitstekend werk verricht; waarschijnlijk heeft ze meer vrijspraken op haar naam staan dan wie dan ook, op Jim McCloskey na. Ze vertegenwoordigt Morton Johnson en heeft me ontzettend geholpen.

In Chester heeft advocaat Guy Smith me genoeg couleur locale gegeven om meerdere boeken mee te vullen. Hij vertegenwoordigde Morton tijdens de rechtszaak in 2001 en vecht al ruim vijftig jaar voor zijn cliënten in Delaware County en Philadelphia.

GEBREK AAN MOTIEF

Pamela Colloff is een gelauwerde verslaggever van ProPublica en een vaste schrijver van *The New York Time Magazine*. In 2018 publiceerde ze een uitgebreid tweedelig rapport met de titel 'Blood Will Tell'. Het gaat over het slechte forensische onderzoek waardoor Joe Bryan werd veroordeeld en vierendertig jaar achter de tralies belandde.

Een van zijn advocaten, Jessica Freud, heeft alle vragen beantwoord die ik kon bedenken. Ze kwam naar me toe in de gevangenis, toen ik op bezoek ging bij Joe.

Walter Reaves uit Waco heeft zowel Joe Bryan als Cameron Todd Willingham (wiens verhaal wordt verteld in 'De brand liegt niet') vertegenwoordigd en was altijd graag bereid mijn vragen te beantwoorden.

DE BRAND LIEGT NIET

In 2009 publiceerde David Grann, schrijver voor *The New Yorker*, het verbijsterende verhaal van de executie van Willingham en de rol die belabberd forensisch onderzoek daarbij speelde. Dat was de eerste keer dat ik over de zaak hoorde.

Ik heb geen enkele rechtszaak gevonden waar zoveel over geschreven is als die van Willingham. Er zijn letterlijk honderden kranten- en tijdschriftenartikelen. Het eindrapport van de Texas Forensic Science Commission is negenhonderd pagina's lang. Ik heb gebruikgemaakt van een diepgaand verslag van David Grann, het Marshall Project, *The Texas Tribune*, de *Chicago Tribune* en de *Houston Chronicle*, en van online verslagen van de ACLU, het Innocence Project en Time.com.

Het verhaal is de inspiratiebron geweest voor minstens twee films en een documentaire. *Frontline* heeft een reeks video's over de zaak gemaakt. En het verhaal gaat maar door.

Zoals ik al in het voorwoord aangaf, zijn de vijf zaken die ik in *Framed* heb beschreven de zaken die ik persoonlijk heb begeleid en onderzocht van het begin tot het eind van de betrokkenheid van Centurion. Het is bij Centurion onze gewoonte om de dossiers van de zaak te verzamelen en te bestuderen voordat we aan de slag gaan, en naarmate het onderzoek vordert, voegen we onvermijdelijk steeds weer wat aan onze dossiers toe. We onderhouden ook uitgebreide correspondentie met toekomstige cliënten. Tijdens het schrijven van deze verhalen heb ik gebruikgemaakt van de enorme hoeveelheid archiefmateriaal van Centurion, waaronder transcripties van rechtszaken, hoorzittingen voor en na de rechtszaak (zowel federale als van de staat), juridische akten, politierapporten, rechtbankuitspraken, strafzaakdossiers, en onderzoekende memo's en gespreksaantekeningen van Centurion. In elke zaak lopen al die verschillende dossiers op tot duizenden, soms wel tienduizenden pagina's. Die bronmaterialen, en mijn voortdurende vragen aan de mensen uit deze verhalen, hebben me in staat gesteld om ze zo accuraat mogelijk aan de lezer te presenteren.

SCHULDIG TOT HET TEGENDEEL BEWEZEN IS

Voor het verhaal van Clarence Brandley ben ik veel dank verschuldigd aan het boek *White Lies* van Nick Davies, dat in 1991 is verschenen bij Pantheon Books. Zoals de auteur in de proloog vertelt heeft Davies, een doorgewinterde Britse onderzoeksjournalist, vanaf het najaar van 1987 tweeënhalf jaar in de Verenigde Staten doorgebracht om research te doen en het boek te schrijven, waarbij hij ook gesprekken heeft gevoerd met de hoofdpersonen van beide kanten. Davies doet verslag van de manier waarop de rechtszaak tegen Clarence tot stand kwam en hoe zijn veroordeling langzaamaan onterecht bleek te zijn, wat uiteindelijk begin 1990 leidde tot zijn vrijspraak. Hij geeft ook een levendige beschrijving van de cultuur en de racistische geschiedenis van Conroe.

In september 1987 publiceerde het prestigieuze tijdschrift *Texas Monthly* een uitgebreid hoofdartikel over Clarence' zaak door wijlen Tom Curtis, met de titel 'Guilty Until Proven Innocent' ('Schuldig tot het tegendeel bewezen is'). Ik heb die titel overgenomen voor het hoofdstuk over Brandley, omdat het zo perfect de denkwijze van de plaatselijke politie weergeeft, die ertoe leidde dat Clarence in de dodencel belandde. Dit artikel was heel informatief en het was ook nuttig bronmateriaal.

Ik sloot me begin 1987 aan bij het team van de verdediging en was het grootste deel van dat jaar bezig met nieuw bewijsmateriaal zoeken en de hoorzitting voorbereiden die dat najaar gehouden zou worden. Mijn persoonlijke betrokkenheid bij Clarence' zaak en het feit dat ik het volledige schriftelijke dossier had bestudeerd, waren van grote waarde bij het schrijven van het verhaal.

60 Minutes, met verslaggever Harry Reasoner, zond Clarence' verhaal uit in 1987. Ook de informatie die door het productieteam werd ontwikkeld, diende als materiaal voor dit hoofdstuk.

LAATSTE AVONDJE UIT

Een vrijwilliger van Centurion, Jock McFarlane, is bijna zes jaar bezig geweest – van 2003 tot 2009 – om het dossier van dit misdrijf in Savannah op te bouwen, met familieleden en de voormalige advocaten van de drie soldaten, Mark Jones, Dominic Lucci en Kenneth Gardiner. Hij werd daarbij geholpen door Deborah McKill, de moeder van Mark Jones, die een enorme hoeveelheid rechtszaakdossiers verzamelde en die naar Jock stuurde.

De in Savannah gevestigde advocaten van de soldaten, die in de onschuld van hun cliënten geloofden, hebben ontzettend goed geholpen bij het onderzoek van Centurion door hun dossiers en hun kennis van de hoofdpersonen van de zaak te delen, en alles te vertellen wat er voor en tijdens de rechtszaak in 1992 was gebeurd.

Ik kon dit verhaal schrijven op basis van de vele jaren dat ik bij de zaak betrokken was en door gebruik te maken van de archieven van Centurion, met daarin de transcripties van de rechtszaak uit 1992 en de hoorzitting in 2013, zeshonderd pagina's aan politierapporten, onderzoeksmemo's en gespreksaantekeningen van Centurion, beslissingen van de rechtbank, uitgebreide krantenartikelen uit Savannah, en juridische akten die vanaf het begin van de zaak door beide kanten zijn verschaft.

GEDOE OM GELUIDSOPNAMEN

Centurion-medewerker Kate Germond deed er een paar jaar over om de transcripties van de rechtszaak, de juridische geschiedenis en vele andere documenten die te maken hadden met de zaak van Ellen Reasonover te verkrijgen en zorgvuldig te bestuderen. Haar uitwerking van de zaak omvatte een lange correspondentie met Ellen, waarbij ze haar kant van het verhaal beschreef en ook een gedetailleerde autobiografie. Ook een hoofdartikel uit *The Washington Post* van 1984, dat voortkwam uit hun onderzoek naar Ellens zaak, was heel informatief.

Als aanvulling op de talloze onderzoeksmemo's en gespreksrapporten van Centurion, heb ik gebruikgemaakt van de transcripties van de oorspronkelijke rechtszaak en de federale hoorzitting met rechter Hamilton, juridische akten van het OM en de verdediging, rechtbankbeslissingen (met name de uitspraak van vijfenzeventig pagina's van rechter Hamilton, waarin Ellens veroordeling nietig wordt verklaard) en talloze onderzoeksrapporten van de politie, waaronder transcripties van opgenomen politieverhoren met verschillende getuigen.

ACHTER DE SPIEGEL

Twintig jaar na de veroordelingen van David Alexander en Harry Granger waren alle verzoeken om hoger beroep standrechtelijk afgewezen door zowel de staats- als de federale gerechtshoven. Toen Centurion in 1996 het stokje overnam en voor David en Harry ging werken, was er geen strafpleiter in Louisiana die zich aan de zaak wilde branden, want iedereen dacht dat het een verloren zaak was, aangezien alle gerechtelijke wegen al tweemaal tevergeefs waren bewandeld. Dat wil zeggen, iedereen behalve één: advocaat Margaret 'Peggy' Woodward uit New Orleans.

Toen ik deze gecompliceerde sage van dertig jaar in een kort hoofdstuk probeerde te kneden, werd ik enorm geholpen door Peggy's nauwkeurige en lange schrijfsels. In 1999 diende ze een juridisch verhaal van honderdachtenzeventig pagina's in ter ondersteuning van een aanvraag voor herziening van de zaak, waarbij ze de absurditeit van de zaak van het OM en het bewijs van daadwerkelijke onschuld van alle zes de beschuldigden tot in de details beschreef. Daaraan vastgehecht waren honderdzesenveertig bewijsstukken, bestaand uit talloze rechtbankdocumenten en ontelbare onderzoeksrapporten en getuigenverklaringen die waren verzameld door Peggy en, nadat we onze krachten gebundeld hadden, Centurion. Helaas werd ook dit verzoek stante pede afgewezen door de federale en de staatsrechtbank.

Peggy's nog niet gepubliceerde boek over de zaak, met de titel *...And Counting*, dat ik van haar naar believen mocht gebruiken, was een enorm voordeel bij het schrijven van dit hoofdstuk. Het vertelt het hele verhaal van deze onterechte veroordelingen in duidelijk, prachtig geschreven proza.

60 Minutes, met verslaggever Ed Bradley, heeft een fascinerend verhaal over de zaak van Alexander en Granger uitgezonden, met de titel 'Who Killed Louis Gladu?'. Ook dat bood inzicht in de zaak, wat weer erg hielp bij het schrijven van het verhaal.

VERSTRIKT IN EIGEN LEUGENS

Het hoofdstuk over Kerry Cook is twee keer zo lang als de andere negen. Mijn excuses daarvoor, maar er was niets aan te doen. Zijn verhaal is een achtbaan van zevenenveertig jaar die nog steeds doorgaat. Ik ben John Grisham en Kristine Puopolo – directielid en redactioneel directeur non-fictie bij Doubleday – eeuwig dankbaar dat ze me de ruimte hebben gegeven om het te vertellen. Er valt zoveel over te zeggen.

Centurion ging zich in 1991 met Kerry's zaak bezighouden en loodste hem, samen met advocaat Paul Nugent uit Houston, in 1992 en 1994 door twee nieuwe rechtszaken heen en ook door de aanloop naar zijn vierde rechtszaak in 1999. Bij het schrijven van dit hoofdstuk was het bronnenmateriaal eindeloos. Het omvatte transcripties van drie rechtszaken, belangrijke transcripties van de grand jury, gedetailleerde onderzoeks- en verhoorrapporten van de politie, forensische rapporten, veertig jaar aan juridische akten en rechtbankbeslissingen, uitgebreide kranten- en tijdschriftenartikelen, en Centurions eigen onderzoeksmemo's, rapporten en gespreksnotities die in de jaren negentig werden geproduceerd.

De uitspraken van de Court of Criminal Appeals in 1996,

waarin Kerry's veroordeling uit 1994 nietig werd verklaard, waren erg handig bij de voorbereiding van dit hoofdstuk. En ander belangrijk hulpmiddel waar ik heel veel aan heb gehad, is Kerry's biografie, *Chasing Justice*, die in 2007 werd gepubliceerd door William Morrow. Als je wilt weten hoe het is om twintig jaar lang als onschuldig man in de dodencel te zitten, kan ik dit goedgeschreven, waargebeurde verhaal van harte aanbevelen. Ook verschillende verhalen uit *Texas Monthly*, geschreven door onderzoeksjournalist Michael Hall boden veel inzicht, met name zijn lange artikel uit april 2017 met de titel 'The Trouble with Innocence'. En David Hanners schreef tijdens de afschuwelijke geschiedenis van Kerry's zaak niet alleen talloze waardevolle artikelen in *The Dallas Morning News*, maar ook een belangrijk speciaal artikel in *Texas Monthly* in maart 2015.

Na zijn vrijlating diende Kerry in 2015 een habeas corpusakte in waarin hij verzocht om een nietigverklaring van zijn veroordeling, zodat hij feitelijk onschuldig kon worden verklaard op basis van DNA-bewijs. Na een hoorzitting in 2016 adviseerde de rechter de Court of Criminal Appeals om Kerry's veroordeling nietig te verklaren op basis van nieuw bewijs, maar om zijn eis voor feitelijke onschuld af te wijzen. Acht jaar later, in 2024, wacht Kerry nog steeds tot het CCA over beide zaken een einduitspraak doet. Het uitgebreide dossier van deze juridische procedures tussen 2015 en 2016 maakten het me mogelijk om een up-to-date verslag te geven van Kerry's juridische status.

Het is van groot belang dat de lezer het volste vertrouwen heeft in de accuratesse van elke zaak die hier verteld is. Ik heb mijn best gedaan om ze op zo'n manier te schrijven dat dat vertrouwen niet beschaamd of geschonden wordt.